皇甫平 改革诤言录

周瑞金

人民出版社

目 录

四、改革人物思忆

序　言

　　跨进 2015 年,迎来我国全面深化改革的关键之年。十八届三中全会关于全面推进深化改革的决定,十八届四中全会关于全面推进依法治国的决定,都将进一步得到贯彻落实。

　　三十多年来的改革开放,使中国进入全面建成小康社会的决定性阶段。实践表明,只有改革开放才能发展中国,发展社会主义。没有改革开放,就没有我国今天世界第二大经济体的国际地位,就没有全国人民生活水平的普遍提高。改革开放是决定当代中国命运的关键一招,也是决定实现"两个一百年"奋斗目标、实现中华民族伟大复兴的关键一招。所以,解放思想永无止境,改革开放也永无止境。

　　党的十八大鲜明提出:我国改革已经进入攻坚期和深水区,我们必须以更大的政治勇气和智慧不失时机地深化重要领域改革。习近平总书记第一次到地方调研,就选择了得改革开放风气之先的广东,沿着当年邓小平同志南方谈话的路线,一路上强调坚定不移地推进改革开放,敢于啃硬骨头,敢于涉险滩,既勇于冲破思想观念的障碍,又勇于突破利益固化的藩篱。2013 年 11 月和 2014 年 11 月,党中央分别对全面深化改革和全面依法治国进行总体部署,吹响了改革开放新的进军号,开启了全面深化改革的新征程。

回顾我从事新闻工作,一开始就进入新闻评论领域。从地方党报《解放日报》到中央党报《人民日报》,我一直在撰写评论、组织评论、审改评论,历50多年而不间断。改革开放36年来,从实践是检验真理唯一标准的讨论,到冲破改革开放"姓'社'姓'资'"的束缚,到改革不可动摇的争论,到十八大重启改革的期待和呼唤,我都积极撰写评论,一以贯之、坚定不移地为我国改革开放事业鼓与呼。

由于机缘凑巧,24年前我有幸看到邓小平同志在上海过春节时发表的许多推动改革开放的重要谈话。出于职业敏感和推动改革开放的责任感,1991年春我主动在《解放日报》组织撰写发表署名"皇甫平"的系列评论,突出宣传了邓小平同志有关改革开放的最新思想,在国内外引起强烈反响。同时,也遭到一些"左"的理论家、政治家的严厉批判。1992年春天,在面临确定十四大政治报告主题及安排中央领导人选的重要政治关头,作为深谋远虑、洞察机先的伟大政治家,88岁高龄的小平同志在关键时刻以巨大的政治勇气和理论勇气,视察南方,发表振聋发聩的重要谈话,在全国兴起一场冲破"姓'社'姓'资'"束缚、大胆推进改革开放的思想解放运动。从而,我国改革开放进入以建立社会主义市场经济体制为主要目标的历史新阶段。

2002年,我国加入世界贸易组织以后,全面对外开放又成为促进对内改革的强大动力,使我国改革和发展驶进了快车道。我国经济发展取得奇迹般成就。GDP以年平均9%以上速度持续30多年增长而不衰,在国际金融大危机之下我国经济成为世界经济的压舱石。2011年我国GDP总值达到8.34万亿美元,超过日本的5.96万亿美元,成为世界第二大经济体,人均GDP达到6100美元。邓小平同志预计到21世纪中叶达到人均 4000 美元的目标,2010 年已经达到,提前了整整 40 年。

三十多年来的改革开放,我国实现了三大社会经济转型,从封闭半封闭社会向开放社会转变,从农业社会向工业社会转变,从高度集中的计划经济体制向充满活力的社会主义市场经济体制转变,走上了现代化、市场化、城市化、全球化的发展轨道。由此,经济体制、政治体制、文化体制和社会体制相应发生了深刻变化。近些年来,我国陆续战胜了 1997 年东亚金融危机、1998 年大洪水、2003 年非典危机、2008 年南方冰雪灾害和汶川大地震、2009 年世界金融大危机、2010 年玉树大地震、2011 年长江中下游特大干旱、2013 年四川雅安地震。伟大的改革开放,在一个 13 亿多人口大国,充分展现了解放、发展社会生产力,抵抗各种灾害风险的巨大威力!

在我国社会经济转型中,有数千万工人下岗再就业,数千万农民失去土地,两亿多农民工在城市与农村间流动,由此积累和遗留下许多转型期的新矛盾新问题。主要是:贫富差距拉大,未能形成公平合理的国民收入分配格局;社会事业滞后,民生问题凸显;医疗卫生、教育文化、社会保障、保障性住房建设等严重落后于民众的需求;上学难、看病贵、住房贵、治安乱,民众怨言甚多;发展方式粗放,生态遭破坏,环境被污染,特别是土壤污染、水资源污染、空气污染严重,食品卫生问题突出;政府和社会腐败现象严重,特别是卖官买官盛行,导致吏治腐败;不少法官检察官犯案,导致司法腐败;媒体丧失舆论监督功能,产生被资本收买的舆论腐败。由于这些腐败现象形成了特殊利益集团,使阶层分野在大规模世袭,造成官二代、富二代、贫二代、农二代的阶层固化。草根阶层失去向上流动的可能;中等收入阶层产生了严重的被剥夺感;新富阶层则出现严重的移民倾向。

由此,社会上弥漫着浮躁情绪、不满情绪,幸福感减弱,失落感增加,道德感下滑。多年积累的不满、怀疑、怨恨到了释放期,导致民粹主义思潮泛起,仇官、仇富、仇警的情绪到处宣泄。追求物质主义、消费主义、享乐主义成为社会普遍现象。金钱至上观念泛滥,奢靡之风频吹,人的信仰、价值观衰变,各种欲望不断膨胀,人文精神愈发失落。

我国社会经济转型积累的这些新矛盾新问题,给社会带来的直接后果就是基层权力失控,社会群体性事件增加。据中国社会科学院发布的2013年社会蓝皮书统计,我国每年因各种社会矛盾而发生的群体性事件多达数万起甚至十余万起。其中,以征地拆迁冲突、环境污染冲突和劳动争议冲突为主。在群体性事件频发的同时,社会乱象百出,如交通事故多、诈骗绑架多、偷盗抢劫多、拐卖妇女儿童多、卖淫嫖娼多、赌博行为多、制假售假多、贩毒吸毒多,等等。

2004—2005年,我国社会上出现了一场关于市场化改革的大争论。有人认为,我国出现这些新矛盾新问题,都是市场化改革造成的。社会上出现了走回头路,为"文化大革命"和"四人帮"鸣冤叫屈的思潮;有人以个案轻率地否定国企、住房、教育、医疗的全面改革;有人借反思改革来否定改革,在媒体上掀起一波攻击、丑化我国经济学家的浪潮。一些媒体又发起批判西方新自由主义,有人甚至惊呼我国高校、科学研究院所经济学科的领导权不在马克思主义者手中。面对如此种种现象,似乎又回到了1991年那一场改革"姓'社'姓'资'"的争论,而当时主流媒体大多听之任之,沉默无言。

2006年1月,我提笔撰写了《改革不可动摇》一文,对这股否定市场化改革思潮进行回击。我鲜明提出,改革开放过程中出现的新矛盾新问题,只有通过深化改革、扩大开放才能获得正确解决,动摇、停滞、走回头路,是没有出路的。我从自己几十年的工作实践和政治实践中认识到一个真理:只有社会主义才能救中国,只有改革开放才能救社会主义。应当坚定不移地坚持和捍卫中国特色社会主义,应当坚定不移地坚持和捍卫给社会主义带来勃勃生机的改革开放!

社会经济转型期是矛盾凸显期,也是错综复杂利益关系的博弈调整期。因此,改革攻坚克难遇到的阻力和困难也大得多、复杂得多。小平同志晚年以极具前瞻性、穿透力的政治眼光,看出发展起来以后的问题比解决发展的问题更困难,提出要利用各种手段、各种方法、各种方案来解决这些问题。他睿智地说:"少部分人获得那么多财富,大多数人没有,这样发展下去总有一天会出问题。分配不公,会导致两极分化,到一定时候问题就会出来。这个问题要解决。过去我们讲先发展起来。现在看,发展起来以后的问题不比不发展时少。"

事实果然如此,在社会群体事件频发、社会乱象多多的情况下,我们的一些官员法治观念淡薄,不依法行政,甚至以言代法、以权压法、无法无天。从薄谷开来案、王立军案到薄熙来案,人们已经看到,他们将自己凌驾于法治之上、肆无忌惮地践踏宪法的尊严,把公权力"私有化"、公务员"家丁化"。这个案子震惊国内外,对我们国家和党的形象造成很大的负面影响。直面薄熙来案,非常值得我们深刻反思和认真吸取教训。

令人鼓舞的是,十八大以后新一届中央领导集体,以重拳反腐,把权力关进制度的笼子。随着周永康、徐才厚、令计划、苏荣等60多个副部级以上干部落马,兑现了中央领导集体"打虎无禁区、拍蝇无死角"的承诺,体现了以习近平同志为总书记的党中央"猛药去沉疴、重典治乱政"的决心和勇气。与此同时,坚决贯彻八项规定,开展群众路线教育实践活动,整顿党风政风,严肃处理了10万多个违反中央八项规定精神的党政干部,700多起典型案件被通报曝光。这都为全面深化改革、全面推行依法治国,扫清了障碍,拓展了道路,赢得了民心。

曾有论者评我近年来撰写的评论、政论文章,是"犯上不作乱"、"离经不叛道"。我一直认为:评论要与时俱进,切中时弊,剖析热点,击中社会绷紧的那根弦,就要在审时度势基础上,敢于提出新问题,分析新问题,敢于写出新观点,敢开第一腔。这就不能不离旧经念新经,有时又不得不犯上促其新桃换旧符。舆论要在社会历史的紧要关头发挥先导作用,要在改革开放和科学发展中勇为前驱,成为时代晴雨表、社会风向标。这是党的新闻工作者应尽的社会责任。因此,2014 年开始,我组成新的班子,采用新的笔名"皇甫欣平",撰写新的策论式风格的评论,进一步为全面深化改革更好地鼓与呼。

鲁迅先生有一句名言说:"真的知识阶级,……他们对于社会永不会满意的,所感受的永远是痛苦,所看到的永远是缺点,他们预备着将来的牺牲。"这是鲁迅先生自己的精神风貌的写照,也是一代忧国忧民知识分子的抱负和情怀。宁做痛苦的清醒者,这种忧患的抱负和情怀,依然值得今天有责任心的知识分子坚持。我作为一名在党的新闻传媒业工作了一辈子的老兵,愿意与今天一切关心国家、民族、人民的同人们一起,大其心究天下之物,虚其心纳天下之善,静其心观天下之势,平其心论天下之事,为中国的全面改革攻坚、实现民族振兴,而不懈努力、谠论诤言。

周瑞金

2015 年 1 月于上海

一、皇甫平风云录

皇甫平三人谈[*]

皇甫平，一个多少带有一点神秘色彩的名字。

皇甫平的文章，总共只有四篇，加起来字数不足一万，编不了文集，出不了专著，但是它们产生的强烈的现实震荡则远非这区区的篇数和字数所能比拟。

责之者，其言凿凿，其势汹汹，使人着实为皇甫平捏了一把汗。

褒之者，亲切而且热烈，这里只引用一位津门老报人赞语：如果说1978年的《实践是检验真理的唯一标准》一文揭开了第一次思想解放运动的序幕，那么揭开这一次思想解放运动序幕的，就是皇甫平四篇文章。

实践终究是检验真理的唯一标准。经过一年多的风风雨雨，越来越多的人认识到皇甫平文章对于推动中国改革开放的重要作用。在第二届中国新闻奖评比中，这四篇文章中的《改革开放要有新思路》一文以高票荣膺一等奖。

皇甫平是谁？

---

* 本文是《新闻记者》杂志记者魏永征对周瑞金的访谈，原载《新闻记者》1992年第9期，收入本书时略有改动。

皇甫平点将录

皇甫平文章一问世,海外传媒就纷纷猜测。他们有一点是猜对了的:
"皇甫平"不是一个人,而是一个集体的笔名。但是他们都只说得出"皇
甫平"的主要人物名叫周瑞金,而说不出还有一些什么人。

现在就由记者来介绍吧。

对于读者来说,周瑞金应该并不陌生。作为解放日报社的党委书记
兼副总编,他在《新闻记者》1992 年第 7 期发表的《舆论:改革开放的先
导》一文,阐述了《解放日报》近一时期的宣传方略,为舆论界所瞩目。30
年前,这个来自浙江温州山区的年轻人,从复旦大学新闻系毕业来到解放
日报社,以其清新通达的文笔,得到当时主笔政者的赏识,也因此而在
"文革"中被指为"修正主义苗子"。"文革"后,他在参与领导和主持《解
放日报》评论部工作期间,许多重要社论、评论员文章均出自他的手笔,
他以"芮晶"、"吉匡"等笔名发表的许多杂文、散文,至今仍在一些人中留
下印象。而今,他挂了报社的帅印,要以很大精力来处理社务,但仍然掌
握评论这个口子,并且不时来唱几出重头戏。他思路开阔,议论风生,凡
访谈者,定可以得到这样或那样的思想启示。他富有学者的气质,涉猎广
泛,当得起"儒雅"二字。

凌河,年方不惑,他的笔名"司马心"的知名度早已超过了他的真名,
另一笔名"路人"同样为路人所知,其实是"三位一体"。他的文运正旺,
他在 1989 年书业萧条时出版的杂文集《世风别裁》,印 5000 册居然在不
长的时间里售罄,以至出版社主动提出再给他编选一个修订本。但如果
以为他在文坛上只是擅长"短打",那就错了;他的"长靠"同样出色。他
的不少法学、新闻学论文为学术界前辈所称许,并且被收入各种文集、学

科年鉴。他于1987年自民主与法制杂志社调到解放日报社,主撰评论。

皇甫平三人中还有一位名叫施芝鸿,与周、凌不同的是,他从来不是职业的新闻工作者,却同新闻工作结下了不解之缘。早在七八十年代在上海市农委当秘书时,他就是解放日报社的得力通讯员。尔后进大学深造,毕业后进入中共上海市委政策研究室,成为那里的一根笔杆子。在繁忙的公务之余,他勤奋笔耕,写了大量政论与时评。他同时是上海几家重要传媒的撰稿人,但毫无疑问,他同作为市委机关报的《解放日报》的关系最为亲密。

这就是皇甫平,这是一个合理的相互取长补短的"组合"。

记者与皇甫平交情不浅。一年风雨,常以"皇"兄之喜而喜,以"皇"兄之忧而忧。时值酷暑,陡闻佳音,虽属意料中事,精神亦为之一振,欣往道贺,于是而有此"三人谈"。

皇甫平文章是怎么写出来的

记　者:通常的说法,辛未年春节前邓小平到上海,然后有皇甫平文章,是这样吗?

周瑞金:完全正确。去年春节前夕小平同志到上海,视察了好几家企业,仔细听取了开发开放浦东的汇报,并就改革开放问题作了许多重要指示。凭我的直觉,感到小平同志是有意识地来上海就深化改革、扩大开放作一番新的鼓动的。他关于"要更高地举起改革开放的旗帜","改革开放要讲几十年","改革开放要更快、更好、更大胆","不要一说计划经济就等同于社会主义,一说市场经济就等同于资本主义"等一系列重要谈话,都有很强的针对性,不仅对上海工作,而且对全国都具有深刻的指导意义。基于这样的理解,当时我们认为作为中共上海市委机关报的《解放日报》,责无旁贷应当发表几篇有影响的评论文章来阐述小平同志关于深化改革、扩大开放的最新思想。

施芝鸿:我们在 1990 年曾酝酿写几篇谈论改革开放的文章。那时,治理整顿已经进行了两年,取得了明显成效,但是还有很多深层次的问题没有解决。我们在实际工作中感到对改革开放议论得不够,需要写文章讲讲这个问题。当时酝酿过几个题目,但并没有动手写。

周瑞金:1990 年年底举行的中共十三届七中全会,具有转折点的意味。那次会上,肯定了治理整顿和深化改革是统一的、相互促进的,集中提出了搞活国有大中型企业的问题。根据邓小平同志在七中全会前夕的重要谈话精神,江泽民总书记在开幕式上重申要继续坚定不移地实行改革开放,深化改革和扩大开放是我们必须长期坚持的根本政策。他强调要革除过去体制中的弊端,改变那些不适应社会生产力发展要求的制度和办法,还指出要大胆利用一些外资进行国有大中型企业的技术改造,强调"即使冒点风险,也值得干"。七中全会这些精神,为我们的文章作了思想上的准备。

按照《解放日报》的惯例,每年春节大年初一都要写一篇小言论。庚午岁尾,传来了小平同志在上海的谈话精神。这时,我感到只写一篇应景文章是远远不够了,小年夜,就找凌河、小施来商量,决定写几篇联系上海的实际来宣传小平同志改革开放新思想的文章。

凌河:第一篇《做改革开放的"带头羊"》,对辛未羊年作前溯后瞻,提出我们正处在改革开放新的历史交替点上,以增强改革开放的历史责任感。文中提到的"1991 年是改革年"、"何以解忧,唯有改革",都是当时朱镕基市长在传达贯彻七中全会精神和小平同志视察上海重要谈话精神时讲的。

施芝鸿:我们酝酿写的第二篇文章是《改革开放要有新思路》。根据十三届七中全会精神,90年代改革的重点是搞活大中型国有企业。如果说,农村经改、发展多种经济成分,还只是改革的"外围战",那么,搞活大中型企业就是一场难度更大、覆盖面更广、意义更为深远的"攻坚战",没有新思路、新招数不行,简单地套用80年代改革中某些做法也不行。所以,老一辈革命家和领导同志强调要更快、更好、更高、更大胆,要进一步解放思想,要冒一些风险。

周瑞金:解放思想不是一劳永逸的。有的人在10年前的思想解放运动中打了先锋,但在眼下深化改革的这个问题或者那个问题上却表现得有些迟缓停滞,这并不奇怪。所以文中提出"要防止陷入某种'新的思想僵滞'"。我们用"思想僵滞",是想在色彩上更加委婉一些。

我们认为,当时进一步解放思想,最主要表现在如何看待市场经济的问题上,在文中否定了"把计划经济等同社会主义经济,把市场经济等同于资本主义"的传统观念,指出"计划和市场不是划分社会主义和资本主义的标志。资本主义有计划,社会主义有市场"。这是小平同志的一贯思想。现在大家知道的小平同志提到市场经济的公开谈话就有5次,这就是:1979年会见美国《不列颠百科全书》副总编吉布尼的谈话、1985年会见美国企业家代表团的谈话、1990年七中全会开幕前夕的谈话、1991年春节在上海参观大众汽车公司时的谈话、南方谈话。我们认为,这是小平同志对马克思列宁主义的重大突破和发展,对于我们探索社会主义经济体制具有深远的指导意义。

凌河:我们的第三篇文章《扩大开放的意识要更强些》,中心是说,上海正站在进一步扩大开放的新起点上,增强扩大开放意识,是一个非常紧迫的问题。文中针对现实生活中的一些疑虑,作出澄清和解释。通篇是很平和、很讲理的。附带说一下,上海社会科学院沈峻坡研究员有个来稿也是讲开放意识的问题,本文吸收了这篇来稿的一些观点。但这篇文章之所以引起那么大的轰动,引起那么多的责难,则是因为提出了不要囿于"姓'社'姓'资'"的无理诘难这个命题。我们深深感到,近年来,两个"凡是"改变为一个"凡事"(即凡事都要问一问"姓'社'姓'资'")。这是长期以来阻碍改革开放的一个要害问题。现在的实践已经证明,皇甫平文章击中了这个要害。今年小平同志南方谈话中,正面回答了这个问题,解开了这个"死结"。

周瑞金:第四篇《改革开放需要大批德才兼备的干部》,是根据江泽民总书记在十三届七中全会上关于干部问题的谈话,以及吴邦国同志在上海市组织工作会议上的讲话精神,讲改革开放中选拔干部要坚持德才兼备的原则,归根到底是看他在坚持四项基本原则基础上对改革开放和现代化建设事业作出的实际贡献。这也是小平同志的一贯思想。

还有第五篇,没有写出来

施芝鸿:我要补充的是,关于"姓'社'姓'资'",第三篇文章只是提出了问题,我们曾经打算在第五篇文章中集中论述这个问题,当时也作了酝酿。

记　者:你们打算怎么论述呢?

施芝鸿:我们当时议了这样几层意思:一、姓"社"姓"资",如果是指国家制度,已经解决了。二、如果是指社会制度,那么长期以来两种制度相互学习借鉴是很正常的事。三、如果是指体制和运行机制等方面的具体问题,那么过去长期认为是社会主义的东西,有许多并不是社会主义,需要澄清;过去长期认为是资本主义的东西,有的并不是资本主义;即使是资本主义的东西也可以为社会主义所用。四、不要用不正确的"姓'社'姓'资'"的定性来指责别人。总的意思,是要进一步解放思想,消除

"恐资症"的缠绕,推动改革开放的深入。

记　者:为什么后来没有写呢?

施芝鸿:因为瑞金同志当时要赴港履新,承担另一项重要工作,就搁下了。

非同一般的反响

皇甫平文章在上海、北京和其他省、市激起了广泛反响。每篇文章发表的当天,总是有不少读者打电话到解放日报社问文章的作者是谁,并说读了这些文章很有启发,有助于进一步解放思想、认清形势、打开思路、坚定信心。《解放日报》驻京办事处也收到很多电话,打听这些文章是不是传达了小平同志的讲话精神,说这些文章以加大改革分量为主旋律,说出了他们的心里话。许多省、市驻沪办事处也接到本省、市领导的电话,要求收集皇甫平的全部文章,并向报社了解文章发表的背景。

海外传媒作出反应。有的报道文章的内容,有的则进而对文章发表的背景作出种种猜测。这些猜测,大多没有什么根据。但是,一家地方报纸的几篇署名评论文章,引起海外舆论如此广泛的注意,确是新中国建国以来所罕见。

与此同时,一些疑问、责难也接踵而起,直至在报纸、刊物、书籍上对皇甫平文章中的一些论点进行不指名的公开"批判"。

即使是在这种情况下,以各种方式表示赞同和支持皇甫平的,还是大有人在。记者这里介绍几件趣事:

——有位《解放日报》记者,前往某省采访,《解放日报》在该省发行数不算大,该记者知名度也不高,但所到地、县党政官员接到名刺,"是《解放日报》来的",霍然动容。先不问记者采访什么,倒过来向记者"采访"皇甫平其人其事。记者听是自己家里事,好办,便拣知道的说,说完了,再提采访要求,居然一路绿灯,结果满载而归。

——上海有4位局级干部,前往某省办公事,晋见省委书记。书记撇下公事不提,开口便问皇甫平。这4位都是搞经济的,并非报界中人,皇甫平的文章虽然看过,但毕竟不是必读文件,哪里想到在千里之外还要应付这样的"即兴考试"?正当期期难言之时,书记大人却是口若悬河,列举皇甫平种种观点,最后一句更是掷地有声:"都是我的心里话!"

——《新闻记者》杂志记者前往某地讲学,地委书记热情相邀小酌,席上讲的又是皇甫平。书记说,皇甫平文章篇篇读过,写得好!他要地委机关报根据皇甫平的论述结合本地实际也写几篇评论,阐述进一步解放思想,加重改革的分量,促进观念变革。一共写了5篇。记者要来一看,果然酷似皇甫平。

皇甫平为何保持沉默

记　者:面对这些颇具声势的责难,你们是怎么考虑的?

周瑞金:我们既然写文章宣传进一步解放思想,敢冒风险,敢为天下先,当然自己也要作冒一点风险的思想准备。文章发表后会发生一些争议,我们是有所预料的。但是,我们没有想到会招来那么大的压力,而且承受压力的不仅仅是我们几个人。

市委很理解我们的处境,也很爱护我们,指示我们淡化处理。其实,我们只要把皇甫平文章重新发表,加一个"编者按",一切就很清楚。有文章硬说我们是主张改革开放不要问姓"社"姓"资",然后上纲上线,说是模糊社会主义方向,引向资本主义。我们在哪一篇文章、哪一个段落说过这样的意思呢?但是,当时我们还是遵照市委的指示,顾全大局,不予置理,相信大多数群众会明辨是非、服从真理。

凌河:可以说,皇甫平既沉默,又未沉默。我们决没有放弃我们的立场和观点。苏东剧变之后,有的同志错误地总结教训,在贯彻"一个中心、两个基本点"的基本路线上发生了某些疑虑和动摇。我们认为,对于皇甫平的种种责难,正是这种倾向的反映。我们继续发表评论和文章,旗帜鲜明地宣传"一个中心、两个基本点",澄清一些不正确的看法。例如,苏联八月变局后一个星期,我们发表《论干部的精神状态》,明确指出要牢牢扭住经济建设这个中心,决不分散我们的注意力,阐述只有改革开放才是我们的唯一出路。10月间,我们又发表《"科学技术是第一生产力"的理论和实践意义》的长篇文章,着重论述现阶段中国社会的主要矛盾是人民群众日益增长的物质文化需要同落后的社会生产之间的矛盾,只有把生产力搞上去,才能在和平演变的挑战中岿然不动。这篇文章,实际上是对苏联的衰变和解体的深层教训作一个鲜明的阐述。12月间,我们又连续发表两论"改革要有胆识"的评论,批评那种反对冒改革中的风险、认为坚持改革开放会被西方和平演变势力所利用的错误观点。

从皇甫平到吉方文

记　者:小平同志今年南方谈话传达以后,去年舆论界在不同程度上存在的迷茫情绪一扫而空,出现了宣传贯彻小平南方谈话精神,加快改革开放的朝气蓬勃的局面。《解放日报》连续发表署名"吉方文"的文章,同样在海内外引起了强烈的反响。

周瑞金:吉方文是皇甫平的继续。今年大年初一,我们发表《十一届三中全会以来的路线要讲一百年》的评论,拉开了宣传小平南方谈话精神的序幕。杨尚昆主席肯定了这篇文章,我们受到极大的鼓舞。接下来,我们连续发表署名"吉方文"的文章,阐述小平南方谈话精神,至今已发表了4篇。

如果说,皇甫平的文章主要是提出观点,那么,吉方文的文章主要是阐述小平同志提出的重要思想。今年4月发表的《论走向市场》,是阐述小平同志在计划和市场问题上对马克思列宁主义政治经济学的重大突破的,提出了"社会主义市场经济"这个新概念。6月初,发表《论加速发展》,阐述了小平同志关于抓住时机,发展经济,过几年上一个新台阶的崭新经济思想,解决了一些干部群众存在的"加速发展会不会导致经济过热"的疑虑。接着,又发表《论改革开放姓"社"不姓"资"》,阐述了小平同志就"姓'社'姓'资'"问题提出的根本标准,系统回答了去年有些人就"姓'社'姓'资'"问题提出的责难。7月初,我们又写了《论"换脑筋"》一文,根据小平同志视察首钢时提出的重要观点,阐述了从传统的计划经济意识转变为社会主义市场经济的观念,提出了计划经济向社会主义市场经济转化这样一场深刻的改革,必将引起经济、政治、社会、科技、文化各个领域的深刻变化,必将引起人们行为规范、生活方式、精神状态、价值观念、是非标准的重大转变。我们一定要紧紧抓住社会主义市场经济这个关键性、要害性、全局性问题来"换脑筋"。

为什么在"姓'社'姓'资'"问题上发难

记 者:现在再回到皇甫平上来。在今年3月19日评论座谈会上瑞金同志说,皇甫平文章引发出六个方面的议论。在《舆论:改革开放的先导》一文中又说,皇甫平文章率先提出了"市场与计划"、姓"社"与姓"资"两个新形势下解放思想的新观点。而从实际情况看,提出异议和责难的,集中是在不要圄于"姓'社'姓'资'"的诘难这个论点上。不知这里头有什么道理?

  凌河:"姓'社'姓'资'"问题确实是长期以来阻碍改革开放的一个要害问题。皇甫平文章的原话只是说对于开发浦东、设立保税区这些具体措施不要囿于"姓'社'姓'资'"的诘难,而责难者却升格为改革开放不要问姓"社"姓"资"。这表明责难者奉行的恰恰是凡事都要作一番"非'社'即'资'"分析的传统观点,其"左"倾印记是很鲜明的。

  周瑞金:本报不久前发表刘祥之的《论"左"说右》一文,论述了"左"之所以根深蒂固,在于它深厚的社会基础、强大的历史传统和悠久的思想、政治根源。我想补充的是,去年这一场"争论"还有现实的国内外的背景。1956年,中共八大对我国社会的主要矛盾作出了科学的论断,提出了加快社会主义建设的一系列重要方针。但是过后不久,国际上发生了波匈事件,国内又开展了反右派斗争。为了防止和平演变,就重提阶级斗争,在指导思想上逐步发生偏差,社会主义建设的正常进程很快发生了扭曲,最后形成了"以阶级斗争为纲"、"无产阶级专政下继续革命"等一整套"左"的理论,酿成了十年浩劫。近两年,由于国内"八九风波"和国际苏东剧变,和平演变的现实危险似乎更加严重而且明确地摆在我们面前。有些人就很习惯地又要用转移以经济建设为中心的办法来反对和平演变。在他们看来,当前中国的主要矛盾似乎不应当是发展生产力,而是两种制度、两个阶级、两条道路的斗争,经济建设的中心地位就当让给反和平演变,而和平演变的主要危险则来自经济领域,来自所谓"经济实用主义"。从这个过程来说,提出"姓'社'姓'资'",同当年重提阶级斗争有相似之处。

  施芝鸿:从凡事都要问一问"姓'社'姓'资'"来看问题,市场经济自然是姓"资"的,发展公有制以外的多种经济成分,也是姓"资"的,引进外资和外国先进的东西当然更是姓"资"的,我们的改革非但不能深化,而且势必要退回去。所以,理直气壮地回答"姓'社'姓'资'"的诘难确实是一个要害问题。

为小平思想深入人心而高兴

周瑞金:从这个过程也可以看出,小平同志提出的建设有中国特色的社会主义,是对马列主义、毛泽东思想的重要贡献,是对科学社会主义的重大发展,也可以说是马克思主义思想宝库中独一无二的。马克思、恩格斯创立了科学社会主义理论。列宁把理论付诸实践,建立了世界上第一个社会主义国家。毛泽东把马列主义普遍真理同中国革命实际相结合,领导我们建立了社会主义新中国。但是,在夺取政权和建立社会主义制度以后,如何从本国的国情出发建设好社会主义事业这个问题,在社会主义国家中长期以来在理论上和实践上并未得到很好的解决。十一届三中全会以来,小平同志以无产阶级革命家的远见卓识,深刻总结了过去国内外建设社会主义的正反两个方面的历史教训,确立了"一个中心、两个基本点"的基本路线,标志着我国社会主义事业进入了一个新的发展时期。近年来,面对着苏联、东欧演变和解体的触目惊心的现实,小平同志再一次指明了航向,避免了历史曲折的重演。他在去年春节来上海期间的谈话和今年的南方谈话,丰富和发展了建设有中国特色的社会主义理论。

施芝鸿:皇甫平本身并不足道,无非是在文章中传达了小平同志的谈话精神,提出新形势下的若干重大问题,在思想上冲破了凡事要问一个"姓'社'姓'资'"的束缚。皇甫平文章引起了国内舆论这么大的反响,证明小平同志的思想符合中国实际和群众意愿,具有鲜明的人民性。反对者的思想武器很陈旧,因而脱离实际、脱离群众,成不了大气候。

周瑞金:是这样。今年,小平同志南方谈话一传开,就在全国迅速形成坚持基本路线、宣传改革开放的舆论声势,表明小平同志的思想正在日益为广大群众所掌握,并转化为巨大的物质力量。这是非常令人鼓舞的。

施芝鸿:这表明,在当代中国,坚持改革开放是人心所向,发展市场经济是大势所趋,加快发展速度是众望所归,进一步解放思想是必由之路。

评论工作者也要"换脑筋"

记　者:从皇甫平到吉方文,发挥了舆论在改革开放中的前驱作用。作为党报的评论工作者,你们认为应当怎样承担历史的重任?

凌河:将传统的计划经济意识转换为市场经济观念,对于新闻工作者、尤其是评论工作者,是一个"换脑筋"的过程。这是一件很不容易的事,是一个严峻的考验。其一,革命导师对于市场经济是否定的,认为与社会主义不相容。马克思曾设想社会主义革命首先在发达资本主义国家胜利,一切生产资料全部归社会所有,每个人的劳动直接表现为社会劳动,整个社会可用直接计划来组织全部生产与分配,因此,商品生产、市场交换和价值规律不再在社会主义社会存在。其二,长期以来"左"的束缚。毛泽东同志晚年将商品与货币的关系视为"和旧社会差不多",要加以"限制",这个思想成为他发动"文革"的重要理论依据。近年来,不少人认为,"市场经济等于资本主义"。这就不止是"差不多"了。否定市场经济的"左"的观念,不是无本之木,有深刻的社会、历史基础,这就是中国特色的小生产汪洋大海中千百万人的习惯势力,小生产必然排斥市场畏惧市场。其三,我国经济发展水平对于认识的限制。我们的经济体制还处于转换阶段,市场还太少,不完善,处于初级阶段,自然经济的因素还到处可见,这就给我们确立市场经济观念这个上层建筑带来很大困难。其四,向市场经济转换会给我们新闻工作者本身带来冲击。我们的知识会显得过时,观念会显得陈旧,需要更新,需要扬弃,这会给一部分同志带来失落感。同时,利益也会发生深刻调整,甚至失去不少既得利益。这里就有一个"立党为公"的问题,是个很现实的考验。所以,如果就十一届三中全会以后,我们面临一个从阶级斗争宣传向经济建设为中心的宣传的转变,现在又面临着第二次转变。如果说那一次是"换屁股",这次则要"换脑筋"。

我与皇甫平[*]

参加《解放日报》创刊 60 周年纪念活动,我感到有个新气象,就是更加充分地肯定了皇甫平文章的历史地位和历史作用。这不仅体现在总编辑的主题报告中,也体现在《解放日报》创刊 60 周年版面集萃《印痕》之上,更体现在中共中央政治局委员、中共上海市委书记俞正声同志在座谈会上的重要讲话之中。

在中国改革开放向何处去的重要历史关头,《解放日报》于 1991 年 2 至 4 月发表了关于改革开放的皇甫平系列评论文章,这 4 篇重要文章高举党的十一届三中全会提出的改革开放伟大旗帜,推动了新一轮思想解放运动,在当代中国改革开放史和新闻史上写下了不可磨灭的、永远闪光的一页。

15 年前的 1994 年,在纪念《解放日报》创刊 45 周年的时候,我正在《人民日报》副总编辑任上。当时,曾受上海的老领导、时任国务院副总

---

　*　本文是 2009 年 7 月 30 日周瑞金为纪念《解放日报》创刊 60 年而作,原载 2009 年 9 月 5 日《新闻记者》。

理朱镕基同志之托,专门向解放日报社领导转达了他的一段祝词:"业绩显著,不要自满。总是要坚持人民公仆的态度,党的喉舌的立场,反映民间疾苦,主持社会正义,成为政治、经济的晴雨表,人民群众的良师益友。"

在朱镕基同志祝词激励下,我以《扬"解放精神" 创"解放风格"》为题,撰写了一篇纪念《解放日报》创刊45周年的专文,发表在报社纪念特刊和上海《新闻记者》刊物上。文中,我追忆了党的十一届三中全会以来自己在《解放日报》亲历的三件事:一是1986年8月15日《解放日报》漫画专刊刊登两幅领袖漫画;二是1989年1月21日把老布什当选美国总统的新闻放在《解放日报》头版头条显著位置发表;三是1991年2至4月组织撰写和发表皇甫平系列评论纵论改革开放。我认为,这三件事是《解放日报》在新闻改革中敢为天下先的范例,提出要发扬这种"解放精神"和"解放风格",认真贯彻落实好中央领导同志对《解放日报》的殷切期望和要求。

在纪念创刊60周年活动中,《解放日报》更加充分重视了皇甫平文章的历史作用。这让我感奋不已。前不久,到北京遇见施芝鸿同志,他建议我把当年组织撰写和发表皇甫平系列评论文章的经过更为详尽地写出来,以免某些道听途说、以讹传讹的不实之词继续流传。恰好此时,薛石英同志打电话给我,邀我为报纸创刊60周年写一篇纪念文章。我欣然答应。这便是此篇《我与皇甫平》的由来。

难忘的一九九一年

1991年,对我来说是非常难忘的一年。在1990年底,我已知道自己将奉调去香港《大公报》工作。在办理工作调动过程中,市委领导让我看了邓小平同志春节期间视察上海的谈话材料。我深感这是邓小平同志关于推进改革开放的最新思想,作为上海市委机关报的《解放日报》负有宣传重任。所以,我一边移交工作,一边自觉组织撰写和发表了署名皇甫平的4篇系列评论,由此在全国引发了一场激烈的思想交锋。1991年,就这样成了改革开放的思想交锋年。皇甫平改革开放系列评论及其引发的一场思想交锋,也就成为邓小平同志1992年春天视察南方发表重要谈话的一大背景。

事情要从1989年讲起。这一年春夏之交我国发生了一场政治风波。由于国际制裁和经济整顿等众多因素,从这一年开始到1991年,我国经济连续3年下滑,1990年下滑得最厉害,年增长只有3.5%左右,跌到了改革开放以来的最低点。

邓小平同志对这种状况感到着急。1990年12月24日,在党的十三届七中全会召开前夕,邓小平同志找中央领导同志谈话,提出一定要把改革开放推向前进,"要善于把握时机来解决我们的发展问题"①,强调推进改革开放"不要怕冒一点风险","改革开放越前进,承担和抵抗风险的能力就越强"②。他还强调:"必须从理论上搞懂,资本主义与社会主义的区分不在于是计划还是市场这样的问题。社会主义也有市场经济,资本主义也有计划控制","不要以为搞点市场经济就是资本主义道路,没有那么回事。计划和市场都得要。不搞市场,连世界上的信息都不知道,是自甘落后"。③

根据邓小平同志的谈话精神,时任总书记的江泽民同志在1990年12月25日到27日举行的中共十三届七中全会上重申,要继续坚定不移

---

① 《邓小平文选》第3卷,人民出版社1993年版,第365页。
② 《邓小平文选》第3卷,人民出版社1993年版,第364页。
③ 《邓小平文选》第3卷,人民出版社1993年版,第364页。

地实行改革开放,深化改革和扩大开放是必须长期坚持的根本政策。他还提出要大胆利用一些外资进行国有大中型企业的技术改造,"即使冒点风险,也值得干"。

我是在1989年1月担任解放日报社党委书记兼副总编辑的。当时,解放日报社实行党委负责制,所以我主持报社的工作。在听了时任市委书记兼市长朱镕基同志关于党的十三届七中全会精神传达后,我感到非常振奋。联系到当时的国内外形势,我敏锐地意识到这次全会精神有很强的现实针对性和指导性。

上个世纪80年代末90年代初是社会主义的多事之秋。1990年东欧社会主义国家发生剧变。最早是柏林墙倒塌,接着是波兰老总统雅鲁泽尔斯基下台,格但斯克造船厂工人、团结工会头头瓦文萨成为波兰民选总统,随后捷克斯洛伐克、匈牙利、保加利亚也"城头变换大王旗"。最惊心动魄的一幕就是这年年底,罗马尼亚军队、警察倒戈,共产党政权一夜之间垮台,总统齐奥塞斯库被枪杀。

与此同时,苏联也出现了复杂变化。开始是戈尔巴乔夫突遇政变,叶利钦出面把政变解决以后,戈尔巴乔夫在1991年先是解散了苏联共产党,后来又宣布联盟解体。列宁创造的世界上第一个社会主义国家苏联,在诞生74年后轰然解体、改旗易帜,引起全世界震惊。

面对当时复杂的国内外形势,国内有一些"左"的政治家、理论家出来总结"苏东波"的教训,说是由于改革开放才导致了社会主义的垮台。还有人提出,中国的"六四风波"与"苏东波"一样,也是帝国主义和平演变的结果,因此要加强反对和平演变的教育和斗争。一位曾经身居高位而又声名显赫的"理论权威"在《人民日报》上发表长篇文章,认为"文化大革命"结束后,改革开放过程中基本上不讲阶级斗争了,强调我国社会还存在尖锐的阶级斗争,必须加强对资产阶级自由化的批判。那些"左"

的政治家、理论家起劲地宣扬：经济特区是和平演变的温床；联产承包责任制瓦解了公有制经济；股份制改革试点是私有化潜行；引进外资是做国际资产阶级的附庸。他们公然提出，要在以经济建设为中心之外再搞一个以反和平演变为中心。他们还主张，放弃容易导致和平演变的改革开放这个基本点。这实际上就是要把党的基本路线中的"一个中心"变成"两个中心"，把"两个基本点"变为"一个基本点"。

他们还说什么和平演变最严重、最危险的是在经济领域，要对经济领域改革开放的举措问一问姓"社"还是姓"资"。

当时的情景使我联想起我们党的八大路线变化的历史教训。

1956 年我们党召开八大时，认为当时我国社会的主要矛盾是先进的社会主义制度与落后的社会生产力之间的矛盾，急风暴雨式的阶级斗争已经过去，要集中力量搞经济建设、文化建设、技术革命。所以，八大确立的路线是正确的。

遗憾的是，八大开过不久，波兰发生了波兹南工人罢工事件，接着又发生匈牙利事件。国际局势的震荡迅即改变了当时中央主要领导人对形势的判断，重新提出两个阶级、两条道路的矛盾是我国的主要矛盾，从而把当时正在开展的党的整风运动变成了反右派斗争。后来又进一步提出"以阶级斗争为纲"，"阶级斗争要年年讲、月月讲、天天讲"，"无产阶级专政下继续革命"等一整套"左"的理论、路线、方针、政策，直到发动"文化大革命"，全民族遭受十年大浩劫，经济濒临崩溃的边缘，政治冤案遍及域中。

就这样，我们党、我们国家从 1957 年开始到党的十一届三中全会之前，在这条偏离了八大正确路线的"左"的道路上折腾了 20 年。

历史是如此惊人地相似。所以，我意识到，90 年代初，中国又到了是继续坚持党的"一个中心、两个基本点"的基本路线，走中国特色社会主义道路,坚定不移地推进改革开放和现代化建设事业,还是重提阶级斗争,以反和平演变为中心,走回头路的关键历史时刻。

就是在中国改革开放事业面临"向何处去"的严峻考验时,邓小平同志出来说话了。他找第三代领导集体谈话,强调要做几件使人民满意的事情。一个是要更大胆地改革开放,另一个是抓紧惩治腐败。他说,在风波中,什么口号都出来了,但是没有一个口号是要打倒改革开放的。所以,他认为改革开放是得人心的。邓小平同志把问题提到战略的高度,强调应该继续推进改革开放。他还提出:"这次出这样的乱子,其中一个原因,是由于腐败现象的滋生,使一部分群众对党和政府丧失了信心。"①因此,要很鲜明地提出反腐败。

1990 年,邓小平同志还着眼于我国改革开放和现代化建设全局,建议开发开放上海浦东,在高起点、高水平上推进改革开放。1990 年 4 月 18 日,国务院根据邓小平同志的提议作出了开发开放上海浦东的重大决策,把我国改革开放由沿海地区推进到沿江地区。长江流域特别是长三角地区迎来改革发展新机遇。

我有了肩负重任的使命感

1991 年 1 月 28 日到 2 月 18 日,邓小平同志在上海过春节。这是他第 4 次到上海过春节。从 1988 年开始,一直到 1994 年,他在上海过了 7 个春节。

前几次邓小平同志来上海过春节大都在住地西郊宾馆,同家人一起颐养天年。1991 年来上海,他却频频外出视察、参观,还在新锦江饭店顶

---

① 《邓小平文选》第 3 卷,人民出版社 1993 年版,第 300 页。

楼旋转餐厅听取有关浦东开发开放的汇报,发表了一系列有关深化改革、扩大开放的谈话。

在此期间,朱镕基同志亲自动手,记录、整理了邓小平同志视察上海的多次谈话。邓小平同志强调:"改革开放还要讲,我们的党还要讲几十年。会有不同意见,但那也是出于好意,一是不习惯,二是怕,怕出问题。光我一个人说话还不够,我们党要说话,要说几十年。"他又一次着重指出:"不要以为,一说计划经济就是社会主义,一说市场经济就是资本主义,不是那么回事,两者都是手段,市场也可以为社会主义服务。"他还强调:"开放不坚决不行,现在还有好多障碍阻挡着我们。说'三资'企业不是民族经济,害怕它的发展,这不好嘛。发展经济,不开放是很难搞起来的。世界各国的经济发展都要搞开放,西方国家在资金和技术上就是互相融合、交流的。""希望上海人民思想更解放一点,胆子更大一点,步子更快一点。""要克服一个怕字,要有勇气。什么事情总要有人试第一个,才能开拓新路。"①

在 1991 年年初全市党员干部会议上,朱镕基同志传达了邓小平同志在上海的谈话精神。而有关视察谈话更为具体详尽的材料传达的范围并不大。

我是怎么获得这个信息的呢?

那是在 1991 年 2 月 11 日晚上,上海市委分管思想宣传工作的副书记把我叫到康平路的家里,拿出邓小平同志视察上海的谈话材料给我看。我看后的第一感觉是,邓小平同志对改革开放的强调更进一步、更迫切了。对我触动特别大的是,他在谈话一开始就特别强调,改革开放还要讲几十年,光我一个人说话还不够,我们党要说话。联想当时报纸上是一片

---

① 《邓小平文选》第 3 卷,人民出版社 1993 年版,第 367 页。

批判资产阶级自由化、反对和平演变的声音,邓小平同志强调全党要讲改革开放,而且要讲几十年。他在谈话中又一次强调,不要以为一说市场经济就是资本主义,市场也可以为社会主义服务。他在这里再次强调了市场经济的改革思想。

据黄奇帆同志回忆,邓小平同志在新锦江旋转餐厅听取开发开放浦东的汇报时,鲜明地提出要进行金融改革。邓小平同志说,金融很重要,是现代经济的核心。金融搞好了,一着棋活,全盘皆活。上海过去是金融中心,是货币自由兑换的地方,今后也要这样搞。黄奇帆同志说,邓小平同志提出这些重要思想是经过深思熟虑的,他事先有充分思考准备,才能提出人民币也要搞自由兑换这样非常精彩的改革思想。

邓小平同志在谈话中还强调,要扩大开放,开放不坚决不行,不要害怕"三资"企业的发展,发展经济,不开放是很难搞起来的。

这就是我在市委领导同志家里亲眼看到的邓小平同志视察上海的谈话材料,当时并没有其他报社的老总在场。我理解,市委领导给我看这个材料,是让我了解情况以便把握宣传口径。这个意图是很明确的。当时,市委领导同志并没有让我做记录,也没有直接布置我写文章。但是我看完这份材料后就产生了强烈的冲动,下决心要宣传邓小平同志的改革开放新思想,以便在紧要的历史关头,在我们报纸的舆论宣传中进一步认清和把握中国特色社会主义航船破浪前进的正确航向。

1991 年的春节是 2 月 15 日。我是在 2 月 11 日晚上看到邓小平同志的谈话材料的,凭我在长期从事党报工作中培养的政治敏感和责任心,我深感邓小平同志的谈话分量非常重,非常有针对性。邓小平同志强调,全党都要讲改革开放,这绝对不是只对上海讲的,而是对全国改革开放的一个总动员。实际上,邓小平同志已经感到,在当时国际大形势和国内政治气氛下,如果不坚决推动改革开放,不加快经济发展,再走封闭僵化的回头路,中国是没有前途的,中国人民是没有福祉可言的。所以,后来他在南方谈话中提出,不改革开放只能是死路一条。当时深深触动我的正是这些审时度势、谋深虑远、语重心长的话。因此,我内心主意已定,"不须扬鞭自奋蹄",作为中共上海市委机关报,《解放日报》一定要带头宣传、阐发邓小平同志关于深化改革、扩大开放的最新思想,这是理所当然的、也是责无旁贷的。

从 12 日开始,我就酝酿怎么宣传邓小平同志上海谈话精神的问题。

我是怎样组织撰写皇甫平系列评论的

《解放日报》1989 年、1990 年已连续两年在农历大年初一,都由我在头版的《新世说》栏目撰写一篇千字文的小言论祝贺新春。而 1991 年庚午岁尾,在我了解到了邓小平同志在上海视察谈话的精神后,我就感到,只写一篇小言论已不足以宣传邓小平同志的最新指示精神。

所以在 2 月 13 日,也就是小年夜,我找来评论部的凌河,并请来市委研究室的施芝鸿同志。施芝鸿同志是我们报社的骨干通讯员和重要作者,从上世纪 70 年代起就不断给《解放日报》撰写新闻、通讯和评论。他同张伏年、贾安坤、龚心瀚、宋超等同志过从甚密;同我交往也很深,我常约他为《解放日报》撰写重要评论,我们在思想理论问题上有共识、有默契。小年夜那天,我把在市委领导同志家里看到的邓小平同志在上海视察时的谈话精神说了一下。正巧,施芝鸿同志在市委研究室也已听到了传达,并在笔记本上作了完整详细的记录。我们核对了一下,内容同我在市委领导同志家中看到的一样,我提议我们 3 人要合作写几篇署名文章。

当时,我便把自己构思好的准备在大年初一发表的评论提纲说了一下。就是抓住"辛未羊年"做文章,以"十二年一个轮回"作回溯前瞻,又从"六十年一甲子"作更大时间跨度的回顾和展望,提出 1991 年中国正处在改革开放新的历史交替点上。这篇评论由凌河同志按我口授提纲执笔撰写,并由我改定。

"12 年一个'轮回'。回首往事,上一个羊年——1979 年,正是党的十一届三中全会召开之后开创中国改革新纪元的一年。"回顾这 12 年的改革过程,"抚今忆昔,历史雄辩地证明,改革开放是强国富民的唯一道路,没有改革就没有中国人民美好的今天和更加美好的明天!"

评论开笔这些话,今天读来也许已平淡无奇,但在当时却着实让人眼前为之一亮。因为当时报纸上几乎都在集中火力抨击"资产阶级自由化"、反对和平演变。媒体已经有 19 个月没有用这样的口吻谈论 80 年代以来的改革开放了。评论中这短短几句,是"六四风波"以后第一次鲜明地对 80 年代以来改革开放作出的正面评价,产生了比较大的社会反响。

在文章中我们又前瞻了此后的 12 年,那正好是 2003 年。届时,我国已进入小康社会,继解决温饱问题之后,实现了我国现代化建设"三步走"目标的第二步目标,我们国家将发展得更好。同时,我们又回顾和前瞻了 60 年一个甲子的轮回。从 1991 年往前看 60 年是 1931 年的辛未羊年,当时的"九一八"事件,再次昭示了我们落后就要挨打;而从 1991 年再向前看 60 年,正好是 2051 年的辛未羊年,那就到了本世纪中叶,我国将实现现代化建设第三步目标,达到中等发达国家水平。

经过这样大开大阖的论述,来阐明 1991 年是我国一个重要历史交替点,1991 年应该成为改革年。"我们要把改革开放的旗帜举得更高","我们要进一步解放思想,以改革开放贯穿全年,总揽全局"。

"改革年"这个提法来自时任中共上海市委书记兼市长朱镕基,他是在传达党的十三届七中全会精神时提出这个重要概念的,他还提出:"何以解忧,唯有改革"。我体会,他提出"改革年"可能是针对当时有关 1991

年是"质量年"的说法。

这就是皇甫平系列评论的第一篇,发表在 1991 年 2 月 15 日,即辛未羊年大年初一,正逢全国休假迎新春,所以相当多的读者还没有充分注意到。但邓小平同志看到了。因为当天《解放日报》头版上半版刊登邓小平与上海市委、市政府领导迎新春的新闻报道和大幅照片,而下半版就加框刊登皇甫平署名评论《做改革开放的"带头羊"》。

大概过了 3 个星期左右,1991 年 3 月 2 日,发表皇甫平系列评论的第二篇文章《改革开放要有新思路》。文章阐述了邓小平同志改革开放新思想中最重要、最关键的一点,就是要发展市场经济。这篇文章是由我出题,施芝鸿同志执笔,再由我改定的。

邓小平同志在 1990 年底、1991 年初的两次谈话,都强调我们要在发展市场经济问题上进行思想解放和理论突破。我理解,邓小平同志要推动改革开放的深入,到了 90 年代的此时此刻,说穿了就是要在建立社会主义市场经济新体制上求深入、求突破。我国 80 年代的改革基本上是一种增量改革,就是在公有制经济外增加一块新的发展空间,可以搞私营经济、个体经济,也可以搞中外合资或外商独资经济。但当时还没有触及计划经济体制内的国有企业,而 90 年代的改革要由体制外转向体制内,由增量改革转向存量改革。这样,就必须把建立社会主义市场经济体制作为经济体制改革的目标,这就必然要破除搞市场经济就是搞资本主义的思想观念。

文章提出"解放思想不是一劳永逸的","解放思想要进入新境界,改革开放要开拓新思路,经济建设要开创新局面"。这篇文章的点睛之笔,是指出 90 年代改革的新思路就在于理直气壮地发展市场经济。文章联系当时中国和上海的实际宣传了邓小平同志视察上海时的讲话精神:"计划和市场只是资源配置的两种手段和形式,而不是划分社会主义和资本主义的标志,资本主义有计划,社会主义也有市场。"并批评"有些同志总是习惯把计划经济等同于社会主义,把市场经济等同于资本主义,认为在市场调节背后必然隐藏着资本主义的幽灵"。

文中鲜明提出"在改革深化、开放扩大的新形势下,我们要防止陷入某种'新的思想僵滞'",并指出这种"新的思想僵滞"具体表现为,把发展社会主义市场经济同资本主义等同起来,把利用外资同自力更生对立起来,把深化改革同治理整顿对立起来,等等。这几个"新的思想僵滞"的表现,是根据当时一位中央领导同志讲话精神概括出来的。

在我们党关于改革开放的话语系统中,思想僵化是专指真理标准大讨论时的因循守旧、墨守成规的思想观念、理论观点。当时邓小平同志讲过,有不同看法,基本上是怕出问题,怕出问题不一定就是思想僵化。所以,我们经过推敲,认为用"思想僵滞"的提法,要委婉一些,也更准确一些。

这第二篇文章是皇甫平系列评论中最重要的一篇。后来上海市和全国评好新闻奖,都是以这篇评论作为代表作。

这篇文章引起的社会反响更大。赞成的人很多,包括经济学家吴敬琏等,看到文章后都非常兴奋。后来他遇见我,对我说,一看皇甫平就知道有来头,一定是改革开放总设计师发话了。但文章也遭到"左"的思潮强烈反对,认为市场化是资产阶级自由化的核心。我们提出改革开放的新思路就是发展市场经济,引起了这些人的不满甚至恐慌。

3月22日,皇甫平系列评论第三篇《扩大开放的意识要更强些》发表。这篇文章是凌河同志根据报社外一位理论工作者沈峻坡同志的来稿改写的。

文章从上海对外开放的过程中所出现的争议说起。从国际饭店屋顶上最早竖起的日本东芝的霓虹灯广告引起很大的反对声音,说到后来在虹桥土地使用权拍卖引起很大的阻力。针对曾经出现过的这些争议和反复，文章指出，开发开放浦东、设立保税区、造就"社会主义香港"的尝试，一定要迈开步子，敢于冒风险，做前人没有做过的事情。

这样的对外开放，是不是让外国资本家把钱都赚去了？会不会损害民族工业、民族经济？会不会使上海重新变成旧社会"冒险家的乐园"？针对这3个思想障碍，我们深入阐述了邓小平同志关于"开放不坚决不行"的思想。这篇文章鲜明提出："增强扩大开放意识，就要求我们进一步解放思想，抛弃任何一种保守、僵滞、封闭的观念，形成与一个先进的国际城市相称的开放型软环境。""90年代上海的开放要迈出大步子，必须要有一系列崭新的思路，敢于冒点风险，做前人没有做过的事"，"例如开发浦东，设立保税区，实行进入自由，免征出口税等带有自由港性质的特殊政策，对于这类被称为造就'社会主义香港'的尝试，如果我们仍然囿于'姓社还是姓资'的诘难，那就只能坐失良机。"当时我们深感，拨乱反正和改革开放初期的两个"凡是"，已变成一个"凡事"，即凡事都要问一问"姓'社'姓'资'"。这是阻碍深化改革、扩大开放的一个要害问题。所以，在这篇文章中，很有针对性地提出"如果我们仍然囿于'姓社还是姓资'的诘难，那就只能坐失良机"，"趑趄不前，难以办成大事"。我们在文章中丝毫没有提倡改革开放不要问"姓社姓资"的意思，只是说不要对改革开放的举措乱扣"姓资"的帽子。

这第三篇文章见报后，由于尖锐地提出了"姓社姓资"问题，"左"派就认为抓到"辫子"了，纷纷撰文"批判"，大张挞伐。这就把一场争论的"导火索"给点燃了。我们这篇文章是3月22日发表的，4月中旬批判文章就出来了。最早的一篇就在《当代思潮》杂志上发表。接着，《真理的追求》《高校理论战线》等杂志也连篇累牍发表批判文章。这些文章歪曲皇甫平评论原意，如出一腔，无限上纲，乱扣帽子，纷纷质问"改革开放可以不问姓'社'姓'资'吗"?

皇甫平系列评论的第四篇《改革开放需要大批德才兼备的干部》,发表在4月12日。这篇文章是我出题目,由施芝鸿同志执笔的。

这篇文章的背景就是在当年3月份全国人大和政协会议上,时任中共上海市委书记兼市长的朱镕基同志被任命为国务院副总理。我们借此契机论述改革开放需要大量德才兼备的干部,阐述了邓小平同志关于大胆使用、科学使用人才的思想,即要把坚持改革开放路线、作出政绩、得到人民拥护的人提拔到领导岗位上去。

文章是根据时任总书记的江泽民同志在党的十三届七中全会上关于干部问题的讲话精神撰写的,文中引用了战国时期思想家荀子在《大略》篇中说的一段话:"口能言之,身能行之,国宝也;口不能言,身能行之,国器也;口能言之,身不能行,国用也;口言善,身行恶,国妖也。"这段话的意思就是,那种很会讲话、很有思想、又能够干实事的人,是国宝级人才;而那种讲话木讷、不善表达,但很能干事的,是国器型人才;还有一种人很有观点、能出点子,但不大会干实事,这也是可用的人才,可以用他出点子和雄辩滔滔的才能;而那种话讲得很好听,做的却是另外一套,这种人却是国妖。荀子说:"治国者敬其宝,爱其器,任其用,除其妖。"就是说,当政者对于国宝级的人需要非常恭敬、很好地用他,对于有用的人才要大胆任用他,对于国器型人才需要很好爱护他,而对国妖式坏人则必须坚决清除。

我们在文章中强调改革开放需要大批勇于思考、勇于探索、勇于创新的闯将,要破格提拔对经济体制改革有进取精神的干部。文章尖锐提出,对"那些'口言善,身行恶'的'国妖'、两面派、骑墙派一类角色,才毫无疑问决不能让他们混进我们的干部队伍中来"。这是对邓小平同志关于要从组织人事上保证推进改革开放重要思想的积极呼应。

就这样,从 2 月 15 日到 4 月 12 日,《解放日报》以每篇发表时间间隔 20 天左右这样的节奏,在头版重要位置连续发表了 4 篇署名皇甫平的文章。4 篇文章主题一以贯之,内容相互呼应,文风鲜明犀利,及时宣传并深入阐发了邓小平同志最新的改革开放思想,形成了一个有力推进改革开放的完整的舆论先导系列。

在最初酝酿时,我们曾打算还要写第五篇专门论述:怎么看待姓"社"姓"资"?改革开放到底是姓"资"还是姓"社"?因为这个问题已经引发了争议。后来,因为港澳工委来电话催促我尽快到香港《大公报》履任新职,我忙于移交工作,办理赴港手续,这篇文章的写作也就被搁下了。

我为什么给系列评论署名皇甫平

为什么这组系列评论会用皇甫平这个署名呢?

在酝酿写第一篇文章时,我曾开玩笑说,50 年代的"马铁丁"、"龚同文"都是由 3 个人组合的署名,文章很有影响。我们 3 人也组个"马铁丁"式写作组吧。

但我们在讨论第一篇评论文章时,并没有涉及署名问题。第二天初稿出来后,我才考虑署名问题。所以,皇甫平这个署名是我独自在大年夜拟定的,没与凌河和施芝鸿同志商量过。我为什么要署一个皇甫平的笔名呢?

那是有我的深层考虑的。

当时,海外不少媒体都对皇甫平作了解读,一般都是把皇甫平说成是"黄浦江评论"的谐音。在当时的交锋和争议过程中,我也不便把自己的深层想法和盘托出,所以一段时间内形同默认了皇甫平就是"黄浦江评论"的意思。

　　一直到了 1994 年 4 月,我在撰写纪念《解放日报》创刊 45 周年文章《扬"解放精神" 创"解放风格"》时,才透露了皇甫平署名的深层含义。文章中有这么一段话:"皇甫平的署名是我拟定的,现在人们都知道它含有黄浦江评论的意思,这只从谐音取义;其实它还蕴涵有更深一层的意思,就是奉人民之命辅佐邓小平。"2003 年 2 月,即皇甫平系列评论文章发表 12 年后的癸未羊年,上海《新民周刊》记者陆幸生来采访我关于皇甫平文章发表经过的时候,我才把自己当初如何拟定这个署名的具体想法讲出来。

　　我当时对陆幸生说:"许多论者把皇甫平解释为黄浦江评论的谐音,这并不错,但又不仅仅是这个意思。从更深层的意思来说,这个'皇'字,按照我家乡闽南话的念法,与'奉'字谐音。这个'甫',不念'浦',而念'辅'。我选这个'甫',就是取有辅佐之意。奉人民之命,辅佐邓小平,这就是皇甫平笔名的深层含义。而皇甫又是中国的一个复姓,人们看起来比较自然。"2008 年纪念改革开放 30 周年时,我在各地演讲谈到皇甫平署名,又对"辅佐邓小平"作了进一步的解释,就是"宣传邓小平最新的改革开放思想"的意思。

　　我当时心里的真实想法就是这样的,要把邓小平同志最新的改革开放思想宣传出来,以利于全党全国人民更好地统一思想、凝聚力量,从而推动深化改革、扩大开放,把中国特色社会主义事业推向前进。可见,皇甫平是顺应当时历史条件的一个署名,以后就再也没有用过。直到 2006 年在发表我撰写的《改革不可动摇》一文时,被《财经》杂志主编阴差阳错又用了一次,而那是后话了。

　　后来我们就用了其他的署名了。如到了第二年(1992 年)春节,我们发表宣传邓小平同志视察南方重要谈话精神的署名评论就用了"闻顾"。1992 年 4 月以后,我组织发表在《解放日报》的 4 篇评论文章,署名就叫

"吉方文",就是"《解放日报》文章"的意思。1993年我奉调履任《人民日报》副总编以后,分管评论、理论宣传,我又主持开辟了一个重点评论栏目,署名"任仲平",就是"《人民日报》重点评论"的意思。这个笔名很直白,没有什么其他含义,《人民日报》直到今天还在使用。

皇甫平系列评论引发的思想交锋

皇甫平系列评论文章发表后,在国内外、党内外反响强烈。文章受到许多读者的欢迎,说这是"吹来一股清新的改革开放春风"。每逢文章发表,都会有不少读者打电话到报社询问作者是谁,并纷纷表示,读了这些文章很有启发,有助于进一步解放思想,认清形势,打开思路,坚定信心。

《解放日报》驻京办事处当时也收到很多电话。有的打听文章背景,问是不是传达了邓小平同志的讲话精神,还有的表示这些文章以加大改革分量为主旋律,说出了他们的心里话。当时,全国不少省、自治区、市驻沪办事处人员都接到当地领导人电话,要求收集"全部文章",有的还派出专人到上海来了解皇甫平系列评论的"发表背景"。

这4篇文章当时在国外也引起反响,包括美联社、法新社、路透社等世界各大通讯社纷纷打电话询问有关情况。特别有意思的是塔斯社,当时苏联还没有解体。塔斯社驻上海记者一定要来采访我,问皇甫平是什么背景?是谁授意的?是不是邓小平?他们很敏感。

当时,对这些系列评论文章正面反应是主要的。这说明邓小平同志重要谈话深得人心!但是反对的声音也不绝于耳。我们原来期望1991年是改革年,不曾料想这一年却变成了改革的争论之年、交锋之年。而争论和交锋的中心内容,始终是围绕改革开放的性质、市场经济的取向和改革开放总设计师本人展开的。

　　上面说到,1991 年 3 月 22 日我们系列评论的第三篇文章发表后,很快 4 月中旬批判文章就出来了。最早的一篇《改革开放可以不问姓"社"姓"资"吗?》就发表在《当代思潮》上。该文一开头就说,"在自由化思潮严重泛滥的日子里,曾有过一个时髦口号,叫做不问姓'社'姓'资'"。结果呢?"有人确实把改革开放引向了资本主义化的邪路",诸如经济上的私有化、市场化,政治上的多党制、议会制,还有意识形态上的多元化思潮。在列举了这一系列"恶果"之后,文章说"不问姓'社'姓'资',必然会把改革开放引向资本主义道路而断送社会主义事业"。好家伙,这就等于把皇甫平宣判成"资产阶级自由化分子"了。

　　接着,《真理的追求》杂志发表《重提姓"社"与姓"资"》一文,又升高调门把皇甫平说成是逃亡海外的政治流亡者的同路人。文章写道:"改革不要问姓'社'姓'资'本来是'精英'们为了暗度陈仓而施放的烟幕弹","一切不愿做双重奴隶的中国人,有责任也有权利问一问姓'社'姓'资'"。《高校理论战线》杂志也加入了围剿皇甫平的行列。该刊发表署名文章说,"至今仍有此论者把'姓社还是姓资'的诘问指责为'保守'、'封闭'的观点,主张予以抛弃","对于那种不许问'姓社姓资'的观点,人们也不妨问一问:它代表的思想倾向,究竟是'姓社还是姓资'?"

　　在这些小刊物打了头阵之后,到了八九月份,《人民日报》、《光明日报》和《求是》杂志也刊发了批判皇甫平的文章。按照这些文章的说法,皇甫平系列评论文章罪莫大焉:"引向资本主义邪路","断送社会主义事业","不合党章条款","改变共产党人的政治纲领",宣扬"庸俗生产力论",鼓吹"经济实用主义",等等。明眼人一看便知,这哪里是批判皇甫平,矛头分明已指向邓小平理论和邓小平同志本人。

　　难能可贵的是,在这过程中,中央媒体中唯有新华社站出来支持了皇甫平系列评论文章。当年 4 月,新华社《半月谈》杂志发表评论,呼应皇

甫平文章,明确表示不能对改革开放任意进行"姓'社'还是姓'资'"的
诘难。文章从农村改革讲起,认为搞家庭联产承包责任制,像这种改革就
不应该问姓"社"姓"资"。北京一些媒体对此大为恼火,就在挞伐皇甫平
的同时批判《半月谈》。我注意到,这些媒体的批判文章同批判《解放日
报》皇甫平文章是不点名批判的做法不同,他们对《半月谈》是公开点名
批判。

这种对待《解放日报》和《半月谈》的不同批判方式很耐人寻味,这说
明他们既吃得准又吃不准。

吃得准的是,他们认为要批判的思想是不符合当时反对和平演变的
主流的。

吃不准的是,他们认为《解放日报》哪有那么大的胆?《解放日报》后
面肯定有来头。而来头是什么人,他们当然也知道,所以后来他们批判文
章的调子就不完全针对皇甫平了。他们提出要批判庸俗生产力论,批判
经济实用主义,显然这是冲着邓小平理论、邓小平思想来的。

这种情况也在上海表现出来。当时上海有一位老干部写了一篇很长
的逐字逐句批驳皇甫平的文章。他把文章寄给市委领导,市委领导转给
了我,但没有批示什么意见。所以,我也就不予理睬。此外,当时上海市
离退休老干部有一个读报小组,有一天他们指定要我去参加他们的评报
会。我去后,他们指着我批评说:你无非是听了邓小平谈的话,邓小平现
在算什么!他现在退休了,是一般党员,难道他说的都正确吗?你都要跟
着宣传吗?那现场气氛就像开批判会一样,会上所透出的批邓情绪是显
而易见的。

一些媒体喧闹一时的批判,理所当然地在我国经济理论界引起了回
音。1991年7月4日,中国社会科学院经济学科片在刘国光同志主持
下,召开了"当前经济领域若干重要理论问题"座谈会,吴敬琏、卫兴华、

戴园晨、周叔莲、樊纲等经济学家就"姓'社'姓'资'"这一敏感问题坦陈己见。他们对批判者的"高见"不敢苟同。吴敬琏说："从全局上说，从战略上说，一定要保证我国整个经济发展的社会主义方向。从具体问题来说，不能囿于'姓"社"还是姓"资"'的诘难。对外开放用了一些社会化大生产通用的做法，如果问'姓"社"还是姓"资"'，这些做法都不能用了。如果这样的话，从根本上说来，是妨碍社会主义经济繁荣的，甚至是破坏社会主义繁荣的。"卫兴华说了五点：第一，实行改革开放不能不问"姓'社'姓'资'"；第二，不能乱定"姓'社'姓'资'"；第三，不能对什么事情都一定要问"姓'社'姓'资'"；第四，问"姓'社'姓'资'"，不是排斥和否定一切姓"资"的东西存在；第五，不要用不正确的"社资观"去胡乱批评正确的理论思想。

理论界当时也有一个在全国很有名气的人写了一篇文章让《解放日报》驻北京办事处一位记者转给我，说是，如果我把这篇文章刊登在《解放日报》上，可以视作一种自我批评，北京报刊就不会再发表批评文章了。我知道这分明是一种"战场喊话"。我看到文章中有这么一段话："笔者完全不能理解，'不问姓"社"姓"资"'的口号，究竟符合党章的哪一条款呢？提倡'不问姓"社"姓"资"'，那么在政治上还要人们问什么呢？邓小平同志反复强调我们'干的是社会主义，最终目的是实现共产主义'。这个共产党人的政治纲领，难道需要和可以改变吗？"我看了这些"高论"很是纳闷。皇甫平系列评论文章提倡的解放思想、改革开放，这都是党的基本理论、基本路线规定的，怎么突然之间就变成"改变共产党人的政治纲领"了？我马上打电话给驻京办事处记者，要他明确转告那位作者：除非他把这段话删掉，否则《解放日报》不可能刊登他的文章。后来那篇文章就发到其他报刊上去了。

"战场喊话"之后不久，1991年8月中旬，人民日报社社长突然跑到上海解放日报社,要找我谈话。事前,我接到该报驻上海记者站记者的电话,说他们社长要来上海,要我接待一下。我摸不透这位社长为什么要来找我谈,就向上海市委主管领导作了汇报。主管领导当场就打电话到中央办公厅了解人民日报社社长来上海究竟有什么背景?在得到"是他个人的行为"的明确答复后,主管领导就对我说,你随机应变吧。

当时,这位社长直截了当问我:皇甫平文章是什么背景?是谁授意写的?我对他说,没有人授意,是我组织撰写的。我从来没有向谁请示过,也没有送审,就是我做主的。我作为《解放日报》一把手,发表署名评论文章还是有这个权利的。我还讲到第三篇文章还是一个理论作者来稿,我们在他文章的基础上重新改写的。听我这么一说,他说,那我们误会了。然后他说,你赶快写一个报告给中央,把皇甫平文章写作和发表的经过,按照你今天讲的写出来,我到北京去做做工作,就不会再批判皇甫平文章了。我回答说,我会考虑一下给你写一个。他说,你越快越好。

他走后,我立即向市委领导汇报了。回复是:不睬他!

时任总书记的江泽民同志,在这一年的"七一讲话"中,深刻论述了邓小平同志有关"计划和市场只是经济手段,不是区分两种社会制度的主要标志"的思想。同时也谈到了反和平演变。此后一个阶段,中央各大媒体都只宣传他关于反和平演变的思想,而不宣传他谈改革开放的内容。这引起江泽民同志的不满。有一次他批评新闻界专门抓反和平演变来宣传,说我"七一讲话"中讲的改革开放你们为什么不宣传?他要求今后主要是加强改革开放的宣传,不改革开放我们站不住。

在这个背景下,《人民日报》就开始起草有关改革开放的社论,这就是9月2日《人民日报》社论的由来。

9月2日《人民日报》发表题为《进一步改革开放》的社论。在9月1日晚上,中央电视台《新闻联播》节目中播出了社论摘要,短短几句摘要中就有两处提到"要问姓'社'姓'资'"。我看了那天晚上的《新闻联播》,第二天一早就赶快找报纸来看,结果发现《人民日报》社论中的那两句"要问姓'社'姓'资'"的话没有了。

后来我才知道,当晚江泽民同志也在看《新闻联播》,他发现问题后立即给当时的中宣部长打电话,要他把社论中这两句话删掉。当天晚上,部长打电话叫人民日报社社长把社论稿送来,连夜把那两句话删掉了。这就造成新华社当晚发了两个不同版本的社论电讯稿。第二天报纸出来以后,海内外舆论哗然。港台报纸更是大做文章,认为中央高层对改革开放出现了分歧。

我调任人民日报社副总编以后,才得知那篇社论原稿上并没有"要问姓'社'姓'资'"的提法,而是那位社长自己加上去的。但是,后来为了摆脱自己的被动,那位社长竟向上面撒谎说"'问姓"社"姓"资"'的话是原稿里有的",而他本人则一向认为"问姓'社'姓'资'"是"一种'左'的传统观念"。与此同时,他又批准编印一封"读者来信"。摘信中的话说:"那些对改革开放不主张问一问'姓"社"姓"资"'的,不是政治上的糊涂虫,便是戈尔巴乔夫、叶利钦之流的应声虫!"这种两面派手法并不高明,此后不久,那位社长就离开了人民日报社。

当然,这只不过是1991年这场交锋的一个插曲罢了。这种争论和交锋还发展到更高的领导层,其具体情况,这里恕不详谈了。

我们自觉巧妙地进行针锋相对斗争

组织撰写和发表皇甫平系列评论之前,我曾预料到会引起争论,也做好了冒一点风险的思想准备。但是,我决没有想到会引起这么激烈的反应,会招致如此凶猛的"批判",拿大帽子吓人竟严重到如此程度。看到那些歪曲我们文章原意、无限上纲挞伐的"大批判"文章,我们本想进行反击。但当时上海市委领导理解我们的处境,悉心保护我们,在任何会议上都没有给我们施加过压力。所以,我比较坦然。同时,遵照市委关于淡化处理、不要正面交锋的指示,我们顾全大局,对恶意攻击的文章一概不予置理。但对于这些重要情况,我觉得有必要向市委领导作一次较为详尽的书面汇报。

于是,就在系列评论第四篇文章发表后 10 天,也就是 4 月 23 日我以《解放日报》总编室的名义给市委写了一份报告。在报告中讲了皇甫平文章的来龙去脉,我怎么考虑要发表这 4 篇文章?这 4 篇文章发表后有什么反应?既反映了正面情况,也反映了反面的。另外,也提到港台报纸的报道,比如最早报道皇甫平文章的是台湾《联合报》,认为皇甫平文章是上海在叫板北京,反映了上海跟北京的矛盾,云云。我把《联合报》的有关报道复印件作为附件一并呈报给市委领导。

在送出这个总编室报告的同时,我又给当时的上海市委书记、市长、分管宣传的市委副书记 3 位领导,写了一封信,着重说明为什么这组皇甫平系列评论文章不送审。我说:当前形势错综复杂,邓小平同志视察上海的谈话很重要,是对全国改革开放的一个新的动员,《解放日报》作为党报应该有这个责任进行及时宣传。按照历年的惯例,党报的社论、重要的评论员文章应该送审,但并没有规定署名文章、署名评论也要送审,皇甫平评论按惯例是可以不送审的。更重要的是,我担心送审会让你们为难和被动。如果由此产生什么问题的话,我愿意个人承担责任。

对我的这封信,书记和市长都圈阅了,但没有表示意见;市委副书记作了批示,但批示没有讲文章该不该写、写得对不对,只批了一句话——像这样类似的文章今后还是要送审。对此,我一方面作了自我批评,表示愿意承担责任,一方面心里也更有底了。

当时中共上海市委宣传部分管理论和意识形态工作的副部长刘吉同志，一再表示皇甫平文章写得及时、写得好！他说，有人说我是你们的后台，可惜你们写文章时我并不知道，当不了后台。他还提议，可以把皇甫平系列评论的第三篇文章重新发表，同时加一个编者按，让广大读者来评判，皇甫平文章哪一段、哪一句主张过"不要问姓'社'姓'资'"？

更为难得的是，他还把皇甫平这组系列评论文章、包括对我们的一些有代表性的批判文章都搜集起来，通过邓楠转送给邓小平同志。因为皇甫平系列评论的第一篇文章发表时，邓小平同志正在上海过春节，也许会看到这篇文章，加上刘吉同志转送的材料，我估计邓小平同志对皇甫平事件知道得还是比较早的。

尽管如此，作为组织撰写和发表皇甫平系列评论文章的"始作俑者"，我当时还是承受着巨大压力，连我到香港《大公报》履任新职的任命到6月初也被突然取消了。当时我已经交接完工作，《解放日报》连欢送会都已开过了，我的行装也已准备就绪，飞机票都买好了。但中央组织部临时来了一个电话，就突然取消了对我的任命。好在我在《解放日报》工作了近30年，大家对我很了解，所以这件事对我并没有太大影响，大家反而都很同情我。我仍旧担任解放日报社党委书记兼副总编辑，还是主持《解放日报》全局工作。

8月间，《人民日报》发表了一篇评论员文章《筑起抵御和平演变的钢铁长城》。这篇文章全国报纸都转载了，上海的《文汇报》、《新民晚报》也转载了，只有我们《解放日报》没有转载，我没有让转载。

第二天正好是市委中心组学习，我作为《解放日报》一把手参加了。在这个会上，市委副书记兼市长提出，《解放日报》为什么不登《人民日报》反和平演变的评论员文章？明天要补登一下。

于是我就说明，这篇评论员文章谈的是反和平演变的重大问题，但是文章与中央的精神不一致。我认为反和平演变关键是高级干部、领导干部,主要是党内教育。而《筑起抵御和平演变的钢铁长城》讲的是意识形态领域的事情,文章把矛头指向知识分子了。再说,"筑起钢铁长城"这个提法也不准确。

这时,参加市委常委会学习的原市委书记、老干部陈国栋同志出来为我解围了。他说,反和平演变这么重大的问题,中央应该有正式的文件,不应该靠《人民日报》发一个评论员文章。还不是社论呢,评论员文章怎么来谈这个?

这时,陈沂同志也起身走到我的座位旁对我说,我支持你的看法。

在这种情况下,主管领导就来征求我的意见。我说,中央并没有规定《人民日报》的评论员文章地方报纸一定要转载;上海也不是都不登,《文汇报》《新民晚报》登了,表明上海市委并没有要抵制这篇文章。只是我作为《解放日报》一把手,我有选择的权利。如果市委认为需要写防止和平演变的评论,我可以重写一篇,更加准确地体现中央精神。但是这样一写,海外媒体一定会讲"上海又和北京对着干了"。这样,最后市委书记拍板:不要补登,也不要再写。

当时,我就这样顶住了一些"左"的政治家、理论家对"皇甫平"文章的围剿。按照当时市委领导同志的明确指示,我不能同他们争论,只有通过不转载此篇评论来表示《解放日报》的坚定观点。1991 年 8 月 31 日,即在苏联"八月变局"后的一个星期,我又组织撰写和发表了《论干部的精神状态》的评论员文章,明确提出贯彻"一个中心、两个基本点"的基本路线不能动摇,必须坚定地扭住经济建设这个中心,绝不分散我们的注意力。文章指出,只有振奋精神坚持改革开放,才是我们唯一的出路。

这年 10 月份,我写了一篇《"科学技术是第一生产力"的理论和实践意义》的长文,着重论述只有把生产力搞上去,才能在和平演变的挑战中岿然不动。文章明确提出,苏联"红旗落地",并非由于"卫星上天",社会主义国家唯有经受住新科技革命的挑战,红旗才能举下去,才能更高飘扬。当时,我在文章中写道:二战以后科学技术的发展,包括原子能发电,包括卫星上天、载人宇宙飞船、原子破冰船、超音速飞机、等等,都是由苏联最早造出来,这些科学技术在当时都是最先进的。因此,上世纪50年代,社会主义声誉在全世界如日中天。但是,由于体制原因,苏联后来在科技进步的民用化、推动经济发展方面没有做好,它只有军事竞赛带来的科技发展,这就支撑不住经济社会发展。老百姓长期生活得不到提高,农副产品都买不到。苏联的失败,根本原因在这个地方,而不是它搞改革开放的结果。

我这篇文章是送市委主管领导同志亲自审定的。这实际上是对苏联衰变和解体的深层教训所作的一个与当时主流舆论不同的阐述,其基本精神是与皇甫平系列评论文章一脉相承的。

这一年12月,我从一份内参资料中看到,北京有一个被吹捧为所谓"坚定的社会主义理论家"的人,他在给中央"上书"中公然宣称:在苏联解体、东欧剧变、社会主义转向低潮情况下,中国抵御西方"和平演变"的阴谋困难重重,而坚持改革开放恰恰会为西方"和平演变"势力所利用,因此希望中央决策者要权衡利弊,不要冒改革开放的风险,应先集中全力进行社会主义思想教育,以增强反"和平演变"能力,这才能保住社会主义阵地。

我抓住这份难得的反面教材,在上海召开了一个形势座谈会,请了当时沪上一批有影响的人士,如徐匡迪、华建敏、王沪宁、刘吉、施芝鸿,还有王新奎、王战、周汉民等,集中对这份内参进行讨论。这里要说明的是,我当时作为《解放日报》一把手,经常把上海一批具有改革开放思想的人士请来开"神仙会",请他们发表各自的见解。他们那些精彩的、有学术的思想和有思想的学术观点,也常被我化作评论文章在《解放日报》上发表,使《解放日报》的思想性、理论性不断增强,导向性、指导性更加鲜明。

后来,我把这次座谈会大家发言的意见,整理成两篇评论员文章,即《改革要有胆略》、《再论改革要有胆略》,在《解放日报》头版显著位置发表,严肃批评了反对冒改革开放风险,认为坚持改革开放就会被西方"和平演变"势力所利用的错误观点。这是在当时历史条件下,我们力所能及地作的针锋相对的斗争。

到下半年,形势有了转机。继9月1日夜江泽民同志亲自下令将第二天见报的《人民日报》社论中两处有关"要问姓'社'姓'资'"的句子删去之后,9月底,在中央工作会议上,江泽民同志又严厉地批评了《人民日报》海外版在引用他纪念鲁迅大会上的讲话时断章取义地作了突出"反和平演变"的错误编排。

我组织撰写和发表皇甫平系列评论文章,一开始同时任中共上海市委书记兼市长的朱镕基同志并没有直接关联。后来,我听说,朱镕基同志有一次曾对市委领导说,皇甫平的文章也给他带来压力。我估计这个压力就是有些人以为皇甫平系列评论是他授意搞出来的。后来,我调到《人民日报》担任副总编以后,几次遇见朱镕基同志,他都没有向我提起这件事。倒是1994年春,国务院出台财税、外贸、金融、投资、国企五大改革措施,我当时用"任仲平"署名同当时借调北京起草《邓小平理论学习纲要》的施芝鸿同志合作,撰写了一篇《上下一心打好今年改革攻坚战》的重点评论文章发表在《人民日报》头版头条。当时,正逢全国两会召开,朱镕基同志是湖南代表团的代表。当天上午他就把我们这篇文章拿到会场,在湖南团大组会大加赞扬。他说:"任仲平"就是《人民日报》重点评论。这个作者就是从上海调来的皇甫平,他们的评论写得非常好。那天,他讲了一大段充分肯定和高度评价的话,而且还特意把任仲平同皇甫平联系起来加以表扬。这就表明了他对皇甫平系列评论文章的态度。我和施芝鸿同志合作撰写的这篇"任仲平"文章获得当年中国新闻奖评论类文章一等奖,对1994年开启的市场化取向的全面改革,起了很大推动作用。中宣部也曾通报予以表扬。

邓小平南方谈话帮皇甫平摆脱困境

据说,在1991年就皇甫平系列评论文章展开的交锋中,有一句话在北京流行着:"京都老翁,坐看风起云涌。"这表明邓小平同志当时非常冷静地、不动声色地观察和思考了1991年发生在我国的这场思想交锋。

两个多月后,也就是1992年春天,邓小平同志在南方谈话中多次论及这场交锋中所涉及的一些重大理论观点。

1989年、1990年到1991年,邓小平同志多次在内部找中央领导同志谈话,而没有在公开场合露面。我猜想,他作为退休老人,可能不想再走到前台来。但是从1991年这一年的争论和交锋中他可能看得出来,皇甫平的文章完全是在宣传他的思想,竟然会引起那么大的反对的声音、遇到那么大的阻力,他如果再不走到前台发话,就很难直接推进改革开放了。

他在选择时机。进入1992年,中央就要开始酝酿十四大的主题、酝酿十四大领导班子的组成。这是我们党和国家最关键的时刻。邓小平同志选择这个时候,以88岁高龄亲自视察南方,应该说时机选得非常好。

1992年1月18日至2月21日,邓小平同志从武昌、深圳、珠海到上海等地,一路走来大讲改革开放,反复强调改革就是要搞社会主义市场经济,党的基本路线要管一百年,动摇不得。他说,不坚持社会主义,不改革开放,不发展经济,不改善人民生活,只能是死路一条。

邓小平同志抓住1991年思想争论和交锋的要害,尖锐地指出:"改革开放迈不开步子,不敢闯,说来说去就是怕资本主义的东西多了,走了资本主义道路。要害是姓'资'还是姓'社'的问题。判断的标准,应该主要看是否有利于发展社会主义社会的生产力,是否有利于增强社会主义国家的综合国力,是否有利于提高人民的生活水平。"①他还提出,社会主义本质是解放生产力,发展生产力,消灭剥削,消除两极分化,最终达到共同富裕。从这个角度看问题,"计划多一点还是市场多一点,不是社会主义与资本主义的本质区别。计划经济不等于社会主义,资本主义也有计划;市场经济不等于资本主义,社会主义也有市场。计划和市场都是经济手段。"②

邓小平同志用"发展才是硬道理"的简明生动语言激励人们"抓住时机,发展自己,关键是发展经济"③。"对于我们这样发展中的大国来说,经济要发展得快一点,不可能总是那么平平静静、稳稳当当。要注意经济稳定、协调地发展,但稳定和协调也是相对的,不是绝对的。"④

针对1991年思想交锋中暴露出的问题,邓小平同志一针见血地指出:"现在,有右的东西影响我们,也有'左'的东西影响我们,但根深蒂固的还是'左'的东西。有些理论家、政治家,拿大帽子吓唬人的,不是右,而是'左'。'左'带有革命的色彩,好像越'左'越革命。'左'的东西在我们党的历史上可怕呀! 一个好好的东西,一下子被他搞掉了。右可以葬送社会主义,'左'也可以葬送社会主义。中国要警惕右,但主要是防止'左'。"⑤

---

① 《邓小平文选》第3卷,人民出版社1993年版,第372页。
② 《邓小平文选》第3卷,人民出版社1993年版,第373页。
③ 《邓小平文选》第3卷,人民出版社1993年版,第377页。
④ 《邓小平文选》第3卷,人民出版社1993年版,第375页。
⑤ 《邓小平文选》第3卷,人民出版社1993年版,第375页。

邓小平同志的南方谈话,为党的十四大召开作了充分的思想理论准备。正如江泽民同志在党的十四大报告中所高度评价的:"今年初邓小平同志视察南方发表重要谈话,精辟地分析了当前国际国内形势,科学地总结了十一届三中全会以来党的基本实践和基本经验,明确地回答了这些年来经常困扰和束缚我们思想的许多重大认识问题。""谈话不仅对当前的改革和建设,对开好党的十四大,具有十分重要的指导作用,而且对整个社会主义现代化建设事业具有重大而深远的意义。"①

大音稀声扫阴霾。曾几何时,那些激烈抨击皇甫平系列评论文章的"左"的政治家、理论家,纷纷收起他们手中的大帽子,偃旗息鼓了,有的连忙转向写防"左"文章了。

我们得风气之先,在 1992 年 2 月 4 日,即农历壬申年的大年初一,也就是发表皇甫平评论《做改革开放的"带头羊"》一周年的时候,在《解放日报》头版显著位置,发表了特别约请施芝鸿同志撰写的《十一届三中全会以来的路线要讲一百年》的重头评论,在全国拉开了率先宣传、深刻阐发邓小平同志南方谈话精神的序幕。文章发表后,在国内外引起很大反响。人家一看标题这么大的气派,就知道讲这个话的人肯定是邓小平了;人家一看中共上海市委机关报《解放日报》这样旗帜鲜明地率先宣传和阐发邓小平同志视察南方重要谈话,就知道这与一年前邓小平同志在上海过春节期间的重要谈话同南方谈话是一脉相承、一以贯之的。

3 月份,党中央向全党传达了邓小平同志视察南方谈话精神后,新华社向全国转发了《深圳特区报》长篇通讯《东方风来满眼春》,栩栩如生地传播了邓小平同志视察深圳的活动和谈话内容。中央和全国各地报纸纷纷发表自己的言论。

---

① 《江泽民文选》第 1 卷,人民出版社 2006 年版,第 217 页。

从 4 月份开始,我们又在《解放日报》接连发表由我精心策划和组织的 4 篇署名为"吉方文"的评论文章:

第一篇是《论走向市场》,论述了邓小平同志关于要搞市场经济的思想。后来,刘吉同志告诉我,这篇评论被党的十四大报告起草小组选为参考文件。

第二篇我们写了《论加速发展》,是约请施芝鸿同志撰写的,集中论述了邓小平同志关于发展是硬道理的思想。这篇文章被《人民日报》全文转载了。

第三篇是我们在 1991 年想写而没有来得及写的《改革开放姓社不姓资》。文章也被《人民日报》在显著位置全文转载了。

第四篇是《论"换脑筋"》,阐述了邓小平同志参观首钢谈话时关于"不换脑筋就换人"的精神。我们这篇文章重点论述了要"换脑筋"的问题,也就是要按照市场经济的要求,转换计划经济习惯思维。当时《北京日报》全文转载了。

这些情况生动地表明,同一年前发表皇甫平系列评论文章时的遭遇大不相同,全国舆论态势发生了根本变化,一个生气蓬勃的加快改革开放的舆论环境,很快在中华大地蔚然形成。

1992 年夏季,在上海和全国相继举行的好新闻评奖活动中,皇甫平系列评论文章均以高票获得一等奖。1992 年 10 月,在中共上海市第六届党代会上,我也以高票当选为市委委员。过了几个月,1993 年 4 月,中央就决定调我到人民日报社任副总编辑。

实践证明,在当代中国,坚持改革开放是人心所向,发展市场经济是大势所趋,加快发展提高人民生活水平是众望所归,与时俱进、不断解放思想是必走之路。

18 年过去了。今天回过头再看那场思想争论和交锋,我更深刻地认识到,舆论要在社会历史的紧要关头发挥先导作用,就要勇于和善于在改革开放和现代化建设中敢为天下先,成为时代的晴雨表、社会的风向标。这是新闻工作者应尽的社会责任。

写到这里,我要着重说一下皇甫平、吉方文系列评论的合作者施芝鸿同志。他在皇甫平系列评论写作中贡献很大,不仅执笔起草了两篇重要文章,而且在1992年春节又为《解放日报》撰写了《十一届三中全会以来的路线要讲一百年》的署名评论,在全国最早宣传和深刻阐发了邓小平同志南方谈话精神。1994年3月,施芝鸿同志又应我约请同我合作撰写了《人民日报》重点评论《上下一心打好今年改革攻坚战》,得到中央领导赞赏,产生良好社会影响,并与皇甫平系列评论一样获得全国好新闻一等奖。我同施芝鸿同志有过30多年的交往,他在上海市郊农场和上海市人民政府农委工作时就是《解放日报》的得力通讯员和重要作者。2003年我在出版专著《宁做痛苦的清醒者》时,在《后记》中曾特地写上这么一段话:"这里我特别要向施芝鸿同志致谢,他文才卓荦、人品高尚,默默无闻地为《解放日报》的报道和评论工作做出了重要贡献。他曾为此受到过政治压力和不公正的对待,然而他无怨无悔,任劳任怨,依然辛勤播种,埋头劳作。善有善报!现在他终于有了收获,终于可以一展抱负了。我真诚祝福他!"现在他已是中共中央政策研究室副主任,肩负服务中央领导同志、起草中央重要文稿的重任。

关于皇甫平重出江湖

2006年是粉碎"四人帮"、结束"文革"30周年,也是我组织撰写和发表皇甫平系列评论呼唤深化改革15周年。2005年11月底,中国外文出版发行事业局旗下的《世界》月刊执行主编姚献民先生前来采访我,写了一篇关于我 15 年前组织撰写和发表皇甫平系列文章经过的访谈录,并约我为他们杂志撰写一篇"本刊评论员"文章。我答应了。这是我写《改革不可动摇》一文的因素之一。

此外,还有一个大的社会背景就是,2004 年、2005 年以来,随着我国改革开放和现代化建设进入矛盾凸显期,全国出现了改革开放以来的第三次大争论。尤其在网络上对改革开放发出种种责疑声。在这种情况下,一股否定改革、反对改革的思潮滋生和蔓延开来了。

就在此时,我到北京同施芝鸿同志作了一次长谈,当我们谈到上述这些情况时,他建议我"用不老宝刀,再次披挂上阵",尽快撰写一篇迎头痛击这股否定改革开放错误思潮的重头评论文章。就这样,我提笔撰写了《改革不可动摇》一文。

文章在《世界》月刊发表后,考虑到这份杂志发行范围较小,所以 1 月 6 日我又将这篇评论在"东方网"发表了,在"东方网"发表时署的是我自己的名字,《财经》杂志主编胡舒立看到后,在 1 月 24 日出版的《财经》杂志上予以发表,改用了皇甫平署名。我猜想,她的本意是想表达:当年的皇甫平,今天在改革开放又一个关键时刻再次站出来发表文章呼唤改革不可动摇了!这样一来,社会上就传开了,说皇甫平又重出江湖了。胡舒立同志如果事先征求我意见,我是不会赞成再用皇甫平这一署名的,因为历史背景不同了。而当年撰写皇甫平系列评论的是 3 个人,这次是我一人撰写。但客观上文章用了这个署名后,影响更大更热烈了。我真的没有想到时隔 15 年之后,皇甫平评论仍然具有那么大的社会影响力。

《改革不可动摇》发表以后,有人赞成,有人反对,说好话的、骂我的、揭我所谓老底的,都有。这个事情引起中央的重视。那年春节过后一星期,中共中央政治局常委、分管思想宣传工作的领导同志到上海视察,还专门到"东方网"调查了解我这篇文章的发表背景。当时的市委书记、市长陪同中央领导到"东方网"了解我的写作意图。事前,我专门写了一份《答"东方网"编辑问》的材料。据说,当时上海市领导就以我这篇文章的内容来回答中央领导的提问。经过实地调研,中央领导同志明确表示支持我这篇文章的观点,即要以改革的思路解决改革开放中出现的新矛盾新问题。

从这里我还发现一个有趣的反差:15年前的皇甫平系列评论,受到广大基层干部群众的欢迎,而当时领导层的态度却是有较大分歧的;而15年后我写《改革不可动摇》这篇评论文章,领导层的态度鲜明了,倒是网民和基层群众的态度出现了较大分歧。这真让我感慨新世纪新阶段我国改革出现的新情况新变化!

有人问我,在第三次改革开放大争论中你已从《人民日报》副总编辑的岗位上退下来了,再写这样的政论,用意何在?我想,我们这一代知识分子(出生于20世纪30年代末)有个特点,因为是党和国家直接培养成长的,所以有很浓的感恩心和很强的责任感。职务可以到龄,责任没有年龄限制。官可以不当,文章不可不写。作为中共的一员,我从不以为自己从领导岗位上退下来,就可以放弃政治责任和社会责任。坚持党的基本理论、基本路线、基本纲领、基本经验,这是不能动摇和放弃的。我从自己几十年的工作实践和政治实践中认识到一个真理:只有社会主义才能救中国,只有改革开放才能救社会主义。我将坚定不移地坚持和捍卫中国特色社会主义,坚定不移地坚持和捍卫给社会主义带来勃勃生机的改革开放!

时隔不久,2006年3月初全国两会召开。胡锦涛同志在两会期间亲临上海代表团发表重要讲话,旗帜鲜明地提出要毫不动摇地坚持改革方向,提出要提高改革决策的科学性,增强改革举措的协调性,要将改革开放成果更好地让广大群众共享,也就是更加注重改革成果的普惠性。胡锦涛同志的这番重要讲话,及时表明了中央的态度,也为党的十七大召开之前这场改革开放大争论画上了一个权威的、有说服力的句号。

做改革开放的"带头羊"*

　　庚午马年去了,辛未羊年来了。亲爱的读者,当我们称颂"三羊开泰"之际,当我们互祝吉祥如意之时,您是否想到,我们正处在一个意味深长的历史交替点上?

　　12年一个"轮回"。回首往事,上一个羊年——1979年,正是党的十一届三中全会召开之后开创中国改革新纪元的一年。谁能忘记,当我们党吹响改革第一声号角之时,刚刚经历过十年浩劫的华夏大地,疮痍满目,百废待举。那时节,衣袋里藏着欠债单走上前线的农家子弟,何止一个"梁三喜"?抡起18磅大锤敲敲打打造机械的,又何止一个汽车工业?12年春风秋雨,12年改革开放,今天,当我们步入又一个羊年之际,我们已经胜利地实现了四化的第一步战略目标,基本解决了几千年来缠绕着亿万中国人民的温饱问题。

　　抚今忆昔,历史雄辩地证明,改革开放是强国富民的惟一道路,没有改革就没有中国人民美好的今天和更加美好的明天!而到下一个羊年来

---

　　* 本文是以"皇甫平"之名发表的第一篇文章,原载1991年2月15日《解放日报》。

临的时候,我们已经跨进了 21 世纪,实现了小康目标,国民生产总值翻两番,"安居乐业、丰衣足食",已成为十几亿中国人民的生活写照。跨进辛未羊年,我们的改革步伐,无疑要比前一个 12 年更快,我们的开放幅度,无疑要比前一个 12 年更大!

60 年一个"甲子"。我们回顾历史,前一个辛未羊年——1931 年,正是旧中国苦难深重的岁月,日本帝国主义的铁蹄蹂躏中华大地,饱蘸着中国人民多少血泪和屈辱,腐败和落后就要挨打的教训至今记忆犹新;而只有社会主义才能救中国的真理,在今昔历史的对比中,又是多么的明晰深刻!我们展望未来,下一个辛未羊年——2051 年,又恰是社会主义的中国达到中等发达国家水平的光辉时刻。我们的人均国民生产总值达 4000 美元,这将使我们这个十几亿人口的大国,综合国力走在世界前列。

从根本上说来,当今生产力的大发展,才能充分显示社会主义制度的吸引力,才能大大加强科学社会主义的说服力,中国达到中等发达水平,这将是中国人民为社会主义事业作出的重大历史贡献。而要实现这个光辉的目标,需要 60 年整整一个"甲子"的艰苦奋斗。这 60 年,必然是中国人民不断改革、探索、开拓、创新的 60 年,是不断扩大开放的 60 年。总之,是社会主义制度在改革开放中大放光彩的一个"甲子"!

从辛未羊年开始,今后的 10 年,是中国历史的关键 10 年,也是振兴上海的关键 10 年。10 年看头年。辛未羊年,对于上海来说,应当是一个"改革年"。历史和现实已经反复证明,"何以解忧,唯有改革"。改革开放是我们须臾不可分离的法宝,改革开放是上海摆脱困境,求得振兴的唯一出路。

在这个历史性的"改革年"中,我们要把改革开放的旗帜举得更高。我们要进一步解放思想,突破任何一种僵滞的思维方式的束缚,以改革开放贯穿全年,总揽全局,建立与国际性经济中心城市相适应的社会主义商品经济新格局。我们的各级干部,要以改革的姿态,振奋精神,敢冒风险,敢为天下先,走前人没有走过的路,做改革开放的"带头羊"。我们要在全党、全民中深入开展深化改革意识的再教育,普及社会主义商品经济观念和科学的政治民主观念,形成深化改革、扩大开放的新的全民共识,造就上海崭新的改革开放舆论环境!

"莺啼燕语报新年",愿辛未羊年以名副其实的"改革年"而载入史册!

改革开放要有新思路[*]

国家主席杨尚昆在今年上海市春节团拜会上,向我们提出了浦东开发要搞得更好、更快、更大胆的要求;根据中央领导同志的指示精神,朱镕基同志在团拜会上也强调:要更高地举起改革开放的旗帜。更快、更好、更高、更大胆,就是要求我们在贯彻落实党的十三届七中全会精神、完成现代化建设第二步战略目标的过程中,在振兴上海、开发浦东的宏伟事业中,思想解放要进入新境界,改革开放要开拓新思路,经济建设要开创新局面。

在党的十三届七中全会前后,理论界和实际工作部门的同志,已经就深化改革、扩大开放,提出了一系列引人注目而又实实在在的新思路。

例如,著名经济学家刘国光提出了要突出"机制转换"的改革新思路。他认为,80年代我国经济体制的第一轮改革偏重于放权让利和物质刺激,这在当时是必要的;90年代新一轮深层次的改革则应把重点转到经济机制的转换上来,形成同社会主义有计划商品经济相适应的竞争机

---

　* 本文是以"皇甫平"之名发表的第二篇文章,原载1991年3月2日《解放日报》。

制、淘汰机制和高效率的宏观调控机制。否则,什么破产法、分税制、政企分开、两权分离统统都无从谈起。

又如,上海市浦东开发办公室副主任黄奇帆提出了"三个先行"的扩大开放新思路。他强调,浦东开发并不是前10年崛起的5个经济特区和14个开发区开发模式的翻版,它要从上海的实际出发,围绕局部再造城市功能,着重抓好金融、贸易、基础设施"三个先行",推动资金融通,商品流通,城市交通的超前发展。有外电评论:这些做法将"使浦东开发一下子站到按现代化国际经济规律运作的高起点上"。在七中全会闭幕后紧接着召开的中共上海市委五届十一次全会,更是就上海90年代经济振兴提出了不少新思路。其中最重要的是,全会强调要敢于冒一点风险,大胆利用外贸进行国营大中型企业的技术改造;要紧紧环绕适应对外开放,提高城市综合功能的需要,调整改造传统工业,重点发展第三产业,努力把上海建成万商云集的商业中心,辐射全国的金融中心、信息中心,等等。

这些新思路,有的是前十年未曾涉及过的新领域,有的则反映了改革由浅层次向深层次的转换和拓展,有的则是对前一轮改革中某些已见成效的发展模式的升华。新思路的不断提出,反映了人们对更深层次改革开放的探索和思考。同前10年相比,90年代的改革开放将大大拓展和深化。以搞活经济而言,如果说,前10年我们较多的是发展多种经济成分,包括个体经济、私营经济、合资经济等等;那么90年代的改革则要把重点放到搞活作为社会主义经济脊梁的大中型国营企业上,要打好这场难度更大、覆盖面更广、意义更为深远的"攻坚战",没有新思路、新招数不行,简单地套用80年代改革中的某些做法也不行。七中全会号召我们在这个问题上要敢于冒风险,就是鼓励我们要勇于创新、敢于开拓,既不把书本上的个别论断当做束缚手脚的教条,也不把实践中已见成效的某些做法看成完美无缺的模式。毫无疑问,在深化改革、扩大开放的新阶段涌现出来的种种新思路,是服从于和服务于建设有中国特色的社会主义的基本理论和基本实践的,是对七中全会概括的建设有中国特色社会主义的 12 条基本经验的实践、发展、丰富和完善。

研究新情况、探索新思路,关键在于要进一步解放思想。解放思想决不是一劳永逸的。就以计划与市场的关系而言,有些同志总是习惯于把计划经济等同于社会主义经济,把市场经济等同于资本主义,认为在市场调节背后必然隐藏着资本主义的幽灵。随着改革的进一步深化,越来越多的同志开始懂得:计划和市场只是资源配置的两种手段和形式,而不是划分社会主义与资本主义的标志。资本主义有计划,社会主义有市场。这种科学认识的获得,正是我们在社会主义商品经济问题上又一次重大的思想解放。在改革深化、开放扩大的新形势下,我们要防止陷入某种"新的思想僵滞"。我们不能把发展社会主义商品经济和社会主义市场,同资本主义简单等同起来。一讲市场调节就以为是资本主义;不能把利用外资同自力更生对立起来,在利用外资问题上,谨小慎微,顾虑重重;不能把深化改革同治理整顿对立起来,对有些已经被实践证明是正确的、行之有效的改革,不敢坚持和完善,甚至动摇、走回头路;不能把持续稳定发展经济、不急于求成同紧迫感对立起来,工作松懈,可以办的事情也不去办。总之,进一步解放思想,是保证我们完成第二步战略目标的必要条件。实践证明,凡是思想解放的地方、部门和单位,工作就打得开新局面;凡是思想不解放的单位,就缺乏生气,工作就很难搞上去。

邓小平同志说过:"干革命、搞建设,都要有一批勇于思考、勇于探索、勇于创新的闯将。没有这样一大批闯将,我们就无法摆脱贫穷落后的状况,就无法赶上更谈不到超过国际先进水平。我们希望各级党委和每个党支部,都来鼓励、支持党员和群众勇于思考、勇于探索、勇于创新,都来做促进群众解放思想、开动脑筋的工作。"让我们以此作为座右铭,在社会主义现代化建设的漫长征途上,在振兴上海、开发浦东的伟大事业中,不断解放思想,永远开拓奋进!

扩大开放的意识要更强些[*]

当前的上海，正站在进一步扩大开放的新起点上。增强扩大开放意识的问题，比任何时候都紧迫地放在我们面前。

增强扩大开放意识，就要求我们真正认识上海在 90 年代的历史方位和战略地位。如果说前一个 10 年，上海人更多的是惊羡于深圳、厦门等地的开放奇迹，那么进入 90 年代，上海已与其他四个经济特区一样，站到了我国开放的最前列。350 平方公里的浦东新区，正以我国最大经济开发区的独特步伐走向世界；上海集保税区、经济开发区、沿海开放城市、开放地带四个开放层次于一身，形成了配套齐全的开放新格局。邓小平同志对 90 年代上海的开放寄予厚望，上海要把改革开放的旗帜举得更高，浦东开发要更快更好更大胆，这是 90 年代赋予上海的历史重任。没有这样一种意识，我们就不可能具有敢冒风险、敢为天下先的开放胆魄，就不可能面对挑战，抓住时机，在进取、开拓和竞争中大步走向世界。

增强扩大开放意识，就要求我们进一步解放思想，抛弃任何一种保

＊ 本文是以"皇甫平"之名发表的第三篇文章，原载 1991 年 3 月 22 日《解放日报》。

守、僵滞、封闭的观念,形成与一个先进的国际城市相称的开放型软环境。80年代上海的开放,虽然成绩很大,但是步子还不够快,胆子还不够大,这与我们一些同志思想不够解放有着直接关系。从开放初期国际饭店楼顶首次闪亮外商广告而引出的"风波",到80年代后期虹桥开发区向外商批租土地带来的"抱怨";从近几年来实行"一个图章对外"中的反反复复,到至今一些同志在引进外资时的目光短浅,都说明我们在开放问题上需要有一个新的思想解放。90年代上海的开放要迈大步子,必须要有一个系列崭新的思路,敢于冒点风险,做前人没有做过的事,这对于我们的开放意识,更是一个严峻的考验。例如开发浦东,设立保税区,实行进入自由,免征出口税等带有自由港性质的特殊政策,对于这类被称为造就"社会主义香港"的尝试,如果我们仍然囿于"姓社还是姓资"的诘难,那就只能坐失良机。又如允许外国人在浦东设银行,并且在外滩建金融街,以振上海国际金融中心之雄风,对于这类敢为天下先的探索,如果我们还是陷在"新上海还是旧上海"的迷惘之中,那也只能趑趄不前,难成大事。

这里,需要我们面对现实,澄清一些疑虑和误解。

"这样开放下去,会不会损害民族工业?"在国营企业集中的上海,有这种担心可以理解。对于某些盲目引进、重复引进的现象,我们应当予以注意;然而10多年的开放实践已经证明,要保护民族工业,采取关起门来的办法,只能适得其反,惟有大胆开放,引进外资外技,吸收先进管理方式,经受国际市场考验,大大提高竞争能力、经营水平和企业素质,才能利于改造和振兴民族工业,在开放中真正保护民族工业。为什么新兴的厦门收录机产业、深圳自行车行业和内蒙古毛纺业,能迅速赶上或超过号称老牌冠军的上海同行?为什么上海的汽车工业,能在短短几年中结束挥汗抡锤敲敲打打的历史,迅速接近世界水平?答案就在于开放,在于主动引进、消化。应当指出的是,有些同志将中外合资合作企业等,排除在我

国国民经济的范畴之外,与民族工业对立起来,将它们的产品一概视为
"洋货",这其实是对民族工业一种狭隘的理解。随着对外开放,我国经
济格局正向外向型转换,民族工业的概念早已扩展,外商投资企业已成为
我国国民经济的组成成分之一,法律明确规定了它们作为中华人民共和
国法人的地位。因此不能将外商投资企业与民族工业对立起来,更不能
把这些企业的产品当作"洋货"来抵制,这也是一种观念的更新、思想的
解放,是创造良好投资环境的一种"软件"。总之,封闭陷于落后,开放导
致兴旺,这是我国40多年经济发展史的基本结论。

"这样开放下去,钱不是落到外国人腰包里去了?"在一些似乎"精
明"的同志里头,存在这种担忧。不错,外国企业家来投资、经商,当然为
着要赚钱。但是,开放是双向的,吸引外商投资是互利的,它有利于弥补
我们的资金、外汇不足,加强国民经济薄弱环节建设,推动技术改造和设
备更新,同时引进先进的经营管理经验。一句话,有利于增强我国力。既
然如此,我们在引进外资的过程中,就要有长远的眼光和深谋远虑的韬
略。有的项目,即使我们暂时少赚钱,甚至不赚钱,也要让利于一时,得益
于长远。我们不是说要创造良好的投资环境么? 如果不给人家甜头和实
惠,还谈得上什么"吸引力"呢? 又遑论引鸟筑巢? 在这个问题上,我们
不能目光短浅,陷在眼前一时一事甚至蝇头小利的得失上拔不出来。那
种以小失大、求近效而舍远利的算盘,看上去"精明",其实并不聪明。开
放要加快步伐,引进要抱几个"大金娃娃",不改变这种得失观,不拿出一
点长远目光和大将风度怎么行?

"这样开放下去,不是又成了'冒险家的乐园'么?"确实,扩大开放,
会有更多的外商来上海做生意;吸引外资,会有一些外国资本家到外资企
业当老板;允许外国人设银行、办商业,又会有不少"洋人"搬进高楼大厦
坐写字间……于是有些人担心新上海与旧上海"差不多"了。这种只看

表面不看本质的方法,是不对的。问题的关键在于我们的政权掌握在人民手里,新上海的开放格局决非旧上海的租界,哪有什么列强逞凶、炮舰横行? 哪有什么领事裁判权、治外法权等等? 外国人必须遵守中国法律,平等互利经商投资。

这种万商云集的景况,是我们主动开放的结果,是社会主义国际城市的形成发展必备的条件,完全符合中国人民的根本利益,有什么可惶惶然呢? 对于引进的同时带来的一些资本主义管理方式和生活方式,我们应当保持清醒头脑。引进的过程,本身就是鉴别良莠,取舍精华糟粕的过程。我们吸取的是国外先进的管理方式,对于腐朽没落的资产阶级意识形态,则坚决抵制;我们在我国法律允许的范围内,对来华外国人自身的生活方式不必多加干涉,但是对于不符合我国国情、败坏我国社会风气的东西,例如什么六合彩、陪酒女、赌博业等等,则坚决不开口子。进一步扩大开放,要求我们进一步加强社会主义精神文明建设,增强全社会的免疫功能,使干部和群众真正经得起开放的考验。所以担心进一步扩大开放的新上海会变成"冒险家的乐园"也是不必要的。

扩大开放,说到底也是深化改革。任何改革,都不能不是一个开放的系统;而任何开放,都不可能不引起内部体制的改革和思想的解放。因此,开放意识和改革意识融会贯通,密不可分,我们要以改革的精神来扩大开放。我们现在有的扩大开放措施,本身就是深化改革的内容,例如允许外国人来开设银行,本身就是深化金融体制改革,形成国际化金融体系的突破;又如允许外国人来经营房地产,也是推进住房商品化,形成健全的房地产市场的一部分。

有的扩大开放措施,则将从深层推动体制的改革,例如更大规模引进外资,必然要求从管理体制改革着手,改变法制不完备、执法不严格和某些政府部门办事效率低、互相推诿扯皮的状况,极大地改善投资软环境;

又如扩大外贸,就要求深化外贸体制改革,营造自主经营,自负盈亏,工贸结合,联合统一对外的外贸经营新体制;再如引进外资改造国营企业,也必然推动国营企业管理方式和体制的转换。

而扩大开放的步子,更将给我们带来大量的新思路、新意识,从深层次、全方位引起思想的进一步解放,观念的进一步更新,社会心态的进一步调整。很显然,在 90 年代新形势下,有没有强烈的开放意识,成为有没有深层的改革意识的重要试金石,增强扩大开放意识,实质也是改革意识的再教育、再深化。

肩负着"振兴上海,开发浦东,服务全国,面向世界"重任的我们这一代上海人,要以强烈的开放意识,写下上海发展史上最辉煌的一页!

改革开放需要大批德才兼备的干部[*]

刚刚降下帷幕的全国两会,在审议、批准 10 年规划和"八五"计划纲要,确定现代化建设第二步战略目标的基础上,分别对国务院、人大常委会和全国政协领导成员作了必要的充实和加强。这一引人注目的决策再一次启迪人们:要深化改革、扩大开放,开创 90 年代现代化建设新局面,必须不失时机地培养、选择和任用一大批德才兼备的优秀人才,这将从组织上保证建设有中国特色的社会主义事业后继有人、绿树常青。

政治路线确定之后,干部就是决定的因素。80 年代我们之所以能提前实现我国现代化建设的第一步战略目标,一个很重要的原因是,早在 70 年代末、80 年代初,我们党就以高瞻远瞩的战略眼光,及时抓了各级领导班子的新老合作交替工作,提拔了成千上万德才兼备的中青年干部,卓有成效地解决了我们干部队伍相当长时间以来存在的程度不同的老化和青黄不接问题。这批富有 80 年代时代特征的中青年干部,同老同志亲密合作,勤于学习,勇于实践,在改革开放的历史大舞台上,演出了威武雄壮

———————
　＊ 本文是以"皇甫平"之名发表的第四篇文章,原载 1991 年 4 月 12 日《解放日报》。

的活剧,赢得了老一辈无产阶级革命家的赞赏。进入 90 年代以后,我们的目标更加宏大,我们的任务更加艰巨,改革开放向新的深度和广度拓展,必然要求更多的德才兼备的干部,去带领人民群众开创新局面、攀登新高峰。同时,10 年前走上各级领导岗位的干部,现在有的走上了更为重要的领导岗位,有的则因为自然规律退居二线,新一轮的新老干部合作交替工作,也紧迫地放在我们面前。总之,90 年代的崭新历史使命和我们干部队伍的演化规律,呼唤带着勃勃生机与活力的 90 年代新一辈脱颖而出,同台演奏现代化建设的"第二乐章"。这将是引导中华民族由温饱迈向小康的"华彩乐章",因此人们对新一轮干部新老交替的进展与质量倍加关注并寄予厚望。

培养、发现和任用成千上万 90 年代的中青年干部,必须毫不动摇地坚持德才兼备的原则和革命化、年轻化、知识化、专业化的方针。所谓德,就是革命化,面对 90 年代的风云变化和严峻挑战,坚持革命化的方针有特别重要的意义。革命化就是指有忠诚于马克思主义的坚定信仰和原则立场,坚持走有中国特色的社会主义道路;坚决拥护和全面贯彻党的"一个中心、两个基本点"的基本路线,有强烈的革命事业心和政治责任心;廉洁奉公,严守法纪,求实为民;模范地执行党的民主集中制原则。讲革命化,就要满腔热情地投身于改革开放这场社会主义的伟大事业;就要以开拓进取的精神投身于马克思主义在现时代的发展实践,提高科学社会主义的说服力。所谓才,就是必须有真才实学,有适应 90 年代更高层次的现代化建设所需要的知识、才干、智慧与能力,尤其是有开创的实绩。我们党的干部路线,从来是同党的政治路线密切相联的,因此,干部德与才的双重标准,归根到底统一于党在现阶段的基本路线。

看一个干部是否德才兼备,归根到底是看他在坚持四项基本原则基础上对社会主义建设作出的实际贡献。邓小平同志曾经提出,要大量选拔"明白人"。这里所谓"明白人",就是既坚持四项基本原则,又热心于改革开放;既忠诚于马克思主义,又精通各自的业务;既坚定地献身于社会主义,又深切地了解当代资本主义;既有很强的原则性,又有高度的灵活性;既有任劳任怨的奉献精神,又有永不衰竭的进取精神;既有清晰的宏观思维,又有可贵的本职实干;既能坚持集中统一,又勇于独立负责。总之,是要培养、选拔和任用改革开放条件下德与才相统一的优秀人才。

进一步培养和造就适应改革开放新形势的干部队伍,对于上海来说,十分紧迫。上海人才荟萃,上海人聪明、素质好。但是,同浦东开发开放的新要求相比,同深化经济体制改革,探索搞活国营大中型企业的艰巨任务相比,上海的干部队伍还有许多不适应之处。况且,上海人不可否认也有自身的某些弱点,例如有的人精于盘算而不善于运筹先机;有的人有大家风度而缺乏大将风范;有的人有鸟瞰世界的能力而缺少闯荡世界的气概,等等。这些弱点使上海的干部队伍中一些人在开拓创新意识上,还不能适应进一步改革开放的时代要求。我们有些干部一方面羡慕人家搞得活、放得开、上得快,另一方面又处处谨小慎微,不敢为天下先;一方面把大量的精力消耗在向上要政策、要优惠上,另一方面对中央已经给的政策又往往束之高阁,而不能用好用足用活这些政策;一方面赞叹人家上下默契、心有灵犀,另一方面又处处作茧自缚,甚至自己卡自己、自己跟自己过不去……很明显,不尽快克服干部队伍中的这些弱点,上海 90 年代的建设和改革就不可能像老一辈无产阶级革命家所要求的那样搞得更好、更快、更大胆。因此,按照改革开放的要求进一步解决好干部问题,是实现上海 90 年代的战略思想和战略目标的当务之急。

要选好用好大批德才兼备的干部,首先要大胆。邓小平同志早在 10 年前就说过:"我们说资本主义社会不好,但它在发现人才、使用人才方面是非常大胆的。它有个特点,不论资排辈,凡是合格的人就使用,并且认为这是理所当然的。"10年来的实践说明,在选拔中青年干部方面,我们不应当有过多的忧虑和数不清的清规戒律。改革开放要大胆,使用干部也要大胆。各级党委和组织人事部门要解放思想,克服障碍,勇于改革那些不合时宜的组织、人事制度,大力培养、大胆使用优秀人才。

其次是要广泛,要不拘一格用人才。战国时期的思想家荀子在《大略》中说过:"口能言之,身能行之,国宝也;口不能言,身能行之,国器也;口能言之,身不能行,国用也;口言善,身行恶,国妖也。治国者敬其宝,爱其器,任其用,除其妖。"荀子在这里提出的一条基本的治国之要,就是要最广泛地起用各种人才,同时防止坏人混入领导核心。这个思想值得我们各级党委和组织部门重视。敬其宝,爱其器,任其用,说的是各种各样的人才都要广为罗致和各用其长。这里的宝、器、用,乃是指人的才智、才干、才学、才气的不同表现和不同侧面。现在也有这种情况:有的同志"讷于言而敏于行",虽不善言辞,却颇能实干,这种实干家我们要用。有的同志虽不善于"决胜于千里之外",却能"运筹于帷幄之中",善于思考,有见解,有点子,这种羽扇纶巾、出谋划策的智囊型人才我们也应当用。至于有的同志"兼资文武此全才",既能雄辩滔滔,又能冲锋陷阵,那更是人才难得,求之不得。只有那些"口言善,身行恶"的"国妖",两面派、骑墙派一类角色,才毫无疑问决不能让他们混进我们的干部队伍中来。

选准选好干部还要发扬民主。要坚决克服那种被群众称之为"说你行,你就行,不行也行;说你不行,你就不行,行也不行"的选人方式,发扬民主,坚持走群众路线,把那些"人民公认是坚持改革开放路线并有政绩的人,大胆地放进新的领导机构里"。这样做,既能防止个别领导人的主观随意性和用人上的不正之风,又能较好体现群众的根本意愿。当然,在不同情况下,对民意也要作具体分析,要注意去伪存真,避免使一些干部偏重于改善同上下左右的关系而不敢大胆创新和勇于负责。

　　"江山代有才人出,各领风骚数百年。"在 90 年代改革开放和现代化建设中涌现的大批中青年干部,不仅将在 90 年代大显身手,建功立业,其中有的还将成为"跨世纪"的人才,这样他们又将成为 21 世纪实现第三步战略目标时新老交替的"人梯"。我们建设有中国特色的社会主义这一宏伟壮丽的事业就是这样,一代又一代后辈人将踩在前辈为他们架设的"人梯"上,一步一步去建造社会主义的"通天塔"。

改革要有胆略

（1991 年 12 月）

　　菜市繁荣，菜价适中，近一个月来，上海街巷之间，市民纷纷称道。这种喜人景象，是在改革副食品产销体制，实行蔬菜放开经营之后出现的。1985 年，本市率先对水果流通体制进行改革，实行水果放开经营，随后又让水产、家禽放开，1991 年 11 月 1 日起，又对蔬菜、豆制品放开经营。现在看来，改革每跨出一步，都取得了令人欣慰的效果，市场出现前所未有的活跃，数量充沛、品种增加、价格平稳、质量有所提高，买卖比较公道，市民普遍感到满意。事实证明，上海副食品体制的改革是成功的。

　　上海副食品体制改革的实践，深刻地告诉我们，改革要有勇气，胆子要大一点。这就是说，看准的事情就要坚决去做，要敢于冒一点风险，不失时机地开创新局面。像蔬菜那样的基本生活资料，放开经营，牵涉面那么广，可能发生的问题那么多，制约生产、流通的自然灾害也属未定之数，风险不可谓不大，如果没有敢于开拓、勇于负责的勇气，是很难走出成功的一步的。我们正在从事的改革，是社会主义在探索中坚持和开辟自己的道路,风险的存在是改革的常态,发扬积极进取、勇于探索的创造精神,在坚持社会主义方向的前提下,改革冒一点风险,是每一个改革者应有的精神状态。我们所说的冒风险,并不是任何一种鲁莽、轻率和胡来,而是基于对于风险的清醒认识,坚持马克思主义实事求是的思想路线,有足够的思想准备,去承担深化改革过程中可能带来的难以避免的失误和阵痛。我们已经有了10年改革的物质的体制的和社会心理方面的基础,尤其是在改革中形成的一条马克思主义思想路线和丰富的经验,我们完全能够承受这种风险。如果因为怕冒风险而裹足不前,那么体制转换时期的各种矛盾就将沉淀淤积,矛盾不得解决,反而会产生新的不稳定因素。因此,改革会有风险,这种风险我们能承受;而停止甚至倒退,是决没有出路的。

上海副食品体制改革的实践还启示我们,改革要跨出成功的一步,步子必须要稳。步子要稳是指必须在充分调查研究基础上,进行科学的决策,制订科学的方略,并且要把握好时机。上海人的早晨是从拎菜篮子开始的。副食品流通体制改革、蔬菜放开经营,事涉千家万户,这是一个极为敏感的改革课题。因而,市委、市府领导和有关职能部门近年来曾多次进行调查研究,专题讨论蔬菜改革方案,从改革目标到放开时间,都作出了具体决定。市人大也对改革方案提出了建设性意见,并组织部分代表赴蔬菜先行放开城市考察,吸取有益经验。各区、县的领导既注重放开前的宣传教育和思想发动,又检查督促各基层单位认真做好各项准备工作。未雨绸缪,改革措施才达到预定效果。无论是宏观还是局部的改革,都不能搞"眉头一皱,计上心来"的仓促行事。凡百事之成,必在敬之。既要大胆,又要谨慎,既要有敢冒风险的勇气,又要有科学严谨的决策。"胆"、"略"相济,说到底,就是解放思想,实事求是。这是我们从事一切改革的根本思想路线。

作为本市副食品产销改革中勇敢和成功的一步,蔬菜放开经营至今而言,固然还仅仅是第一步,还需要不断面对新情况,解决新问题。但这勇敢和成功的一步,对于上海深化改革的各项事业所提供的哲理,却值得我们认真研究,举一反三。

再论改革要有胆略

（1991 年 12 月）

百日之前,杭州一家校办小厂,兼并一家国营大型企业,成为华东乃至中国的一大新闻。"小鱼吃大鱼"给人们带来兴奋,也引起忧虑——"小鱼"能不能吃掉"大鱼"? 会不会被"大鱼"撑死拖垮? 人们拭目以待。现在,百日已过,到底如何呢? 本报今天发表的通讯《百日兼并》,生动展示了杭州"娃哈哈"集团基本完成对于濒危的杭州罐头食品厂实施机制转换的过程,宣告这次兼并已经熬过阵痛,取得成功。

"小鱼"为什么会吃"大鱼"? "百日兼并"的事实说明,出现这种现象,反映了我国经济体制改革正在向深层拓展。它要求通过企业组织结构、内部运行机制和产业、产品结构的调整,促使现存生产要素在合理流动和重新组合中实现优化配置,形成新的生产力。而实施兼并及破产,实现企业组织结构合理化,正是其中重要一着。没有"壮士断腕"的决心,不合理的产业结构难以改变;没有企业优胜劣汰的竞争机制,大面积的效益低下难以扭转,更何论生产要素的优化组合和优势集中? 曾经有人担心,"娃哈哈"作为全民所有制的"小"企业,兼并一个偌大杭罐厂,这不是搞"死"一个大型企业么？其实,该活则活,该死则死,正是搞活大型企业的一条规律。事实上,正是"娃哈哈"的兼并,才使一个大中型企业死而复活,这本身就是"搞活"的辩证法。毋庸讳言,比起放权让利、承包经营来,兼并破产的风险更大一些,在干部、职工中带来的震荡也会更猛烈一些。但是,这种深化改革的风险是能够承受的,"百日兼并"的成功,不就是一个有力证明么？

"小鱼"怎么能吃"大鱼"呢？这次"娃哈哈"兼并杭罐厂的成功,关键在于按社会主义商品经济的规律决策。谁有机制优势、产品优势、市场优势、资金优势,谁就是兼并者。这里不是按照企业级别高低、盘子大小、人员多少来取舍,而是让优胜劣汰的竞争法则来选择。现在讲兼并,有的同志对于"大鱼"吃"小鱼"还能接受,一听说"小鱼"吃"大鱼",就不行了。其实在商品经济中,企业的"大"与"小"是相对的,关键在于用什么标准去衡量和引导企业。一个市场大、资金足、机制强的"娃哈哈",难道不是一条大"活鱼"么？所以类似"小鱼"吃"大鱼",实际上是"活鱼"吃"死鱼",这次兼并的成功,根本的原因就在这里。"百日兼并",实质上是一个按照社会主义商品经济的要求,进行机制转换的过程。短短百日,干部"铁交椅"搬走,职工"铁饭碗"打破,封闭自守的产品生产方式转变为面向市场的商品经营机制,多年亏损的帽子一举甩进了西子湖里。一个机制的转换,便使劳动者潜能得到勃发,使一个大中型企业恢复活力,从这个意义上说,"百日兼并"的启示,可以为更多企业家打开思路。

"娃哈哈"成功兼并杭罐厂的实践,所以带有普遍意义,并不在于要大家都来推广"娃哈哈"模式,而是说作为一种开创、一种创新,"娃哈哈"代表了一种勇于探索,敢于开拓的精神,显示了实事求是、解放思想的改革胆略。搞好国营大中型企业,是我国经济体制改革的中心一环,党中央、国务院已经定下了总的方针,方向是明确的。然而如何搞好搞活,既没有现成的经验可以照搬,也没有放之四海而皆准的模式可以套用,全靠我们充分发挥企业、群众和政府的主动性和创造性,在实践中创新,在探索中前进。当前的上海,搞好国营大中型企业的试点已经铺开,有的在探索转换机制、放开经营的道路,有的在实施利税分流、税前还贷、税后缴利的试验,有的开始实行全员劳动合同制,有的正在探索股份制,也有的人则从岗位合同制入手进行劳动、管理制度的改革……这种百花齐放、千姿百态的态势,完全符合改革在实践中开创自己道路的发展规律。我们说改革要有胆略,要提倡勇于探索的精神,就是要按照解放思想,实事求是,一切从实际出发的思想路线,去勇于闯出改革的新路子。改革是千百万人民群众所进行的创造性事业。不解放思想,很多事情先带框框,群众创造的才能就会被压抑。怎么搞好国营大中型企业,只能让大中型企业的领导和职工去探索,去研究。不要还没有生小孩,还不知道是男是女,就急于先起名字,说这也不行,那也不行。从这个意义上说,"娃哈哈"勇于探索的精神,很值得提倡。

这次"娃哈哈"兼并杭罐厂的成功,是与杭州市领导机关的参与和支持分不开的。有人说这是一种行政干预。对的,我们并不一概反对行政干预,我们反对的,只是那种违反客观规律的"行政干预"。事实上,我们的改革,本身就是在党和政府的有力推动和领导下进行的。深化改革的困难更多,阻力更大,没有政府的参与和支持,是难以实现的。我们的各级政府,应当成为改革的强大推动力量,这对于各级政府部门来说,也有一个胆略的问题,一个敢于负责的问题,一个勇于探索政府参与改革的方式的问题。只要我们的干预是符合社会主义商品经济规律的,就不要怕有人说"行政干预"。我们就是要充分运用政府的力量,运用我们的政治优势,支持和引导改革的深化。在社会主义商品经济条件下,如何实现政府行为的合理化、规范化,这正是需要各级政府在实践中不断探索、创造的新课题。

　　"百日兼并"引起的社会反响是深刻的,不同意见的争论,也还在继续。这是正常的。重要的是,"百日兼并"的胆略,为深化改革探索了一条有意义的思路,激励着我们进一步解放思想,勇于探索,推进改革。

对那场争论的反思[*]

去年,在我国舆论界、理论界发生了一场关于"姓'社'姓'资'"的争论。公开争论的时间,从这年的 4 月到 9 月,达半年之久。这场争论该怎样概括?有的同志认为,这是"改革要不要问姓'社'姓'资'"的争论。我觉得这一概括不妥。因为被批评的报刊并没有提出"改革不要问姓'社'姓'资'"这样的主张;批评者硬说有的报刊有这种观点,实际上是虚设论敌。有的同志把它概括为"改革中要不要对每个问题都问姓'社'姓'资'"的争论;这比较符合实际。正如小平同志南方谈话中说的,改革开放迈不开步子、不敢闯,就是"姓'社'姓'资'"这个问题在作怪。还有的同志把要问"姓'社'姓'资'"的主张,概括为"'凡事'(对任何事情)都要问姓'社'姓'资'",这当然是极而言之了,但也揭示出它与"两个凡是"的某些历史线索。这里,我用了个模糊概念——关于"姓'社'姓'资'"的争论,为的是大家都能接受。

---

　　* 本文原载上海《新闻记者》杂志 1992 年第 9 期,原标题为《一九九一年舆论界一场"争论"之我见》,作者署名"金维新",现标题为编者所加。

这场争论提出的问题很严肃、尖锐，从舆论界发端，直接影响着我国现代化建设和改革开放的进程。这场争论由舆论界波及理论界特别是经济学界，在我国大陆引起广泛的关注和某种传闻猜测，港台地区的一些报纸则捕风捉影、大肆渲染。这场争论，并非对某一事物肯定或否定的争论，而是涉及我们观察问题的思想方法和思维方式问题，它的覆盖面很广，对实际的影响必然很大。邓小平同志今年的南方谈话，重申解放思想，并说"要害是姓'资'还是姓'社'的问题"。许多同志学习后都有真理标准讨论时那种"顿悟"的欣喜。这场困惑人们近一年之久的"姓'社'姓'资'"争论的扣子终于一下子给解开了。

我们的历史学家，特别是我们的报刊史将对这场争论作出评论。我仅仅提供有关这一争论的某些事实，而且主要是个人耳闻目睹的事实。

争论的导因

这场"姓'社'姓'资'"的争论，自然不是《解放日报》的"皇甫平"挑起的；但是去年春《解放日报》发表的这几篇署名文章确实触发了一些同志"敏感"的神经，成为这场争论的"导因"。在那以后，一些报刊轮番发表批评文章，似乎都言之凿凿：某些报刊、某些论者发表了"不许问姓'社'姓'资'"的主张；而这个"某"，开头就是指《解放日报》的"皇甫平"。

《解放日报》的"皇甫平"究竟发表了什么样的言论？"皇甫平"是个集体笔名。去年2月15日、3月2日、3月22日、4月12日，《解放日报》第一版连续发表了四篇署名皇甫平的评论——《做改革开放的"带头羊"》、《改革开放要有新思路》、《扩大开放的意识要更强些》、《改革开放需要大批德才兼备的干部》。《解放日报》发表这一组文章本意在哪里？简单地说，传达阐述邓小平同志这一年春节在上海的一些谈话精神，把改革开放特别是上海的改革开放推向前进。这一点,从以上所列举的题目也可以看出。第一篇讲刚刚到来的辛未羊年应当是一个"改革年",要振奋精神,敢冒风险,做改革开放的"带头羊"。第二篇讲 90 年代改革进入更深的层次,改革开放需要有新的思路、新的招数;为此要进一步解放思想,防止陷入某种"新的思想僵滞"。第三篇讲增强扩大开放意识问题,讲在对外开放问题上要"进一步解放思想,抛弃任何一种保守、僵滞、封闭的观念",文章对这方面的一些疑虑和误解作了必要的澄清。第四篇讲改革开放需要大批德才兼备的干部,要培养、发现和任用成千上万的中青年干部,干部要有开拓创新意识,要不拘一格用人才,最广泛地起用各种人才,等等。这四篇文章分别传达或阐述了邓小平同志在上海的讲话精神,如:"敢冒风险,敢为天下先","浦东开放要搞得更好、更快、更大胆","资本主义有计划,社会主义有市场",等等。总起来说,都是说上海在新的一年中要解放思想,把改革开放搞得更快更好。如果我们今天将这四篇评论重读一遍,那么就会强烈地感受到,小平同志今年初的南方谈话确是他的一贯思想,同时也有很大的发展和发挥。这也就是说,他今年谈话中的一些重要的基本观点,去年春节已经讲了。遗憾的是,那时没有引起人们的广泛注意,相反还引来一些"敏感"者的非议。

批评者的"高见"

这四篇文章发表后,赞同的意见不少。正如上海《新闻记者》杂志 1991 年 5 月号发表的《评论工作者要进一步解放思想》的专论所说:"四篇评论一出,上海、北京和其他省市反响热烈。一些读者认为,这些文章以加大改革分量为主旋律,说出了我们的心里话。"可是未过多久,批评的声浪吸引了人们的视线。从此开始了一场关于"姓'社'姓'资'"的争论。这场争论的形式很奇特：一方作为批评者接连发表批评意见；另一方作为被批评者保持沉默。

批评者提出哪些观点？我谈一点个人耳闻目睹的事实。

去年，我参加过两次全国性的理论研讨会，会上都直接听到了批评意见。归纳下来大体上有这四点：（1）市场经济不等于资本主义，社会主义也有市场，这话即使是小平同志讲的，公开发表也不适宜，因为市场经济和商品经济不是一回事，市场经济一般来说就是资本主义，资本主义国家经济学家也自称他们是市场经济。（2）文章（指署名皇甫平的评论）说，问"姓'社'姓'资'"就会贻误战机，影响改革开放，事实上改革开放就有一个方向问题，即"姓'社'还是姓'资'"。（3）文章强调改革要冒风险，做具体工作可以冒点风险，作为指导方针还是十三届七中全会总结的持续稳定协调发展。过去我们讲冒风险、"闯关"，还不是出了通货膨胀？（4）文章讲到利用外资走出新路时，说要反对"新的僵滞"，这是指什么？应该指出，这些意见大都是在会外交谈中说的，是同志式的交换看法。

也有大会发言涉及这个问题，有一位同志这样说："前一段有些报纸刊物宣传一种观点：改革开放不要问'姓社姓资'，这是赵紫阳1988年的观点。"这"不只是某一家报纸、《半月谈》的问题，也是思想苗子，要指出这种错误倾向。"批评很有原则性，也很严肃：皇甫平被认定宣传一种"错误倾向"，似乎没有什么辩解的余地了。

以上是"耳闻"，亲耳所闻。再说"目睹"，公开发表在报刊上的批评文章，料想大家都看到一二，也许都未能看全。我也未看全，看到过的共六篇。由于辗转转载，加上有一定的数量，一时间很有一点"声势"。这里只列举一下这些批评文章的一些论点，为大家提供一点资料。

——"不问姓'社'姓'资'，必然会把改革开放引向资本主义道路而断送社会主义事业。问清姓'社'姓'资'，则是切实推进深化改革、扩大开放的一个根本前提。"

——"对于那种不许问姓社姓资的观点,人们也不妨问一问:它所代表的思想倾向,究竟是'姓社还是姓资'?"

——"笔者完全不能理解,'不问姓社姓资'的口号,究竟符合党章的哪一条款呢? 提倡'不问姓社姓资',那么在政治上还要人们问什么呢? 邓小平同志反复强调我们'干的是社会主义事业,最终目的是实现共产主义',这个共产党人的政治纲领,难道需要和可以改变吗?"

——"不问者,决非不问也。不管提出'不问'的人意识到没有,其实际效果只能是起着模糊社会主义方向的作用。"

——"所谓'改革不要问姓社姓资',本来是'精英'们为了暗度陈仓而施放的烟幕弹。我国为了实现第二步战略目标,必须坚定不移地深化改革。但是,改革朝哪里深化,怎样深化,就有一个姓社姓资的问题。姓社姓资的对立,不会由于前十年改革的成就和批判资产阶级自由化思潮而消失。它将或公开或隐蔽、或尖锐或缓和地贯串在今后的改革中,对此,我们的头脑要清醒和复杂一点。"

你看,被他们批评的"不问姓社姓资"报刊果真是罪莫大焉:"模糊社会主义方向","引向资本主义道路","代表资本主义思想倾向","不合党章条款",甚至"改变共产党人的政治纲领",还有"'精英'们施放的烟幕弹",如此等等。

经济学界的回音

批评者一再发表"批评",被批评者(《解放日报》的皇甫平,其后又加上新华通讯社《半月谈》的本刊评论员)一直保持沉默。上面已经说过,这是这场争论很有趣的一个现象。然而,理论以逻辑说服人、用事实说服人。喧闹一时的批评,终究在我国的经济理论界引起了回音。

1991 年 7 月 4 日,中国社会科学院经济学片在刘国光主持下,召开了"当前经济领域若干重要理论问题"座谈会。这一年第 8 期《经济研究》刊登了这一座谈会的发言摘要。吴敬琏、卫兴华、戴园晨等经济学家终于就"姓'社'姓'资'"这一敏感问题,坦诚陈说看法,表明他们对批评者的"高见"不敢苟同。吴敬琏概括自己的看法说:"从全局上说,从战略上说,一定要保证我国整个经济发展的社会主义方向。从具体问题来说,不能够囿于姓'社'还是姓'资'的诘难。对外开放用了一些社会化大生产通用的做法,如果问姓'社'还是姓'资',这些做法都不能用了。如果这样的话,从根本上说来,是妨碍社会主义经济的繁荣的,甚至是破坏社会主义经济的繁荣的。"卫兴华则说了五点:第一,实行改革开放不能不问姓"社"姓"资"。第二,不能乱定姓"社"姓"资"。第三,不能对什么事情都一定要问姓"社"还是姓"资"。第四,问姓"社"姓"资",不是排斥和否定一切姓"资"的东西的存在。第五,不要用不正确的"社""资"观去胡乱批评正确的理论思想。他认为,有人批评薛暮桥"神化"商品经济就属这一类。

经济学家们的异议,尽管有着程度上的差别。然而这一回音表明"姓'社'姓'资'"的争论,终于实实在在地争论开来了。

"好理解"与"不好理解"

"对于这场争论,你个人有什么感受?"我说,好理解又不好理解。

首先,我同意(仅仅同意这一点)批评者的半句话——"不只是某一家报纸、《半月谈》的问题",这场争论的出现有它广阔的社会背景。它是在特定历史条件下两种不同思维方式冲突的表现。近几年来,国内国外接连出现了一些复杂情况,这就是 1989 年春夏之交的政治风波,以及其后的东欧剧变和苏联解体。在这种严峻的形势下,一些习惯于按照本本或原则来思考、观察问题的同志,担心中国重蹈苏东覆辙,疑虑重重,举步艰难,每走一步都要问一问"姓'社'姓'资'"。这也就是小平同志在南方谈话中说的:"改革开放迈不开步子,不敢闯,说来说去就是怕资本主义的东西多了,走了资本主义道路。要害是姓'社'还是姓'资'的问题。"如果说,这些同志以"姓'社'姓'资'"来束缚自己的手脚、不敢走、不敢闯,那也罢了;他们以此来阻挡别人往前走、往前闯,这就产生了一定的社会影响。因之,"姓'社'姓'资'"成了一种无理诘难为人反对,"姓'社'姓'资'"成了一种庄严问号为人维护,争论由此而起。

最近,偶然看到一个材料。1988 年 5 月 14 日《人民日报》的评论员文章中有这样一段话:"遇到重大改革措施,往往要问一个姓'社'还是姓'资'。这是历史在人们思维方式上打下的烙印……如果我们时时事事都要按照这样的方式来思维,在思想上就会有无穷的疑虑,实践上就会寸步难行,结果将一事无成。"我赞同这个看法,每每要问一声"姓'社'姓'资'",确是历史在人们思维方式上打下的一个烙印。这个烙印很深,是长期以来"以阶级斗争为纲"所造成的"余悸"。不是近几年才"印"上去的,而是早已有之。前几年有所淡化,近年来又重新抬头,因为有特殊的条件、气候。

其次,批评者对皇甫平的文章、《半月谈》的评论意见不只在"姓'社'姓'资'"上,近年来理论界的争论(尽管是"隐性"的)热点也很多。为什么独独这个"姓'社'姓'资'"会引起人们这样关注? 我理解,每事要问一声"姓'社'姓'资'"是一种思维方式,它的覆盖面很广,既包括抽象地说改革每走一步要问"姓'社'姓'资'";也包括具体来说,市场经济、证券、股份制等这些举措都要问"姓'社'姓'资'"。因此,"姓'社'姓

'资'"就成了一言以蔽之的东西,正如 70 年代末的"两个凡是"那样。上面归纳的对"皇甫平"的四条意见中,除"姓'社'姓'资'"外,还有市场经济、敢冒风险、防止陷入"新的思想僵滞"等。其实,这四条(或四个方面)是一致的,因为他们认为市场经济"问一问"的结果应该姓"资",而每每这样"姓'社'姓'资'"问下去也不是什么"思想僵滞",等等。

事实上,去年这一场"姓'社'姓'资'"的争论,远不只是在我前面所说的发了这几篇批评文章。如果我们把"姓'社'姓'资'"这个口号扩展开来看,有的人几乎是用它来"观察一切、分析一切"的,比如说,用它来观察、分析市场经济,得出搞市场经济就是"取消公有制,搞资本主义"的结论;用它观察、分析股份制,股份制成为"私有化潜行";用它来观察、分析资本,认为它是资本主义的专利,社会主义只能有资金;用它来观察、分析商品经济意识,从中发现了资产阶级与无产阶级的"根本对立",如此等等。这样的遑遑之论,白纸黑字,在一段时间中,可谓充斥某些刊物。说是"学术之争",那也未尝不可;说是"没有想通",那也允许看。可是作为报刊,它具有导向作用,理应坚持历史唯物主义的实践标准,促使人们解放思想去研究新情况、新问题,而不是用本本和原则去剪裁生活,把人们的思想重新禁锢起来。

再次,批评者的"方式"令人难以理解。使我不好理解的就是所谓"改革不问姓'社'姓'资'"这个一再受到批评的论点,是虚拟的,没有真实根据的。这里需要援引一下批评者所批评的报纸、刊物的原有文字,看看他们到底讲了什么?

《解放日报》皇甫平的四篇文章,3 月 22 日《扩大开放的意识要更强些》这一篇,其中有这样一段话:"90 年代上海的开放要迈大步子,必须要有一系列新的思路,敢于冒点风险,做前人没有做过的事,这对于我们的开放意识,更是一个严峻的考验。例如,开发浦东,设立保税区,实行进入自由、免征出口税等带有自由港性质的特殊政策,对于这类被称为造就'社会主义香港'的尝试,如果我们仍然囿于'姓社还是姓资'的诘难,那就只能坐失良机。"

《半月谈》1991年第9期的评论员《统一思想认识,推进改革开放》认为,十三届七中全会和七届四次人大会议对前几年围绕改革开放的纷争至少在六个重大问题上达成共识,其中之一是"认识改革开放三大指导原则"。文章写道:"一是,……。二是明确坚持社会主义公有制为主体的多种经济成分并存的所有制结构。这肯定了继续发展个体经济和其他经济成分的政策,否定了又想搞'一大二公'、'纯而又纯'经济的主张和对'姓社姓资'的无理诘难。"

皇甫平的文章是说,在设立带有自由港性质的特殊政策时,如仍囿于"姓社还是姓资"的诘难,就坐失良机了。讲的是一个具体的改革措施(而且性质也是明确的:"造就'社会主义香港'"),不用多问"姓社姓资";并没有说整个"改革开放不问姓社姓资"。

《半月谈》的评论是说,社会主义公有制为主体的多种经济成分并存的所有制结构的确立,是对"姓社姓资"无理诘难否定的结果。讲的也是具体的改革认识,反对的是"姓社姓资"无理的诘难,而不是那些必须问的"姓社姓资"。

没有报刊说过"改革不要问姓社姓资",却掀起了一场批评"运动",这是十分令人费解的。这是其一。

其二,批评的方式不是说理的,而是推断式的、越级上纲的。上面列举的大多是这类论证方法。如说:"这是赵紫阳1988年的观点",他的观点自然是错的,你的观点与他相同,因此也错了——这是一种"论证方法"。又比如,"人们也不妨问一问:它所代表的思想倾向,究竟是'姓社还是姓资'?"一个设问,把对方轻而易举地推上了"社会主义和资本主义斗争"这一个纲上去。再比如,"'不问姓社姓资'的门号,究竟符合党章的哪一条款呢?"、"那么在政治上还要人们问什么呢?"、"共产党人的政治纲领,难道需要和可以改变吗?"从不合党章到政治上没有什么可问,再到改变共产党人的政治纲领,这个"三级推断"就上纲上线来说应该是很典型的。从说一个特殊政策不要囿于"姓社姓资",演化为"改革不问'姓社姓资'",最后推论到"共产党人的政治纲领,难道需要和可以改变吗?"这类没有说理分析的文章,人们只能说这是"拿大帽子吓唬人"。诸如此类的批评方式,搞理论宣传的大都很熟悉,也很痛恨它,怎么又重来了,值得深思。

二、改革不可动摇

改革不可动摇[*]

改革中面临的新问题，只能用进一步改革来解决

　　中国又走到了一个历史性拐点。在全面建设小康社会进程中，我们面临着国内矛盾凸显期与国外摩擦多发期的交织，社会上出现一股新的否定改革、反对改革的思潮。他们把改革过程中出现的一些新问题、新矛盾，上纲为崇奉西方新自由主义的恶果加以批判和否定，似乎又面临一轮改革"姓'社'姓'资'"争论的轮回。

　　我们应当从历史与现实、理论与实践的结合上来正确观察、分析当前的问题。

　　上世纪 80 年代末 90 年代初，否定改革开放就曾经成为一股甚嚣尘上的思潮。在这个历史紧要关头，邓小平一锤定音："计划经济不等于社会主义，……市场经济不等于资本主义"；"要害是姓'资'还是姓'社'的问题。判断的标准，应该主要看是否有利于发展社会主义社会的生产力，

---

　　* 本文原载 2006 年 1 月 24 日《财经》杂志。

是否有利于增强社会主义国家的综合国力,是否有利于提高人民的生活水平";"中国要警惕右,但主要是防止'左'。"

当时,以江泽民同志为核心的党中央,在十四大全面贯彻执行了邓小平南方谈话的重要精神,推动改革开放和现代化建设进入新的历史发展阶段。中国能有今天的大好局面,广大人民群众能过上安定幸福的小康生活,完全是与我们坚定不移地推进社会主义市场经济体制改革紧密相联的。

市场化方向的改革成就巨大,当然也不可避免地出现一些新问题、新矛盾。目前,群众中反映比较强烈的,有贫富差距、地区差距的拉大,生态环境恶化,权力腐败严重,社会治安混乱,以及卫生、教育、住房改革中出现看病贵、上学贵、房价高、就业难等问题。以胡锦涛为总书记的党中央本着与时俱进和务实解决现实问题的精神,提出以科学发展观统领全局,努力构建和谐社会的方略,其本质是继承和发展了邓小平理论及"三个代表"重要思想,以坚持改革为主线解决改革中出现的新问题。进一步深化改革,扩大开放,健全和完善社会主义市场经济体制,必定能逐步统筹解决城乡间、地区间、贫富间的差距问题,统筹解决经济发展与社会发展相协调的问题,统筹解决经济社会发展与生态环境保护问题,统筹解决对外开放与对内发展相协调问题。

有些人把改革中出现的新问题、新矛盾统统归罪于市场化改革本身,动摇和否定改革。这显然是片面的、错误的。在经济体制转轨的历史背景下,诸多矛盾主要是由于市场经济不成熟、市场机制作用不充分所致,并非是市场经济、市场机制本身的缺陷。贫富差距的问题,不是因为市场化让一部分人先富起来,而是因为市场化过程中因权力之手的介入,让有些人以牺牲他人为代价暴富起来。借助行政权力致富,损害弱势群体,恰恰是旧体制的弊端造成的,怎能责怪市场化改革呢?

　　社会财富分配不公平问题的产生和扩大,也并非改革的错误;恰恰相反,是改革遇到阻碍,难以深入、难以到位的必然结果。其中一个重大阻碍,在于既得利益阶层使改革的整体效率曲解成"部门利益"、"地方利益",让"权钱交易"通行无阻,越演越烈。历史已经证明,"让部分人先富"是英明的战略决策,"效率优先"对于突破旧体制,激发解放生产力,发挥了重要作用。不但部分人富裕起来了,也使整个社会的富裕程度"水涨船高"到人均1500美元左右,贫困人口从当初的3亿多人减到目前的2000多万人。这表明整个改革开放的"效率优先"旗帜上,也写着"公平"二字。缩小贫富差距,不应当是人为地压制致富,而应当通过平等的权利保护和提高穷人致富的速度。改革目的不是让富人变穷,而是让穷人变富。"仇富"情结无助于缩小贫富差别,不利于走向共同富裕,这是现代工商文明浅显的道理。

　　当前,公众日益增长的公共品的需求同公共品供给短缺、低效之间的矛盾,已成为中国社会主要矛盾的主要方面。公共品是指政府为民众提供的社会服务,如教育、文化、住宅、医疗卫生、社会就业、社会治安、生态保护、环境安全、等等。也就是说,在"端起碗吃肉"的温饱问题解决以后,"放下筷子骂娘"凸显了。"骂"什么呢?"骂"土地被征占、旧房被拆迁,"骂"教育医疗收费太高,"骂"买不起住房、找不到工作,"骂"贪官太多、司法腐败,"骂"治安太乱、安全无保障,"骂"信息不透明不对称、办事不民主,等等。所有这些问题,正是社会公共品供给不足的问题。公众越来越需要一个高效、廉洁、平等参与、公平透明的公共领域。

　　显见,改革中诸多问题和矛盾的真正焦点,在于体制转轨中行政权力参与市场化分配产生了不公平。行政性资源(尤其是公共品供给)配置中的权力市场化,成为社会财富占有和分配不公的突出因素。权力市场化也对改革本身产生严重扭曲。在一些本不应该由市场发挥作用的领域,出现了利用市场化牟利的"假改革",而在一些应该大力推进市场化的领域,市场化改革却步履维艰。

仅以土地市场化为例:地方政府几乎排斥了土地使用权拥有者参与交易的权利,直接成为市场交易的主体,从而使地方政府和土地开发商成为最大的获利者,导致拥有使用权的农民、居民利益受到损害。近年来,城镇拆迁和农地征用环节的大量民事纠纷,深刻反映了地方政府垄断土地征用与土地要素市场化之间的矛盾,反映了政府在土地要素市场化中功能定位及权力运行程序的缺陷。

改革进程中出现的问题,是深层次体制因素的表现,尤与行政管理体制息息相关。20多年来中国的改革,比较多地在技术层面上效仿了现代市场经济的形式,而较少吸取市场经济制度的本质内容。特别是要素市场改革的滞后,不仅涉及经济体制改革的问题,还涉及政治体制、社会体制、文化体制等方方面面的改革问题。因此,十六届五中全会通过的中央关于"十一五"规划的建议书中,政府行政管理体制的改革被列为各项改革之首,并首先突出解决政府对要素市场的垄断专权问题,以此打通要素市场化改革的通道,实现市场经济完整推进。从职能上说,政府应当从市场中的利益主体变成公共服务的主体,把公共资源、公共品公平公正公开地向公众服务分配,致力于创造一个有利于各市场主体平等竞争的市场环境。

中国正处于体制转型的关键时期,也是社会结构的大变动时期,利益主体多元化,思想认识多样化。因此,要在深化改革中调整利益关系,遇到的阻力必然更大,改革的深度、广度、难度、复杂度都在增加。而我们在思想上受传统社会主义理论和计划经济的影响很深,往往跟不上形势的变化,遇到问题往往做出意识形态的极端判断,把问题归罪于改革。有人以个案来否定改革全局,也不是负责任的态度。

　　我们要进一步解放思想,独立思考判断,坚决以科学发展观来统领全局,推进全面改革,不能动摇,不能停步,更不能后退。以批判新自由主义来否定改革实践,是从根本上否定中国改革的历史,也否定了邓小平理论和"三个代表"重要思想。改革还需要完善,市场经济要走向成熟,但近30年的改革开放实践已经证明了一条颠扑不破的真理:只有社会主义才能救中国,只有改革才能救社会主义!坚持改革开放是人心所向,发展市场经济是大势所趋,加快发展经济社会是众望所归,与时俱进进一步解放思想是必由之路。

从源头上遏制腐败

（2007 年 9 月）

陈良宇落马了，一位原本奋发有为、前程似锦的党的高级官员，因为私欲膨胀，严重违纪，就此断送了自己的政治生命，令人痛惜，令人失望！

自上海劳动和社会保障局局长祝均一被"双规"，带出张荣坤、王成明、韩国璋，在上海滩惊曝社保资金案以后，我撰写了《从周正毅到张荣坤》一文，指出上海 3 年间冒出两个"问题富豪"，短短几年从无名小辈爬上巨富高位。这固然是他们长袖善舞，但谁都知道少不了掌权者的撑腰。这个"掌权者"，当然不只是一个小小的祝均一。

在我文章写后才 6 天，8 月 25 日又惊曝秦裕被"双规"。秦裕何许人也？陈良宇身边多年的秘书，一个月前才"空降"宝山区当区长。为此，我接着写了第二篇文章：《张荣坤如何搭建"近水楼台"》，指出秦裕落马把张荣坤屡屡"先得月"的"近水楼台"，即撑腰的"掌权者"，推到了公众的面前，"露出了冰山的一角"。从这个意义上说，陈良宇落马确在意料之中。

然而，又出人意料。从秦裕落马到中央宣布立案审查陈良宇，免去他书记、常委、委员职务，停止其政治局委员、中央委员职务，只相隔短短一个月时间，要扳倒陈良宇这样的党国要员，把盘踞上海显赫而重要的强势诸侯拉下马，谈何容易！然而，从祝均一案发到陈良宇下台，只用了两个月时间。中央办案效率之高，胡锦涛总书记处事之果断，案情进展之快，的确出人意料。这正如代表中央到上海宣布陈良宇立案审查的贺国强部长所言："充分表明了我们党加强党风廉政建设和反腐败的坚强决心和鲜明态度，充分表明了中央对上海工作的高度重视。"

据目前向社会公众公布的材料来看，陈良宇主要犯有四宗严重违纪问题：一是涉及上海市劳动和社会保障局违规使用32亿巨额社保资金这笔上海民众的"养命钱"；二是为一些不法企业主如张荣坤、周正毅等谋取利益；三是袒护有严重违纪违法问题的身边人员如秘书秦裕；四是利用职务上的便利为自己亲属谋取不正当利益。

就这四个方面的违纪问题，可以直言不讳地说，在一些领导干部身上带有一定普遍性，只是轻重不同而已。比如，违规使用社保资金、住房公积金等，在审计中不是时有发生吗？其他如为不法企业主谋利益、为亲属谋不当利益，袒护自己身边秘书、司机等工作人员违纪违法等，也都常有所闻。河北省原书记程维高和湖北省原省长张国光，就都是从秘书曝出丑闻把自己搭了进去的。原北京市委书记、政治局委员陈希同，在袒护有严重违法问题的身边工作人员及为自己亲属谋取不正当利益方面，也是相同的。今天，民间流传：政治局"二陈"委员，名字不同笔画相同。一北一南，时隔十年，先后落马，天数使然！

其实，历史巧合，并非天数，恰恰反映了我们的制度问题。应该肯定，中国共产党是世界上所有执政党中反腐败最自觉、最坚决的执政党之一，反腐败的成效也是明显的。但从总体上看，我国腐败现象并没有因为反腐败的力度加大而减少,相反愈演愈烈,不但职务犯罪越来越多,金额越来越大,层次越来越高,而且腐败蔓延的领域越来越广,腐败的魔爪公然伸向官位权力本身,卖官鬻爵现象在一些地方泛滥成灾。近年来中央强调要从源头上防治腐败。什么是腐败的源头?答曰:权力。腐败是对权力的滥用,绝对权力必然导致绝对腐败。权力是利益,就是稀缺资源。如果权力不受制度约束和监督,一旦进入市场便产生权钱交易、官商勾结,不仅制造了许多贪官,而且制造了许多"暴富"。"暴富"者又制造了更大的贪官,更大的贪官再制造更大的"暴富"。如此恶性循环,便会加速两极分化。更严重的是,高官又把"暴富"拉入政治组织,给予人大代表、政协委员以及其他各种名誉职务,甚而拉入党内,提供政治资源。久而久之,由权钱交易、官商勾结而形成各种特殊利益集团,必然陷入权贵资本主义泥沼。从陈良宇的落马,不是可以看到这样一幅危险的图景吗?

从目前公布的材料来看,陈良宇的严重违纪行为,主要发生在他担任上海"一把手"期间。在我国政治高度集权的体制下,党政不分,"一把手"决定一切,管了不少不该管也管不好的事情。书记去管社保资金的使用,就是权力越位,我们有些"一把手"就是目无法纪,胆大妄为,为所欲为,喜欢干权力越位的事。有的甚至上找靠山,下拉帮派,自恃"一面大旗,一条大船,一班兄弟","一把手"变成"一霸手",成为违纪腐败的重灾区。近年来,从刘方仁、程维高、成克杰、李嘉廷、张国光、田凤山、高严到陈希同、陈良宇,不是出了不少这样的"一霸手"吗?若从体制、制度解决观察问题,显然反映了我们党和国家监督缺位是致命伤。谁来监督"一把手"?党内民主不足,党员的自主和主体地位没有确立。在"一把手"说了算的体制下,上级掌握着下级的升迁予夺之权,下级取悦上级还忙不迭,谁敢在太岁头上动土,实行自下而上的监督呢?加上我党一党独大,权力结构单一,没有权力相互制衡机制;媒体又牢牢掌握在各级党委手里,舆论监督更是苍白无力。这种情况下,反腐成本往往很高,事态发展到十分严重程度才被中央纪委发现,由中纪委介入解决。还有许多没有被查获的漏网之鱼卷款出逃的事屡有发生,原因正在于此。

这次,中央对上海社保资金案处理及时、果断,充分表明了以胡锦涛为总书记的党中央深入开展反腐败斗争的坚强决心和鲜明态度,得到上海广大干部和民众的坚决拥护,也赢得全国党员干部和人民群众的热烈赞赏。我们需要从更宽广的视野和更高层次上,来研究上海社保资金案及陈良宇落马这个案例,以推进反腐的制度建设。从根本上说,就是推进我国政治体制改革,推进民主化的进程,先从加强党内民主和监督制度建设做起,建设社会主义法治国家。具体说来,有以下几点:

一、下决心解决权力过分集中问题,要依据宪法限制各级党委的权力,不能权力越位,把各级党委的活动真正控制在宪法范围之内。党是领导一切的,但不能直接管理一切,坚决克服党政不分、以党代政、以党代法、以党代财(财政金融)、以党代企的现象。同时,要切实落实我国宪法规定的公民享有言论自由权利,以强化媒体对党和政府依法监督的职能。任意封闭报刊、专刊、网站,撤裁主编,以各种不成文的"吹风"、"打招呼"压制言论自由,都是违宪行为。

二、进一步发展党内民主和人民民主,让党员代表和人民代表对各级各地党和国家领导机关的重大决策和领导人,有真正的选择权和监督权。要改革目前的提名方式和扩大候选人的差额,把党委单向提名改为党委和代表双向提名,党政代表和人民代表按一定比例提出自己的候选人。选举差额可从目前的 10% 逐步扩大到 20% 至 30%。应当倡导由各级党代表大会直接选举、差额选举委员、常委、书记。这样做不仅使领导干部具有广泛的群众基础,而且使党员和人民对权力的监督前移,在他们掌握权力之前就受到监督。

三、加强民主党派、工商联对执政党和政府的监督。中国共产党握有宪法规定的绝对权力，没有其他强大的政治力量与之抗衡，这保证了党的领导在一定历史阶段适合中国国情。但是，其弱点是缺少外在的监督力量。失去了对权力的相互制衡的机制，容易产生腐败现象。因此，适当加强民主党派和工商联对我们党和政府的监督，改变他们长期处于陪衬地位，是有必要的。比如，制定相互监督法，适当扩大民主党派自己地位和权力，由现在的请你监督转到主动监督、以法监督上来，还可以让更多民主党派的优秀领导干部参加政府工作。此外，允许民主党派自办报纸对执政党实行舆论监督，适当放宽民主党派组织的发展，等等，也值得研究。

四、改革开放以来，随着社会主义市场经济和民主政治的发展，各种各样的民间组织大量涌现，一个相对独立的公民社会正在中国崛起。不能把民间组织一概看成是抵制或对抗政府的异己力量，也不能把民间组织的发展壮大看作会削弱党对社会的领导管理能力。我国长期以来全社会高度政治化，国家权力无所不及，政府采取家长式方式对社会生活实行全方位管理。这种全能主义政治，严重束缚了社会生产力的发展，妨碍了社会主义民主政治的进程。所以，今天党和政府有必要对社会民间组织积极支持，热情帮助，正确引导，合理规范，营造一个有利于公民社会健康成长的制度环境，齐心协力建设一个民主、公平、善治、宽容、多元的和谐社会。这也是反腐败制度建设中一个不可忽视的问题。

总之，上海社保资金与陈良宇的落马，教训太大太深了！只有从经济体制、政治体制、文化体制和社会体制配套深化改革着手，推进反腐败的制度建设，真正做到用制度管权，用制度管事，用制度管人，才能从源头上遏制腐败，让党和国家长治久安。如此，则党幸甚！国家幸甚！人民幸甚！

解放思想无止境

（2008 年 9 月）

今年是中国改革开放 30 周年。30 年来有一条基本经验：解放思想是改革、发展的火车头。每次思想新解放，都推动了改革开放新突破，促进了经济社会新发展。所以，时代步伐永不停顿，社会实践永无尽头，认识真理永无穷期，解放思想永无止境。

一、改革开放 30 年解放思想历程的回顾

从 1976 年 10 月粉碎"四人帮"到 1978 年真理标准的讨论，是"两个凡是"思想主导的一个徘徊期。当时，还坚持"批邓反击右倾翻案风"，没有摆脱"文革"的阴影。在面临"中国向何处去"的严峻局面和重大选择关头，《光明日报》走在前面，发表了《实践是检验真理的唯一标准》特约评论员文章，引起了社会各阶层广泛的强烈反响。这背后的支持者就是胡耀邦和邓小平。邓小平后来在中共中央工作会议上作的《解放思想，实事求是，团结一致向前看》的讲话，就成为中国改革开放历史时期第一

次思想解放运动的标志。

这次思想解放，主要是破除"两个凡是"，即破除对领袖个人崇拜的教条主义，从毛泽东晚年错误中摆脱出来，端正全党全国人民的思想理论路线。不唯上、不唯书、只唯实，一切从实践出发，实现政治解放与政治突破，痛定思痛，大彻大悟，为中国寻找一条新路。

1977 年 7 月，党的十届三中全会恢复了邓小平的工作，否定了"批邓反击右倾翻案风"。邓小平恢复工作后，主要抓了两件事：一抓教育，恢复大学招生，为改革开放和现代化建设培养人才。今天，从中央到地方不少领导人，就是当年的"77 届"、"78 届"大学毕业生。二抓科学，1978 年春天召开全国科学大会，宣布广大知识分子是工人阶级一部分，为"臭老九"摘帽。这两招就把改革开放和现代化建设的生力军解放出来了。

接着中央工作会议、十一届三中全会决定为天安门事件平反，为十年"文革"和建国以来的大量冤假错案平反，为右派分子恢复名誉，为地富反坏分子摘帽，停止上山下乡，城市知青返城安排工作。这个阶段解放思想与解放人是紧密结合在一起的，调动了全国人民、全党干部的积极性，使他们投入现代化建设，开拓改革新局面。只有冲破"两个凡是"的教条主义，树立实践标准的权威，才使我们从"文革"的阴影中走出来，突破了"以阶级斗争为纲"，转向以经济建设为中心，实现全党全国工作重心的转变，确立了改革开放的总方针。从此，中国进入改革开放和社会主义现代化建设的历史新时期。

从安徽小岗村推行包产到户开始，联产承包责任制就在全国农村逐步推开了。1984 年人民公社制度废除，乡镇体制恢复。乡镇企业异军突起。从四川省 100 家企业试点放权让利，城市企业改革也迈出步伐。价格、工资的改革推开，推行企业承包制、利改税，建立现代企业制度，直到企业的现代产权制度的改革，等等，以增强企业活力，走向市场化。

1979 年,先是广东省委,接着福建省委向中央打了设立经济特区的报告。邓小平批准了! 1980 年,深圳、珠海、汕头和厦门 4 个经济特区相继诞生,对外开放形成格局。从此,改革开放之火在中国大地熊熊燃烧起来。

1981 年,十一届六中全会通过了《关于建国以来党的若干历史问题的决议》,改组了中央领导班子,建立了以邓小平为核心的第二代坚强的领导集体,领导全国改革开放和社会主义现代化建设的伟大事业。

1982 年,党的十二大召开,提出建设有中国特色社会主义的基本纲领。

1984 年,党的十二届三中全会通过《中共中央关于经济体制改革的决定》,提出"社会主义有计划的商品经济"的概念,传统计划经济体制开始被打破,市场化改革方向初步确立。邓小平高兴地称《决定》为"新的政治经济学",讲了老祖宗没有说过的新话,给予高度评价。

1987 年,党的十三大提出社会主义初级阶段理论,概括了"一个中心、两个基本点"的基本路线,提出"国家调控市场,市场引导企业"的明确的市场化改革方向,同时又提出了政治体制改革的基本要求。所以,党的十三大在我国改革开放和社会主义现代化建设历史时期具有非常重要的地位和意义。1989 年政治风波发生以后,邓小平一再强调"十三大报告一个字也不能改"。

1989 年春天,我国发生了一场政治风波。接着,世界局势发生急剧变化。柏林墙被推倒了,东西德国走向统一;波兰民选总统、工人瓦文萨从共产党老总统雅鲁泽尔斯基手中接管权力;匈牙利、捷克斯洛伐克、保加利亚等国相继改变颜色;1990 年底,齐奥塞斯库总统一夜之间被枪杀,罗马尼亚军队倒戈,共产党政权变色。在东欧几个社会主义国家发生剧变后,1991 年苏联先是解散共产党,紧接着联盟解体,戈尔巴乔夫交出总统权力,世界上第一个社会主义国家就急剧衰落了。

从 1989 年到 1991 年 3 年间,由于治理整顿和国外制裁,我国经济不断下滑,1990 年跌到改革开放 30 年中的最低点。当时,国内是一片反和平演变的声音,清查批判资产阶级自由化的文章连篇累牍。有些"理论家"、"政治家"发表大篇文章,重提阶级斗争,提出两种改革开放观,认为东欧、苏联剧变是改革引起的,把许多改革开放政策当作资本主义改革观批判,对改革开放进行"姓'资'姓'社'"的诘难。一时间,经济特区被指责为和平演变的温床,股份制改革试点被指责为私有化潜行,企业承包被指责为瓦解公有制经济,引进外资被指责为甘愿作外国资产阶级的附庸。有人公然提出:在经济为中心外,要增加反和平演变为政治中心;要停止改革开放,在全国进行社会主义教育。这就是要把党的基本路线由"一个中心"改为"两个中心",把"两个基本点"改为"一个基本点"。

面对这种情势,我联想起八大路线变化的情况。1956 年,党召开八大,对我国社会的主要矛盾的分析以及确立的经济建设和技术革命的路线,都是正确的。然而不久,波兰发生了波兹南工人罢工事件,接着又发生匈牙利事件。国际形势的震荡引起了我们对于自己国内形势的判断变化,强调了国内主要矛盾是两个阶级、两条道路的斗争,把党的整风运动变成了反右派斗争。后来进一步提出"以阶级斗争为纲"、"无产阶级专政下继续革命"等一整套"左"的理论、方针、政策,发动"文化大革命",全民族遭受十年大浩劫,经济到崩溃的边缘,政治冤案遍及域中。这是多么惨痛的教训啊!

上世纪 90 年代初,中国又走到一个历史的重要关头。是继续坚持"一个中心、两个基本点"的基本路线、坚定不移地推进改革开放和现代化建设事业、走中国特色社会主义道路,还是重提阶级斗争、以反和平演变为中心走回头路?

1990 年底,在召开党的十三届七中全会前夕,邓小平召集中央负责同志谈话,明确提出:"要善于把握时机来解决我们的发展问题","不要怕冒一点风险"推进改革开放,"改革开放越前进,承担和抵抗风险的能力就越强"。他说:"八九风波"中有各种口号,但没有一条口号是反对改革开放的。"我们必须从理论上搞懂,资本主义与社会主义的区分不在于是计划还是市场这样的问题。社会主义也有市场经济,资本主义也有计划控制。"在邓小平的提议下,党中央、国务院于 1990 年 4 月作出了开发开放上海浦东的战略决策,以浦东的改革开放这张"王牌"来推动全国新阶段的改革开放。

1991 年 1 月 28 日至 2 月 18 日,邓小平到上海过第四个春节。他从 1988 年开始每年都到上海过春节。同前几次过春节不同,这次他频频外出视察企业、参观工厂,还在新锦江宾馆旋转餐厅听取开发开放浦东的汇报,发表了一系列有关深化改革开放的谈话:

"改革开放还要讲,我们的党还要讲几十年。会有不同意见,但那也是出于好意,一是不习惯,二是怕,怕出问题。光我一个人说话还不够,我们党要说话,要说几十年。"

"不要以为,一说计划经济就是社会主义,一说市场经济就是资本主义,不是那么回事,两者都是手段,市场也可以为社会主义服务。"

"开放不坚决不行,现在还有好多障碍阻挡着我们。说'三资'企业不是民族经济,害怕它的发展,这不好嘛。发展经济,不开放是很难搞起来的。世界各国的经济发展都要搞开放,西方国家在资金和技术上就是互相融合、交流的。"

"希望上海人民思想更解放一点,胆子更大一点,步子更快一点。""要克服一个怕字,要有勇气。什么事情总要有人试第一个,才能开拓新路。"①

----

① 《邓小平文选》第 3 卷,人民出版社 1993 年版,第 367 页。

　　我当时担任上海《解放日报》党委书记兼副总编辑,有幸从市委领导
同志手中看到邓小平的谈话材料,内心十分激动。邓小平要求全党都要
讲改革开放,我想《解放日报》作为党的机关报,不就应当带头讲吗?
1991年春节前夕,为了宣传邓小平改革开放的最新思想,我找了报社评
论部一位同志和上海市委政策研究室一位处长共同商议,决心合作写几
篇联系上海改革开放实践,阐述邓小平改革开放新思想的评论文章。

　　开篇就是2月15日(辛未羊年正月初一)发表在《解放日报》头版、
署名"皇甫平"的评论——《做改革开放的"带头羊"》。

　　"12年一个'轮回'。""上一个羊年——1979年,正是党的十一届三
中全会召开之后开创中国改革新纪元的一年。""抚今忆昔,历史雄辩地
证明,改革开放是强国富民的唯一道路,没有改革就没有中国人民美好的
今天和更加美好的明天!"这些话今天看来平淡无奇,但在17年前却让人
眼球为之一亮。因为,当时所有报纸几乎都在集中火力抨击"资产阶级
自由化",已有19个月没有用这种口吻谈论80年代的改革开放了。文章
提出"1991年是改革年",这是针对当时有人提"1991年是质量年"。"何
以解忧,唯有改革",以及"我们要把改革开放的旗帜举得更高","我们要
进一步解放思想,以改革开放贯穿全年,总揽全局"等话,都是直接引用
时任上海市委书记兼市长朱镕基的原话。

　　1991年3月2日,第二篇"皇甫平"文章《改革开放要有新思路》发
表。点睛之笔,是提出90年代改革的新思路在于发展市场经济。文章传
达了邓小平视察上海时的谈话精神:"计划和市场只是资源配置的两种
手段和形式,而不是划分社会主义和资本主义的标志,资本主义有计划,
社会主义有市场。"并批评"有些同志总是习惯于把计划经济等同于社会
主义,把市场经济等同于资本主义,认为在市场调节背后必然隐藏着资本
主义的幽灵"。鲜明提出,"要防止陷入某种'新的思想僵滞'",不能把发

展社会主义市场经济同资本主义等同起来,把利用外资同自力更生对立起来,把深化改革同治理整顿对立起来,等等。

3月22日,第三篇"皇甫平"文章《扩大开放的意识要更强些》发表。针对开放会不会损害民族工业、会不会使上海变成"冒险家的乐园"等思想障碍,阐述了邓小平关于"开放不坚决不行"的思想。这篇文章鲜明提出:"增强扩大开放意识,就要求我们进一步解放思想,抛弃任何一种保守、僵滞、封闭的观念,形成与一个先进的国际城市相称的开放型软环境。""90年代上海的开放要迈出大步子,必须要有一系列崭新的思路,敢于冒点风险,做前人没有做过的事","例如开发浦东,设立保税区,实行进入自由,免征出口税等带有自由港性质的特殊政策,对于这类被称为造就'社会主义香港'的尝试,如果我们仍然囿于'姓社还是姓资'的诘难,那就只能坐失良机。"

第四篇"皇甫平"文章《改革开放需要大批德才兼备的干部》,于4月12日见报。这篇文章是根据江泽民同志在十三届七中全会上关于干部问题的讲话精神写的。文中引用了战国时期思想家荀子说的一段话:"口能言之,身能行之,国宝也;口不能言,身能行之,国器也;口能言之,身不能行,国用也;口言善,身行恶,国妖也。治国者敬其宝,爱其器,任其用,除其妖。"强调改革开放需要大批勇于思考、勇于探索、勇于创新的闯将,要破格提拔人民公认是坚持改革开放路线并有政绩的人。这实际上是透露了邓小平关于人事组织的思想,也是邓小平要从组织人事上保证推进改革开放事业的公示。

"皇甫平"四篇文章相互呼应,围绕解放思想以深化改革、扩大开放这个中心,宣传了邓小平最新的改革开放思想,形成了一个鲜明推进改革的完整的舆论先导系列。这里要说明一下,我们为什么取名"皇甫平"。人们一般把"皇甫平"当作是"黄浦江评论"的谐音。其实,我当时取这个署名是有更深层次的考虑。"皇"字按照我家乡闽南话的念法与"奉"字谐音。这个"甫",不念"浦",而读"辅"。我选这个"甫",就是取有辅佐的意思。奉人民之命辅佐邓小平,宣传邓小平最新的改革开放思想,这就是"皇甫平"笔名的深层含义。而"皇甫"是中国的一个复姓,人们看起来比较自然。

"皇甫平"文章发表后,在国内外、党内外反响强烈。每篇文章发表的当天,总有不少读者打电话到报社问作者是谁,并说读了文章很有启发,有助于进一步解放思想、认清形势、打开思路、坚定信心。《解放日报》驻北京办事处也接到很多电话,打听文章背景,问是不是传达了邓小平的讲话精神,说这些文章以加大改革分量为主旋律,说出了他们的心里话。当时,全国不少省、自治区、市驻沪办事处人员都接到当地领导人电话,要求收集"全部文章",有的还派出专人到上海来了解"发表背景"。文章受到许多读者的欢迎,说这是"吹来一股清新的改革开放春风"。

当年 4 月,新华社《半月谈》杂志发表评论,呼应"皇甫平"文章,公开表示支持不能对改革开放任意进行"姓'社'还是姓'资'"的诘难。当时,海外媒体也迅速作出反应,有的报道文章内容,有的进行评论,还有对文章发表背景作出种种猜测。好几家外国驻华媒体的记者打电话给我,要求采访"皇甫平"文章写作背景。应当说,一家地方媒体几篇署名评论文章,引起海内外媒体如此广泛关注,确很少见,出乎意料。

与此同时,国内有些媒体发起了责难和批判。就在这年 4 月,有一家刊物发表文章质问"改革开放可以不问姓'社'姓'资'吗?"说"不问姓'社'姓'资',必然会把改革开放引向资本主义道路而断送社会主义事业"。又有一家杂志发表文章说:"一切不愿做双重奴隶的中国人,有责任也有权利问一问姓'社'姓'资'"。接着,又有一家杂志发表文章,把"皇甫平"说成是逃亡海外的政治流亡者的同路人,指出"改革不要问姓社姓资本来是'精英'们为了暗度陈仓而施放的烟幕弹"。另一家杂志则对准"皇甫平"一通乱射:"至今仍有此论者把'姓社还是姓资'的诘问指责为'保守'、'封闭'的观点,主张予以抛弃","对于那种不许问'姓社姓资'的观点,人们也不妨问一问:它代表的思想倾向,究竟是'姓社还是姓资'?""笔者完全不能理解,'不问姓社姓资'的口号,究竟符合党章的哪一条款呢? 提倡'不问姓社姓资',那么在政治上还要人们问什么呢? 邓小平同志反复强调我们'干的是社会主义事业,最终目的是实现共产主义',这个共产党人的政治纲领,难道需要和可以改变吗?"总之,"皇甫平"文章罪莫大焉:"引向资本主义邪路","断送社会主义事业","不合党章条款","改变共产党人的政治纲领",如此等等。更令人注意的是,有的文章公然提出批判"庸俗生产力论"、"经济实用主义"、等等。明眼人一看就知道,这哪里是批判"皇甫平"文章,矛头分明已指向邓小平建设有中国特色社会主义理论。

当时,看到那些歪曲文章原意,无限上纲讨伐的"大批判",我们本想进行反击。上海市委市政府领导理解我们的处境,为保护我们,指示要淡化处理,不搞争论。1991 年 4 月 23 日,我以报社总编室名义给市委写了一个报告,并亲笔给当时市委三位负责同志写了一封信,详细汇报了文章组织及发表的过程,北京及全国各地读者及理论界的反应等。当时市委三位主要负责人批阅了报告,他们并没有批评文章本身,只是对文章发表事先没有送审提出意见。后来我们就遵照市委的批示,顾全大局,不予置理。我当时承受着重大压力,连到香港《大公报》履任新职的任命也被突然取消了。也就在这个情况下,当时市委宣传部的一位领导将"皇甫平"文章及那些批判材料,送给了邓小平身边的一位同志,请她转交给邓小平同志参阅。

到了下半年,事情有了转机。江泽民在 1991 年 7 月 1 日庆祝中国共产党建党 70 周年大会上发表讲话,其中阐述了邓小平关于不要把计划和市场作为区分社会主义与资本主义标志的思想。9 月 1 日夜,江泽民又下令将第二天就要见报的《人民日报》社论中两处有关"要问姓社姓资"的句子删去。而这篇社论的摘要恰恰突出了这个内容,已在中央电视台当晚的《新闻联播》中播发了出去。第二天见报两处"要问姓社姓资"字句没有了,使中央机关报一篇社论出现两个不同版本,这在党的新闻史上是绝无仅有的。当时在海外新闻媒体中引起强烈反响。9 月底,在中央工作会议上,江泽民又指名道姓严厉地批评了一家大报的海外版,在引用他纪念鲁迅大会上的讲话时,作了突出"反和平演变"的断章取义的错误编排。这些都表明了中央对当时批判"皇甫平"文章的鲜明态度。

尽管当时我们没有发表文章进行正面交锋,但是也并非沉默不言。我们还是通过各种方式,表达了坚持真理的坚定性。如 1991 年 5 月间,当时已有不少报纸杂志集中火力批判"皇甫平"文章,这时北京一家大报发表《筑起抵御和平演变的钢铁长城》评论员文章,全国大多数报纸都转载了,而《解放日报》没有转载。次日,在市委一次中心组学习会上有领导提出,《解放日报》应当补转载这篇评论。当时我发表了自己的看法,认为这篇评论把反和平演变局限在意识形态领域,矛头指向广大知识分子,这与党中央精神不一致。防止和平演变,主要在政治领域,首先是各级领导干部尤其是高级领导干部要防止,重点在党内进行教育。另外,防止和平演变,要建造钢铁长城,这种提法欠科学。所以,还是不转载为好,何况中央也没有规定地方报纸非要转载中央报纸评论员文章不可。最后,市委决定不转载。这是我在不能正面反击批判文章的情况下,以不转载"反和平演变"评论文章来表明对当时一些"理论家"、"政治家"围剿"皇甫平"文章的态度。

邓小平冷静地、不动声色地观察和思考了这场思想交锋。1992 年 1

月18日至2月21日,邓小平以88岁高龄不辞劳苦到南方视察,足迹遍及武昌、深圳、珠海、上海等地。他反复强调:中国的改革就是要搞市场经济;基本路线要管一百年不动摇;不坚持社会主义,不改革开放,不发展经济,不改善人民生活,只能是死路一条;谁不改革谁下台。

邓小平抓住了1991年思想交锋的要害,尖锐地指出:"改革开放迈不开步子,不敢闯,说来说去就是怕资本主义的东西多了,走了资本主义道路。要害是姓'资'还是姓'社'的问题。判断的标准,应该主要看是否有利于发展社会主义社会的生产力,是否有利于增强社会主义国家的综合国力,是否有利于提高人民的生活水平。"

他还提出,社会主义的本质,是解放生产力,发展生产力,消灭剥削,消除两极分化,最终达到共同富裕。从这个角度看问题,"计划多一点还是市场多一点,不是社会主义与资本主义的本质区别。计划经济不等于社会主义,资本主义也有计划;市场经济不等于资本主义,社会主义也有市场。计划和市场都是经济手段。"

邓小平用"发展才是硬道理"的简明生动词句,激励我们"抓住时机,发展自己,关键是发展经济"。"对于我们这样发展中的大国来说,经济要发展得快一点,不可能总是那么平平静静、稳稳当当。要注意经济稳定、协调地发展,但稳定和协调也是相对的,不是绝对的。"

针对1991年思想交锋中暴露出的问题,邓小平尖锐指出:"现在,有右的东西影响我们,也有'左'的东西影响我们,但根深蒂固的还是'左'的东西。有些理论家、政治家,拿大帽子吓唬人的,不是右,而是'左'。'左'带有革命的色彩,好像越'左'越革命。'左'的东西在我们党的历史上可怕呀!一个好好的东西,一下子被他搞掉了。右可以葬送社会主义,'左'也可以葬送社会主义。中国要警惕右,但主要是防止'左'。"

江泽民在党的十四大高度评价邓小平南方谈话:"精辟地分析了当

前国际国内形势,科学地总结了十一届三中全会以来党的基本实践和基本经验,明确地回答了这些年来经常困扰和束缚我们思想的许多重大认识问题","谈话不仅对当前的改革和建设,对开好党的十四大,具有十分重要的指导作用,而且对整个社会主义现代化建设事业具有重大而深远的意义"。在党的十四大,为了创造党和国家最高权力的平稳交替,邓小平全力支持江泽民,采取以"南方谈话"批"左"统一全党全国人民思想;解散中央顾问委员会,让政治局常委和中央军委副主席的老同志退休;集中党政军财权力于领导核心,党的总书记首次兼任国家主席和中央财经领导小组组长;调整中央军委主要领导成员;中央领导子女不进中央委员会等重大措施。

如果说第一次思想解放主要是解决"两个凡是"的问题,那么第二次思想解放主要是解决"一个凡事"的问题,就是凡遇到改革开放的事总要问一问"姓'社'姓'资'",用斯大林传统的社会主义模式,即"纯粹公有制+计划经济"模式作为判断是非的标准。邓小平提出要搞市场经济,认为市场经济不等于资本主义,我们也要搞市场经济。这是一个很大的思想突破,这就破除了对传统社会主义模式的迷信,与第一次突破对领袖的个人迷信一样具有深层次意义。与第一次思想解放是政治解放(政治斗争风云不断)不同,这次不换人,换脑筋,从思想理论上解决问题,结束了高层领导的震荡。

从十四大到十五大,以江泽民为核心的党中央继续推动解放思想、改革开放,把邓小平的市场经济思想、理念变为现实,贯彻到实践中来,积极探索建立社会主义市场经济体制,对所有制与市场经济的关系作了科学论述,突破了"公"与"私"的束缚,并对财税体制、金融体制、投资体制、外贸体制以及国有企业体制等"五大体制",进行了市场化方向的全面改革,取得了一系列思想和体制的突破,奠定了建立社会主义市场经济体制的基础。

党的十五大进一步提出:非公有制经济是社会主义市场经济重要组成部分;社会主义的基本经济制度是由公有制为主体的多种经济成分组成;要毫不动摇地支持非公有制经济,与公有制经济一样看待,同样发展;公有制多种实现方式,肯定公有经济控股的股份制也是公有制;等等。这也是一次重要的思想解放。接着,江泽民提出"三个代表"重要思想,解决了建设一个什么样的执政党和怎样建设执政党的重大理论问题,成为中共指导思想组成部分。这是以江泽民为核心的党中央作出的重大历史贡献,是邓小平主导的解放思想的延续和深化。

二、改革开放 30 年的重大成就和存在问题

怎样看待中国这 30 年来的改革开放? 今年以来国内外专家学者发表了不少文章,仁者见仁,智者见智,从不同视角发表了各种不同的评论。除了极少数人持全面否定外,大多数论者对我国改革开放都给予积极的评价。下面三点取得共识比较多:

1. 经济发展取得突出成就。国内生产总值(GDP)以年平均 9.8% 速度递增,持续 30 年不衰。2007 年达 24.66 万亿元(财政收入 5.1 万亿元),是 1978 年的 67 倍;人均 GDP 达 18665 元,是 1978 年的 49 倍。中国经济对世界经济增长的贡献率超过 10%。中国成为世界第四大经济体、第三大贸易体。进出口贸易总额年均增长 17.4%。2007 年是 1978 年的 105.3 倍。特别是入世后外贸总额 5 年呈 3 倍增长,外贸顺差呈爆炸式增长,2007 年达 2622 亿美元,3 年增长 8 倍多。外汇储备年均增长 36.74%,2007 年是 1978 年的 9161.6 倍。2007 年外汇储备达 1.53 万亿美元,居世界第一。劳动生产率 2003 年高于 1978 年的 33 倍。据国家统

计局计算,1978 年一年的劳动生产率只相当于 2003 年的 11 天。这个事实说明,说我国经济增长全得益于人口红利,并不尽然。

2. 解决了 13 亿人的温饱问题,贫困发生率从 1978 年的 30.7% 下降到 2006 年的 2.3%。从 1978 年农村贫困人口 2.5 亿减少到 2007 年 1479 万人,降幅达到 94.1%。农村劳动力转移了 1.5 亿到 2 亿,到大城市当农民工的就有 1.2 亿人,推动了城市化,而没有出现贫民窟,创造了扶贫减贫的"中国模式"。联合国向世界推广了中国的扶贫减贫经验。城镇居民家庭人均可支配收入 1978 年为 343.4 元,2006 年为 11759.5 元,增 34.4 倍(按可比价格为 6.7 倍)。农村居民家庭的人均收入 1978 年为 133.6 元,2006 年为 3578 元,是 1978 年的 26.8 倍(按可比价格也是 6.7 倍)。恩格尔系数,城镇居民从 57.5% 降到 35.8%,农村居民从 67.7% 降到 43%,进入小康阶段和宽裕水平。特别需要指出的是,我国每年净增人口 1500 万左右,30 年增长了 5 亿人,还能平稳地达到小康水平,真是非常不容易!

3. 30 年中实现了三大社会转型(从封闭半封闭社会向开放社会转变,从农业社会向工业社会转变,从高度集中的计划经济体制向充满活力的社会主义市场经济体制转变),走上了现代化、市场化、城市化、全球化的发展轨道,国家与人民面貌焕然一新。由此,经济体制、政治体制、文化体制和社会体制相应发生深刻的变化。从世界历史来看,1492 年哥伦布发现美洲新大陆,跨国海洋贸易使欧洲国家从封闭社会到开放社会转型,从神权社会走向人权社会,其间引起无数次战争、革命,充满血腥与掠夺。19 世纪到 20 世纪的工业革命,英国圈地运动,羊吃人,曼彻斯特纺织童工的悲惨状况类似于我们地下的"黑砖窑"。美国从农业社会到工业社会转型,也引起社会很大动荡,上世纪初美国的"扒粪运动"震惊世界。至于俄罗斯和东欧国家从计划经济向市场经济转型,激烈震荡了八九年,通货膨胀达到百分之一千以上。而反观我国,30 年之内同时进行三大社会转型,3000 万工人下岗,5000 万农民失去土地,一亿二千万农民工在城市与农村间流动,却能保持全国政治与社会的基本稳定,没有引起全国性大的动荡,这也是奇迹,值得引以为豪。

市场化改革带来很大变化,取得了巨大成就,但也累积了许多问题。这些问题并不是市场化改革的方向不对头带来的,而是在改革推进中出现的新问题、新矛盾,应当通过深化改革、推动科学发展来逐步解决。我把这些问题概括为六个方面:

一是三大差别拉大。即区域差别、城乡差别、贫富差别拉大。世界银行公布的数据显示,中国居民收入的基尼系数已由改革开放前的 0.16 上升到目前的 0.47,不仅超过了国际上 0.4 的警戒线,也超过了世界所有发达国家的水平。同时,中国 0.4% 的人口掌握了 70% 财富,而美国 5% 的人口掌握 60% 财富,中国的财富集中度世界第一。

二是社会事业严重滞后。在经济发展中社会事业发展被忽视了,比如医疗卫生、教育文化事业滞后。2003 年,在抗击 SARS 中,暴露出医疗卫生薄弱,特别是农村地区更加薄弱的事实。2004 年,中央及时总结教训,提出了以人为本的科学发展观,重新认识增长不等于发展,发展应该是全面的、协调的、可持续的发展。不仅经济要发展,政治的、社会的、文化的都要发展,而且经济与政治发展要协调,经济与社会发展也要协调,经济与自然发展同样要协调,等等。这样才有可持续的发展。这些年 GDP 快速增长,财税大量增加,许多地方大造高楼大厦,经营城市,改造旧城,成了一种潮流。政府机关的大楼造得漂漂亮亮,但教育卫生文化事业得不到应有的发展,农村小孩上不起学,还要搞"希望小学"。不少城镇居民买不起房子,居住条件很差,等等。特别是社会保障制度没有建立起来。

三是民生问题突显出来。诸如就业难、上学难、看病贵、住房贵、治安乱等这些民生问题,积累起来了,一时难以得到解决。

四是发展方式粗放。高投入,高消耗,带来能源、材料、资源浪费严重,吃老祖宗和下几代人的饭,才换来 GDP 的高速增长。2006 年中国以全球 4%的经济总量,消耗了全球 32%的钢材、40%的水泥、25%的铝、23%的铜、30%的锌、18%的镍、31%的新增需求的石油。如此高消耗发展模式引发了近年来全球能源和原材料价格的暴涨。

五是生态遭破坏,环境被污染,特别是饮用水短缺现象严重。

六是贪污腐败蔓延,官商勾结,权钱交易,社会风气不好,社会治安环境亟待改善。

由于市场化改革积累了这些问题,终于在 2004 年爆发了一场大争论。当时,有人抓住几个国有企业转制过程中国有资产的流失,极力全盘否定国企改革,同时对住房改革、教育改革、医疗卫生改革也一概持否定态度。因为这些问题涉及老百姓的切身利益,所以引起的反响非常强烈。这次争论,和前面两次关于商品经济、市场经济的争论不同,主要不是意识形态的问题,而是实际的民生利益问题,因此争论延续时间较长。到了 2006 年 1 月,我就又以"皇甫平"署名写了一篇《改革不可动摇》的文章。我觉得,对于当前存在的问题,争论双方没有什么大的分歧,但是对产生问题的原因有分歧。一方认为,是市场化改革引起的,搞市场经济必然会导致差距拉大、贫富拉大,带来很多腐败现象。而我则认为,是市场化改革不到位引起的。不是市场经济改革的方向出了问题,而是我们改革的路径出了问题,权力介入市场,权力与资本结合,导致贫富差距拉大,腐败现象蔓延,也就是说,是政治体制改革滞后引起的。我在《改革不可动摇》一文中从理论角度,即社会主要矛盾的主要方面变化,政府行政管理体制没有改变,没有转到公共服务型政府上来,不知道在衣食住行这些私人基本需求解决之后,要进一步公平、有效地提供社会公共品,即教育、医疗、住房、社会保障、司法公正、信息对称、民主权利、等等。所以我说现在是"端起碗来吃肉",说明我们的温饱问题解决了,但是又"放下筷子骂娘","骂"的就是就业难、住房贵、看病贵、上学难、司法不公、信息不透明、缺少参与权、监督权、等等。这就是我们市场化改革还不到位的结果。所以,我在文章最后提出:"只有社会主义才能救中国,只有改革开放才能救社会主义。"

我的这篇文章发表后,引起中央领导的高度重视。有位中央政治局常委专程来上海调查这篇文章的发表背景,然后他很快就表态支持。不久,在3月初全国两会召开的时候,胡锦涛同志就到上海代表团发表了"要毫不动摇地推进改革开放"的讲话,提出提高改革开放决策的科学性和改革开放举措的协调性,改革开放成果要让大众普遍享受的问题。这是中央对第三次大争论发表了定调看法。

市场化改革产生的贫富差距拉大、贪污腐败蔓延的问题,究竟原因何在?现在理论界有很多分析,基本上倾向于:我们现在只是搞市场经济,而没有相应搞政治体制改革。资源配置没有让市场起主导作用,而让不受制约的权力介入市场,这是引起贫富差距拉大、腐败现象蔓延的一个根源所在。美国耶鲁大学管理学院金融经济学教授陈志武先生这两年对这个专题做了调查研究。他发表文章说,无论从美国、日本、英国、德国,还是从俄罗斯、东欧转型国家来看,他们搞私有制、搞市场化,国民收入差距都没有中国这么大。陈志武认为,私有制和市场经济不是造成收入差距失控的一个根本原因。他认为,中国在没有可靠的权力制约机制的情况下,又偏偏什么资源都控制在行政权力的手中,通过国有企业、国有银行等,让老百姓的多数资源由政府来配置。他认为,问题就出在这个地方。既然政府权力不受监督制约,同时通过国有制让政府直接代替市场来进行资源配置,这些资源和发展机会必然是按照有权力、有关系的人进行分配的,像北京、上海、广州是"第一世界",国家的分配向这里多一些,像其他的省、自治区所谓"第二世界"就少了,然后到县一级就又更少了。国家投入多,当然有利于当地的 GDP 增长和国民收入的提高,越到县一级、镇一级就更少了。陈志武认为,这种收入的金字塔结构和权力的金字塔结构的吻合,说明谁有权力有关系就能够发财,就能够找到好的高收入的工作。反过来也使每一个想发财想高收入的人只能走官商勾结的道路。政府代替市场进行资源配置时,资源的配置既不会符合效率的原则(不按市场规则分配),又不会符合公平的原则(没有民意问责制约),因而只会按照权力的原则,这样的经济就是权力经济了。他认为,这是造成贫富差距过大、腐败现象蔓延的一个主要原因所在。

无独有偶,著名经济学家吴敬琏也明确指出,经济和政治改革迟滞造成的主要不良后果,则是寻租基础扩大,腐败蔓延和贫富分化过大导致大众强烈不满,威胁社会安定。他说,由于行政权力对经济活动的干预加强和寻租规模的扩大,腐败活动日益猖獗。根据 1989 年以来若干学者的独立研究,我国租金总额占 GDP 的比率高达 20%—30%,绝对额高达 4 万亿至 5 万亿元。巨额的租金总额,自然会对我国社会中贫富分化加剧和基尼系数的居高不下产生决定性的影响。1995 年,李强教授的抽样调查表明,1994 年全国居民的基尼系数已经达到了 0.43 的高水平,超过了国际上 0.40 的警戒线;世界银行《2006 年世界发展报告》公布的数据显示,中国居民收入的基尼系数已由改革开放前的 0.16 上升到目前的 0.47。

三、新一轮思想解放的特点和主要任务

不同历史阶段的解放思想,当然具有不同的特点。新一轮解放思想,

具有与前两次鲜明不同的特点：

其一，前两次思想解放侧重于意识形态和政治的论争，这一次却注重利益格局的调整，真正关注民生，保证人民得到实惠。

其二，前两次侧重于还利于民，还民以发展经济的自由，以提高人民的生活水平，而这一次主要是还权于民，切实保证民众的知情权、表达权、参与权、监督权，推动行政管理体制改革，促进政府职能转变，实现社会公共品公平、有效分配，从而达到还财于民，使国家财政真正向民生财政倾斜。

其三，过去两次思想解放侧重于从人事和思想层面解决问题，而这次却侧重于制度创新、规制的建立，从法治上完善社会主义市场经济体制。涉及利益格局调整和还权于民，这两个本身就是制度性的东西，所以只有通过制度创新、规制建立，才能实现这两个目标。

归纳起来说，第一次思想解放树立起实践标准的权威，第二次树立起生产力标准的权威，而这一次要树立以人为本标准的权威。以人为本作为发展经济、改善政治、解决民生的一个指导思想。以人为本，就是以人的权利为核心，保障人的生存权、发展权和追求幸福的权利；以人的发展为宗旨，给人的自由全面发展创造条件；以人的需要为中心，既保障物质需要，又保障精神需要；以人的持续为原则，保护生态环境，关心生命，关爱下一代。

新一轮思想解放的主要任务，是破除传统的发展理念和模式，一方面树立新的发展方式来推动经济发展，另一方面改变"全能主义"的政治模式。要以深化政治体制改革为重点，推动经济、政治、文化、社会"四位一体"的体制改革和建设发展。为此，必须做好以下四个方面的工作。

（一）转变发展方式破解发展难题

在经济建设和改革上，要着力把握发展规律，创新发展理念，转变发展方式,破解发展难题,实现又好又快的发展,大大提高发展的质量和效益。特别要在加快转变经济发展方式、完善社会主义市场经济体制方面取得重大进展。近年来,在国有大企业改革和政府职能转变这个经济改革的大关面前,攻坚力度不足,进展缓慢,在一些领域甚至还出现"国进民退",强化政府对企业微观决策的干预之类的开倒车现象。经济建设和改革中主要的问题是:一方面使经济沿着依靠资本和资源的大投入驱动粗放增长方式一路狂奔,引发一系列经济社会问题;另一方面设租和寻租活动频频,带来贪污腐败、贫富差距拉大和社会失范愈演愈烈,引起社会民众强烈不满。

最近,许多经济学家提出我们的经济体制改革一定要沿着法治的市场经济道路前进。吴敬琏就强调要抓四大改革:一要继续推进产权制度改革。例如,与中国将近一半人口的农民利益息息相关的土地产权问题没有解决,农民的土地、宅基地等资产无法变成可以流动的资本。这既使继续务农的农村居民的利益受到损害,也使转向务工、务商的新城市居民安家立业遇到困难。二要继续推进国有经济的布局调整和完成国有企业的股份化改制。当世纪之交国有经济改革取得阶段性成果、应当进一步对国有大型企业改革进行攻坚的时候,由于受到改革争论的影响,改革的步调明显放缓。不但在股权结构上一股独大和竞争格局上一家独占的情况没有得到完全的改变,在某些领域中还出现了"国进民退"、"新国有化"等开倒车的现象。这种趋势必须扭转。中共十五大和十五届四中全会关于国有经济和国有企业改革的决定必须贯彻。三要加强商品和服务市场的反垄断执法和资本市场的合规性监管。对于目前在商品和服务市场上仍然存在的行政垄断,必须采取有力措施加以破除。在资本市场上,被称为"政策市"、"寻租市"的痼疾并未得到根除,各类"内部人"利用信息优势和内幕交易及操纵市场等犯罪活动损害民间投资人的利益、大发横财的情况也多有发生。因此,必须端正思路,选好手段,加强合规性监管,促进我国资本市场健康成长。四要建立新的社会保障体系。1993年中共十四届三中全会决定,建立全覆盖、多层次的新社会保障体系。可是十几年过去了,由于遇到了政府内部的重重阻碍,这项极其重要的社会基础设施至今还没有建立,使弱势群体的基本生活保障不能落到实处。其建设进度必须加快。

经济改革显然存在着两种严峻的前途:一条是政治文明下法治的市场经济道路;一条是权力主导的市场经济道路,即权贵资本主义道路。如果说16年前我们解放思想迎来了市场经济体制的改革,那么今天我们思想解放,就一定要进一步完善法治的市场经济体制,决不能走向权贵市场经济的道路。

(二)进一步推进政治体制改革

不久前召开的十七届二中全会提出,深化政治体制改革,发展社会主义民主政治,进一步巩固和发展民主团结、生动活泼、安定和谐的政治局面。我们要以这个为重点来推动发展中国特色社会主义"四位一体"的体制改革和建设发展。过去政府包办社会的一切,所有民众的吃喝拉撒都由政府包下来,这是几十年来一贯的政治社会管理模式,现在要改变这种全能主义的政治模式。

政治体制改革的确是个敏感的问题,应该慎重推进,但并不是洪水猛兽。改革开放以来,我们也做了不少政治体制改革的事,它与经济体制改革伴随进行,问题是相对经济体制改革来说滞后了,带来了很多新问题。

不过,对改革开放30年来政治体制改革取得两大成就,还是应当给予充分肯定的。

一是党与国家领导成员平稳交替走向制度化、规范化。这是我国改革开放 30 年来政治体制改革取得的最重大的成就。我们建立了党和国家领导人的退休制度,结束了领袖人物终身制。中央核心领导层年龄界限和任期虽然没有具体规定,但实际上已经约定俗成,形成规范。从邓小平到江泽民带头实现最高权力的平稳交替,到十七大曾庆红标志性地退下来,说明政治局常委任期两届,六十八岁退下来,已成为制度。这个很重要,应予充分肯定。

二是网络媒体推进政治民主的作用突显,特别是从中央到地方高层都能利用网络这个新媒体听取民意,汇聚民智,得到从政有益启示,及时发现问题、解决问题。如山西黑砖窑事件在网上被揭露出来后,山西省政府公开道歉,显示了政府的公信力;还有"周老虎"、"吴老虎"、"欧阳坑"、"刘羚羊"等弄虚作假(有的非主观故意),都是通过网络监督曝光的。厦门政府也是听取了网民意见,将污染环境严重的 PX 项目转移出厦门。轰动全国的广东许霆案,更是在网民们强烈要求下开庭重审,由原来判处无期徒刑减为有期徒刑五年。从冰雪灾害到汶川大地震,网络媒体在及时沟通信息和舆论监督方面发挥了越来越大的作用。网络媒体舆论的这种多元化,开辟了一个舆论监督的新空间、新平台,推动了政治民主进步,让广大民众有了知情权、表达权、参与权和监督权,这应该也是政治体制改革取得的一个重大成就。

总之,中国的改革开放又到了一个拐点。经济实力的巨大增长,与贫富分化、贪腐蔓延、社会不公的发展,到了需要认真对待,切实解决的关口了。需要一代领导集体大智慧、大胆略、大手笔,以强烈的时代责任心,真诚的理想主义、人道主义情怀,来大胆推进思想解放和政治体制改革。

政治体制改革第一步是行政管理体制改革。今年两会推行"大部制"改革,这主要是要转变政府职能,将其变成服务政府、廉洁政府、法治政府。政府不要干预微观经济,不要站在招商引资第一线,不要与开发商打得火热,而要着力干好宏观调节经济、监管市场的事,把力气用在社会管理和公共服务上。这实际上是对政府权力的限制,你是有限政府,不是全能主义政府。大部制也是为了限权,有利于实现高效政府、责任政府、节约政府。对政府的限权与对政府的监督,才是我们搞行政管理体制改革的主要目的。为什么现在有些地方政府贪污腐败蔓延?就是政府权力不受制约,执掌许多审批权,有许多寻租空间。如果一个地方土地价格不是市场说了算,而是市长说了算,那个地方必定产生腐败。这次行政管理体制改革一定要围绕这个主题进行。"大部制"千万不要变成大权独揽制。令人高兴的是,张国宝同志兼任能源局局长后,甫上任就明确宣布不管定价权,能源价格由市场定。这就是政府管理观念上一个大转变,也就是解放思想带了头。政府公共权力不能形成特殊的利益集团,权力部门化,部门利益化,利益政策化,这是很危险的。

第二步,要从党内民主做起。党内民主包括民主决策、民主选举、民主管理、民主监督。先从党内差额选举做起,候选人由上下结合,按比例提出,把协商民主与选举民主结合起来。有人提出,县市党委可以尝试民主差额选举书记,两个候选人选上的为书记,差下来的当纪委书记。这就有从体制上和组织上监督了,有利于不让"一把手"变成"一霸手"。所以,实行民主先从党内做起,因为党员、干部素质比较高,从党内做起是有条件的。这里特别需要提出的是,要采取切实可行的措施,防止党内出现特殊利益集团,把市场经济引向权贵资本主义歧途。

第三步,民意机关改革,尤其是人大改革。人大是我们国家权力机关,既有立法权,也有决策权、监督权,尤其要对政府监督问责。但是,现在我们的人大功能偏离,只搞立法。人大在财政预决算方面要起重要的决策和监督的作用。政治民主是从财政民主做起的。古希腊古罗马最早就是推行财政民主。那时国王要打仗没有钱,向富人征税,要先向富人说明打胜仗对经商的好处。富人怕国王挪作他用,提出要"专款专用",国王就承诺了。这就是最初的民主监督。所以,我们应当加强人大对于财政预决算的审议和监督作用,因为利益格局的调整实际上就是财政的调整。所以,这一次温总理提出,要把财税制度改革提到重要的位置上来。财税是源头,收多少税,收来以后怎么用,怎么分配,那才是真正的利益格局的调整。国外的议会审议政府的预算需要花几个月的时间,监督得也很紧,一发现政府开支违规马上进行问责。这一点我们做得还很不够,需要进一步改革。

最后是社会民主,建立公民社会,实现公民自治,逐步推广基层直选。现在我们有些地方实行干部公推公选,如最近南京做得比较好,几个局长公开在社会招聘。干部的使用和选拔是今后推进民主的重要方面,如果做得好,民主的推动就有成效了。从村一级直选做起,将来推到乡镇,然后推到县一级人大代表和政府的直选,自下而上地推动社会民主。

(三)推动民生取向的社会改革

十七大提出以民生为重点的社会建设,涉及两大问题:一是解决民生问题,二是建立公民社会体制。真正构建和谐社会,要正确全面领会十七大精神,真正做到解决民生问题。现在许多地方给低收入者、退休人员加点钱,免掉小学生学杂费,增建廉租房,增加教育经费支出,改善医疗卫生,这些都是需要的。但真正解决民生问题必须兼顾六个方面。

一是建立完善的现代化国民教育体系,这是中央一再强调要建设创新型国家、建立学习型社会的基本要求。教育公平是社会公平的重要基础。要更新教育观念,改变教育内容方式,搞好小学、中学、大学教育的同时,还要搞好职业培训、社会教育、终身教育、等等。要从教育这个起点上实现机会公平和社会公平,这很重要。光靠增拨教育经费是不够的,还要利用社会力量办学。中国古代皇权社会一两千年的教育，没有靠国家出钱，都是靠社会办私塾、办书院，培育了一批批人才。

二是建立覆盖城乡居民的社会保障体系，保障人民基本生活。1993年十四届三中全会就已提出这个问题，十多年过去了，不是国家财力不足，而是由于政府内部重重阻碍，至今未建立，使弱势群体基本生活保障不能落到实处。现在建设进度必须加快，尽快建立城乡养老保险制度和基本医疗保险制度。

三是实施扩大就业的发展战略，促进以创业带动就业，并努力形成合理、公平的分配格局。扩大就业是合理公平分配格局的基础。一次分配在提高工作效率同时，就要注意公平。二次分配更要体现公平、公正原则，使低收入者提高收入，高收入者在税收上多贡献些，扩大中等收入人数，拉小贫富之间差距。1993年，邓小平就说过，过去我们讲先发展起来，现在看，发展起来以后的问题不比不发展时少。解决12亿人口怎样实现富裕、富裕起来以后财富怎样分配的问题，比解决发展起来的问题还困难。今天回头看，小平同志的预见多么正确！

四是建立基本医疗卫生制度，保证人人享受基本医疗卫生服务。尤其是农村医疗服务最差，要改善。医疗卫生作为公益性事业，应当以人为本，尽最大努力保障民众的身体健康。

五是建立保障人人有房住的城乡住房建设制度，但不是人人拥有产权房，低收入者通过廉租房来解决。上海这些年建了那么多高楼大厦，但老百姓住房却没有真正解决。俞正声同志曾到市中心黄浦区居民点考察，看到不少居民还住棚屋，晴天日晒，雨天漏水，他感慨地说，在上海繁华的市中心，还有百姓生活在"水深火热"之中，是我们政府没有尽责啊！的确，现在不少城市是表面繁荣，百姓痛处何在，缺少关心，一定要改变啊！

六是建立良好的生活环境,保证空气新鲜,特别是水源清洁、食品卫生。现在水荒、水污染严重,食品有的不安全,药品有的假冒伪劣,三鹿婴儿毒奶粉事件,震惊朝野。百姓基本生活环境都没有保障,谈何解决民生问题? 现在向全面小康社会迈进,百姓要求很高,对环境要求也高了,我们当然不可能一下子全部解决,但一定要逐步解决。

这里要强调的是,切实解决民生问题,需要把我们的财政预算从行政财政变为民生财政。中国行政成本高居世界第一。据统计,1978 年到2003 年 25 年间,中国财政收入从 1132 亿元增长到 3 万多亿元,增长约28 倍;而同期行政管理费用则从不到 50 亿元升到 7000 亿元,增长达 87倍,近年来平均每年增长 23%。行政管理费占财政总支出的比重,2003年已达到 19.03%,远高于日本的 2.38%、英国的 4.19%、韩国的 5.06%、法国的 6.5%、加拿大的 7.1%、美国的 9.9%。在这 28 年里,中国公务员的职务消费增长了 140 倍,所占全国财政总收入的比例从 1978 年的 4%上升到 2005 年的 24%,接近四分之一。在国外,行政管理费一般只占财政收入的 3%—6%。还有一组数字,2007 年中国在医疗卫生、社会保障、就业福利三项开支总共 6000 亿元,相当财政总开支的 15%,为全年 GDP的 2.4%,分到 13 亿人身上,人均收入 461 元。而在美国,同样三项开支为 15000 亿美元,相当于政府总开支的 61%,为 GDP 的 11.5%,分到 3 亿美国人身上人均 5000 美元。2007 年美国财政税收占 GDP18%,中国 5.1万亿元占到 20%,说明中国政府相对收入高于美国,但美国把 61%的财政收入用在普通老百姓身上,而中国只把 15%用在老百姓身上。中国政府为什么不能向改善民生增加拨款? 这涉及政治体制问题。钱花在官员公车消费、公费吃喝、公费出国三项开支一年就得上万亿元。要坚持以人为本,还权于民,不从财政开支上实行监督行吗?

改革开放以来,随着经济体制深刻变革,社会结构深刻变动,利益格局深刻调整,思想观念深刻变化,并面对世界各种思想文化的相互交织与激荡,人们活动的差异性、独立性、选择性、多变性明显增强,价值取向多样化、利益主体多元化,思想认识复杂化,成为潮流。所以要改变"全能主义"模式,构建三元格局的公民社会,即政府的公共权力、社会的自治权力、市场的配置资源权力,这样才能形成一个和谐社会。社会体制改革,就要往公民社会体制前进,政府归政府,社会归社会,市场归市场,三元构架各得其所,又有相互联系,就能形成和谐社会合理的格局。

改革在深化,各个体制在转型。经济向市场经济体制转型,政治体制向民主法治转型,文化体制从垄断型向多元转型,社会体制从政府全能走向社会自治。把基层群众自治当作社会主义政治制度的一个重要内容提出来,是这次十七大的一大创新。过去我们讲社会主义政治制度,就讲三个内容,即人大、政协、民族区域自治。这次十七大加上一个,就是基层群众自治制度,这是一大进步。其实,很多社会问题都可以让群众自己解决,实行自我治理,自我教育,自我监督。落实群众基层自治的权利,必定活跃民间组织,比如各种协会、学会、维权组织、慈善组织、志愿者组织,真正让它们担负起社会责任。今年春节前南方冰雪灾害,人们记忆犹新。为什么一周后才传到政府这边,因为没有社会组织在活动,等到造成严重问题后才反映到政府,才动员起来。当然,我们政府的动员力量很强,一经动员势不可挡。不过,我们要反思一下,如果有民间组织,就可以在第一时间组织动员起来,解决问题。推而广之,环保、就业、慈善救济、等等,在一定程度上都可以通过民间社会组织来解决,这样的社会才是有活力的社会。

这次汶川大地震,几乎与政府第一时间启动救灾行动同时,民间的募捐、献血和志愿者行动也迅即启动。企业家、医生、农民工、教师、记者等充当志愿者日夜兼程奔向灾区,投入救灾工作,其速度、效率几乎与部队同步；传统的红十字总会、中华慈善总会等社团之外，各种名目、不同规模的民间团体，迅速转换为志愿者组织，以各种可能的方式，有组织地投入到救灾行动。到达救灾现场的志愿者就有 20 万人之多，这标志着我们社会公民意识的觉醒，以及公民社会的发育成长。

可见，不要把民间组织当作是对立面，冲突时不要看作是"敌对"的，应是人民内部矛盾。要给予民众知情权、表达权、参与权、监督权，让社会配合政府解决问题。这也是思想解放的一个重要方面。

（四）"经济人"要向"和谐人"转变

新中国成立后的 30 年（1949 年—1978 年），我国人民都变成"政治人"，人人关心政治，参与政治，搞阶级斗争，妻子揭发丈夫，儿子批斗老子，搞得家庭不和，社会不安，冤案遍地；而改革开放后的 30 年（1978 年—2008 年），我国人民从"政治人"变为"经济人"，人人关心经济利益，人人努力创造社会财富，这是历史的进步、社会的前进。但是，"经济人"也带来问题，比如追求物质主义、消费主义、享受主义，金钱万能，唯利是图，社会道德风尚缺失，社会治安混乱，腐败现象严重。当然，这有经济原因，也有人的弱点所致，大家都想高消费。房子要住越大越高级的，东西要吃越来越好的，工资要高的，工作要轻松的。把这些都当作人生价值目标，所以带来人的浮躁甚至异化，造成人的物化，成为纯粹享乐主义者。

今天我们提倡以人为本，"经济人"将变成"和谐人"。在今后岁月里，一定要从"以物为本"中解脱出来，加强人的精神关怀，加强人生价值观的引导，培育更高尚的精神，让人们精神更健康。在竞争激烈的社会，为物所困，人的自我和谐也受到挑衅，不少人自我紧张、浮躁、精神崩溃。据统计，当今精神病者增多，全国大约达到 1600 万人。有一种说法，19世纪主要威胁人类健康的疾病是肺结核，20 世纪是癌症，而 21 世纪就是精神病。据说,深圳自杀者每年 2000 人左右。25 岁至 35 岁的年轻人患精神病为主,一些人承受不了挫折,自杀了断,因此自杀率提高了。今年 9 月 1 日中小学开学,第二天上海就有 4 名初中生自杀,结果 1 人死亡,两人抢救回来,1 人被劝回。这为我们家长敲响了警钟!

马克思早就说过,人要追求全面的自由的发展。"和谐人"就是马克思说的全面自由发展的人。以人为本,是当今社会的重要课题。只有从"经济人"向"和谐人"转变,人与人才会取得和谐,人与自然也才会取得和谐,人与自我也才能取得和谐,最终真正建立起和谐社会。

改革开放 30 年,成就辉煌;改革开放 30 年,又是问题多多。中国的前进,什么时候都不会没有问题,重要的在于科学的前瞻和认真的回顾总结。可以说,这 30 年的历史,就是不断解放思想、冲破束缚、改革体制、谋求发展的历史。历史经验表明,坚持思想解放,中国就改革就进步;反之,就停滞就落后。

17 年前,邓小平在上海提出"思想更解放一点,胆子更大一点,步子更快一点","要克服一个怕字,要有勇气。什么事情总要有人试第一个,才能开拓新路"。而今,我们不是依然需要这种勇气和智慧,来推动思想的新解放,改革开放的新突破,科学发展、社会和谐的新进展吗?

锐意改革　共克时艰

（2009 年 3 月）

　　世界金融危机袭来，经济日益萎缩，失业率逐步攀升，国际贸易和投资不断下滑，保护主义壁垒有所抬头。这对支撑中国 30 年繁荣的出口导向型经济产生颠覆性的影响。中国往何处去？中国领导人已经在很多场合表示：迎难而上，锐意改革，共克时艰。

　　在全国两会召开前夕，人大代表、政协委员纷纷为危机应对献计献策，温家宝同志在新华网与网友进行了坦诚热烈的交流。近一段时间以来，网民对政府的 4 万亿提振经济计划，对农民工失业和大学生就业问题，对城镇低收入群体的生活补助，对中小企业的命运，对危机时期的政风政纪，等等，表达了自己的利益诉求和善良愿望。在世界金融危机的"寒冬"中，民生多艰，诸多民怨需要排解，但民心可鉴、民气可用。改革 30 年来民间积累的丰厚的经济、社会能量，能否在这一轮严峻的经济危机中得到充分施展，这是中国闯过世纪劫难，乘风而起成为世界强国的关键。

强势政府的底气来自强势人民

面对世界金融危机的挑战,中国政府再次显示出强势政府的姿态。作为世界上最大的新兴经济体,举全国财政之力,首先出台 4 万亿元投资计划,主要投向基础设施。接着,各部门、地方纷纷出台投资计划,初步统计,将达 10 万亿元以上。这说明什么?我国政府财力十分雄厚,投资积极性空前高涨。这是改革开放使国力大大提高的结果,令人鼓舞。

在经济强势扩张的同时,在社会稳定方面,针对 2009 年这个多事之秋,若干个历史事件的整数周年,经济危机背景下更加严重的社会问题,政府继续绷紧自北京奥运会强力"维稳"的那根弦。从新闻宣传、互联网管理到政法部门,均以严防死守的姿态,随时捕捉、发现和扑灭任何不稳定因素。

作为一个负责任的大国和 60 年执政历史的党,面对当前困难的国际国内形势,这样沉重的责任感、使命感可以理解,可谓用心良苦。然而,本来中国投资比重畸高、消费比重畸低、对外依存度畸高,是中国经济的一个病症。在这种弊端明显的经济发展模式下,财富大部分集中在政府手里。今天应对危机依然以增加本来就畸高的投资来刺激经济,这就难免让人担忧:这场投资大跃进虽然能收取保增长、缓解就业压力的短期效益,但会不会带来我国经济结构更加畸形、产能更加过剩的结果呢?

英国《金融时报》评论指出:"目前,中国公布的财政刺激计划,并没有试图提振公共和私人消费,而是旨在使中国经济渡过难关,直到可以再次出口。这是行不通的。""对中国来说,真正的问题并非仅仅是应对当前的全球经济衰退,而是中国现有发展模式已经无法持续。现在,正是做出改变之时。"

　　加拿大《环球邮报》也发表文章说："今天中国拥有了像样的基础设施、令人称赞的建筑和过大的工业基础。所缺的是为经济增长提供动力的足够的个人消费。要扭转这种局面，中国需要加强其人民对未来的经济安全感，使个人收入随国内生产总值的增长相应地提高。"

　　其实，并非只是旁观者清，我国经济学界也有类似的呼吁。经济学家张维迎教授提出，不赞成用凯恩斯主义的经济干预政策应对这次严重的世界金融危机。他怀疑政府通过增加信贷和扩大需求的办法就能把经济从萧条当中挽救出来，担心政府对破产企业的拯救会扭曲市场的惩罚机制，导致更多的投资行为和更多的坏账，损害市场的自我修复机制，使萧条持续更长时间。张教授指出，"通过产权制度和激励制度的改进刺激生产"，才是治本之策。

　　另一位经济学家许小年教授也认为：中国不需要凯恩斯主义，中国需要邓小平理论。在许教授看来，邓小平理论的精髓就是"坚持改革开放，培育新的经济增长点，让市场发挥作用，让民众的创造力充分地涌现"。因此，他呼吁解除政府对经济的过度管制，在医疗服务、金融服务、电讯服务、交通运输、港口机场等行业放开管制，让民间资本自由进入，让民众充分地发挥想象力。

　　目前，关注中国改革和发展的学者和媒体，都对这样一个现象表示深深的疑虑，这就是广义的"国进民退"现象。改革之初，邓小平等人深感几十年极左政治和高度集中的计划经济体制的弊端，在经济和社会（包括思想文化）两方面大胆放开严格管制，允许农民包产到户、分田到户，摆脱人民公社体制的束缚；允许城镇居民自谋职业、第二职业，推行国有和集体企业承包制，发展非公经济；鼓励港资、台资、外资进入中国市场，允许中国公民为非境内资本企业打工。整个80年代改革，中国社会财富的涌流和物质的繁华，以民富为本，以"民富"实现"国强"。以八九十年代之交为拐点,在经济上出现了让"不法"个体户"倾家荡产"的政策宣示,在社会管理上"稳定压倒一切"的理念取代了"再也不能发生'文革'"的忧思。特别是90年代中期以来,在保护国民经济命脉、维护宏观经济稳定的考虑下,经济政策向国有企业大幅度倾斜,非公经济虽在继续发展,但得到更多发展机会的不再是像80年代年广九那样的平民百姓,而是有着浓厚官场背景、擅长官商勾结的企业管理者。

为了进一步看清这个问题,我想摘录英国《金融时报》中文网专栏作家丁学良在一篇文章中引述的两组数据:

据清华大学研究社会流动(social mobility)的李教授及其小组发现,改革的前期,即1978—1990年间,中国很多社会基层家庭的子女走出其父母所在的低阶层的机会远高于20世纪90年代初之后。因为在这之前,家庭所承担的教育支出较少,主要由国家买单,很多贫寒子弟可以通过高等教育,在社会里获得上升的机会。但此后社会流动变得越来越困难,特别是到了20世纪90年代末及21世纪初,就更难发现大面积的、来自中国社会底层的青年人找到上升的机会。

麻省理工学院黄亚生教授等人的研究指出:在1990年前的十多年,中国的金融系统和地方政府,对非国有、中小企业的支持力度相当大。然而,从20世纪90年代初以后,中央政府的经济金融政策越来越大量照顾国有企业,特别是大型的垄断性国有企业。到了2007年,全国资产性的财富总量中,76%掌握在政府手中,只有1/4在民间。特别是从1995年税收政策改变到2007年的12年间,中国政府财政收入增长了5.7倍,而同时期城市居民的人均收入只增加了1.6倍,农民的人均收入只长了1.2倍。这些数据揭示的问题值得我们深长思之。

在世界金融危机日益拖累甚至可能拖垮实体经济的时候,在中国GDP增长靠政府投资和出口两轮驱动难以为继的情况下,如果真正实现国内居民消费对经济的拉动作用,听听丁学良先生的告诫是不无益处的,即"必须让中国特色的资本主义重大转型,从'少数人先富起来'转向大众资本主义——让越来越多的普通人有发财的机会,从而有递增的民间消费能力,这才是中国经济持续、稳定增长的最重要的轮子"。这里,我们似不必拘泥于"大众资本主义"还是"大众的中国特色社会主义"的思辨,更重要的是丁学良先生所言:"在各行各业里创业和发展的资源及条件,应该大量开放给普通的公民,而不是垄断在政府手里,然后大量暗中输送到权势者亲友的手里。"

如果我们意识到上述忧思不是空穴来风,更非别有用心,那么,一些学者关于不要把提振经济完全押宝在扩大基础设施的投资上,不要将民众银行储蓄没完没了地注入国有垄断企业,金融政策重新向私营中小企业倾斜,开放教育、文化、艺术、传媒、卫生等行业的私营企业准入机会,更多地刺激民营企业投资而不是垄断国企低效投资,打破城乡劳动力流动的户籍壁垒,通过发放消费券甚至释出部分垄断国企股权平均分配给民众等方式,推动国家财富向国民财富转移……这一类思考和建议,都是值得认真思考、严肃对待的课题。

在"文革"后国民经济"濒临崩溃的边缘"时刻,邓小平等老一代革命家果敢地启动思想解放运动和中国改革进程。今天,在应对1929年—1933年以来最严重的世界金融危机的历史关口,同样需要思想解放、集思广益,让中央和地方,党组织和普通党员,党内和党外,对于应对世界金融危机挑战和深化改革的思路广泛建言、畅所欲言,并认真倾听国外有识之士的学术建议,借鉴国际组织和外国应对金融危机的经验教训。

"保持经济平稳较快发展,保持社会和谐稳定",需要政府和民间双引擎,上下一心,形成合力。要真正把民间作为经济发展、利益协调的主体,在危机中政府这个权力主体与民间这个权利主体一定要顺畅沟通,共同发力,携手破解避免经济衰退和社会动荡的诸多难题。

　　经过 30 年经济改革和社会进步,中国民间蕴藏着极为丰厚的发展资源,共产党领导的强势政府采取充分发动民众的政策取向,就具备了抗御世界金融危机和经济萧条的底气。

经济危机是社会不稳定的预警信号

　　世界性的危机既是挑战也是机遇。说是挑战,西方发达国家可能利用相对成熟的经济体制和社会修复机制,在危机中率先脱险,还有可能把危机转嫁给发展中国家,特别是美国债务的最大持有人中国,像中国这样的"新兴经济体"搞不好也有可能翻船;说是机遇,在 1929 年—1933 年那一次世界危机中,成功摆脱危机的美国一举取代英国,成为世界经济头牌强国。

　　对于中国而言,目前面临的挑战是相当严峻的。且不说中国经济总量已经跃居世界第三,绝非 30 年前较小的经济规模可比,在庞大的基数上保持经济持续增长更为困难;30 年改革过程中绕过去的很多历史深层次问题,30 年改革后产生的很多新的深层次矛盾,都在积累、发酵。尤其需要警惕的是,在经济危机中最容易发生社会不稳定。经济高速发展时,几乎所有社会群体都从发展中受益,区别只在于受益的多寡(贫富悬殊当然也是个严重问题),可谓 GDP 增长"一俊遮百丑";但根据詹姆士·戴维斯的"J 曲线理论",人们的期望值容易被繁荣的经济鼓动得很高,一旦经济增长出现拐点,生活状况的改善难以满足人们的较高期望,社会上不满情绪便高涨起来。因此,动乱常常发生在长时期经济繁荣之后突然萧条的时候。2009 年,经济下行可能还没触底,我们还要为 GDP 增长"保八"而奋斗,保持社会和谐尤其是政治稳定,与保持经济平稳发展同样重要。2009 年这两个"稳"字需要两手抓,两手都要硬。

我们还需看到,经过 30 年改革,社会管理体制发生深刻变化。在经济领域,中国人获得了较大的自由度。在消费者权利、物权、人身自由等方面,中国人的权利意识复苏,公民维权行动得到长足发展。特别是近两三年来,互联网的普及,增加了社会现实矛盾的能见度,网络舆论成为现阶段最现实也最具影响力的权力监督手段。这是改革 30 年在社会自由和民主化方面的重大成就。但是,问题也有它的另一面:社会透明度的增加,网络监督的抬头,必然要求形成强有力的权力制衡机制,要求司法公正,要求廉政和依法行政,要求透明的公共财政,要求切实保障公众的政治参与。但正如党内外几乎一致的共识:我们的政治体制改革和建设严重滞后。在这种情况下,公民特别是网民的参与意识越强烈,内心的被剥夺感也会越深刻。

我们有必要重温法国政治学家托克维尔的一段警世之言:"革命的发生并不总是由于萧条、衰退和条件恶化。一个习惯于忍受的民族,根本不知道有压迫的存在,而当这种压迫减轻了时,他们反而意识到了压迫,于是开始反叛。被革命摧毁的统治,往往就在它作出改进和改善的时候,往往就在它接受恶劣统治的教训的时候,往往就在它迈出改革第一步的时候,革命却发生了。"党领导中国已经进行了人类有史以来最深刻的社会变革,从过去大一统的公有制和计划经济体制,引进多种所有制和市场经济,进行了邓小平所谓的"第二次革命",釜底抽薪避免了另一种我们不愿看到的"革命"的发生。但要避免相当程度的社会动荡,还必须在中国改革前 30 年对我们的政治体制进行"改进和改善"后,下大决心实施较为彻底的政治体制改革和建设。

政治体制改革和建设滞后,将让中国社会,包括执政党,付出巨大的社会成本。这类话,党内外有识之士说了很多年,在世界金融危机蔓延的

2009 年,恐怕更不能视为危言耸听了。

中国改革动力的历史考察

深化改革,说来容易实行难。似乎上上下下各有苦衷,即使领导者个人意识到深化改革的紧迫性,一旦企图有所改弦更张,都有一种备受各方牵制的无力感。下一个 30 年,中国改革的动力何在?在世界金融危机冲击实体经济势不可当之际,用什么力量来化"危"为"机"?

从过去 30 年的经验来看,上述问题的答案只有一个:官民互动、上下借力,共度时艰。中国改革的真正动力,源自执政党上层的政治胆识与民间力量的推动和强力支撑;化解经济危机的力量,除了党和政府的果断决策、坚强领导,还要十分重视发掘和释放民间的经济社会能量。换言之,进一步深化改革的阻力,是对民间改革动力的不信任、不鼓励甚至是压制;而所谓"新一轮解放思想",最需要思想解放的,不是民间也不是百姓,而是缺乏远见更缺乏担当精神的官员。

在我们熟知的以历次党代会、中央全会和若干个"一号文件"、"N 号文件"构成的中国改革史之外,我们不妨再做一次改革动力的历史考察,看看来自中国民间的力量如何与励精图治的几代领导核心和领导集体上下呼应,江湖与庙堂联动自下而上地瓦解了束缚经济发展的传统体制,松动、融化了被传统体制板结了的中国社会。我们可以从以下三个维度看民间的作用力:

一、中国民间"草根人物"的崛起,始终拥有要求改革、寻求发展、追求幸福的强烈意愿和无穷智慧

上一个 30 年,每一次改革面临重大进展,或是某个局部改革取得重

要突破,几乎都循着这样一个线索展开:

民间小人物"胆大妄为"的冒险"违规",取得阶段性成果之后,得到开明地方领导干部的默许甚至鼓励,经由目光敏锐的媒体记者的报道,引发热烈讨论和争议,最终得到高层认可,推向全国,并以政策或法律将之制度化。从高度集中的计划经济到"计划经济为主,市场调节为辅",从"有计划的商品经济"到"社会主义市场经济",对中国经济的体制性探索,从涓涓细流到惊涛拍岸的市场化大潮,就是在民间草根阶层坚持不懈的拱动下,才得以最终完成的。

农村改革序幕的拉开,揭幕者是安徽凤阳小岗村18个穷得叮当响的农民。他们冒着坐牢杀头的危险签下"大包干"生死状,并一举大获丰收,这点星星之火,才渐次燎原全国。而城乡二元结构的松动、城市化的推动者、托起"中国制造"奇迹的基石,更源自从乡村涌向城市、最初曾被党报称为"盲流"欲严厉禁绝、后来被称为"农民工"的"民工潮"。他们一次又一次地冲决了旧有的土地制度、城乡户籍壁垒和工业农业的剪刀差。

工业方面,浙江萧山的鲁冠球悄悄办起的乡村小小农机厂,在财大气粗、包揽几乎所有资源的国营工业的夹缝中渐成气候。众多的"鲁冠球",与千万个曾被蔑视的"个体户"一起,把曾经被体制和政策"围追堵截"的灰头土脸的乡村工业和小摊点、小门面,胼手胝足地壮大成蔚为壮观的民营经济,"红头文件"从否定到默认、鼓励,最终在中国经济中三分天下有其二。

而安徽"傻子瓜子"年广九的出现,冲决了"雇工8人以上就是剥削,必须打击"的《资本论》铁律;温州街巷中涌现的小摊主、小业主"八大王"的命运起伏、抓而又放,成了民间市场及多元流通渠道走向合法化付出的局部代价;浙江海盐一剪子剪开国企改革帷幕的"小裁缝"步鑫生,河北石家庄斗胆承包亏损造纸厂的小小业务科长马胜利,从监狱里出来就敢用国企积压的罐头从苏联换回飞机的四川人牟其中,阿里巴巴的马云等年轻知识阶层的 IT 新技术人士……不管他们最终的命运怎样,都在不同层面冲决着几十年拒绝市场化的计划经济体制性堤坝。

几乎每一项改革的起步,都站着这样一些"舍得一身剐"的草根小人物,而他们的背后,则是无数双渴望个人幸福、渴望国富民强的眼睛。

13 亿人的渴望和智慧,是推动中国改革最大的动力。

二、中国民间新社会阶层、新社会组织因改革而诞生而壮大,始终拥有最强烈的改革冲动

30 年前,"白领"、"民营企业家"、"中介组织"、"自由职业者"、"新上海人"(或"新北京人"、"新广州人")、"消费者协会"、环保 NGO……这些称呼会让人匪夷所思,不知所云。但今天,他们活跃于中国的每一个角落,不但成为中国经济运行和社会进步的润滑剂,更成为有强烈改革冲动的阶层。没有改革,就没有他们;只有继续改革,他们才能拥有更大的生存和发展空间,才能实现人生价值和获得成就感。因此,他们是改革最坚定不移的支持者和依靠力量。

根据中共十六大报告的定义,新社会阶层是在改革开放和发展社会主义市场经济过程中产生的,包括民营科技企业的创业人员和技术人员、受聘于外资企业的管理技术人员、个体户、私营企业主、中介组织的从业人员和自由职业人员等 6 个方面的人员。

据出自统战部官员一年多以前的粗略估算,新社会阶层以及相关行业的从业人员人数多达 1.5 亿。他们人员构成较复杂,但有鲜明的特征:相对学历较高,拥有较多财富,多为非中共人士,不太"安分守己",时有逾界行为,有愈来愈强烈的社会改良意识和政治诉求。

作为改革开放产物的他们，对社会作出了重大贡献。他们的能量已不仅仅局限于经济领域——占 GDP 总量 65% 的非公经济贡献就出自他们之手，也强烈波及了社会、文化乃至政治领域。仅从立法看，私产财产保护的写入宪法、"非公经济 36 条"的制定、《物权法》的艰难出台，都呈现着他们的强力推动。

与此相映成趣的，还有新社会组织，也就是方兴未艾的各类民间性社会组织，包括社会团体、基金会、民办非企业单位、部分中介组织、行业协会、慈善组织以及社区活动团队，也包括在南方雪灾、汶川地震、北京奥运中让世界刮目相看的志愿者队伍。他们在扶危济困、解决就业、维护公民权益、推动环境保护、协调各界关系、化解社会矛盾等方面，立下汗马功劳。他们可以疏通民间不满情绪的宣泄渠道，充当社会矛盾的减压阀，在政府和民众之间开辟出辽阔的中间缓冲地带。

但是，初生的新社会阶层和新社会组织，由于人员构成复杂，价值观极不稳定，职业流动性较大，因而社会认可度仍然不高，甚至还经常被体制内有意无意地排斥。那些习惯于公权力唱独角戏的大一统社会治理模式的领导干部，那些沉迷于凭借行政权力轻而易举占有社会资源、垄断发展机会、独占改革成果的人群，对这些靠市场的开放空间、社会宽容度增加才有腾挪之机的阶层和组织，造成很大的伤害。

目前火爆的公务员热，就是一种值得警惕的社会现象。说明体制内人士对社会资源的占有已经到了尽人皆知、趋之若鹜的地步。年轻人一窝蜂地往体制内挤，力求在体制内分一杯羹，而不是壮大中产阶层——说明中国改革已经面临一个非冲决不可的体制瓶颈。体制内的好处越明显，表明权力寻租对社会的腐蚀性越大，改革也就越发迫在眉睫。如果越来越多的青年人失去加入新社会阶层的冲动，改革的活力可能丧失，改革的希望可能泯灭。

因此,决策层对待新社会阶层的态度,可以说是改革的风向标之一。应对经济危机拿出的四万亿,如果只重视基础设施和国有大中型企业,而对受冲击最为严重的民营经济不假援手的话,对调整经济发展模式不利,对改变收入分配不公和开放垄断领域不利,对新社会阶层显失公平。历史的教训值得记取。上世纪 80 年代为了保国企,防止新生的民营企业与国企争原材料、争能源、争市场,而出重手打击,阻滞了民营经济的同时,也阻滞了改革进程。而前年提出的"防过热、防通胀、防资产泡沫化"的"三防"之策,在一些地方也被误读成专门针对民营经济,造成私营企业生存空间被人为挤压,在金融风暴袭来之前,危机已现。

而决策层和执行层对新社会组织的压制,则会在社会矛盾积聚、凸显、日益濒临爆发点的情况下,使党和政府直接面对因利益受损或期望受挫而无助、愤怒却又散乱无组织的各类草根民众,一旦发生群体性事件,可能连一个可以对话沟通的民众代表都不容易找到,也没有了居间调停缓和民众情绪的社会中介组织。结果,只能使任何一个原本针对某个地方、某项具体政策、某些基层小吏的不满,迅速升级放大为对政府的总体抗议,对干部阶层治理能力和廉洁度的总体否定,甚至是对执政合法性的质疑。

因此,要化解经济危机,要深化改革,要解放思想,必得借重新社会阶层、新社会组织的力量,他们可能会成为协助化解危机的一把有效钥匙。

三、新意见阶层的问世,营造了舆论民主的平台,丰富了意见表达的渠道,成为深化改革的舆论先声

民间"新意见阶层"在互联网上的崛起,是在近几年来自然灾害和人为事故频发、社会矛盾加剧的情况下,中国社会一抹难得的亮色。中国网民忧国忧民的视线,锁定了诸多事关公共决策的大大小小的事件。细细梳理近年来的网络焦点,诸如陕西华南虎照片的真伪之辩,山西"黑砖窑"的曝光,厦门 PX 项目的迁址与上海磁悬浮建设是否影响沿线居民的争议,重庆"史上最牛钉子户"以及《物权法》大讨论,西藏拉萨事件与西方媒体的对峙,汶川大地震诸多救人线索的网上披露,以及对校舍建筑质量、救灾物资公平分配等问题的反复诘问……诸多事件,是在网民和传统媒体的联手下,拓展了张扬社会公平正义的理性解决渠道。

有了网上的意见表达渠道,中国公众参政议政的声音,五千年来从来没有像今天这样嘹亮;中国网民推动民主政治进程的力量,从来没有像今天表现得这样醒目;各级政府对网络舆情的重视,也从来没有像今天这样焦渴——胡锦涛与人民网网友在强国论坛的交流,成为"中国网民年"的一个标志性事件。因此,胡锦涛同志无可争议地被评为 2008 年度"强国论坛"最佳嘉宾。网民之于推进政治文明的积极意义,终获决策层的正面肯定。这是一个意味深长的场景,中国民意表达与最高决策层的思谋,开始走向合拍。关于"保障人民的知情权、参与权、表达权、监督权"、"坚持国家一切权力属于人民,从各个层次、各个领域扩大公民有序政治参与"的官方表达,在网民群体得到了最由衷的响应。

现在,决策层已经清晰地感受到网络庞大的民意力量。他们不再讳言通过网络了解民意。每年的两会,已成网民与中南海互动的良机。数十万网民曾以网上"我有问题问总理"等方式,共商国是。温家宝总理在两会答记者问中,以网友提问作为开场白。而各地"诸侯"网上给网民拜年,与活跃网友见面对话,已蔚成风气。最近,云南省委宣传部组织"网民各界人士调查委员会",到晋宁县看守所实地调查农村小伙子李荞明因"躲猫猫"游戏而触墙死亡事件,虽然于法理无据,也不宜提倡,却创造了中国互联网发展史上的第一次:网友可以堂而皇之进入事发现场,而不需要像前些年一些突发事件中偷偷摸摸当"公民记者"。地方党政机关不想"躲猫猫",更体现了政府对民意的尊重和某种敬畏。而洛阳一些活跃网友和版主被推选为市人大代表、市政协委员,则表明地方政府有诚意也有胆识,建立整合与吸纳网络舆论的机制。我们甚至可以说,网上汹涌的民意,在某种程度上左右着决策的决心与出台的时机,甚至影响到国际舆论对中国立场的研判。

更值得注意的是,在对中国民主政治的遐想中,一直困扰于一个13亿人的大国,纷纷扰扰的民间意见表达的程序和渠道难以十分畅达。让我们或许是猝不及防,或许是惊喜莫名的是,互联网的出现,从技术层面轻而易举地解决了这一问题。网络来势汹汹,铺天盖地,无远弗届,无孔不入,对抱残守缺的管理者来说,是天字第一号的难题,因为它防不胜防,堵不胜堵。尽管管理层可以对传统媒体说"不",但网民们如无数没有编制的"公民记者"、"网络意见领袖",实时更新着对任一事件的报道和评论。

而这个新意见阶层,正是改革最可依靠的民间舆论力量。回顾这些年来,我们在官员问责制的建立、《政府信息公开条例》的问世、打击权贵阶层的腐败等一系列政治文明进程中,都鲜明地看到了他们强有力的推动。

警惕普通民众在改革中被边缘化

美国历史学家胡克在一本薄薄的专著《历史上的英雄》中指出:"历史上的英雄是在决定一场争端或事件发展方向时无可争辩地起了主要作用,而且若不按其方式行事就将导致极其不同后果的那个人。英雄能找到历史前进道路上的岔口,但也可以说他能自己创造一个。他凭借他那理解事务的超常素质,选择另一途径以增加成功的可能性。"胡克相信,判断一个社会能否解决它所面临的问题的依据是："它的领导层的质量和它的人民的品质。"30 年前以邓小平为代表的领导层,从枪林弹雨的战争年代,特别是多年惨烈的党内斗争中一路走来,是传统体制的内耗中硕果仅存的优秀分子;而广大人民群众从新中国几十年的折腾中大彻大悟,积累了改革旧制、创造历史的强烈冲动。当时"领导层的质量"和"人民的品质"足以傲视世界,是几十年极左政治浩劫后为民族复苏留下的一线旺盛的血脉。波澜壮阔的中国改革,正是以亿万民众脱贫的强烈愿望与执政党那种"不改革就死路一条"的强烈执政危机感互相推动,而浩浩荡荡发动起来的,是自下而上的破旧立新和自上而下的规划实施完美结合的伟大革命。

20 世纪 90 年代后,中国改革的动力主要来自于政府注重 GDP 增长提升政绩的强烈愿望与企业管理者占据更多生产要素的强烈愿望的结合。在相当程度上,官商形成利益共同体,或曰"既得利益阶层"。深化改革,最大的障碍往往是"既得利益阶层"。而在七八十年代之交和整个 80 年代居于改革舞台中央的普通民众,则急剧被边缘化。据社会学家孙立平等人的研究,改革初期激发中国活力的社会流动到 90 年代基本停止,官民、贫富分野而且代际相传,从社会底层进入社会上层的门槛越来越高,基本上难以逾越。这一情况值得我们忧思。如果一个社会大面积堵塞了底层民众的上升通道,这个社会就将丧失变革的动力和能量,结果可能会像地震后形成的"堰塞湖"一样,民怨、民愤淤积,最终可能会冲毁改革以来形成的经济繁荣和制度化成果,出现全社会上上下下都不愿意看到的局面。

因此,近年来党内一些感世忧国的有识之士发出"新一轮思想解放"的呼声,尤为可贵。我觉得,事实上,如何对待上述三个层面的民间推动改革的力量——是封堵、漠视,还是鼓励和因势利导?把广大民众改善物质生活、维护个人权益、扩大政治参与,看作中国社会进步的动力,可以调动、整合,还是潜在的不安定因素,需要"严管、严控、严查"?这一点是衡量决策层思想是不是解放,改革是不是动真格的试金石。

面对世界金融经济危机袭来,中国新阶段改革发展的动力和希望究竟何在?如果说改革30年前两个阶段的主要动力,来自民众脱贫的强烈愿望与执政党强烈的执政危机感互动,政府注重GDP增长提升政绩的强烈愿望与企业管理者占据更多生产要素的强烈愿望相结合,那么今天,中国改革发展的新动力、新希望就在于:执政党坚持科学发展、深化经济、政治、文化、社会"四位一体"改革的强烈愿望和崭新执政理念,与新社会阶层、新社会组织、新意见阶层及广大民众强烈要求生活满意度、幸福感的完美结合!

上一轮经济危机时,美国总统罗斯福1933年的就职演说值得我们深思借鉴:"现在首先是要讲真话的时候,坦率地、大胆地讲出全部实情";"在我们民族生活中的每一个黯淡的时刻,坦率和有力的领导人都得到人民自身真诚的谅解和支持,而这正是胜利之本。"近来,我们常说企业对投资要有信心,公民对消费要有信心,还有一个信心可能更为关键,就是政府对自己的人民要有信心。相信人民,依靠人民,尊重人民群众的历史首创精神,调动人民群众积极性,这是共产党人的经典口号,我们说了几十年。但真正做到这一点,需要各级领导干部为了国家的长治久安,勇于担当的胆识,需要视民如伤的人道主义情怀,说到底,也需要领导层的坦然自信。不仅要教育人民群众相信党、相信政府,各级领导干部自身也要相信人民群众,是经济和社会双"维稳"的主体和动力,而不是在群体性事件等场合"维稳"防范的对象。要相信党和政府具备改革创新的能力,相信"领导层的质量"和"人民的品质",具备抵御世界经济危机、化解规避潜在社会动荡,甚至化危为机,迈向世界强国的政治实力。要真正做到团结一切可以团结的力量,调动一切可以调动的因素,并智慧地化消极因素为积极因素,这样才能汇聚起攻坚克难的强大力量。

如此,则中国前途幸甚,中国人民幸甚!

"新意见阶层"从网上崛起 [*]

据中国互联网络信息中心(CNNIC)第 22 次《中国互联网络发展状况统计报告》显示,截至 2008 年 6 月底中国网民数量达到 2.53 亿,网民规模跃居世界第一位。这是中国改革开放 30 年之际最令人鼓舞的发展成果之一。

与延续 30 年的经济高速增长相呼应,我们的政治体制改革和社会改革虽然滞后,却也准备了底气深厚的社会资源。这些资源包括,份额过半的非公有制经济,包括个体经济、私营企业、外商投资企业和港澳台投资企业。一般认为,在 GDP 中非公有制经济比重约 40%左右,非公有制经济对经济增量的贡献超过 60%。另据经济合作及发展组织调查结果显示,早在 1998 年,中国私营企业在整体经济和所有企业中的增值份额就已超过了 50%。如此规模的非公有经济,是"文革"专制暴力不会卷土重来、改革不会夭折的坚实的经济保障。

非公有经济中生长出来的"新社会阶层",包括民营科技企业的创业

＊ 本文写于 2009 年 2 月,原载《炎黄春秋》2009 年第 3 期。

人员和技术人员,受聘于外资企业的管理技术人员,个体户,私营企业主,中介组织的从业人员,自由职业人员等。据《人民日报(海外版)》引用权威人士的统计说,"新社会阶层"目前大约有 5000 万人,加上在相关行业的所有从业人员,总人数约 1.5 亿人。他们掌握或管理着 10 万亿元左右的资本,使用着全国半数以上的技术专利,并直接或间接贡献着全国近 1/3 的税收,每年吸纳着半数以上新增就业人员。"新社会阶层"如何走出体制边缘甚至是法律边缘生存的状态,如何摆脱官商勾结的"原罪",在社会主义市场经济和法治社会框架内健康发展,理直气壮、光明正大地要求和获取相应的社会政治空间,不仅关系到经济的持续稳定发展,也关系到政权和整个社会的长治久安。

在"新社会阶层"之外,需要严重关注的就是这 2.53 亿网民。在这个世界最大规模的网络群体中,据 CNNIC 最新调查:有 81.5%、约 2.06 亿人使用网络新闻;有 38.8%、约 9822 万人访问网络社区中的论坛/BBS;有 42.3%、约 1.07 亿人拥有博客/个人空间,其中 7000 万人在半年内更新过博客/个人空间。我把这批关注新闻时事、在网上直抒胸臆的网民,称为"新意见阶层"。

如果说"新社会阶层"具有巨大的经济能量,"新意见阶层"则具有巨大的舆论能量。对中国社会发展的不健康现象,特别是社会不公,他们不平则鸣,特别是遇到突发事件,从民间反日风潮、奥运火炬传递到汶川大地震、瓮安群体性事件,他们口无遮拦、激情四溅、呼风唤雨,会在极短的时间内凝聚共识、发酵情感、诱发行动,影响社会稳定。

对"新意见阶层"的研究,需要提上议事日程。

BBS 是民主政治的里程碑

中国全面接入互联网是 1994 年 4 月 20 日。开始时,是作为一种技术手段,慢慢成为一种新闻传播媒介,真正成为一种言论工具是在 1999 年。

1999 年 5 月 8 日晚,以美国为首的北约军队用 3 枚导弹击中中国驻南斯拉夫大使馆,导致 3 人死亡。当时,我分管《人民日报》国际报道和网络版,5 月 9 日凌晨获悉消息后,立即向报社和中央领导汇报。记得当时是群情激奋。中国政府发表严正声明,各地民众纷纷走上街头,抗议以美国为首的北约军队暴行。《人民日报》编委会郑重研究了这个事件的报道,安排《人民日报》发表系列评论文章,人民日报社的子报《环球时报》编发了号外。我和网络版负责人商量,这一天是个时机,又有合适主题,可以开通 BBS/论坛,让广大网民就这一事件自由发表看法。从政府到民间,对弘扬爱国主义、谴责国际强权政治有高度共识,这时候开通论坛不会出现宣传主管部门担心的言论失控情况,却能以此为契机为互联网打开一扇言论开放的窗口。

5 月 9 日晚上,"强烈抗议北约暴行 BBS/论坛"上线。不出我们所料,网上反应非常热烈,每天帖子上万条。虽然也有一些过火的言论,但欣慰的是,舆论的多元化反映出来了,内容多样性出来了。论坛后来改名为"强国论坛",如今注册账户 77 万多,聚集了一大批关心中国时政的中文网民,被海内外誉为"天下第一坛"。今年 5 月 9 日晚上,"强国论坛"开通 9 周年,我应邀登录论坛,发帖说:"拜托新坛主们不负众望,把强国论坛办成民主论坛,推动政治体制改革。中国实现民主化之日,就是中国成为世界强国之时。"

以"5·8事件"为催生婆,以爱国主义为旗帜,BBS在国内获得了合法性。"强国论坛"之后,一些政府网站纷纷开设BBS,像湖南"红网"的"红辣椒论坛"在当地也较有影响力。一些市场化的论坛/BBS,如天涯社区、一塌糊涂、猫扑,对特定人群具有很强的凝聚力。在对传统媒体的管理日趋峻切、下情上达功能基本丧失的背景下,被遮蔽和压抑的民意从此找到了一个发表、发泄的便捷渠道。

同样需要关注的是,1999年前后浮出水面的其他2种民意表达载体——"即时通讯"(Instant Messenger)和手机短信。1999年2月,腾讯公司推出QQ的第一个版本,"即时通讯"在年轻的网民中迅速流行开来。1998年中国开通手机短信业务,2000年11月中国移动"移动梦网"短信平台开通,手机短信走向繁荣。这两种意见载体主要属于一对一的沟通,影响力次于论坛/BBS,但QQ群也是不可小看的分众网络群体。

汹涌澎湃的网络民意

美国《连线》杂志对新媒体的定义是:"所有人对所有人的传播。"论坛/BBS具有自由、互动、开放的传播特点,普通民众有可能通过互联网自由表达意见,并及时了解其他人的看法。

以1999年为发端,2003年成为网络舆论的第一个高峰。这一年,一南一北两起平民百姓罹难的悲惨遭遇,在互联网上引起轩然大波。4月,在广州街头,27岁的大学毕业生孙志刚被强行收容,很快惨死在收容所。10月,在哈尔滨街头,富家太太苏秀文与菜农发生争执,富家太太发动宝马车冲向现场人群,"就像收割机在麦地里割倒麦子一样"倒下一片,菜农妻子刘忠霞当场被撞死,撞伤12人。两起事件未得到当地政府和司法部门的公正处理,导致互联网上民怨沸腾。网络舆情惊动中央政府。在温家宝总理主持下,国务院废止了那部施行多年的法规——《城市流浪乞讨人员收容遣送办法》;中纪委过问复查宝马车撞人案,并在事后悄悄惩治了与宝马车案相关的检察院、法院官员和省政协主席韩桂芝。

2007年是网络舆论的第二个高峰。3月初,网上开始流传一个帖子《史上最牛的钉子户》,内容是一张图片:一个被挖成10米深大坑的楼盘地基正中央,孤零零地立着一栋二层小楼,犹如大海中的一叶孤舟。重庆市一位房屋产权人拒绝拆迁,在开发商将周围房屋拆除后,仍然坚守孤楼,还在楼顶升起了国旗,以表决心。此事发生在全国人大审议《物权法》前后,围绕这项公民最重要物权的得失,互联网和传统媒体展开了热烈的议论。民意和媒体的压力,导致当地政府、开发商放低身段与"钉子户"协商,最终达成妥协。

2007年6月5日,河南网友辛艳华以"中原老皮"的网名,在大河网上发帖——《400位父亲泣血呼救:谁来救救我们的孩子?》,帖文被转载到影响更大的天涯社区,并被置顶。山西农村黑砖窑中现代"包身工"的惨剧,让全国人民震惊。4位中央政治局常委和1位政治局委员作出严厉批示,中华全国总工会带头,中央多个部委派出联合调查组赶赴山西洪洞县。在网络民意的强大压力下,山西省在全省仓促发起一场"解救被拐骗农民工、打击黑砖窑行动",省长于幼军出面向公众公开道歉。温家宝总理主持召开国务院常务会议,专门听取"黑砖窑"事件调查处理情况汇报,并对善后工作提出要求。

2007年6月1日前夕,上百万厦门市民都在转发一条短信,反对该市海沧区正在兴建的一个PX化工项目,号召大家上街"散步"以示抗议。厦门人聚集的QQ群上也传出类似的呼吁。6月1日和2日这两天,数千名厦门市民走上街头表达心声。这是由新媒体发起的第一起大规模群体性事件。到12月底,厦门市政府决定缓建PX项目。政府深明大义,倾听市民呼声,让市民参与到 PX 项目决策中来,在一定程度上疏导了民间情绪。

2007 年 10 月,陕西省林业厅召开了新闻发布会,宣布镇坪发现已经绝迹了 20 年的野生华南虎,证据是镇坪农民周正龙用数码相机拍摄的几十张虎照。随后,天涯社区的贴图专区里出现了一个帖子——《陕西华南虎又是假新闻?》,率先对虎照提出质疑,网易等网站和论坛跟进,批评陕西官场弄虚作假、丧失公信力,连《人民日报》和中央电视台也加入了"打虎"行列。陕西省政府最初装聋作哑、死不认错,一直延宕到今年大地震后,才由司法机关出面宣布周正龙作伪被逮捕,有关官员被惩戒,同时启动为期 3 个月的"政府机关作风整顿教育活动"。

互联网成为主流媒体

2008 年大事频发、波澜起伏,中国人的心情像过山车一样悲欣交集、大起大落。年初的南方雪灾,3 月的拉萨骚乱,奥运火炬在境外受阻,"5·12"汶川大地震,互联网在信息传播的速度、信息覆盖面、民众情感交流和意见表达方面,发挥了突出作用。在这一系列牵动全国人民情感的大事件中,互联网无可争辩地成为信息传播和舆情汇集的主流媒体。

在南方雨灾中,湖南、广东、贵州等省的一些城市停电、停水,铁路大动脉和公路国道交通堵塞,甚至道路断绝。传统媒体一时难以迅速全面反映灾情。在这个关节口,网络论坛/BBS 发挥互动优势。很多灾区的普通人,特别是热心的志愿者们,用手机短信加网络传递最新灾情,把手机和 DV 拍摄的灾情图片、视频上传到 BBS 上,成为中国第一批"公民记者"。像活跃网友"北风"实地考察广州火车站后,在天涯社区发帖《广州滞留乘客最缺的不是食品跟水》,短短几天内,点击量达 164516 人次,回复 1047 次。帖中说:"广州滞留乘客最缺的是睡在地板上的铺垫之物。"他同时提醒志愿者与广州市志愿者协会联系,不要单独行动,以免好心反而添乱。一些网络媒体也对网友的"公民记者"行动表示支持,凤凰网和天涯社区都表示愿意为到灾区现场直播的网友补贴费用。

今年 3 月,在 CNN 等西方媒体发表了对西藏问题的不实报道以后,一位叫做饶谨的年轻人迅速创办了一家域名为 Anti-CNN 的网站。在一个月的时间里,网站的日点击率达到 500 万,注册会员达 10 万人,全球网站排名维持在第 1800 名左右。正是因为国内网民在门户网站新闻跟帖、论坛/BBS 和个人博客上的同仇敌忾,使西方媒体、政府和大企业感受到来自中国人民特别是年轻一代的强大压力。

5 月 12 日,一场 8 级大地震突然袭来。新华网等政府网站迅速发布国家地质局的权威信息,人民网和各大商业门户网站纷纷推出汶川地震专题,全面跟踪报道地震灾情和救灾进展。在汶川地震中,互联网把多种媒体信息整合平台的优势发挥得淋漓尽致。截至 5 月 19 日晚上 10 点,人民网、新华网、央视网、中国网共发布抗震救灾新闻(含图片、文字、音视频)123000 条,新浪、搜狐、网易、腾讯整合发布新闻 133000 条,整合发布新闻 133000 条。上述 8 家网站新闻点击量达到 116 亿次,跟帖量达 1063 万条。这样的新闻发布数量和浏览量,都令传统媒体无法望其项背。值得关注的,不仅是互联网信息的及时和丰富,而且是网络对民族情感的聚合作用。网民在新闻跟帖中,在论坛/BBS 和个人博客上,纷纷表达了对这场国难的震惊和悲恸,对遇难者和灾民的无限同情,对政府和救援者、志愿者的崇高敬意。

地震第 2 天——5 月 13 日,一位叫作"绮梦"的网友以 QQ 聊天的方式,从都江堰坍塌小学现场发回文字"直播"《温总理:我只要这 10 万群众脱险》。这位网友说,面对惨烈的受灾场面,温家宝查勘现场摔倒受伤和流泪。据说是总理在现场讲的这两句话感动了无数中国人："我不管你们怎么样，我只要这10万群众脱险，这是命令。""我就一句话，是人民在养你们，你们自己看着办！"天涯社区的天涯杂谈中的帖子《温总理：我只要这10万群众脱险》，截至5月15日，点击量达到698204次，回复7457条。

也是在地震第2天，百度贴吧出现一首无名诗——《孩子，抓住妈妈的手》，催人泪下：

　　"孩子，快，

　　抓紧妈妈的手。

　　去天堂的路，

　　太黑了，

　　妈妈怕你，

　　碰了头。

　　快，

　　抓紧妈妈的手，

　　让妈妈陪你走

　　……"

这首诗在网上复制流传，并在许多赈灾晚会上被朗诵。这首诗感动了盛大网络总裁陈天桥，盛大网络宣布为灾区再捐600万元，捐款总额达到1000万元。

国务院新闻办公室网络局副局长彭波，在北京举办的2008年新媒体高峰论坛上表示："如果我们把1999年5月9日网络抗议美国轰炸我国南斯拉夫大使馆事件，看作是网络媒体登上中国媒体舞台的标志，那么拉萨'3·14'事件和汶川'5·12'地震则标志着网络媒体正在成为当今中国社会的主流媒体。"英国《金融时报》评述说,汶川地震救灾期间,"中国的互联网再一次证明其主流地位,不是靠行政级别,而是靠强大的信息整合方式及对2亿网民的影响力"。

走出政改困境的第一推动力

经过30年改革,中国社会很多深层次的问题积累下来,已经到了非解决不可的地步。从上世纪八九十年代之交以来,"稳定压倒一切"成为首要的政治逻辑,冲淡了"文革"后不改革死路一条的政治觉悟,消磨了邓小平、叶剑英、陈云等劫后幸存的老一辈革命家大兴大革、再造江山的胆识和想象力。

由于我们市场化改革不彻底,既得利益集团利用计划经济时代的资源垄断,从市场化的运作中获取暴利,并且在保护"国家经济安全"的旗帜下,排斥深层次的改革。

如何走出深化经济改革和推进政治体制改革的困境,我们寄希望于领导层重拾80年代邓小平、胡耀邦那一代改革者的理想主义情怀,同时,我们也寄希望于以互联网为代表的民意驱动。互联网上蕴藏着推动中国政治体制改革和社会进步的重要力量。甚至可以说,在官场有志者受制于"维稳"思路而难有作为的情况下,网络民意恐怕是鼓舞体制内改革的第一推动力。关键是当政者能不能打破体制内一统天下的思维定势,真正敢于从民间借力。

历史已经证明,局限于体制内的政治教育、政治纪律等政治手段,难以摆脱既得利益集团的掣肘,难以继续"全面开创社会主义现代化建设的新局面"(党的十二大口号)。以互联网登上媒体舞台的1999年为例,当年1月,江泽民在中央纪委第3次全体会议上重申必须严肃党的政治纪律、组织纪律、经济工作纪律、群众工作纪律;当年3月,中共中央部署在县级以上党政领导班子、领导干部中开展"三讲"教育,向全国人民昭示了从严治党的决心。但郑重其事的四大纪律,轰轰烈烈的"三讲"教育,都未能有效遏制党内、政府内的贪腐和不作为。在党内不正之风犹存、依法治国尚未有效落实的情况下,过多地寄希望于党员领导干部"讲学习、讲政治、讲正气"是不现实的。

今年3月,胡锦涛同志在再次当选为国家主席后表示:"诚心诚意接受人民监督,干干净净为国家和人民工作。"这是对全党和各级领导干部的警示,道出了问题的关键,就是"人民监督"。

我们看到,互联网在中国社会崛起9年来,网络民意与公权力进行了多轮博弈。人民网率先揭露的南丹矿难就是一个突出的例子。

2001年7月17日,广西南丹龙泉矿冶总厂所属的拉甲坡矿和龙山矿发生特大矿井透水事故,造成81人死亡。按规定,特大安全事故须在24小时内报告中央,而南丹矿难却被隐瞒了整整17天!《人民日报》驻广西记者站闻风而动,7月30日向总社发回第一篇内参《关于广西南丹矿井事故的紧急报告》,7月31日给人民网传回第一篇公开报道《广西南丹矿区事故扑朔迷离》。这是中央重点新闻网站发布的第一篇自采新闻,点出了南丹事故被隐瞒不报的要害,立即被众多网站广泛转载。

然而,就在同一天,广西壮族自治区两个主管安全生产的单位上报中央的一份报告中仍称,"所谓南丹事故纯属是谣传"。8月2日一早,《人民日报》驻桂记者站掌握了12位矿难死难者名单及其家庭所在村屯。接着,又获得了一名矿难逃生者惊心动魄的叙述。当天下午,《人民日报》驻桂记者写下《再次紧急报告》上报总社编委会,在报告开头打上三个"特急! 特急! 特急!"编委会当即以"信息专报"的形式上送中央。当天下午,朱镕基总理作出严肃批示,要求必须查个水落石出。

在实地采访调查矿难的过程中,媒体记者冒着巨大的敌意和风险。"一进矿区,迷惑的、张皇的、警惕的、奇怪的目光纷纷从矿区各处射出。"矿工急忙躲避离开,闪避不及的提起事故也一律摇头说,"不知道"、"不清楚"。《人民日报》记者三下南丹,为自己买了 20 份保险。南丹新闻采访环境之恶劣,甚至在中央调查组到达南丹后,旁听调查组情况汇报的《人民日报》记者却被广西方面"请"出会场,胶卷被强行当场曝光。在新闻媒体不折不挠的强力监督下,南丹矿难终于真相大白。官商勾结的原南丹县委书记万瑞忠被判处死刑,矿主黎东明被判处有期徒刑 20 年。朱镕基总理表扬媒体:

"如没有记者的揭露,就冤沉水底了!"

党章和宪法庄严地宣示:以人为本,一切权力属于人民。我们没必要对网络民意抱以过多过重的担忧,甚至视为异己力量,瞪大眼睛随时准备封堵。中共十六届四中全会提出:"建立社会舆情汇集和分析机制,畅通社情民意反映渠道";"重视对社会热点问题的引导,积极开展舆论监督,完善新闻发布制度和重大突发事件新闻报道快速反应机制。高度重视互联网等新型传媒对社会舆论的影响"。中共十七大进一步要求:"保障人民的知情权、参与权、表达权、监督权";"完善决策信息和智力支持系统,增强决策透明度和公众参与度"。

今年 7 月 20 日,胡锦涛同志在参观人民日报社时,提出要正视舆论"新格局",关注在传统的党报、国家电视台之外都市报纸、网络新媒体的兴起。在人民网,胡锦涛与"强国论坛"网友在线聊天 20 多分钟。党和国家最高领导人,利用网络媒体与网民在线直接对话,这是开创性的第一次。胡锦涛总书记带了一个头,让各级领导干部都能像他那样到网络媒体上去了解民情、沟通民意、汲取民智、消除民瘼。这样,就把网络媒体作为推进舆论民主与政治民主的平台,公众也可以通过这个平台,了解党和国家领导人的意图,获得知情权、参与权、表达权和监督权,意义重大。改革开放30年来,我国政治体制改革有两个重大的突破:一个是党和国家领导人的新老平稳交替,形成了一定的任期界限和年龄界限,结束了终身制,形成了制度化;第二个突破,就是网络等新兴媒体的兴起,成为推动政治民主化建设的重要平台。新加坡《联合早报》评论说,这次网上互动虽然没有触及网民关心的通货膨胀、股市下挫、楼价上扬、官场腐败等敏感问题,却是一种"政治态度的表达",表达的是对互联网影响力的重视,以及对传统一味控制打压异议手法的不满。"因为阻绝言路而脱离基层脉搏,不利于了解社会动态,做不到防患未然。在全球瞩目的北京奥运会前夕如此关键的时刻,尤其更要掌握民情民心。"

中央对互联网在舆论新格局中的地位和功能认识到位,甚至可以说是相当前卫的。现在的问题是,一些地方政府,特别是基层政府,对互联网表现得隔膜,以封堵为能事。

2007年陕西绥德县县长把追着自己签字解决学生助学金的校长拘留,招致网民和媒体的猛烈抨击。在绥德县的上级榆林市出面撤销对校长的非难后,绥德县委宣传部徐部长在接受《南方人物周刊》采访时感叹:这本来是件小事,只是一些误会而已,没想到在网上会引起那么大的争议,"以前没有网络的时候多好啊,想让他们怎么说就怎么说"。

我们也看到,一些新锐地方官员表现出直面互联网、直面民意的政治勇气。前不久,中共中央政治局委员、广东省委书记汪洋在一次培训班上勉励领导干部要把民主作为一种价值追求,充分尊重并畅通民意,决不能堵塞民意形成"言塞湖"。这是以四川震后堰塞湖的威胁为警示,重提了中国的古训:"防民之口,甚于防川;川壅而溃,伤人必多。民亦如之。"2000多年来,"防民之口,甚于防川"的道理一再被历史所证实。

《中国记者》杂志曾经刊出新闻研究专家的一个结论,这位专家通过对强国论坛的研究指出,网络论坛等互动栏目可以起到民怨消声器的作用。这值得我们的领导干部深思。

网络管理和引导需要眼光和胸怀

网络新媒体的崛起,引出网络管理的很多新问题,需要新思维。

根据 CNNIC 最新报告,中国网民的主体是 30 岁及以下的年轻人,这个群体占到网民总数的 68.6%,超过 2/3;从文化程度看,高中学历比例最大,占到 39%。专家相信,随着网民规模的扩大,网民的学历结构正逐渐向中国总人口的学历结构趋近。这一组数据表明,网民的年龄和文化程度低于传统媒体,因此在舆论酝酿和发酵过程中,更容易受到"意见领袖"的影响。

上世纪 40 年代,社会学家保罗·拉扎斯费尔德领导的研究小组根据对美国总统选举的研究,提出了著名的"两级传播论":某个理念往往先从无线电广播和报刊流向舆论界的领导人,然后再从这些"意见领袖"流向大众。换句话说,你不能影响"意见领袖"就不能有效影响大众。在互联网、手机短信的新媒体时代,"意见领袖"尤其值得我们重视。黑砖窑事件中的"中原老皮",厦门 PX 事件中号召"散步"的短信原创人,汶川地震中的足球评论员李承鹏(在博客中率先报道"史上最牛学校"——希望小学无一死亡),以及作家余秋雨在博客上告死难学生家长的公开信,其巨大影响力,在广大民众中掀起的感情波澜,都是传统媒体的一篇报道和评论所望尘莫及的。

党和政府如何与这些"意见领袖"沟通?尊重他们为民代言、批评现实、监督政府的权利,希望他们成为一种建设性的力量而不是破坏性的力量。

准确把握、正确引导互联网舆论,成为保持社会稳定、促进社会和谐的一项极其重要的工作。对于党和政府的思想宣传工作来说,互联网是宣传技巧细腻和多样化的柔性平台,是社会舆论的调节和校正器,因而成为民心的凝聚和共振器。

我们要按照胡锦涛同志在人民日报社的讲话要求,总结汶川地震中新闻宣传的成功经验。我们也要总结今年拉萨骚乱报道不及时、国际媒体公关被动不力的教训。

在当前情况下,迫切需要把互联网舆情研究提上各级党组织和政府的议事日程,组织传播学、社会学方面的专家,开展网络舆情研究,定期撰写网络舆情、社会思潮热点报告,摸索建立网络舆情的汇总分析和应对化解机制。

勇于解决发展起来以后的问题[*]

中华人民共和国成立 60 周年了。在中国共产党的领导下,从一个内忧外患、积贫积弱的旧中国起步,经过 60 年的发展,特别是近 31 年的改革开放,新中国成功地崛起于世界的东方。

人民共和国的 60 年并非一帆风顺。辉煌的成就来自于沉痛的教训。十一届六中全会通过的《关于建国以来党的若干历史问题的决议》指出:一九五七年的反右派"造成了不幸的后果";一九五八年的"大跃进"、"人民公社化运动"和一九五九年的"反右倾"导致"国民经济在一九五九年到一九六一年发生严重困难,国家和人民遭到重大损失";特别是"文化大革命"的十年,是"全局性的、长时间的'左'倾严重错误",是一场"给党、国家和各族人民带来严重灾难的内乱","它不是也不可能是任何意义上的革命或社会进步"。因此,我们在欢庆共和国 60 周年伟大胜利的同时,决不能忘记"反右派"、"大跃进"、"人民公社化运动"、"反右倾"和"文化大革命"等政治运动中死去的数以千万计的人,还有更多的遭受残

---

 * 本文是 2009 年 10 月周瑞金为纪念中华人民共和国成立 60 周年而作。

酷整肃的优秀人才和普通公民。国庆期间文化部组织上演的大型音乐舞蹈史诗《复兴之路》，用4分钟的时间表现"文化大革命"，不回避、不渲染，值得肯定。勿忘历史教训，方能鉴往开来。正是因为清醒地认识到那些年的种种失误，才有了邓小平同志主导的伟大的拨乱反正和改革开放事业。从这个意义上说，回避历史教训，只讲辉煌60年，就不是实事求是。

凭借我们党和人民百折不挠的韧性和灾难修复能力，在至少整整两代人流汗、流泪，甚至流血奋斗的基础上，新中国60年才取得了巨大的经济社会进步。外国政治家、媒体和学者只要不带政治偏见，都会承认这一点。美国纽约帝国大厦在9月30日晚至10月1日清晨，首次为中国国庆亮灯——向中国人民致敬，是一个代表。

从国际环境看中国，更能体会到新中国沧海桑田的伟大成就。整整90年前，旧中国是帝国主义列强饕餮宴席上待宰的羔羊。1919年巴黎和会签订的《凡尔赛和约》，粗暴地把战败国德国在战胜国中国山东的权益转让给日本，消息传回中国，引发了愤怒的"五四"学生运动。1945年2月美、英、苏三国《雅尔塔协定》绕开反法西斯战争主力之一的中国，秘密商定恢复沙俄时期俄国在中国东北的利益，包括苏联控制旅顺、大连两个不冻港以及穿越中国东北的中东与南满铁路，让八年抗战胜利在望的中国人民咽下一颗苦果。斗转星移，今日新中国已经上升为全球第三大经济体。在近一年的世界金融危机中，全世界更是深切地感受到中国的分量。经常有外国媒体议论G8（西方八国集团）、G20（工业化国家和新兴市场国家20国论坛）还是G2（中美共治）的问题。

60年一个甲子、一个轮回，对我们的国家，对我们的党，对我们的人民，有理由也有信心抱一份美好的期待。正如胡锦涛同志在国庆日的天安门城楼上所庄严宣告的："中国人民有信心、有能力建设好自己的国家,也有信心、有能力为世界作出自己应有的贡献。"

邓小平晚年谈话的警醒

据《邓小平年谱》记载:1993 年 9 月 16 日,邓小平同志与弟弟邓垦谈话时指出:"十二亿人口怎样实现富裕,富裕起来以后财富怎样分配,这都是大问题。题目已经出来了,解决这个问题比解决发展起来的问题还困难。分配的问题大得很。我们讲要防止两极分化,实际上两极分化自然出现。要利用各种手段、各种方法、各种方案来解决这些问题。……中国人能干,但是问题也会越来越多,越来越复杂,随时都会出现新问题。比如刚才讲的分配问题。少部分人获得那么多财富,大多数人没有,这样发展下去总有一天会出问题。分配不公,会导致两极分化,到一定时候问题就会出来。这个问题要解决。过去我们讲先发展起来。现在看,发展起来以后的问题不比不发展时少。"①

16 年前,改革开放的总设计师邓小平同志就以其极具前瞻性、穿透力的政治眼光看出发展起来以后的问题,提出要利用各种手段、各种方法、各种方案来解决这些问题。今天,为了党和国家的长治久安,为了人民大众的福祉,国庆 60 周年大典过后,是我们勇敢地正视这些发展起来以后的问题的时候了!

列宁说过,纪念伟大的历史节日,为的是解决和推动当前的革命任务。实际上,这些年来,党内外特别是互联网上,对于如何解决社会发展中的深层次矛盾,凝聚深化改革的动力,疏通国家继续前进的航道,已经有很多敏锐的感悟和深刻的思考。目前在方方面面担负重要领导工作的

---

① 《邓小平年谱(1975—1997)》下卷,中央文献出版社 2004 年版,第 1364 页。

一些同志,对于我们党在新形势下治国理政的艰难,对于改革牵一发而动全身的复杂性、繁重性,更有深切的体会,时时怀有重整纲纪的冲动和孤军难振的无力感,很多抱负和无奈只能深埋心底。

我作为一名先后在地方党报和中央党报工作近50年的老兵,现已退休多年,个人了无牵挂。在新中国60华诞之时,谨以对我们党、我们国家和人民的一份赤诚,有责任知无不言、直陈己见,同时也可以说是概括和转述了党内很多老同志的一些忧虑与思考。

纠正利益格局的倾斜

70年代末到90年代上半期的改革语境比较单纯,就是从高度集中的计划经济体制松绑,减少行政权力的干预,让城乡老百姓和公有制企业的普通职工有独立谋生、自由创业或自主经营的空间。这实际上是执政党和政府向全国人民让利、让权的过程。

这样的改革唤起民间极大的创业热情。非公经济创业和公有制企业承包经营对年轻人的感召力,从当时的一个流行语"出生入死"(离开政府机关则生,进入政府机关则死)可见一斑。而当时大多数机关干部尚能安于计划经济体制内的福利,对利用所掌控的社会资源与市场勾结尚有政治和道德的自我约束。因此,前十几年的中国改革和经济增长成果,基本上做到了为全体社会成员所分享,老百姓从改革中得到最多实惠。

在农村,最典型的普惠制改革是联产承包责任制。小岗村18户农民分田到户的铤而走险,得到万里同志等开明官员的同情和庇护,最后由于邓小平同志的有力支持和胡耀邦同志的热情推动,联产承包责任制在全国推广开来。改革前,在人民公社体制下,每3个农民中就有1个生活在贫困之中。改革后,广大农民怀揣发家致富的冲动,推动了农村的经济增长,在消除贫困方面创造了令世界敬佩的奇迹。从 1978 年至 2007 年,中国农村绝对贫困人口数量从 2.5 亿下降到 1479 万,减少了 2.35 亿人,占农村总人口的比重从 30.7% 下降到 1.6%。

在城市,政府的改革政策也主要造福平民。在两三千万知青回城的压力下,政府鼓励自谋职业,恢复了个体、私营经济的发展空间。胡耀邦同志在中南海接见个体劳动者代表时,赞扬他们扔掉"铁饭碗",自食其力,为国分忧"最光彩"。由于胡耀邦的这句话,私营经济在新时期也被称为"光彩的事业"。从部队营级干部转业的姜维,在大连市动物园门口摆摊照相,后来领取了新中国第一张私营公司营业执照。而出身草莽的年广久经营"傻子瓜子",三次受到邓小平同志的关照,指示政府不要动他,"如果你一动,群众就说政策变了,人心就不安了"。

那是一个牧歌般行进的改革年代。正如邓小平在《目前的形势和任务》中所言:"农村面貌一新,农民心情相当舒畅";城市"人民生活由于工资调整、就业增加、住房增加,也开始逐步有所改善"。1984 年 10 月,新中国 35 周年大庆,天安门广场游行队伍中北京大学的学生自发打出标语——"小平您好!"这正是来自底层的民众以最朴素的情怀,表达了对党和政府改革开放政策的由衷拥护和感激。

1992 年邓小平同志的南方谈话,为市场经济的大发展扫平了道路。1993 年以后,朱镕基同志在江泽民总书记大力支持下,主导实施大规模的国企改革、税制改革、外贸改革、金融改革、投资体制改革。如果说 80 年代主要是非公经济的增量改革,规模有限,那么 90 年代推进的则是公有制经济存量改革,涉及国家的经济家底,伤筋动骨,影响深远。在战略上,政府提出调整国有经济布局,"坚持有进有退,有所为有所不为","抓好大的,放活小的,对国有企业实施战略性改组";在理论上,明确个体经济、私营经济等非公有制经济是"社会主义市场经济的重要组成部分"。

这场大规模的五大改革,特别是中小型国企改制,终于撼动了长期权力高度集中的政治经济体制,为社会主义市场经济体制奠定了基础,也为人民大众自由地谋取利益,为党和国家的长治久安,拓展了广阔的道路。五大改革带动了 90 年代私营经济的发展大潮,加上对外资扩大开放,新中国的经济基础发生了深刻变化。私营企业在内资企业的比重已经上升到七成多。据国家发改委主任张平介绍,目前非公有制经济快速发展,创造的国内生产总值已从 1979 年的不足 1% 提高到 60% 左右,吸纳的就业人数占全国城镇就业的 70% 以上。市场机制在我国已发挥基础性作用,在社会商品零售总额和生产资料销售总额中,市场调节价所占比重已分别达到 95.6% 和 92.4%。可以说,经过几十年清一色的公有制、高度集中的计划经济和闭关锁国的曲折教训,新中国已经成功地扬起了市场经济的风帆,创造性地开辟出社会主义国家经济体制的新航道。

国企改制中出现了管理层 MBO、员工持股、破产改制等多种产权改革做法,虽然存在国家监管不力、交易不够透明、国有资产流失等严重问题,但如果当时不痛下决心改革,国有资产在市场发展的度量衡中会流失(贬值)得更快。

进入 21 世纪,特别是发生了市场化方向的改革争论以后,另一种政策取向占了上风。一些同志转而强调扩大国企的市场份额和对国民经济的控制力,认为只有强化国企特别是央企才能确保国家"经济安全"。于是,在电力、交通、能源、电信、金融等领域,出现了超大型国企,块头之庞大直逼世界 500 强企业(但经济效益,如资源产出率等与之相比,则不可同日而语)。它们不仅保持着经营高度垄断,而且影响到,甚至一手把持了市场定价权和政府的产业政策走向。

与此同时,普通民营企业介入大中型国企产权改革的通道被基本堵塞,公司内部人收购办法也被基本叫停。虽然在党内外有识之士共同努

力下,政府出台了"非公经济 36 条",即 2005 年 2 月 19 日国务院发布的
《关于鼓励支持和引导个体私营等非公有制经济发展的若干意见》,承诺
"允许非公有资本进入法律法规未禁入的行业和领域",对非公有制企业
在投资核准、融资服务、财税政策、土地使用、对外贸易和经济技术合作等
方面与公有制企业"实行同等待遇",但实际上非公经济在金融服务、通
讯电子、新闻出版等近 30 个产业领域仍然存在市场准入阻碍。民盟中央
的一份提案揭示:从税费制度看,民营企业创业门槛越来越高,收费越来
越多,创业积极性受到打击;从融资体系看,民营企业融资还不及全社会
的 10%,银行对非公企业的拒贷率超过 56%,超过 70%的贷款给了国有
企业。

特别值得关注的是,从去年 11 月制定的 4 万亿投资扩大内需计划,
到今年中央和地方政府的 9500 亿元财政赤字,如此巨大的蛋糕,舆论普
遍担心大多被"国"字号切走,民营企业的流动性、市场和政策空间会受
到进一步挤压。在今年全国两会中,不少民营企业界政协委员呼吁:让民
企共同参与国家 4 万亿的投资,产业振兴要多考虑民企,保增长和保就业
的重点是保民营企业,因为数量巨大的民营中小型企业是中国最大的劳
动力蓄水池。然而,与全国两会的呼声背道而驰,今年受金融危机等因素
的影响,民营中小型企业的日子很不好过,钢铁、地产等行业频频出现了
民营企业因经营困难而被国有企业收购的案例。而以"做大做强"或"安
全整顿"为名,侵占私有产权的现象也在一些地方公然出现。

上世纪 90 年代的"国退民进"中,人们担心的是"掌勺者私分'大锅
饭'",搞不公平的私有化。现在的趋势倒过来了,是"国进民退",民营中
小企业受到损害。改革进行了 31 年,国企还没有从很多竞争性行业退
出,或者退而复进,在银行信贷等方面仍然是国企优先。1993 年启动的
大规模"国退民进"在很多领域被喝止,由此出现了新的问题:一些国企

管理层和掌握社会资源配置权的某些政府官员勾结,与民争利,贪腐成风。如果说,90年代的国企改制中曾经存在透明度不高、政府监管缺失,今天超大型国企的内部管理,如利益分配等,透明度更低,政府对于其管理层薪酬、税收贡献、贪污受贿等问题的监管更加乏力。

"国进民退"的新格局,"非公经济36条"贯彻乏力,暴露出普通民营企业的发展困境。但这并不妨碍某些掌握社会资源配置权力的官员亲属以民营企业身份通过公权力,以各种瞒天过海的手法大肆攫取国有企业财产,大肆攫取各种公共资源。例如,在工程建设、房地产开发、土地管理和矿产资源开发、金融等中纪委反腐"重点领域和关键环节",都有他们长袖善舞的身影。伴随国家资本主义增强的趋势,这些具有特殊权力背景、"高举高打"的民营企业,厕身其后的官员亲属及其"特殊关系人"群体,也包括像黄光裕这样出身寒门但精通官商勾结的商人,从中获取了巨大的经济利益,赚得盘满钵满,引起社会民众对民营企业的反感与误会。

在改革启动阶段,邓小平同志提出要允许一部分地区、一部分企业、一部分人"生活先好起来",从而"影响左邻右舍,带动其他地区、其他单位的人们向他们学习"。显然,这里的一部分人,主要指的是较少受到政府经济管制的普通民众。一部分人先富起来,是政府为减轻财政负担而鼓励经济自由化的结果,而且只有依托于市场自由竞争中的谋生、谋利方式才有可复制性,才谈得上别人"向他们学习",才有可能成为"能够影响和带动整个国民经济的政策"。与此同时,邓小平同志严厉要求党员干部特别是高级干部"恢复延安的光荣传统",艰苦创业,"反对特殊化",防止"成了老爷",并称之为"一场严肃的斗争"。在经济改革进入第31年的时候,我们的改革政策取向,是否极大地增加了政府财政负担而压缩了经济自由化的空间,在多大程度上还能给无权无势的普通民众"生活先好起来"的努力机会,在多大限度上能有效地制约政府机关和国企党员干部的"特殊化"和"成了老爷",值得深刻检讨。

与特殊利益集团的切割

回望上世纪七八十年代之交的中国改革发轫期,一大批老一代革命家主导中国政局,以震古烁今的胆识引导党和国家走向改革开放的新航道。邓小平、叶剑英、陈云、胡耀邦等人以对党的历史的深刻反省和道德内疚,更是以对党和国家长治久安的政治远见和历史担当,作出了与解放后愈演愈烈的极左路线分道扬镳的战略决策。十一届三中全会后党的领导集体,在政治生活中击退"文革"中的造反派及"凡是"派等;在经济政策上,以"西水东调"工程为突破口,告别"一大二公"的大寨经验;以"渤海二号"事故为切入点,清理计划经济时期石油会战式的经济组织方式。老一辈革命家勇于与传统政治经济利益结构切割,毅然放下自己熟悉并参与缔造的传统理念和执政手法,壮士断臂、大破大立,才开启了民族复兴的伟大进程。

今天,本着十七届四中全会勉励我们"常怀忧党之心,恪尽兴党之责"的精神,我想探讨一下党和政府如何清理改革以来形成的特殊利益集团问题。社会主义中国实行人民当家作主的国体,政府努力保障全体社会成员的利益,但是也要承认,随着高度集中的计划经济转向市场经济,全社会过去高度整合的利益格局发生了分化。早在1988年3月,十三届二中全会就富有远见地提出:"在社会主义制度下,人民内部仍然存在着不同利益集团的矛盾。"不同利益集团的分化和相互竞争,不仅是市场经济条件下的正常现象,而且是市场体系发育成熟的一种标志。但值得警惕的是,以公权力为背景的特殊利益集团的出现和日益壮大。

上世纪90年代开始的市场经济大潮中,在推进生产要素市场化改革中,在前述房地产业、矿山资源产业、金融证券业以及能源产业等领域,政商勾结寻租成为一个相当普遍的现象。进入新世纪,伴随"国进民退"和普通民营企业受到贬抑,部分国有垄断企业,以及不少具有官员背景的强势民营企业,以公权力为靠山和保护伞,肆无忌惮地赚取超额利润,甚至寻求非法资本回报。这引起经济学家吴敬琏等人的极大关注。近年来吴敬琏先生反复强调要严重注意防止我国走上权贵市场经济即权贵资本主义的道路,这绝非无的放矢,而是有着尖锐的现实针对性。

先来看看大家经常诟病的国有垄断行业。国有垄断企业不一定都是特殊利益集团。在发展航空航天、军工和某些高新技术产业等方面,大中型国企是中小型民营企业难以企及的主力军;在应对世界金融危机,以及去年南方雪灾、汶川地震等场合,国企在危难中发挥了"共和国长子"的中流砥柱作用;在发展国际能源和资源合作,进行海外资本扩张和兼并方面,国企特别是央企的表现也是可圈可点。有关部门曾以"关系国家安全和国民经济命脉"为由,提出国有经济必须对军工、电网电力、石油石化、电信、煤炭、民航、航运等七大行业保持"绝对控制力"。对此,要做具体分析。这些垄断行业资源依存度高,而这些资源本应属于全民所有,其中不少市场本应向全社会开放,但正如有专家所言,一些大型国企特别是央企"长期盘踞公共资源高地并独占利润,把相当一部分应当归社会共享的成果变成部门利益,享受过高的收入和过高的福利,极力追求本部门、本人的利益最大化"。对部分垄断性企业的批评,集中在垄断市场定价和利润分配两个环节。它们总能以不容消费者置喙的方式,挟持国家的价格政策,攫取着市场"超额利润"。与此同时,每年数以千亿计的国企利润游离于预算之外,既不用上缴国库,也没有兑现转化成国民福利。有人呼吁:应考虑从垄断型国企中提取分红,再分配给国民特别是弱势群体。特别是在国家应对世界金融危机而奋力保就业、保民生的艰难时刻,出现了国泰君安"天价薪酬"、中石化"天价吊灯"等负面新闻,严重背离国有企业的全民所有制性质和宗旨,引起网民和老百姓的强烈不满。

再看看民怨沸腾的房地产行业。一些房地产商、地方政府结成利益共同体。据全国工商联在今年全国政协会议上的一份大会发言《我国房价为何居高不下》称,一项针对去年全国 9 城市"房地产企业的开发费用"调查显示,在总费用支出中,流向政府的部分(即土地成本+总税收)所占比例为 49.42%。中国的房地产行业可能是世界上最典型的政府与民争利产业,而且是腐败高发领域。从征地拆迁、土地出让、调整土地用地性质、规划审批,到项目选址、施工监理、工程验收、调整容积率、产权登记等环节,充斥了权钱交易。近来,各地相继曝出了一批身价越来越高的"地王",房地产企业纷纷囤积级差地租最高的地块,已经引起各方面的强烈关注。由于房地产收入是地方财政增长的最重要来源,在世界金融危机中,一些地方政府频频出现房地产救市的声音和土政策。那位因一盒"天价烟"而丢官、后又因为受贿而被判刑的南京市江宁区房产局长周久耕,不就曾经扬言惩处敢于降价销售楼盘的开发商吗? 当普通百姓眼巴巴期待远远背离实用价值和国民收入水平的楼市大降价的时候,地方政府却能从扶持、提振房地产行业中收获 GDP 政绩,而一些官员则可以继续中饱私囊。

耶鲁大学金融经济学教授陈志武对 70 个国家经济数据比较的结论是:非公经济条件下 4%的 GDP 增速能给社会带来的消费和欣欣向荣程度,比中国 8%、10%的 GDP 增长速度所带来的欣欣向荣程度还要高。因为在那种体制下,老百姓分享增长好处的途径除了劳动收入外,还有财产性收入、资产升值收益。而中国 GDP 增长对老百姓消费增长发挥的作用基本上只有通过劳动收入这个单一渠道,财富增值这个渠道被国有制封住了。比如中国的土地增值这么多,但是都通过土地财政或其他方式变成了地方政府和中央政府可以花的钱。中石油、中石化、中国移动等一年的天价利润本可以转移到老百姓的腰包里,可是在目前的情况下,这些转移的通道是封住的。

还有个民营(私营)经济的生存和发展空间问题。公有企业特别是国有企业,具有权力背景的强势民营企业,对普通民企经营空间的挤压,政府职能部门对民营经济的市场准入限制和利润盘剥,其严重的后果将是扼杀社会经济活力。国务院早在 2005 年制定了"非公经济 36 条",承诺凡是竞争性产业,都允许民营资本进入;凡属已经和将要对外资开放的产业,都允许对内资民营经济开放;允许非公有资本进入垄断行业和领域。4 年过去,落实得并不理想。有人甚至断言:各行业主管机关实施的审批制度或许可制度,成了扼制民营资本流向的无形之手,卡住了民企的脖子。"每一个民企被限入的领域,都是民企和全体国民被迫向特殊利益集团输送利益的管道。"只要权力配置资源的格局不改变,民营经济要发展,一些像黄光裕那样的商人就会选择买通权力,为自己获得某种特权,同时向权力所有者输送利益。强势资本精英与强势权力精英合谋和交易,左右政府的公共政策,瓜分鲸吞国有资产,穷奢极欲地占据和挥霍本应属于全民所有的公共资源,这才是典型的特殊利益集团!

特殊利益集团的势力坐大,不仅表现在他们对自然资源的"盘踞",如垄断性国企和少数权贵对全国矿山资源的瓜分,而且表现在收买专家为其垄断行为辩护,制造话语权。以至于一些行业的"专家"在网民心目中堕落为"有奶就是娘"的墙头草和助纣为虐的无良书生。但最为严重的一点在于,特殊利益集团对政法系统的渗透。有人说过,官员的腐败,国际上常见,但被称为社会良心的法官腐败少见。据统计,美国立国 200 多年来只有 40 余名法官犯案;新加坡自独立至 1994 年没有 1 名法官犯案。而我国现阶段由于法律规范的不完备,给了法官相当大的自由裁量权,而现行体制对公检法机关和法官的监督力量十分薄弱,给贪赃枉法提供了不小的空间。2006 年深圳中院的"沦陷",5 名法官被中纪委、最高检"双规"或逮捕,其中包括 1 名副院长、3 名庭长、1 名已退休老法官,卷入调查的法官、律师多达数 10 人,令人心惊。2008 年最高人民法院副院长黄松有因以权谋私、严重经济问题和生活腐化被免职后,成为 1949 年以来因涉嫌贪腐被调查惩处的级别最高的司法官员。著名法学家梁慧星教授拍案而起:"天天讲公平、讲正义的法院,最高院的副院长出了这样的事,令最高法院也'颜面扫地'!"梁教授还说:"黄松有的案子动摇了社会对法治的信心","现在到了这样恶劣的地步,令我非常震惊,我这个搞了 30 年法学研究的人都感觉受到了侮辱"!

另一个危险的迹象是,特殊利益集团在寻找政治代言人。在社会资源从权力配置向市场化配置转型的过程中,官场最容易被特殊利益集团所裹挟,甚至被拉下水。农村改革元老杜润生同志早就警告过:政府如果又定制度、定规则,又参加游戏,权力进入市场会引起腐败。党的领导一定要体现于政治、政策、思想领导,退出具体经济事务干预。社会学家陆学艺希望,目前中共正在推行政府职能的转变,让政府担当"仲裁者"、"服务者"、"监管者"角色,防止其成为任何局部狭隘利益的代言人。今后,政府将主要靠制度和民主程序来协调利益关系、调控利益矛盾,让各利益主体在同一平台博弈的基础上达成共识,而决不能成为特殊利益集团的橡皮图章。

美国经济学家奥尔森在《国家兴衰探源》一书中,对所谓"分利集团"或"特殊利益集团"进行了严肃的探究。他认为,利益集团是客观存在,并不是所有利益集团的作用都是消极的。一种是"广泛性利益集团",在追逐个人或集团利益的同时也促进了社会总收入的增长;一种是"特殊性(亦称狭隘性、分利性)利益集团",他们孜孜以求的不是竞争而是瓜分,不关心增加社会生产率只希望坐收渔利,本质上是一种寄生性质的"分利集团"。特殊利益集团阻碍了资源的流动与合理配置,阻碍了技术进步,却提高了利用法律、政治与官僚主义进行讨价还价等活动的报酬,可以说是提高了社会交易成本而降低了社会经济效益。有人形象地称他们,不是要从社会经济成长中"分蛋糕",而是在进行有破坏性后果的"抢瓷器"。特殊利益集团在当下中国社会的高调扩张,不仅破坏了市场公平和社会公正,而且严重打击了中国社会的创新冲动,扭曲年轻人的价值取向,毒化社会风气。只要看看近年来大学毕业生往往削尖脑袋报考公务员和其他掌握丰厚公共资源的企事业单位而很少有人愿意到民营企业打拼或自己创业,就可以证实奥尔森的判断:"增加生产的动力减退了,而企图多占有一些产品的动力则增加了",进而会"改变社会演化的方向"。

特殊利益集团的扩张,已经成功地给自己涂抹了一层意识形态合法色彩。他们对上打着保卫"国家经济安全"、"产业安全"等冠冕堂皇的口号索取政策保护,对下玩弄"国际惯例"和"中国特色"这两手盘剥消费者,上下要挟,左右逢源。他们对社会公平和普通民众的伤害,对党的执政宗旨的践踏,对政府公信力的玷污,正在造成严重后果。本来,社会主义的优势是将重要的资源和资本都掌握在自己手里,可以集中力量办大事。但这也带来很大的风险和问题,就是权力、资本和资源结合在一起,容易滋生腐败,将会导致权贵集团粗暴地垄断经济增长成果,放肆地侵占平民百姓的利益。这恰恰又容易成为社会矛盾的爆发点。近年来,许多有识见的领导干部和知识分子,之所以迫切地要求推进政治体制改革,正是看到了我国这种资源、资本、权力三者如此高度的集中,将导致走上权贵资本主义道路的严重危险性。

在世界金融危机一周年之际,传来消息:当欧洲、美国和日本奢侈品牌需求普遍萎缩时,中国奢侈品消费却首次超过美国成为世界第二大奢侈品消费国,占全球市场的 25%。与此同时,宝马集团全球销量同比下降 19%,但在华销量同比增长 26%。中国已是全球豪华汽车购买力最强的国家之一。据世界银行报告称,拥有百万美元以上金融资产的家庭数量仅占中国家庭总量的 1‰,却掌握了全国 41.4% 左右的财富。而全球咨询业巨头波士顿咨询公司(BCG)发布的另一组数据表明,在中国,0.4% 的家庭占有 70% 的国民财富,而在日本、澳大利亚等成熟市场,一般是 5% 的家庭控制国家 50%—60% 的财富。中国的财富集中度超过了西方发达国家。这正如邓小平同志 16 年前所预言的,分配的问题大得很!

在特殊利益集团的另一端,是生活陷入相对贫困和绝对贫困的弱势群体。据统计,1999 年至 2006 年,中国的经济总量翻了一番还要多,但在经济增长的同时,全社会工资总额占 GDP 的比重不断下降,多数非公职就业者的工资没有与经济增长同步,很大一部分人没有分享到经济高速发展的成果。在计划经济时期的福利保障基本取消后,社会保障体系建设步伐缓慢,老百姓被住房、医疗、教育、养老“四大难题”压得喘不过气来。世界银行于 2007 年 12 月 1 日在北京发布的《贫困评估报告》初步研究结果显示,在 2001 年至 2003 年间,中国经济以每年接近 10% 的速度增长,而 13 亿人口中最贫穷的 10% 人群实际收入却下降了 2.4%。中国低收入群体的收入增幅低于高收入群体,导致收入不平等加大。与改革初期贫穷人口主要在农村不同,目前贫穷人口蔓延到城市。就在各个发达地区和繁华都市的灯火阑珊处,都有为数不少的贫民在生存线上挣扎。特别是在世界金融危机背景下,就业压力增大,弱势群体的生计更加艰难。就在我们身边发生了这样的人伦惨剧:在外地打工的成年男子因为交不起 1000 多元火化费,含泪用麻袋水葬母亲于异乡;9 岁少年发高烧,见父母为了掏不出 10 元钱看病而争吵,在床梁上用红领巾自缢,幸亏被发现得早保住了一条小命。这是怎样的沉痛与苦涩?!

上个世纪初,维新志士梁启超痛斥晚清政府拒不改革致使中国成为"制造革命党之一大工厂也"。在"新政"已是大势所趋,地方绅商人心思变的情况下,载沣把持的朝廷只关心满族特别是皇族在未来政治格局中的地位,组成"皇族内阁",剥夺地方路矿权益,错失了和平变法的最后机会。今天,党内外有识之士莫不对特殊利益集团尾大不掉而深感忧虑。这个问题不解决,再高的经济增长也不能给民众带来普遍的幸福感和安全感,而只会带来深刻的挫折感和被剥夺感。不公平的增长甚至可能成为社会不稳定甚至社会动荡的导火线。

当前,迫切需要进一步深化经济体制改革,推进政治体制改革,大力推动资源的市场化配置和民营经济的发展,缩小垄断行业的空间,减少官商勾结的机会,严肃法制和政纪,坚决阻断和严厉打击强势资本精英与强势权力精英之间的交易与合谋,特别是给普通民众的就业、创业提供宽广的市场空间和有力的政策后援。北宋政治家范仲淹曾经义正词严地告诫官场说情者:"一家哭,何如一路哭耶!"封建政治家尚有这样的胆识和胸襟!今天为了人民大众的福祉,为了中国经济社会的健康发展,我们更要痛下决心,与只图眼前灯红酒绿而不管将来洪水滔天的特殊利益集团毅然切割,要像明史记载的那样:"救一路哭,不当复计一家哭。"

遏制基层权力的失控

十七届四中全会公报指出:"当前,党的领导水平和执政水平、党的建设状况、党员队伍素质总体上同党肩负的历史使命是适应的。同时,党内也存在不少不适应新形势新任务要求、不符合党的性质和宗旨的问题。"四中全会连用 3 个"严重"发出警告:这些问题"严重削弱"党的创造力、凝聚力、战斗力;"严重损害"党同人民群众的血肉联系;"严重影响"
党的执政地位巩固和执政使命实现。

当前,人民群众对中央践行"科学发展"、"和谐社会"的执政宣示和
巨大诚意抱以厚望。特别是在 2008 年汶川地震中,据中国科技发展战略
研究院进行的"汶川地震灾区居民需求快速调查"表明,灾民对中央政府
的信任感与对家人的信任感几乎持平。中央政府以人为本、视民如伤,倾
情高效的救援,感动了全中国和全世界,俯察民意果断暂停奥运火炬传
递、设立国家哀悼日,深得人心。去年 5 月 19 日下午 2 点 28 分,天安门
广场上神圣的国旗第一次为死难平民而低垂,那一刻,党心和民心,政府
和人民水乳交融,是"非典"应急处置以来"胡温新政"的又一个民意
高峰。

然而,从近几年的一些突发性公共事件特别是群体性事件中,也要看
到民众心目中政府的公信力和美誉度,从中央到地方,从地方到基层,呈
现逐级下降态势。特别是一些基层政府,比如群体性事件高发的县城和
县级市政府,对于民众特别是一些弱势群体的基本生活保障和基本人权,
表现得麻木不仁,甚至胡作非为,到了惊人的地步。

例如,湖北巴东县邓玉娇案,明明是邓贵大、黄德智这样的基层无良
官员到色情场所索取色情服务,被拒绝后使用了暴力,涉嫌强奸,巴东警
方最初却认为邓玉娇涉嫌故意杀人,让网民感觉官官相护。网民挖苦说:
这样办案,邓贵大快成为因公殉职的烈士了。在舆论的压力和上级的干
预下,巴东县政府在案发 21 天后才宣布涉案官员黄德智被开除党籍、辞
退和治安拘留,另一名涉案官员邓中佳也被辞退。在邓玉娇案中,邓贵大
只是一名股级官员,黄德智、邓中佳连股级都算不上,是聘用员工借调在
政府招商办工作,连跟他们的"切割",决心都下得如此艰难,令人感慨。

再如,贵州习水县嫖宿幼女案,在前后 2 个月甚至更久的时间里 11

名未满 18 岁的女生被有组织地嫖宿,嫌犯有 5 人为公职人员,令人发指。事发后的调查过程也艰难曲折,如果不是省委领导做出批示,此案或许仍未水落石出;如果不是迫于上级命令和舆论压力,如此恶劣的刑事案件,很容易被当成"一般卖淫嫖娼"案件处理。连《人民日报》也看不下去了,在一篇"人民时评"中指斥基层官员需要"健全的道德认知、法律规范和责任意识"。党的基层干部缺乏"健全的道德认知",这个批评分量很重啊!

在湖北石首市(县级市)骚乱中,青年厨师涂远高坠楼身亡,家属不服警方的自杀结论,不肯将尸体火化。近 7 万名"不明真相"的市民和周边县镇群众上街声援死者家属,把前来抢尸的警方堵在街头。这起比贵州瓮安事件更为严重的官民对峙、警民对抗事件表明,我们的基层政权已经失去相当一部分民意的信任。相当一部分民众对国家机器的强制力心存蔑视,这是很可怕的。

在一些党员和领导干部言行中,"不符合党的性质和宗旨的问题"触目惊心地存在,严重影响民众对党和政府的观感。例如,据媒体报道,深圳那位酒后涉嫌猥亵 11 岁女孩的林嘉祥,自恃是"北京交通部派下来的,级别和你们市长一样高",在女孩父母找他理论的时候,他口出狂言:"我就是干了,怎么样? 要多少钱你们开个价吧。我给钱嘛!""你们这些人算个屁呀! 敢跟我斗,看我怎么收拾你们!"

还有郑州市规划局副局长逯军,面对媒体追问经济适用房用地为什么盖上了别墅,他竟脱口而出质问记者:"你是准备替党说话,还是准备替老百姓说话?"本来党章中明确宣示:"党除了工人阶级和最广大人民群众的利益,没有自己特殊的利益。党在任何时候都把群众利益放在第一位,同群众同甘共苦,保持最密切的联系,坚持权为民所用、情为民所系、利为民所谋,不允许任何党员脱离群众,凌驾于群众之上。"现在逯军副局长竟然把党和老百姓对立起来,好像党在老百姓之外还有自己的特殊的利益需要媒体刻意维护。

千万不要低估"屁民"和"替谁说话"这两句话对我们党和政府的伤害!有些网民挖苦说:一语惊醒梦中人,林嘉祥和逯军就像安徒生童话《皇帝的新衣》里面那个说了实话的小女孩,道出了如今人民在一些党员干部心目中的真实地位。后来有交通部同僚为林嘉祥辩护说,网络"仇官仇政府"情绪让公务员成了"弱势群体"。我看这是倒果为因。恰恰是那些政府人格化代表的官员的所作所为"无人民"甚至"反人民",才戳中了民众心中长期的隐痛,引发了几乎是全民愤怒的讨伐。我也愿意相信同僚所言林嘉祥平时是个"很好的干部",但越是如此,越可能验证了这样一个假设:"一个飞扬跋扈的权力者是被一个坏体制惯坏的,而并非他的道德人性有多么的恶劣。"因此,十七届四中全会要求"全党警醒","健全权力运行制约和监督机制"。这是对党的建设和政府管理现状的清醒观察和深刻把脉。

有必要由此反思官场的政治生态,是如何形成这样两种思维和行为惯性的:一方面与无良官员藕断丝连,把网上反贪官的呼声下意识地解读为反体制,顿生敌意;另一方面对张海超矽肺鉴定这样的平民事务态度冷漠,逼着人家去"开胸验肺"冒死明证,到头来还要惩处那家开胸医院。这样做,是置政府于不义,而把当下中国社会公正的旗帜拱手让给自由知识分子甚至境外媒体。本来,我们"立党为公、执政为民"的政府,是最有善意也最有能力推进和保障社会正义的。这不正是值得我们各级领导干部深长思之吗?

我们党是靠基层工作起家的。1945 年共产党军队进入东北时才 10万人,而美式装备的国民党军队有 30 万人。但因为帮助 400 万农民获得了土地,3 年中有 145 万农民参军,辽沈战役期间支援前线的民工多达

160万人。基层的民心向背，一下子扭转了东北战场的实力对比，为新中国打下了第一块成片的解放区。近年来不少地方基层干群关系、党群关系紧张，从历史上的鱼水关系，变成了鱼肉关系，甚至水火关系。基层管制能力的失控，在一些地方导致政府公信力荡然无存，连基层政权的执政合法性都受到了挑战，这应该引起我们深深的忧虑。

去年冬天以来，全国组织了县委书记、县纪委书记、县公安局长、县级法院院长等一系列基层干部培训，不少省市组织了县派出所长培训，都是要提高基层干部排解矛盾、聚拢民心的执政能力，夯实我们党持续执政的群众基础。郡县治，则天下治；郡县不安，则国家的政治和社会稳定都无从谈起。近年来推行的"省管县"体制，除了财政方面绕开地级市、强县扩权，也有省直管县主要干部、强化基层权力监督的考量。这些都体现了中央的良苦用心。在加强和改进自上而下的监察的同时，还需要引入自下而上的监督特别是选举机制。这就是继续推进和逐步扩大20世纪80年代开始的基层自治思路。全国人大常委会原委员长彭真1987年11月23日指出："长期以来，我们自上而下的很多，自下而上的东西很少。"彭真寄希望于村民自治这样的基层民主实践，把一个村范围里的公共事业，交给群众用民主的程序来决定，一步一步地掌握民主的操作方法。"老百姓现在如果通过这种直接民主形式管理好一个村，将来就可能管好一个乡，管好一个乡以后，将来就可以管好一个县、一个省，真正地体现出我们的国家是人民当家作主。"把自上而下的勤政和反腐倡廉要求，与自下而上的选举、监督结合起来，可能是提高基层管制能力、解决激起草根民怨甚至民变的吏治问题的治本之策。

基层民主需要一个有序推进的过程，不能操之过急，但从各地非常事态频出看，这个问题具有特殊的急迫性。从河南灵宝王帅案到内蒙古鄂尔多斯吴保全案，以"诽谤政府"为由而"跨省抓捕"网民，成为某些基层政府面对批评而自保的本能反应。今年六七月间,杞县发生钴60卡源故障,在政府沉默1个多月后,居民纷纷举家出逃。结果,政府非但没有为这起现代版的"杞人忧天"向民众道歉,反而迁怒于在恐慌中交流不实传言的民众,宣布抓获5名"造谣者",其中包括只是在网上复制粘贴核事故传言的网民。近年来,网络监控技术流入县市级,成为某些基层官员对付舆论监督的工具,尤其令人不安。要落实十七届四中全会提出的"健全权力运行制约和监督机制"任务,遏制某些基层官员的恣意妄为,基层民主只能前进,不能后退。在灵宝王帅案中,网友"8个佘祥林的家属"在人民网发帖说:"这些地方官吏的认识与中央的认识有差距,必须加强学习提高认识。如果继续逆潮流而动,则必定会被淘汰清除出领导干部的队伍。有必要提醒这些地方官吏的是,中国老百姓只要鼠标轻点,就跟总书记胡哥在一起了。"可以这么说,在今天,切实保障人民大众的"知情权、参与权、表达权、监督权",保障新闻媒体的舆论监督权,是对现阶段自上而下的行政管理体制的有力补充。推进基层民主,揭露和制止基层官员扼杀民众表达和新闻监督的行为,就是保障党的集中统一领导,保障中央的政令畅通,保障新中国的红色江山不因那些无良官吏而变色。

反思维稳逻辑　唯求长治久安

近年来,改革和社会转型期的各种矛盾凸显和叠加。在城市,企业改制、职工下岗、拖欠工资、大中专毕业生就业、拆迁安置、城市管理、乱摊派乱收费、社会治安、干群关系、警民关系、非法集资等问题经常引发各种矛盾;在农村,土地承包流转、土地征用、水源林地之争、矿山开采、环境污染、村委会换届选举、干部作风等问题很容易挑起冲突。各地城乡突发公共事件此起彼伏,有的甚至酿成群体性事件。各级政府为了维护社会稳定,维护经济建设和社会发展的祥和环境,做了大量的工作,经常是投入了昂贵的经济和人力成本。但往往工作没少做,钱没少花,还是顾此失彼,按下葫芦浮起了瓢。我想,可能有必要对一段时期以来的维稳逻辑做点分析。

社会转型的一个难题,就是改革要讲求节奏、发展要保持稳定,维稳的重要性毋庸置疑。但维稳工作中孰轻孰重,涉及公共管理的价值取向和政治伦理,其短期效果和长期效应也大不一样。

维稳的第一层次是不出事,或者出了事赶紧平息事态。因为,如果地方政府门前出现静坐示威,或者村民维权占据了国道,非同小可,搞不好就会被问责罢官。现阶段地方政府在这个层次上煞费苦心,耗力甚巨。其实,在中国的现实环境里,没有公权力做不到的事情,关键要看在维稳过程中现在和将来要付出的成本有多大。在邓玉娇案中,为了制止记者前来报道和网友前来"旅游",巴东县政府组织了多少力量?长江航线巴东码头停运,在巴东境内汽车上盘查外地人身份证,宾馆宣布"客满",野三关因"防雷击"而停止电视转播。但巴东政府和警方就是迟迟不肯给邓玉娇的防卫行为做出恰当的定性,不对涉案官员进行惩处,结果民怨难平,巴东仍然难以实现稳定。

在平息突发事件的过程中,有个突出的问题,就是公权力对强制手段的滥用。有的地方领导干部遇事不敢到现场去、到群众中去听取意见、解决问题,而是动辄把警察推到前面。但警察不是解决矛盾的主体,而是一种辅助力量。解铃还需系铃人,公权力的主要责任要由党委和政府来担当。前不久,全国人大常委会审议"人民武装警察法"时,人大常委和社会舆论普遍认同武警"参加处置暴乱、骚乱、大规模严重暴力犯罪事件、恐怖袭击事件和其他社会安全事件",但不少人强烈支持该法对地方政府调动武警权限进行限制,认为以往一些地方政府把武警"当作拿枪的城管"而滥用的情况比较严重,必须予以纠正。据媒体报道,武警法草案一审稿中曾规定,县级政府就有权调动武警;正式颁布的文本修改为具体权限和程序由国务院、中央军委规定。

实际上,近年来"群体性事件"这个中性概念的提出,本身就表明政府以现代执政党的思维,对聚众示威、罢工等行为作出了新的定性,从过去的阶级斗争观念,转变为政府在不同利益群体的博弈乃至冲突中维持秩序、调和鼎鼐的理念,依法处理,民主处理,科学处理。如果我们固守革命党的传统思维,对于群体性事件,习惯地以为大多数群众"不明真相",少数别有用心的人"煽动破坏",境外敌对势力的"策划支持",从而,一开始不能对事件性质作出正确科学的判断,而后又不能对自己的错误处理方式进行实事求是的反思,结果不但事态不能及时平息,甚至扩大了事端,酿成撕裂干群、族群关系的痛心后果。这个教训应当记取。

维稳的第二层次,是认真对待当事人的利益诉求,帮助解决老百姓的民生和权益保障等实际问题,用妥善调节利益冲突来构筑社会稳定。云南省委宣传部最近的一个紧急通知说得好:各种公共突发事件和群体性事件虽然诱因复杂,但矛盾的焦点绝大多数都集中在党委、政府和群众的关系上,往往与党委政府决策不当、工作不力、作风不实等问题有关。实践证明,人民内部矛盾中大多数群众的共同诉求都有合理的地方,绝大多数群众是讲道理的。各级党委政府一定要多从自己身上找原因,不能一味指责群众"不明真相",甚至给上访群众乱扣帽子。今年 8 月 26 日,云南陆良县村民与煤矿发生冲突,多人受伤,连带现场维持秩序的警车也被砸。事态平息后,县里工作组没有像过去那样追查"聚众闹事"的"幕后指使者",而是与媒体一道走村串户,听取村民意见,并把互联网当成群众意见表达的新平台。县委、县政府组织多个职能部门现场办公,特事特办,逐一落实了村民的 6 条合理诉求,同时驳回了一条按人头补助、按庄稼赔偿的不合理要求,得到了广大群众的谅解。云南尝试"以群众诉求为中心"的处理突发事件和维稳新思路、新机制,值得充分肯定。

维稳的第三层次是修复在突发事件和日常工作中被质疑和伤害的政府公信力,促进官民协商对话,化解政治对立情绪,增进社会和谐。每次网络热点事件的处置结果,相当于一种不成文的判例,会影响公众对社会正义的信念,对共产党领导的信心。近年来很多突发事件的处置由于没有达到人民群众的期待,事态降温和平息后,民间会以娱乐化的方式,比如"三个俯卧撑"、"欺实马"、"被自杀"等网络流行词,留下永久的记忆,从而给党和政府的公信力留下永久的伤害。为政者不能不察。不能简单地指责民众偏激,也可能是因为我们的官员过于傲慢跋扈,凭借公权力的绝对强势地位,甚至不屑于对老百姓讲一点沟通技巧,一次次"侮辱公众的智商"。我们可以要求人民群众珍惜安定团结的局面,理性地看待官员贪腐、社会不公等问题,言论和行为不能走极端,但更要在现实生活中抑制强权,扶助弱势群体,维护社会正义,修复社会信心。希望在突发事件的处置过程中,政府与公众及时开展良性的沟通互动,而不是加剧官民对立,加剧当下弱势群体和官商特殊利益群体之间的政治不认同。突发事件的不当处置,特别是如果存在颠倒是非、官官相护、社会不公等行为,将导致民心的进一步丧失,而一次次民怨的积累最终必将酿成大患。如果听任党组织和政府的公信力、党员和干部的纯洁形象在一次次突发事件、群体性事件中不断磨损和溃散,最终将损害党在基层群众中长期执政的感召力甚至合法性。像邓玉娇案、石首骚乱这样不恰当的维稳措施,对政府公信力的透支,要比透支下一代的自然资源严重得多。

能不能说,内在的社会和谐比表面的社会稳定,是更值得我们重视和维护的目标?必要时采取强力措施压制社会骚乱、恢复社会秩序,是人民政府的职责和权力。但局势稳定后,还是要下大力气来面对和化解导致事态恶化的种种社会不和谐因素。一味依靠强制措施,甚至凭借蛮力,强行制造的稳定,是遮掩甚至加剧了社会不和谐的表面稳定、暂时稳定,只是暴风雨前的宁静,火山爆发前的地火运行。不去反思突发事件的深层原因,社会深层矛盾仍在,老百姓内心的怨怼仍在,甚至因为应急处置不当,旧怨又添新恨,只会为下一起更加激烈的群体事件准备"火药"。各级政府要重视突发事件的应急处置,平时更需要通过制度建设,来培养对社会不和谐因素的消化能力。要致力于建立和完善正常的利益表达和博弈机制,推动政务信息公开,保障政府响应民众诉求、司法公正、弱势群体的权利救济,以及传统媒体和互联网的舆论监督,以增进社会和谐来保障社会稳定。只有社会内在和谐的稳定,才是真正的稳定,才是釜底抽薪、长治久安之道。

在这里,我想提出一个"维稳"成本问题。在不少地方,政府在常规制度建设和完善方面投入的精力太少,平时用很少一点钱就能解决的问题,就是麻木不仁,甚至冷酷无情。非要等到"小事拖大,大事拖炸,以暴易暴"以后,才迅速出面:一手实施强制,公检法等政府机构超常运转,比如各地的"截访"就是一笔不小的人手和财力开销;一手实施"赎买",用政府财政大包大揽的办法安抚闹事群众,一些地方有"人民内部矛盾要用人民币来解决"的说法。"强制"和"赎买"这两手,花的都是纳税人的钱。

"维稳"成本居高不下,还与政府无视社会力量的存在、力图全面控制社会有关。随着市场经济的发展,中国人从"单位人"变成"社会人",出现利益多元化和不同的利益群体,市场中介组织、社会中介组织开始蓬勃兴起。在各种利益矛盾和冲撞中,市场中介组织和社会中介组织,以及职业道德、行业规范、公民伦理,本可成为调节矛盾的第一道防线。但是,在传统的高度集权逻辑下,习惯于把"公民社会"视为政府管理的对立面,把志愿者的公民伦理也下意识地视为对政府的离心倾向,心存防范和忌惮。例如,去年汶川大地震中以中产阶级为主的百万志愿者,其中一半以上是"80后",通过网上QQ群、BBS和网下民间社团自发集合,急赴灾区,救死扶伤,为政府救援力量拾遗补缺,表现出可歌可泣的爱国情怀和献身精神。可惜,这笔宝贵的道德伦理财富和社会组织资源未能受到应有的尊重和保护。社会力量的虚化,只会让任何地区性、行业性的利益矛盾和冲突全部指向政府和执政党,使得社会转型期和矛盾凸显期的政府疲于应付各种琐细的具体矛盾,经常让政府自身也成为矛盾的一方,甚至是本可相互制衡的各种社会利益集团的一致斗争目标,而失去了宏观调控的政治高度。

值得警惕的是,有些地方和职能部门常借"维稳"之名,任意夸大社会上某些不和谐、不稳定因素,以恐吓和绑架上级,换取更多的财政投入,制造政绩。这种不负责任的"维稳"实际上已经"产业化"了,距离"立党为公、执政为民"的政治操守更远了。

同样需要警觉的是,在维稳防乱的旗帜下,把那些普通而复杂的利益矛盾政治化,上纲上线,超常规地强化各种传统的管理机制,遏制普通老百姓正当的利益诉求,无视和拖延社会深层矛盾的解决,无期限地推迟本该进行的社会管理体制和政治管理体制改革。例如,信访工作中如果继续按照信访量给各地排名,并厉行信访责任追究制,只会鼓励地方政府更加卖力地派人进京"截访"。而推进司法改革,保障和修复司法这道社会公正最后的"底线",才能最有效地"截访"于无形。

古人云:"防为上,救为次,戒为下。"能不能对地方和行业的领导干部提出这样一个要求——为官一任,既要保眼前少出事,也不能得过且过,类似"看守内阁"的心态最要不得!出现群众"闹事"固然是个严重问题,但民意的畅通表达,民怨的合理宣泄,官场风气的清浊,社会人心的聚散,恐怕是对一届政府和领导干部更为重要的考核指标。早在 2000 多年前,孟子就警告说:"桀纣之失天下也,失其民也;失其民者,失其心也。得天下有道,得其民斯得天下矣,得其心斯得其民矣。"为官之道,贵在赢得民心。说到底,是作为执政党成员,人民的公务员,有没有历史担当的精神,不仅要平息眼前事态,而且要化解长远矛盾,保党和政府的一世英名,保国家和人民的万世太平。这是提高执政党执政能力,保持同人民群众血肉关系的题中重要之义!

60 华诞,人民共和国的成就如日月之辉,任凭谁人抹之不去。而我国面临的经济发展、社会公正、政治清廉、民族和谐等诸多问题的困扰,却更需要全党居安思危,增强忧患意识。千万不能只顾眼前,急功近利啊!要清除几千年的封建主义思想意识的影响,要进一步推进政治体制、经济体制、文化体制和社会体制的全面改革,要真正建设民主、富强、文明、和谐的小康社会,前进道路上还会有重重阻力,还要对付许多急流险滩,任重而道远!

"常怀忧党之心,恪尽兴党之责,勇于变革、勇于创新,永不僵化、永不停滞,继续推进党的建设新的伟大工程,确保党在世界形势深刻变化的历史进程中始终走在时代前列,在应对国内外各种风险和考验的历史进程中始终成为全国人民的主心骨,在发展中国特色社会主义的历史进程中始终成为坚强的领导核心。"翻读十七届四中全会公报,让人忧党忧国之心不减、百感交集啊!

对政治体制改革的回顾与期待

（2009 年 10 月）

人民共和国走过 60 年历程。开国大典时,我唱着"解放区的天是明朗的天",迎来家乡的解放。共和国成立 10 周年时,我已是读新闻系的大学生了,经历过"大跃进"年代的激荡,体验过困难时期挨饿的情景。共和国成立 20 周年时,我已当了 7 年新闻记者,经受了"文化大革命"风雨的煎熬,目睹了共和国精英被摧残的一幕幕。共和国成立 30 周年时,迎来改革开放春风荡漾,我为改革开放鼓与呼,充满激情与希望。共和国成立 40 周年时,我已主持上海《解放日报》工作,经受了政治风波的严峻考验,又面对着改革开放被诘难。共和国成立 50 周年时,我以《人民日报》副总编辑身份登上天安门观礼台,看到三代领导人大幅画像通过广场和盛大阅兵式,感慨万千……

今天我已到古稀之年。目睹共和国 30 年艰难探索、30 年改革开放,终于走上了中国特色社会主义的宽广道路,展现了民族伟大复兴的波澜壮阔的前景。振奋之余,也看到伟大祖国又到了一个重要关头:经济实力的巨大增长与贫富分化、贪腐蔓延、社会不公的发展,到了需要认真对待、切实解决的关口了。正如邓小平同志晚年谈话所指出的,解决发展起来以后的问题比解决发展的问题还要困难。

许多老党员、老干部深切地关注着我们国家的政治体制改革和政治文明建设。因为,目前存在的很多问题,都与政治体制改革滞后相关。需要中央领导集体大智慧、大胆略、大手笔,以强烈的时代责任心,真诚的理想主义、人道主义情怀,来大胆推进政治体制改革和政治文明建设。

改革开放最初以政治体制改革为出发点和基础

新中国成立以后,我们党按照中国国情,以政治协商会议和《共同纲领》为构架,以实现新民主主义社会为目标,建立了以中共为核心的多党合作的联合政府体制,民主党派的许多头面人物进入中央人民政府的领导层。这对开国之初恢复国民经济,稳定政治社会局势,动员全国人民投入抗美援朝战争,起了重大作用。1954 年召开第一届全国人民代表大会,通过共和国第一部宪法以后,虽然政治协商会议还在,但多党合作、联合政府情势发生了较大变化。我国政治体制以建设社会主义为目标,照搬了苏联政治体制的许多东西。因此,在 1957 年整风运动中民主党派一些头面人物批评了"党天下"现象,表达了民主党派与共产党联合执政的意愿。经过反右派斗争,许多民主党派头面人物被打成反党反社会主义的右派分子。从此,形成"一党执政,多党合作"的政治体制,民主党派成为在共产党领导和管理下的政治协商性的团体。

在反右派斗争以后 20 年中,在"左"的思想和路线影响下,我国政治权力越来越高度集中,从苏联搬来的政治体制弊端也越来越严重。中国人民大学高放教授近年发表研究报告把苏联政治体制的特点和弊端概括为十个"制":"一党专政制、个人集权制、职务终身制、指定接班制、以党代政制、等级授职制、官员特权制、控制选举制、消灭异己制、监控干群制"。这种政治体制的弊端,在我国表现与苏联虽然有所不同,程度也不一样,但在我国探索社会主义建设的 30 年中,它也造成了十分严重的后果。我们这一代人都亲身经历过运动不断、整人不止、瞎指挥、浮夸风、说假话、饿死人,直到"文革"大乱,经济到崩溃边缘,冤假错案遍及域中。所以,邓小平同志沉痛地说过:像"文化大革命"这种事,在欧美国家是不可能发生的。他深刻地指出了我们国家政治体制的弊端所在。

中国的改革开放,正是从政治体制改革作为其最初的出发点和基础。以邓小平、陈云、叶剑英、胡耀邦等为代表的老一辈革命家正是从我国政治体制弊端的痛定思痛中大彻大悟,从党的十一届三中全会开始,下决心走出一条拨乱反正、改革开放的新路。

政治体制改革错过了三次良机

改革开放 30 年来,中国政治体制改革有过三次难得的机会。一次是 1980 年 6 月,中央政治局常委会讨论肃清封建主义的影响和改革国家领导制度的问题。8 月,中央政治局举行扩大会议专题讨论党和国家领导制度的改革,邓小平同志作了《党和国家领导制度的改革》的重要讲话,提出权力过分集中是传统政治体制的基本特征和总病根,党政不分、以党代政是传统政治体制的主要弊端,强调"领导制度、组织制度问题更带有根本性、全局性、稳定性和长期性。"于是,政治体制改革提上党和国家的议事日程。后来,由于波兰"团结工会"发动了工人大罢工,领导层担心国内局势震荡,便放缓了政治改革的步伐。

时隔 6 年,1986 年 5 月邓小平同志再次提出政治体制改革。6 月 28 日在中央政治局常委会上他发表讲话说:"只搞经济体制改革,不搞政治体制改革,经济体制改革也搞不通,因为首先遇到人的障碍。……从这个角度来讲,我们所有的改革最终能不能成功,还是决定于政治体制改革。"1986 年 9 月 3 日邓小平在会见日本公明党委员长竹入义胜时说:"现在经济体制改革每前进一步,都深深感到政治体制改革的必要性。不改革政治体制,就不能保障经济体制改革的成果,不能使经济体制改革继续前进"。从 1986 年到 1987 年,邓小平同志多次发表政治体制改革的意见,强调要党政分开,提高效率,克服官僚主义。当时,中央成立了五人政治体制改革研讨小组,形成了《政治体制改革的总体设想》,党的十二届七中全会顺利地通过了这个文件,但没有对外公布。党的十三大政治报告中第五部分集中论述了政治体制改革的内容,提出了党政分开、协商对话、重大事情让群众知道、推动机构改革、基层民主等内容。这场得到邓小平同志全力支持、反映了全党全国人民心愿的、成功在望的政治体制改革,由于 1989 年春夏之交一场政治风波,再一次失去良机。

1997 年春,中共十五大召开前夕,当时中央党校一批省部级官员曾向中央建议,在十五大重提政治体制改革任务。主持十五大文件起草工作的负责同志代表中央主要领导听取了他们意见后,曾代表中央主要领导说,在十五大到十六大之间中央打算召开一次中央全会专题研究政治体制改革问题。后来又是由于发生北约轰炸我驻南斯拉夫大使馆和"法轮功"围堵中南海事件,专题研究政治体制改革的中央全会又被推延了。

政治改革两大成就应充分肯定

当然,改革开放 30 多年来,随着经济体制改革的深入,政治体制改革也在进行之中。随着推广家庭联产承包责任制,人民公社的政治体制被瓦解了。市场经济体制改革推动了行政管理机构和体制的改革。党的十五大提出了建设社会主义法治国家的口号。十六大又提出建设民主政治和提升政治文明的问题。

尤其是政治改革取得两大成就,我们应当给予充分肯定。

一是建立了党和国家各级领导干部退休制度,废除了领导职务终身制,党与国家领导成员平稳交替走向制度化、规范化。这是我国改革开放30多年来政治体制改革取得最重大的成就。中央核心领导层年龄界限和任期虽然没有具体规定,但实际上已经约定俗成,形成规范。从邓小平同志到江泽民同志带头实现最高权力的平稳交接,到十七大曾庆红同志标志性地退下来,说明政治局常委任期两届,68岁退下来,已成为制度。这个具有制度化、规范化的标志性意义,十分重要,影响深远。

二是网络媒体推进政治民主的作用突显,特别是从中央到地方高层都能利用网络这个新媒体听取民意,汇聚民智,得到从政有益启示,及时发现问题、解决问题。从山西黑砖窑、假华南虎照、厦门PX项目、杭州飙车案、邓玉娇案,都是通过网络监督曝光的。从冰雪灾害到汶川大地震,网络媒体在及时沟通信息和舆论监督方面发挥了越来越大的作用。网络媒体舆论的这种多元化,开辟了一个舆论监督的新空间、新平台,推动了政治民主进步,让广大民众有了知情权、表达权、参与权和监督权,这应该也是政治体制改革取得的一个重大成就。

30年改革艰难历程的几点启示

回顾30年政治体制改革的艰难历程,我们至少可以得到以下几点启示:

1.要正确把握战略机遇。危机逼出改革,挑战也是机遇。改革的领导集体要有一种对国家和民族利益高度负责的胆识和策略,要有80年代初邓小平同志力行退休制度和 90 年代初领导集体强推市场体制改革那样一种理想主义情怀。

2.政治体制改革是利益格局的调整,需要领导人果断调整既得利益格局的勇气和高超的政治艺术,要求领导集体真正立党为公,执政为民,清廉自律,勇于牺牲,至少力戒贪婪,不陷入钱色泥坑。

3.要推动改革主体的多元化,避免利益集团以公权力名义垄断社会资源配置权和改革话语权,防止一些领域"国进民退"现象。在不能指望全能的政治权力壮士断腕的时候,由于政治权力本身也已经利益化,只能依靠各种利益主体的博弈,多元化推进改革。鼓励基层自治,扶持民间组织社会治理,这是政治改革的一种推动力。

4.意识形态变革是政治体制改革重要组成部分,防止社会意识形态与伦理道德空心化、虚伪化,导致社会知行不一,信仰空白。有调查表明,一些地方干部最为信奉的,既不是马克思主义,也不是西方民主,而是官场的"潜规则"。某些公权力的既得利益化,官员财产不敢公布,不能公布,以及大面积贪腐,使得正统意识形态的立国之本受到普遍的怀疑和淡化。所以,30 多年的改革造就了伟大的中国经济,却缺乏一种伟大的现代中国文化。我们能出口"中国制造"的产品,却在内心缺少一种阳光的自主的文化精神。意识形态和伦理道德的表里不一,言行不一,损害了社会风气,急需弘扬改革启动阶段那种诚实坦荡、摧枯拉朽、奋勇直前的大无畏首创精神。为推动意识形态变革:一要推动网络媒体、都市媒体的发展,建设网络民主平台;二要推动新闻管理体制的改革,切实发挥舆论监督作用,特别是放开体制内舆论,鼓励专家建言议政,善于听取不同意见,包括刺耳的声音。

5.政治体制改革是自己革自己的命,难度极大,又十分敏感,因此要注重制度设计和策略推进,少说多做,避免起哄,吊高胃口。要小步渐进,允许试错,摸索经验,逐步推进。

未来十年政治体制改革的新景象

60 年来取得了伟大的成就,积累了丰富的经验。我们可以乐观地预见,共和国下一个十年,我国政治体制改革和政治文明建设将会出现以下新景象:

一、依法治国成为中国共产党执政兴国的基本方略。作为执政党,中国共产党将进一步调整革命党的惯有思维,按照依法治国的要求,改革和完善共产党的领导方式和执政方式。过去在"以阶级斗争为纲"和不断强化指令性计划过程中形成和发展起来的"党的一元化领导"的传统领导方式和执政方式,即以党组织执政(党政不分)、以党的政策执政、以党的领导人直接执政的方式,将会得到较大改变。党的领导将主要是通过制定大政方针,提出立法建议,推荐重要干部等途径,依法实施党对国家和社会的领导。由此,各级党组织的执政重心必将转移到领导和支持人大、政府、政协和人民团体的领导职能,发挥国家权力机关、行政机关、司法机关的有活力的领导作用,加强制度建设,而且要保证党的政策的合法性。有望着手起草制定"执政党与国家权力机关的关系法"一类法律,来完善执政党在宪法规定的范围内活动,作为依法执政的法律依据。

二、以增强党的民主为中心,推动人民民主,不断完善社会民主制度。中国共产党将从改革体制机制入手,建立健全并能充分反映党员和党组织意愿的党内民主制度。如在部分县、市进行的党的代表大会常任制的试点,将会从下到上地进一步扩大,以积极探索党的代表大会闭幕期间发挥党员代表作用的新途径和新形式。同时,以保障党员民主权利为基础,进一步完善党的代表大会制度和党的委员会制度。党内将普遍实行差额选举,以保障党员自由选择的权利。建立一套民主程序,按照少数服从多数的原则,保证党委内部的议事和决策机制进一步民主化,防止主要负责人一个人或少数几个人说了算。中央委员会也将进一步贯彻民主选举制度。十七大前已实行一人一票不记名方式进行民主推荐政治局委员的候选人,一改以前仅在少数人范围内以征求意见协商方式产生候选人的办法。

三、采取新举措新制度,不断加强对权力的制约和监督。对权力的制约和监督,是中国政治体制和运行机制中的一个薄弱环节,许多严重腐败事件的产生,从根本上说由此而引起。相对来说,西方国家政治体制比较注意对权力的制约和监督。尽管今天我们不必去照搬西方政治制度模式,不搞"多党轮流执政"、"议会制"和"三权分立"等,但是,西方政治体制中对权力的有效制约和严格监督,是人类政治文明的先进成果,也有值得我们借鉴之处。未来必将加强对公务员,尤其是各级领导干部的监督制度建设,进一步完善党的纪律巡视制度,逐步建立领导干部财产申报制度。要完善重大事项和重要干部任免的决定程序,推行领导干部公推公选制度,建立党代会、人代会对领导干部问责和质询制度。重视发挥舆论监督的作用,制定新闻法保护媒体议政,对官员实施监督。

四、进一步完善人民代表大会制度和多党合作制度,切实保证人民当家作主。人民代表大会制度和多党合作制度是我国根本的政治制度。扩大公民有序参与,逐步实行城乡按相同人口比例选举人大代表,保障人民的知情权、参与权、表达权、监督权。进一步加强人大常委会制度建设,优化组成人员结构,增加法律与社会公共管理专业人才,确保依法履行最高权力机关的职能。增强决策透明度和公众参与度,今后凡制定与群众利益密切相关的法律法规和公共政策,人大必定公开听取人民群众的意见,重视人民群众的诉求。同时,人大是我们国家权力机关,既有立法权,也有决策权、监督权,尤其要对政府监督问责。人大在财政预决算方面将起重要的决策和监督的作用。政治民主是从财政民主做起的。应当加强人大对于财政预决算的审议和监督作用,建立起现代公共财政制度,并实行财政分权制衡体制。多党合作制度要发展,民主党派优秀人才要有职有权地进入政府、法院、文化和人民团体的领导岗位,也可以探索以党派形式参加人民代表大会。民主党派应当也可以办报,对执政党实行舆论监督。

五、加快行政管理体制改革,建设服务型的法治政府。按转变职能、理顺关系、优化结构、提高效能的基本要求,加快行政管理体制的改革。政府不要干预微观经济,不要站在招商引资第一线,不要与开发商打得火热,而要着力干好宏观调节经济、监管市场的事,把力气用在社会管理和公共服务上。尽可能减少行政审批,切实做到政企分开、政资分开、政事分开、政府与市场中介组织分开。加大机构整合力度,减少行政层次,降低行政成本,探索行政机构的改革整合新路径,着力解决机构重叠、职责交叉、政出多门等问题。改变政府"重管理、轻服务;重经济、轻社会"的观念和体制机制,切实加强社会管理和公共服务,不断提高政府社会管理和公共服务的能力和水平,实现向服务型政府转变。推进政府的决策透明、财务透明、用人透明,合法行政,诚信高效,推进行政信息公开,善纳民众诉求,探索建立一个民评政府、民评官员的政府绩效评估体系,建设法治政府。坚决防止政府公共权力形成特殊的利益集团,防止让权力部门化、部门利益化、利益政策化的现象出现。

六、发展基层群众自治制度,切实保障公民行使民主权利。我国长期实行由政府统包社会治理的"全能主义"政治模式,基层群众缺少民主权利。随着我国经济体制深刻变革、社会结构深刻变动、利益格局深刻调整、思想观念深刻变化,人们思想活动的独立性、选择性、多变性、差异性明显增强,政治参与的诉求日益强烈,价值取向也日益多样化。因此,改变"全能主义"模式,构建三元格局的公民社会,即政府的公共权力、社会的自治权力、市场的配置资源权力,这样才能形成一个和谐社会。党的十七大在党的历史上第一次把基层群众自治制度,作为社会主义民主政治主要制度安排提到重要议程。这是我国民主政治建设一项引人注目的重要新制度。今后基层群众自治制度必定会迈出新步伐,人民群众依法直接行使民主权利,管理基层的公共事务和公益事业,实行自我管理、自我服务、自我教育、自我监督,并对基层干部、公务员实行民主监督。这一来,必定活跃民间组织,比如各种协会、学会、环保组织、维权组织、慈善组织、志愿者组织,真正让它们担负起社会责任。它们将更为积极地发挥提供服务、反映诉求、规范行为的作用,增强社会自治功能。汶川大地震中志愿者、民间组织发挥了抗震救灾的巨大作用,标志着我们社会公民意识的觉醒,以及公民社会的发育成长。这是十分可喜的现象。

用网络民主推进良政与善治

（2010 年 1 月）

2009 年,是国际金融危机严重冲击与新中国成立 60 周年的喜庆祥和相交织的一年。我们艰难而顺利地走过来了。

迎来的 2010 年,是实施"十一五"规划的最后一年。我们需要在提振中国经济、保持平稳较快增长的同时,下大力气化解种种不稳定因素,倾听民意、聚拢民心、理顺情绪、促进社会和谐。这是充满新挑战、新期待和新希望的一年,而互联网作为民众利益表达和政治参与的新通道,作为党和政府治国理政的新平台,势必发挥更大的作用。

当前深化改革面临的难题

中央经济工作会议强调,要在新的一年进一步有效应对国际金融危机的冲击,巩固经济回升的基础,切实调整产业结构,转变经济发展方式,推动我国经济社会全面平稳较快地发展。

早在制订第九个五年计划的时候,中央就强调转变经济增长方式。

但三个五年计划实施过去了,我国的产业结构调整和经济发展方式转型至今乏善可陈。在应对国际金融危机过程中,反而进一步强化了经济结构的失衡,使一些行业产能严重过剩。实践进一步告诫我们,政府主导型的经济发展方式,必然以追求经济总量为主要目标,以扩大投资规模为主要任务,以上重化工业项目和热衷于批租土地为主要途径,以行政推动和行政干预为主要手段。其结果必定大大削弱市场在资源配置中的基础性作用,放松致力于技术创新和提高效益的努力,造成煤电油运及其他资源的高度紧张,进一步造成生态环境的恶化。而实现经济发展方式的转型,首先要求政府管理体制的改革,实现政府的转型。只有转变政府的行政职能,规范政府的行政行为,加强社会自治,转化行政权力,才能形成一个稳定而完善的政府权力作用的制度框架,尽量减少对经济的不当干预,让经济主体在市场的作用下,完成产业结构的调整和经济发展方式的转型。新的一年,我们正是期待政府对经济的良政与善治,把功夫切实用在调结构、提效益、促转型上来。

65 年前,民主人士黄炎培访问延安,询问中共领袖毛泽东,未来如何跳出"其兴也浡焉,其亡也忽焉"的政治周期率?对于这个历史的劫数,党内清醒的领导层和有识之士无时敢忘。65 年过去了,党的十七届四中全会坦承党内存在不少严重问题,如跑官要官、买官卖官,领导干部特别是高级干部的腐败,基层党组织脱离群众、弄虚作假、奢靡享乐等。中央也一再告诫全党:"党的执政地位不是与生俱来的,也不是一劳永逸的。"

近年来,民间持续呼吁、高层从未放弃的是,推进政府管理体制、党建和整个政治体制的改革。然而,一些地方"政怠宦成"(黄炎培语)的局面,使得从体制内进行一番刮骨疗毒的自我革命难以下手,自上而下的政治改革拉动乏力。例如,十七届四中全会提出把住房、投资情况列入党员领导干部报告个人有关事项制度,但不少单位在学习讨论中对此反映冷淡,普遍认为实行官员财产申报制"时机不成熟"。

另一方面,指望从体制外监督政府、自下而上推进改革也不现实。由于新中国曾经采用苏联式权力、资本和资源高度集中的计划经济体制,消灭了体制外的私营企业、士绅和自由知识分子阶层,使得民间力量在头29年几乎荡然无存。改革31年来,非公经济三分天下有其二,约5000万人口、经济属性浓厚的"新社会阶层"崛起,但社会中介组织依然受到抑制,媒体开放、司法独立、NGO自治仍是敏感话题,公民社会发育迟缓。

体制内的"重症肌无力"和体制外的"先天发育不良",使得社会政治改革迟迟未能跟上经济高速增长。尽管中央三令五申改革,草根千呼万唤改革,但难以撬动封建特权思想影响严重的官场惰性,难以融化板结的政治体制弊端。

互联网好比当年的小岗村

中国改革发端于集体经济的薄弱地带,比如落后的安徽农村。在安徽凤阳县前进生产队,10户人家中有4户没有门,3户没有水缸,5户没有桌子。生产队长一家10口人,只有1床被子、7个饭碗。人民公社基层政权也阻挡不住农民外出逃荒。在这个薄弱地带,凤阳县小岗村18户农民为求活命,私分公田,得到万里这样的开明地方大员支持,终于把"一大二公"的人民公社体制撕开一个口子,启动了中国农村除土地山林外的改革进程。

今天的互联网就好比当年的小岗村。它诞生于信息管理的薄弱地带——电子虚拟空间。在传统主流媒体受到舆论严控的情况下,互联网的出现给3.38亿网民每人一个"麦克风",谁都可以在网上发布信息和发表意见。尽管有关部门多方尝试限制网络言论的过度表达,如BBS和新闻跟帖需注册发帖，BBS 版主、QQ 群主实名登记，关闭某些网站的讨论群组，限制手机联通互联网的微博客，甚至一度试图给全国的电脑强制安装上网过滤软件，但除非取缔互联网本身，中国网民正不可逆转地成长为一种虚拟而又现实的政治力量。这就是我在 2009 年初提出的"新意见阶层"的崛起，是深化改革的重要动力之一。

网络民主为社会改革准备组织资源

2009 年，网民不满足于网上发言，组织化程度提高。巴东邓玉娇案，网民纷纷去巴东"旅游"。福州严晓玲案，网友北风发起，用给福州第二看守所寄明信片的方式，把被拘留的发帖网友"喊"回了家。番禺垃圾燃烧发电厂事件，番禺社区的知识界网友在业主论坛和省内外媒体上发表帖文，表达意见；在广州市政府有关部门的接访日，居民纷纷上访并演变为"集体散步"，而现场参与者用手机登录微博客做了"实况转播"。

事实表明，互联网言论的发达，滋润和培养公众的人文社会关怀。据中国互联网络信息中心（CNNIC）《2008—2009 博客市场及博客行为研究报告》，从 2008 年到 2009 年上半年，针对"社会现象"发言的作者上升到 54.5%，比 2007 年增长了 44.5 个百分点。根据人民网舆情监测室为 2010 年《社会蓝皮书》撰写的《2009 年中国互联网舆情分析报告》，在天涯社区、凯迪社区、人民网强国论坛、新浪论坛和中华网论坛等 5 个全国性 BBS 中，主帖数量超过 5000 个的热点事件或话题有 16 个，涉及公民权利保护、公权力监督、公共秩序维护和公共道德伸张等一系列重大社会公共问题，体现了广大网民积极的社会参与意识。可见，互联网有助于提高公民参与政治的兴趣和能力，网络民主能够疗治民众的政治冷感症。于是，一个新词"网民"（netizen）出现了，这就是"网络公民"的意思。

特别是活跃在网络社区的一批知识界和中等收入阶层的网友,正在成为公民参政议政的中坚力量。以知识分子集中的时政类 BBS 凯迪网络为例,据 2005 年底对凯迪网络用户的调查,他们多分布在经济发达地区和城市,拥有手机、笔记本电脑、汽车和房产的比例高;与全国网民平均水平相比,本科学历高出 21.8 个百分点,研究生学历高出 9.4 个百分点,而在校生比例低了 32.5 个百分点;男性多,多数已结婚生子,喜欢阅读和旅游。近年来,在"人肉搜索"抽天价烟的房产局长周久耕贪腐案、巴东邓玉娇案等公共议题中,凯迪网络都是主要的网络民主讨论园地。

据《2009 年中国互联网舆情分析报告》,目前中国有 QQ 群 5000 多万个;用户数千万级的社交类网站 SNS(如全民"偷菜"的开心网),也可能成为今后一种重要的组织资源;BBS 的版聚、博客圈、豆瓣网的讨论群组,也因网民共同的社会背景和价值取向、审美偏好而同气相求,网民的组织化程度逐年提高,各级政府已经越来越深切地感受到网民和网络舆论的巨大压力。

互联网的制度补充和制度修复作用

中共十六届四中全会《决定》提出:"营造党内不同意见平等讨论的环境,鼓励和保护党员讲真话、讲心里话。"现行领导体制,一方面是自上而下的任命和授权,一方面是自下而上的汇报。前者没有经过群众投票认可,虽然近年来试行民意测验,但民意仍然不具备票决功能;后者下级习惯于揣摩上级意图,投其所好,过滤杂音,导致信息失真乃至人为的扭曲。

在坚持和完善党的领导、人民代表大会制度、民主集中制的政治框架下,网络民主能够起到制度的补充和修复的作用。信息时代就是网络民主的时代。在威权政治向民主政治的转型期,社会压力骤增,通过互联网可以宣泄民怨,释放紧张的社会压力和公众心理压力。与此同时,互联网帮助政府了解真实的社情民意,还原社会真实的矛盾构成,帮助中央制衡地方,揭露和切割基层无良官员。古人言:"知屋漏者在宇下,知政失者在草野。"广大领导干部的言行处在公众的视野之内,并随时可能通过互联网公诸于众。互联网真正实现了让公民能够对公共领域中的所有人物、关键领域、重点部位进行"全天候"的监督。这为民主政治建设搭建了重要的不可或缺的平台。2009 年 6 月 30 日,中共中央办公厅、国务院办公厅印发《关于实行党政领导干部问责的暂行规定》,在问责的 6 种情形中,包括了"对群体性、突发性事件处置失当,导致事态恶化,造成恶劣影响的"。在互联网上造成恶劣影响的王帅反映家乡灵宝市违法征地案、湖北石首街头骚乱、河南农民工开胸验肺案、新疆生产建设兵团"最牛团长夫人"案、上海"钓鱼"执法案、内蒙古贫困县女检察长豪车案等,当事官员先后被问责。

2009 年 11 月 27 日,胡锦涛总书记在中央政治局第 17 次集体学习时强调:要建立健全"以民主集中制为核心的制度体系",既要坚持在长期实践中形成的一系列行之有效的制度和成功方法,又要"推进党的制度建设创新","不断创新和丰富党的建设有效管用的新方法"。制度转型和制度创新在两个层面推进:体制内的着力点是"改革党内选举制度",试行党代表常任制等;在社会民主方面,是允许和借助网络舆论,加大自下而上的监督力量,3.38 亿网民用鼠标"投票"是未来全民普选的先期尝试。

推进网络民主是提高执政能力的重要一招

中央对互联网政治功能的认识,大大推动了地方政府重视网络建设。近年来,胡锦涛总书记和温家宝总理带头与网友进行在线交流,带动了各级政府和官员大兴网络问政之风。广东省委书记强调:开放,是网络社会的生命所在。对待网络民主,不能采用封闭的视野、僵化的思维和单纯强制的管理方式,一定要有全球的视野,开放兼容的思想观念,允许探索,允许失败,甚至允许犯错误,让各种网络现象、网络意见和网络事物在相互对比、充分竞争中发展,从而让代表网络社会进步的主流力量茁壮成长。一位省委书记深有体会地说:领导干部上网也是一种现代社会的"微服私访",网民所提个人意见,不管是粗言、"苦药",还是牢骚、怪话,都能为决策提供有益参考。

这些话说得多好啊!我们期待,从中央到地方这种网络问政不要仅仅停留在简单呼应网友的某些利益诉求上,而要真正从网络问政中认识到公共利益所在,政府如何对待不同利益的诉求,从而作出正确的公共决策,也就是说,形成一种政府从民间吸纳社情民意、洞察人心向背,从而及时修正政策,调整不得民心的官员和政治机制,把网络问政与网络施政、网络执政结合起来,让网络民主推进到一个新的水平。这样,才能把网络的参与民主同协商民主、代议制民主结合起来,把党内民主同社会民主结合起来,开拓出民主政治生活春色满园的新局面。

良政与善治,就是执政党、政府与广大公民协调合作、同心协力,对社会公共生活实施科学、依法、民主的管理,以保证公民获取公共利益最大化。这是我们深化经济体制改革,推进政治体制改革,突出社会体制改革,所要达到的目标,也是民主政治的基石。

当年面对黄炎培的追问，毛泽东自信中共找到了新路，能跳出这个周期率，这就是民主。他预言："只有让人民起来监督政府，政府才不敢松懈。只有人人起来负责，才不会人亡政息。"在互联网时代，从中央到地方各级领导人，都应当具有自觉借助高技术传播媒介因势利导的魄力和创造力，让人民起来监督政府，让人人起来负责，不断推进现代民主政治建设，以求长治久安。

通过网络民主推进良政与善治，正是我们最大的期望所在！

改革的流动与流动的改革 *

（2011 年 1 月）

中国改革是从打破高度集中的计划经济体制开始的。在改革前，公有制经济占 99% 以上，私营经济被消灭，外资被驱逐，个体劳动者寥若晨星；户籍制度使城乡分隔，形成城乡二元体制，城乡之间、地区之间流动基本停滞，连普通民众到另一个城市住宾馆，都需要出具单位介绍信。而一个人的吃喝拉撒睡、生老病死，几乎都在单位内部封闭解决。这样一个流动停滞的社会，带来的是物质的匮乏、人民的贫困，国民经济最终到了崩溃的边缘。邓小平同志发动的经济改革，就是让社会资源依照市场法则进行重新配置，尤其是推动人力资源流动性的改革。

上世纪 70 年代末到 90 年代上半叶，执政党和政府向全国人民让利、让权，改革唤起民间极大的创业热情，从而开启了城乡、地区之间的流动。这些进城的农民开始被称为"盲流"，到后来被肯定为"农民工"。这种改

＊ 本文是周瑞金为刘旦等人著的《流动的中国》（广东人民出版社出版）一书所作的序。

革的流动,推动了我国农业市场化、专业化、产业化的发展,推动了城市个体和私营经济的恢复与繁荣。"昔为种田郎,今登致富榜。"改革初期,城乡、地区之间的大流动,带给了社会下层特别是草根阶层丰沛的发家致富机会。而当时大多数机关干部尚能安于计划经济体制内的福利,对利用自己所掌控的社会资源与市场勾结尚有政治和道德的自我约束。因此,前十几年的中国改革和经济增长成果,基本上做到了为全体社会成员所分享,老百姓从改革中得到最多实惠。改革的流动显示了促进社会生产力发展的强大威力。当时社会各界普遍心情舒畅,改革如牧歌般行进。

可是进入 21 世纪,特别是发生了对于市场化方向的改革争论以后,另一种政策取向占了上风。一些同志转而强调扩大国企的市场份额和对国民经济的控制力,认为只有强化国企特别是央企才能确保国家"经济安全"。于是,在电力、交通、能源、电信、金融等领域,出现了超大型国企,块头之庞大直逼世界 500 强企业(但经济效益,如资源产出率等与之相比,不可同日而语)。这些产业巨头进入国际市场的努力受挫后,转过身来冲进国内市场,挤压和盘踞了私营经济的发展空间。它们不仅保持着经营高度垄断,而且影响到甚至一手把持了市场定价权和政府的产业政策走向。与此同时,普通民营企业介入大中型国企产权改革的通道被基本堵塞,公司内部人收购办法也被基本叫停。

改革进入深水区后,以权力和财富为背景的特殊利益集团垄断了发展的机会,极大地提高了经商赚钱的门槛,严重阻塞了下层民众的上升通道。底层劳动者生计艰难。人力资源流动性的丧失,不仅伤害民族的创新能力,影响国民经济的稳定持续增长,而且加剧了社会不公,伤害年轻一代的人生理想和国家的凝聚力。在这种情况下,中国的流动开始变了味。

《流动中国》一书关注和描述的,就是 30 年改革中唯一持续流动的群体——农民工群体,在城乡之间,在东部沿海和中西部之间,进行了大规模劳动力迁移,发挥着中国出口导向型经济顶梁柱的作用。美国一些媒体一再把"中国工人"评为封面人物或对世界经济有影响的群体,其实它们说的就是"农民工"。甚至可以说,他们是中国和全世界渡过世界金融危机惊涛骇浪的压舱石。然而,遗憾的是,农民工的流动,虽然遍布960万平方公里,但基本上是一种横向的地理流动,近年来几乎丧失了从社会底层向上流动的机会。

今年频频发生的富士康劳工跳楼事件令人痛心。已有专家指出:就员工薪酬和劳动强度而言,富士康远称不上"血汗工厂"。富士康的悲剧,更多地源自农民工进城后的尴尬处境:工业化流水线上的"高密度生存",割断了农村的亲缘,户籍屏障和高房价又让他们看不到在城市安家的可能性,陷入"身份认同"的危机。而今年在沿海地区外资企业频频发生的工潮,也是由以"80后"为主体的农民工二代发起,他们比父辈有更强的权益保障意识,提示中国廉价劳动力和低人权保障的经济发展模式面临拐点。

近年来,不少地方政府把重点放在GDP的增长上,而忽略了劳动者个体分享改革开放成果的机会。于是,经济的增长不是包容式的增长,而成为排他式的增长。今天,贫富差距的拉大,民生问题的积聚,社会矛盾的激化,贪腐现象的加剧,都在流动人口问题上有突出表现。

农民工也好,刚刚异地就业或者寻找异地就业机会的大学生也好,都在流动之中,为国民经济增长作出了自己的贡献。但是,其劳动和所得的比例,并不尽如人意。尤其是权贵资本的扩张,让民间很难有足够的创业机会,来实现自身的价值,获得自己想要的有幸福度和满意度的生活。

显而易见,今后中国要向消费型的社会转型,必定要建立一整套有助于消费型社会发展的基本社会制度。要尽快建立和完善城乡医疗保险制度,社会保障制度,公共的教育制度和廉租房、经济适用房保障制度,以及加强环保的社会制度,切实解决民生问题,实现民众对教育、医疗、住房、社会治安等社会公共品公平有效供需的基本要求。与此同时,还要建立和发展社会基层自治制度,向建立一个完善的公民社会目标前进。这样,就切实推动了社会体制改革和社会建设,从而让那些在改革开放过程中付出了大量劳动的个体,能共享改革开放成果,真正实现包容式的经济增长,推动社会进步。

《流动中国》一书关注的流动人口问题,其实事关当下大量弱势群体的生存状态问题。作者不但全景式地考察了流动人口的历史问题,还辅之以国外在流动人口问题上的做法为之参照。在写法上,作者采用了纪录片手法,在搜集和梳理了大量资料的基础上,将个体农民工的命运放在流动人口的大背景中考察,读来令人动容,也发人深省。

如何让中国2亿—3亿弱势的流动人口,在今后中国经济的包容式增长中更好地生活,已经富裕起来的中国社会必须予以充分关注,政府更需要政策倾斜和制度创设。本书已提供极为丰富的思考素材,接下来急需关注改革的学者和政策研究者提出切实可行的应对之策了。

守住党的政治伦理底线

（2011 年 5 月）

近来,我深以忧虑之情,关注着一些地方官民矛盾的此起彼伏,日趋激化。基层政府一些官员滥用公权力,屡屡侵犯老百姓的人权、生命权、财产权等基本权益。当事人试图通过上访、接触媒体、上网爆料、司法诉讼等手段来维护宪法赋予自己的正当权益时,却发现这些利益表达通道发生了阻滞。更有甚者,基层政府以"诽谤"、"敲诈政府"等理由,对他们"跨省抓捕",或者干脆以"精神病"为由关进精神病院。前不久,武汉访民徐武就是在"被精神病"四年后侥幸逃脱,又在南方电视台大院内被武汉警察公然掳去,再次投入精神病院。全国舆论大哗,而湖北方面却理直气壮地打压媒体报道。

这种蛮横不讲理的做法,击穿了为政者的伦理底线,严重背离了我党"立党为公、执政为民"的政治宗旨。近来,访民"被精神病"问题,与暴力拆迁血案一样,成为民众的新痛点。某些领导人的优先考量,是在任期内社会表面稳定,不出事,出政绩。为了维护地方政府的脸面和威严,甚至是与利益集团的瓜葛,不惜损害民众利益,还要设法扯维稳为旗,以"敌对势力"捣乱和群众"不明真相"为由,裹挟上级政府,为自己公共治理的无能、为"伤天害理"的无耻而"背书",即使以政府公信力的流失和民心的离散为代价,也在所不惜。

从表面看,这些地方依靠公权力的强制,可以成功压下群众的不满和抗议,并暂时屏蔽了媒体和网上的"杂音",却并没能消除民众内心对政府的怨怼。遇到新的热点事件,民怨还会喷涌而出,连本带息地要求偿还。问题是,到时候谁来偿还这笔累积的民怨? 基层官吏不会认真思考这个问题,但他们会让我们的党、我们的社会主义制度,来为这些社会矛盾的易燃易爆而"埋单"。在一些地方,民怨的"海平面"已经高于"地平面",只是凭恃高压维稳的"堤坝",才勉强保一时平安,但谁也不知道什么时候会发生"管涌"甚至溃坝。这样的做法,不仅殃民,而且祸党、祸国。早在 2009 年群情激愤的邓玉娇案中,有网友就曾警告说:"任何一次不公正的得逞必将造成民心的进一步丧失,而一次次民愤的积累最后必将酿成大祸。"

遥想 90 年前,我们共产党人崛起于工人农民之间,在没有印把子也没有枪杆子的情况下,凭借对草根民生的深切同情,对政治民主、社会公平的美好憧憬,赢得了中国人民的衷心拥戴。海丰县大地主之子彭湃从日本留学归来,脱下长衣,穿上短褂,放弃"平均一人就有五十个农民做奴隶"的锦衣玉食,烧掉自己名下的地契,把土地分给穷人,创办了海陆丰革命根据地。陈独秀的两个儿子,陈延年 17 岁、陈乔年 14 岁就独自到上海求学,常常吃大饼、喝自来水,冬无棉衣,夏衣褴褛,与工人和底层市民打成一片,成为工人运动的早期领袖。

老一辈革命家对待访民的态度,更值得我们警思。据媒体报道,在"大跃进"后的三年饥荒中,1960 年 3 月,红军烈属、四川达县农民何明渊到首都鸣冤,以在天安门广场英雄纪念碑前白日点灯的激进方式,提请中央政府重视老百姓挨饿死人的问题。在那个阶级斗争风声鹤唳的年代，北京市委书记彭真非但没有将他投入监狱，而且为了防止他回乡受到迫害，让他到湖北武汉异地安居。国家主席刘少奇听取汇报后，难过得久久说不出话来。党中央根据各地真实灾情，最后果敢地采取措施，纠正"大跃进"的错误。老一辈共产党人在治国理政时尽管也曾由于历史局限犯过这样那样的错误，但他们面对人民疾苦时流露出来的赤子情怀，仍然让人感动不已。

共产党人面对老百姓基本权益的这份道德情感、这份政治伦理和人文关怀，是我们党能够战胜一切艰难险阻、凝聚民众拥戴的宝贵精神财富。在老一辈领导人的光辉榜样面前，今天那些视拆迁户为蝼蚁、视访民为寇仇的基层官员，政治道德境界相差何止十万八千里？一些基层百姓因走投无路、求诉无门，而不惜自残躯体的时候，像职业病患者"开胸验肺"，被"钓鱼执法"的断指明志，拆迁户自焚，我们共产党人的良知是否受到震撼？公民的自由权利必须得到保护，人民赋予的公权力必须受到制度的限制和约束。我们的各级党政领导应当付出极大的努力，畅通全社会的利益表达和博弈通道，完善常规的行政、党纪、司法和舆论机制，来倾听民意，化解民怨，关心民瘼，解决民众的实际权益问题，从而釜底抽薪，消除社会种种不和谐的因素。这才能真正维护社会和政治的稳定。

近日，国土资源部下发紧急通知，要求各地"不得强行实施征地拆迁"，防止简单粗暴压制群众，引发恶性和群体性事件。与湖北一省之隔，湖南传出邵阳市基层计生干部涉嫌倒卖超生儿童案后，湖南省委书记周强批示"全面彻查"；纪委干部在镇政府院内搭台，公开接受老百姓对计生工作的举报，告诉受害者家庭："放心，就看我们的了。"

我诚恳地希望，在当前社会转型期和矛盾凸显期，我们的各级领导干部都能摆正自己和人民的关系，摆正公权力和舆论监督关系，昼乾夕惕，真正做到胡锦涛同志所说的"情为民所系,利为民所谋,权为民所用",真正做到习近平同志所说的"权为民所赋",都能给老百姓送上这句温暖心窝的话语:

"放心,就看我们的了!"

从世界演变看中国改革路线图

（2011 年 9 月）

中国革命的伟大先行者孙中山先生，在 100 年前就高瞻远瞩地指出：世界潮流浩浩荡荡，顺之者昌，逆之者亡。

在迎来辛亥革命 100 周年的今天，我们以世界的眼光、历史的视角，结合中国的实践，审视我国改革所处历史方位，可以更自觉主动地把握改革的机遇和发展的进程。

如果观察辛亥百年来的中国发展进程，尤其是新中国成立 60 年来，特别是 30 年来改革开放的经济奇迹，我们应当从全球的视角加以观察。从世界经济、文化、宗教发展看，中国是世界进程的一部分。虽说中国有自己的国情和特色，但总体上从古代到近代，中国的许多重要文化、宗教、经济进程不但与世界其他国家基本同步发展，而且在工业革命之前是走在世界前列的。

一、综观辛亥革命百年来世界社会思潮与
国家制度的激荡、较量、竞争与融合

辛亥革命百年来,前50年风云激荡,战争、革命、危机、冲突不断,其间爆发两次世界大战。在第一次世界大战中发生俄国十月革命,经历了一次席卷全世界经济大危机(1929年从美国开始的)。第二次世界大战后诞生了十多个社会主义国家,形成东西方阵营,五六十年代民族独立运动此起彼伏,尤其是中国、古巴革命,印度(包括后来的南非)独立,对全世界历史进程产生了巨大深远的影响。后50年,世界进入相对的和平发展时期。一是新技术革命推动经济全球化,信息化推动工业化、知识化,出现知识经济、智能革命浪潮,中国正赶上这一波发展浪潮,取得巨大后发优势。从2008年开始又引发一场席卷全世界的金融大危机,至今世界经济未从这场危机中走出来。二是冷战结束,苏联解体、中国崛起、欧盟出现,推动世界政治多极化,中国的经济与政治以崛起的姿态走进世界各国的视野。

辛亥百年来,我们看到世界社会思潮与国家制度的激荡变化:

1.以苏联为代表的共产主义思潮及传统社会主义制度。经济上实行全面国有化和高度集中的计划经济;政治上实行一党专政、领袖集权;思想文化上舆论一律,垄断意识形态;对外关系上输出革命,组成集团,冷战对峙。苏联在上世纪30年代席卷世界经济大危机中,显示了计划经济动员全社会财富,实现快速赶超粗放型工业化的优越性,在世界经济危机中一枝独秀。后来又在第二次世界大战中攻克柏林,战胜德国法西斯。上世纪50年代苏联在核技术利用和航空航天领域领先发展,如第一艘原子破冰船下水,第一架超音速飞机上天,第一艘核潜艇下水,第一颗人造卫

星上天,第一艘载人宇宙飞船,开创了人类探索自然和太空的历史。这为社会主义在世界上赢得巨大威望,成为许多发展中国家追求的目标。然而,由于这个国家制度在经济、政治、文化上的高度集中和垄断,束缚了先进生产力的发展,人民群众的物质和文化生活得不到提高,人民民主、自由和人权遭到严重损害,内部危机日益深重,执政党严重脱离群众,终于显示出不可持续性,像抛物线那样先高后低,最终走向解体,并引发了东欧剧变,世界局势为之改观。

2.以德国纳粹党为代表的法西斯主义思潮及制度。经济上实行高度集权的国家垄断统制经济;政治上实行独裁专制,以恐怖手段镇压反对者;反对民主,扼杀人权,种族迫害,发动战争,给人类带来严重灾难。因此,它像电脉冲那样来得快消失得也快,很快被世界人民所唾弃。但它留给世界历史重大警戒,凡发动世界大战者必亡! 由此得以开启世界和平发展的新时代。需要指出的是,纳粹虽然灭亡,但纳粹思想却一直阴魂不散,在世界各地时有火星冒出,全世界爱好和平的人民需要对此保持持续不断的警惕。

3.以欧洲各国社会党为代表的民主社会主义思潮及制度。经济上实行现代市场经济制度和现代企业制度;政治上以和平方式取得议会多数掌握政权,实行议会民主;提倡罢工自由,节制资本盘剥,推行"从摇篮到坟墓"的社会福利计划;文化上提倡思想自由,多元发展。它像渐进线在欧洲发展着,结出今日欧盟之果。昔日战火不断,成为两次世界大战发源地的"火药桶",今天变为统一货币、统一议会,边境开放,和平发展的区域经济政治联盟,成为世界经济政治发展史上的一大创新。但是其高福利的模式也日益成为经济社会发展的沉重负担。希腊、意大利等国引发的欧债危机为其前途投下了一层难以忽视的阴影。

4.以上世纪30年代美国新政为代表,对传统资本主义制度进行改良的思潮及制度。经济上坚持自由企业制度和市场经济制度,同时实行必要的国家干预和社会调节,反对垄断;政治上坚持宪政自由和议会民主,推行社会改革,调整分配制度,建立全覆盖的社会保障体系,大力缓和社会矛盾;文化上提倡多元兼容,自由思想,激励创新,不断推动科学技术进步;对外推行霸权主义。美国的变革无疑吸收了社会主义的一些因素,使资本主义制度在改良中发展,成为今日世界最强大的国家。但是美国基本制度对资本节制不力,甚至有意纵容,使得美国的金融大鳄有可能吞噬其他国家的金融财富,虚拟经济有可能吞噬实体经济所创造的财富,从而引发规模宏大的全球性金融乃至经济危机,带来社会动荡;大规模举债的发展方式也可能最终因其在一定时期内无力偿债而导致国家信誉的崩溃,也会拖累其他国家。

5.以中国改革开放为代表,对传统社会主义制度进行改革的思潮及制度。经济上实行社会主义市场经济体制,加强国家宏观调控,实行公有制为主体的多种所有制混合型经济和快速赶超的粗放型工业化。政治上实行一党领导多党合作,推进民主与法治建设;文化上强调主流意识形态,实行思想文化舆论统制;对外关系上坚持独立自主,和平发展。我国的改革无疑吸收了资本主义的一些因素,使传统社会主义走出困境,展现了中国特色社会主义的蓬勃生机。但对这种中国发展模式,我们要有清醒认识。因为,它高投入、高消耗、高污染与低工资、低地价、低人权的"三高三低"粗放型发展方式难以复制推广;同时,资源、资金、权力高度集中下的举国体制,虽然可以办大事、抗灾害,但也容易带来决策不当、暗箱操作,造成腐败,造成巨大浪费,甚至由于其不计成本的特点,容易形成官僚利益与垄断利益相勾结的特殊利益集团。举国体制办大事的特点又极易让执政者产生"大跃进"、"跨越式发展"这样的冲动。这种冲动如果和特殊利益牵扯在一起,将给中国社会带来无法估量、难以挽救的灾难性后果。许多清醒人士已经看到，这已成为我国深化改革、社会转型、民主建设的一个难题。

二、综观辛亥革命百年来中国现代化路径选择的艰难、曲折与希望

辛亥革命推翻满清王朝，建立中华民国。孙中山倡导三民主义，企图通过军政、训政、宪政道路走向宪政民主和人民共和。他毕生奋斗，结束了中国两千多年来家天下的皇权统治，但没有彻底完成反帝反封建的历史任务，临终留下遗嘱："革命尚未成功，同志仍需努力。"然而，蒋介石把持国民党后，走到一个主义、一个政党、一个领袖的专制独裁道路上去，与共和背道而驰。蒋经国在台湾主政后采取一系列政治革新举措，特别在晚年出于"向历史交代"、"不计个人毁誉"的强烈心理动机，大力推进台湾民主政治转型，解除戒严，取消党禁和报禁，充实民意机构，促使地方自治法律化，作了宪政民主的勇敢探索，成就了民主转型的成功。今天台湾的政党政治虽然不能说已经很成熟，但国民党政权失而复得，说明台湾的政治、经济、文化和社会的发展进程，展现了新的模式，有了一个良好的开端。

中国共产党倡导社会主义，走向共和。建国60年来，前30年现代化路径选择，基本照搬斯大林传统社会主义经济与政治制度，发生严重失误。经济上全面国有化，追求"一大二公"，实行高度集中的计划经济，比苏联更急于快速赶超粗放型的工业化，搞"大跃进"、人民公社。政治上实行党的一元化领导，高度集权，进行全能主义的行政管制，取消了社会私权领域。文化上推行斗争哲学、驯服工具论，实行一元化思想控制，舆论一律，文化统制。这样，造成国家吞噬了社会，执政党吞噬了国家，领袖

吞噬了执政党的局面。我们党成立时走进了德先生和赛先生的大门,想不到建国后稍稍地跳出了德先生和赛先生的窗口,走到"文化大革命"道路上去,国家经济遭受巨大损失,政治冤假错案遍及全国(仅胡耀邦同志主持平反工作5年间就平反了300多万人),社会信仰造成混乱,国民心理遭受巨大创伤。

以邓小平、叶剑英、陈云、胡耀邦为代表的一代老革命家,痛定思痛,大彻大悟,决心与斯大林传统社会主义制度决裂,与毛泽东晚年错误思想决裂,改弦易辙,另辟新路。这是一个了不起的选择!经由这一历史选择,中国开启了改革开放的历史新时期。

三、当代中国在大国崛起中遇到的困境与难题

改革开放30多年来,我国经济发展取得奇迹般成就。GDP以年平均9.7%速度持续30多年增长而不衰,尤其在国际金融大危机之下仍保持高速增长。GDP总值由1978年3600多亿元猛增到2010年的39.80万亿元(约5.74万亿美元),翻了110倍,人均达到4283美元。我国GDP总值去年已超过日本(5.47万亿美元),成为世界第二大经济体。中国的经济总量已占到世界的9.27%。邓小平同志预计到本世纪中叶达到人均4000美元的目标,2010年已经达到,提前了40年。这真是谁都料想不到的。

再以汽车发展为例,2009年我国顶着金融危机汽车销量飞速增长,全年销售汽车1364万辆,增长46.2%。2010年我国汽车生产和销售又双双超过1800万辆(生产1826万辆,销售1806万辆),成为全球第一汽车生产和销售大国。据2009年统计,我国石油日消耗量是800万桶,美国是2000万桶,中国人口占世界四分之一,石油消耗量仅占十分之一,应

当说还有发展空间。当然,中国幅员辽阔、人口多,主要还是发展轨道交通、公共交通。

还值得一提的是钢铁产量,2006 年中国钢产量达到 41750 万吨,超过美、英等 28 国的钢产量。美国与加拿大、墨西哥三国产钢 13350 万吨,英国加欧盟 25 国产钢 19890 万吨,它们加起来才 33240 万吨。想一想 1958 年我们为 1070 万吨钢,动员了 9000 万人土法炼钢,炼出 400 万吨是铁疙瘩,更严重的是山林被砍光,植被遭严重破坏,还让丰收的粮食烂在地里没有人工收,造成后来的大饥荒,饿死了三千多万人。一个是命令经济,一个是市场经济,两者对比何等鲜明!

30 多年改革开放,我国实现了三大社会经济转型,从封闭半封闭社会向开放社会转变,从农业社会向工业社会转变,从高度集中的计划经济体制向充满活力的社会主义市场经济体制转变,走上了现代化、市场化、城市化、全球化的发展轨道。由此,经济体制、政治体制、文化体制和社会体制相应发生了深刻变化。从世界历史来看,1492 年哥伦布发现美洲新大陆,跨国海洋贸易使欧洲国家从封闭社会向开放社会转型,从神权社会走向人权社会,其间引起多次战争、革命,充满血腥与掠夺。19 世纪到 20 世纪的工业革命,欧美国家从农业社会到工业社会转型,也是引起社会很大动荡。至于俄罗斯和东欧国家从计划经济向市场经济转型,激烈震荡了八九年,通货膨胀达到百分之一千以上。而反观我国,30 多年同时进行三大社会经济转型,5000 万工人下岗再就业,6000 万农民失去土地,2 亿农民工在城市与农村间流动,却能保持全国政治与社会的基本稳定。而且,这些年还不断遇到国内外各种危机、灾难的冲击,都没有引起全国性的大动荡,值得引以自豪。

然而,社会经济转型期也是矛盾凸显期。随着国力的增强,人均 GDP 的提高,随着 30 多年来市场化的改革,也积累起来许多问题,使当前中国发展面临一些困境。

其一,大国崛起的烦恼。

中国的崛起是客观事实。作为最大的发展中国家,崛起必然遇到新的问题。近年来围绕汇率、海权、领土、军事、周边关系、意识形态领域争议,中国与世界大国及周边国家不断产生摩擦,凸显了中国外交的严峻挑战,也透露了外部世界对中国崛起的疑虑、担忧,甚至敌意。在对待西藏、新疆、台湾、人权等问题上更经常产生纠纷。南中国海争议,美越联合海上演习,中日钓鱼岛撞船事件,日本民间反华情绪抬头,延坪岛炮击带来的频繁且规模升级的军演,以及诺贝尔和平奖揭晓引起新一轮对中国民主与人权的施压,等等,说明中国崛起遇到的外交挑战与麻烦也大大增加了。

与此同时,国内狭隘民族主义思潮也抬头了。每出现一个涉外问题,民族主义思潮就上来,对正常外交产生干扰。而在外交应对上,受意识形态影响,常出现进退失据、十分被动的局面。尤其在处理与美国、朝鲜、非洲、中东等国关系上常陷于被动。外交工作上我们有时显得过于"另类",适应不了大国崛起的挑战,往往很难与国际社会达成共识。同时,应对的对策不足,方式也不够灵活,缺少纵横捭阖的大国气度和韬略。

其二,社会经济转型的困惑。

三大社会经济转型带来了四大问题:

一是贫富差距拉大,出现了两极分化的趋势。世界银行最新公布的数据显示,中国居民收入的基尼系数已由改革开放前的 0.28 上升到目前的 0.48(欧洲与日本在 0.24—0.36 左右)。而且,1% 的人口掌握了 41.4% 财富,财富集中度畸高。招商银行联合贝恩管理顾问公司对外发布了《2009 年中国私人财富报告》,中国内地高净值人群(指个人可投资资产在 1000 万元以上)到 2009 年底达 32 万人,持有可投资资产规模超过 9 万亿元。就是说,相当于中国总人口千分之零点二的人,持有相当于全国城乡居民存款额 20 万亿元的近一半资金。此外,上市国企高管与一线职工收入差距在 18 倍左右,而与社会平均工资相差 128 倍。电力、电信、石油、石化、金融、保险、烟草等行业职工人数不到全国职工总数的 8%,工资与福利收入总额却相当于全国职工工资总额的 55%。

二是社会事业严重滞后,民生问题突显出来。在经济发展中社会事业发展被忽视了,比如医疗卫生、教育文化事业滞后。2003 年在抗击 SARS 中表现较为突出,暴露出医疗卫生薄弱,特别是农村更为薄弱。这些年 GDP 快速增长,财税大量增加,许多地方大造高楼大厦,经营城市,改造旧城,成了一种潮流。政府机关的大楼造得漂漂亮亮,但教育卫生文化事业得不到应有的发展,农村小孩上不起学,不少城镇居民买不起房子,居住条件很差,等等。特别是市场经济所必然要求的社会保障制度,至今没有建立起来。诸如就业难、上学难、看病贵、住房贵、治安乱等这些牵涉到百姓的民生问题,民众怨言甚多,甚至把教育、医疗、住房称为"新三座大山"。

三是发展方式粗放,生态遭破坏,环境被污染。特别是水资源污染严重,全国七大水系都遭到污染,食品卫生问题更是十分严重。高投入、高消耗,带来能源、材料、资源浪费严重,吃了老祖宗和下几代人的饭。如此高消耗发展模式引发了近年来全球能源和原材料价格的暴涨。要知道,环境债是高利贷,我们这代人借下了,子孙后代还不起。

四是权力腐败和社会腐败。一般官商勾结经济腐败,是世界各国都有的现象。我国腐败的严重性在于:

第一,卖官买官盛行,导致吏治腐败。这影响深远,败坏党风、政风、社风,十分恶劣。沈阳市慕绥新、马向东买官卖官案,涉及市长、法院院长、检察长等 16 个第一把手;黑龙江省韩桂芝、马德买官卖官案涉及干部

900 多人,多名省级领导、上百名地市级领导卷入,引起全省领导干部大调整。有的贪得无厌,广东省原政协主席陈绍基(前公安厅长)涉案总金额达 20 亿元;有的贪财又贪色,95% 贪官有情妇,60% 腐败案与包二奶有关。有人在网上公布"二奶排行榜"列出 9 个奖项,例如:江苏省建设厅厅长徐其耀包养 146 名情妇得数量奖;重庆市委宣传部部长张宗海,常年在五星级宾馆包养未婚大学本科女大学生 17 人,得素质奖;四川省乐山市长李玉书,20 个情人年龄在 16—18 岁,得青春奖;还有海南省纺织局长李庆善,记性爱日记 95 本,制作性爱标本 236 份,得学术奖。多么荒唐!

第二,我国腐败蔓延到法院、检察院,产生司法腐败。从最高人民法院副院长开始,到各地法院检察院不少法官检察官犯案,有的甚至"一锅端",这在法治国家少有。美国建国 200 年来,法官犯案的只有 40 来人,新加坡独立 45 年来没有 1 个法官犯案。因为法院检察院被称为社会良心,是主持社会公道的机构,维护社会正义的主要力量,它们的腐败是社会良心的丧失,社会正义平台被丢掉。

第三,舆论腐败。本来媒体是监督公权力的有力工具。我国媒体不但丧失了舆论监督的功能,而且还产生资本收买媒体舆论的腐败现象。一个是吏治腐败,一个是司法腐败,一个是舆论腐败,显然比经济腐败更严重,是与政治体制弊端紧密结合在一起的,是体制性的腐败,值得引起严重关注。

其三,市场竞争的焦虑。

30 多年的市场化改革进程中,我国民众由人人参与政治搞阶级斗争的"政治人",变为人人关心经济利益努力创造财富的"经济人",这是历史的进步。但同时也出现了权力精英和资本精英的勾结,形成特殊利益集团,堵塞了民众的上升机会。现在和上世纪 80 年代 90 年代不同,那时凭市场的自由竞争,靠自己的才干和努力,可以在社会获得上升机会。现在却遭到特殊利益集团的阻碍。要上好学校读书,要找好工作,要升迁,要提职,都要跑关系,找靠山,讲背景,这就产生了市场竞争的焦虑。社会上弥漫着浮躁情绪,不满情绪,幸福感减弱,失落感增加,教育学术领域也受到侵蚀,出现教育腐败现象。这样一来,社会民众不少人就进入信仰空虚、是非无据、唯利是图、险燥愠慢的时期,多年积累的不满、怀疑、怨恨,到了释放期。一方面督促当局改善改革,另一方面,也越来越不信任当局,当局做什么都会被怀疑指责,越来越偏激,越来越不耐烦,越来越具有破坏性。这就导致民粹主义思潮起来,仇官仇富仇警的情绪到处宣泄。同时,追求物质主义、消费主义、享受主义,成为社会普遍现象。金钱至上观念泛滥、人文精神丧失、人性的物化,导致不少人紧张、焦躁、精神崩溃,引起精神病患者大为增加,自杀率也不断上升。据有关报道,我国现在有将近1亿精神异常的人群。这么庞大的数字,真是令人不寒而栗。这就提出了一个迫切的任务,务必要把"经济人"变为全面自由发展的"社会人",以取得人与社会的和谐,人与人的和谐,人与自我的和谐。

我国社会经济转型积累的这些问题,给社会带来的直接后果,就是基层权力失控,社会群体性事件增加。从1993年的8708件发展到2006年的9万件。2007—2009年连续3年社会群体性事件都超过9万件。2010年全国信访总量970万件(人)次,群体事件官方统计20817起。矛盾主要集中在农村土地征用和城镇房屋拆迁上,集中在资源开发和环境保护上。群体性事件大体分三种类型:

一种是维权型的社会事件。从农民抗税费到抗圈地,又发展到地下资源、林权、环境污染问题,矛盾冲突加剧。2010年发生十大社会群体事件,安徽马鞍山万人群体事件、山东潍坊拆迁冲突、江西九江拆迁冲突、苏州高新技术开发区拆迁冲突等都是数千上万人闹事抗议。从成都唐福珍到江西宜黄拆迁自焚事件,到今年"5·26"江西抚州连环爆炸案,标志着暴力化加强。

抚州钱明奇爆炸案具有典型的警示意义。钱明奇为房产两次被强拆的补偿问题,曾经上访10年、上网1年。他两次上告法院败诉,为此绝食4天;到检察院上告不受理,他静坐抗议;后多次到北京上访,被关进黑监狱。为向社会发出他微弱的声音,50多岁的他学电脑、学发手机短信,并在新浪、腾讯、天涯、凤凰4家网站同时开通了微博客,在网上给媒体人士和律师发"私信",诉说自己的遭遇。他发微博说,"我十年依法诉求未果,请大家理解我反腐报仇行动!"他表示自己不学唐福珍,也不学钱云会、徐武,要学董存瑞。爆炸前一天,他又发微博说,临川将会听到爆炸声。5月26日上午在抚州市检察院内停车场、临川区行政中心的地下车库入口处与东广场发生3起连环爆炸案,3人死亡,5人受伤。凤凰主持人闾丘露薇叹息:"进钱明奇的微博,赫然发现就在几天前,他曾转过我的帖子,后脊发凉。在那几千条评论中,我不会知道有一个声音是来自如此决绝、预备死亡的他。他一辈子不被听见,直到那一声巨响。"

今年6月6日发生在广东潮州古巷镇和6月10日发生在广州增城新塘镇群体事件,引发本地民工与四川籍民工大规模持械斗殴和互相报复,标志着两亿农民工维权问题提到新议程。

内蒙古锡林郭勒今年"5·11"与"5·15"抗议煤矿开采污染环境的两起命案,引起"5·23"、"5·25"全盟族众与学生抗议游行,接着又引发"5·30"呼和浩特20年来最大规模的民众上街抗议活动,蒙古族民众、学生呼喊"还我草原"口号。这标志着经济发展与环境保护、资源开发与维护当地民众利益的矛盾激化了!

另一种是社会泄愤型事件,参加者没有利益诉求,主要对社会不公发泄心中怨恨,对公权力和有钱人不满。2009年6月湖北石首事件是典型。为 1 个厨师死亡,7 万人围攻政府,火烧公安局。这种泄愤型社会群体事件没有组织动员,来得快去得也快。它不讲规则、不讲底线,打砸抢烧行为随意爆发。2009 年海南东方事件、四川南充事件都属此种类型。

还有一种社会群体事件是骚乱。2008 年 9 月湖南湘西苗族自治州骚乱,把政府砸了,把当地超市也砸了,超市与事件毫无关系。结果国庆节商店全部关门,特警部队开进去才恢复秩序。2008 年"3·12"拉萨事件,2009 年"7·5"乌鲁木齐事件,都属于骚乱,但有政治性和社会性的差别,其共同特点是攻击无关人员。

正是由于这样那样的问题,近年来社会上出现了走回头路,为"文化大革命"和"四人帮"鸣冤叫屈的思潮,借反思改革的名义来否定改革。值得警惕的是,这样的思潮已经产生了很大的影响。在 60 周年建国大庆时,我们有意无意地屏蔽了前 30 年的沉痛教训,这极不利于树立改革开放不可动摇的坚定信念。

综观这些社会群体事件,没有一件是直接针对中共的,也没有一件是反中央的,绝大多数争利不争权,用人民币可以解决问题。只有新疆、西藏问题复杂一些,有外来干涉。因此,经过 30 多年的改革开放以后,对目前中国改革面临的态势,我们可以作出一个总体的判断:一、经济保持快速发展;二、政治基本稳定;三、社会矛盾突出。

我们从辛亥革命百年来,世界与中国的实践来看,还可以得出这么五点共识:

一、现代市场经济制度是发展经济的最佳选择;

二、民主法治国家是长治久安的政治制度选择;

三、公民社会是社会治理最有活力的社会选择;

四、现代科学技术是发展先进生产力的主要选择;

五、以人为本、思想自由、多元发展、和谐共融,是经济社会发展的最佳人文精神。

从五点共识和我国总体态势判断出发,我认为要走出当前社会经济转型的困境,化解发展进程中的难题,必须要深化以政治体制改革为中心环节的经济体制、政治体制、文化体制、社会体制四位一体的改革与建设。

为什么要以政治体制改革为中心环节呢?因为,社会主义市场经济体制框架建立以后,经济体制改革深化必定涉及法治制度的完善,土地制度和国有垄断企业改革,财政金融体制改革,等等,这都涉及政治体制改革的内容。社会体制改革则涉及政府行政管理体制改革,从全能主义的政府回归到公共服务型政府上来,要发育公民社会,实行社会基层自治,加强社会管理创新,这也都涉及政治体制改革的内容。至于文化体制改革,首先涉及媒体舆论的改革,体现言论自由、思想多元,放宽舆论统制,发展新生媒体,激励文化产业创新,这都涉及政治体制改革内容。可见,四位一体改革,攻坚内容都涉及政治体制改革,所以深化改革必定要以政治体制改革为中心环节。

但是,鉴于中国目前的情况,以政治体制改革为中心环节的四位一体改革,又要分步骤实施。上世纪 80 年代初,我国改革开放总设计师邓小平同志提出了"三步走"基本实现国家现代化的发展战略。现在看来,中国的整体全面改革也需要一个"三步走"的路线图。

四、中国改革要分经济体制、社会体制、政治体制三步走

从 1978 年启动改革开放到 2003 年,用了大约 25 年左右时间,以经济体制改革为重点,着重建立社会主义市场经济体制,实现从高度集中的计划经济向充满活力的社会主义市场经济体制的转变。以 2003 年党的十六届三中全会通过《中共中央关于完善社会主义市场经济体制若干问

题的决定》为标志,宣告中国社会主义市场经济体制框架已经基本确立,还需要一段时间来深化、完善。就在这次全会上中央提出科学发展观,强调以人为本、全面、协调、可持续的发展,表明改革开放进入以社会体制改革和社会建设为重点的阶段。

这个阶段,需要花大约15年到20年左右时间,如果从"十二五"规划算起,大约用两个多五年规划,到2021年建党100周年左右基本可以完成。"十二五"期间正是启动社会体制改革的关键阶段。"十二五"规划纲要已经公布,转变经济发展方式,调整国民收入分配,建立社会保障体系,发展社会事业,加快工业化、城镇化步伐,切实解决民生问题,是"十二五"规划的重点内容,也是社会体制改革和建设的主要要求。所以,推进社会体制改革,就是中国的一场"社会进步运动",解决30多年来改革开放特别是经济体制改革所积累起来的一系列社会问题。从这个角度说,社会体制改革起着承上启下的作用,既承接经济体制改革的深化、完善任务,又为政治体制改革创造更为良好的社会环境和条件。

借鉴世界历史的经验,欧美国家从封闭社会走向开放社会,从农业社会走向工业社会,当中也出现过很多的社会问题,比如19世纪末20世纪初时的美国,经济发展很快,但出现了产业与资本财团的寡头垄断,出现权力与市场结合,权力与资本结合,官员普遍腐败,社会失业工人很多,贫富差距拉大,妓女满街走,社会治安一片混乱。20世纪初,美国在老罗斯福和威尔逊总统领导和支持下,发动了一场反垄断的斗争,美国媒体发动了充分揭露社会阴暗面的"扒粪运动",引起全社会震动。由此推动了30年代罗斯福总统的新政出台。顶住席卷全世界的经济危机,美国政府加强对经济的干预和调节,逐渐建立起完善的全覆盖的社会保障制度,推动教育普及制度、医疗保障制度、失业养老保险制度等的建立,支持工会与资方展开利益博弈,从而大大缓解了社会矛盾。

这是资本主义一场成功的改良运动,使资本主义制度走出困境。这是列宁当年写《帝国主义论》所未曾料想到的,列宁论述的帝国主义五大特征大部分是不准确的,其结论也被实践证明是不切实际的。

其实,第一步以经济体制改革为重点中,也包含有政治体制和社会体制改革的内容;第二步以社会体制改革为重点,也包含有政治体制改革的推进;第三步以政治体制改革为重点,也包含着经济体制和社会体制进一步的完善和发展。总之,改革"三步走",经济、社会、政治三大体制改革是互动的,互相配合、相互促进的。

社会体制改革和建设,应该包含两个层面的内容。一个是意识形态层面的,一个是制度层面的。在意识形态层面,我们要形成一些全社会范围的基本共识。我们推翻了一个旧社会,那么我们要建设的新社会有哪些基本特征? 社会以何为主体? 是官府还是民众? 社会秩序的主导力量是什么? 社会的伦理、道德底线应该建立在什么基础之上? 应该看到,长期以来教条主义和阶级斗争逻辑给中国人民套上了沉重的桎梏。社会上假话充斥,假面盛行。很多官员说的是一套,做的是另一套,人格完全分裂。这不是一个正常的社会所应有的现象。应该把假历史、假成绩、假典型、假榜样,像对待假货那样统统送进垃圾堆。为此,有必要彻底摈弃阶级斗争思维,让意识形态回归常识,使社会回归正常。在正常的社会状态下,才谈得上社会建设。

社会体制改革和建设,在制度层面主要解决三个方面的任务:

第一,建立一个有效的社会保障体系,从制度层面解决六大民生问题。

一是建立完善的现代化国民教育体系。这是中央一再强调要建设创新型国家,建立学习型社会的基本要求。教育公平是社会公平的重要基础。要更新教育观念,改变教育内容方式,搞好小学、中学、大学教育同时,还要搞好职业培训、社会教育、终身教育等。要从教育这个起点上实现机会公平和社会公平。中国现在教育存在的问题之一,就是寄托谋生前途于大学学历与文凭,将谋生与做学问混淆起来,结果毕业生往往缺乏做人做事的学问,扼杀了各行各业的创造力和生机。信息时代,完全可以利用网络、电视、手机、广播,广开门路,制作各种课程,从生存技能到生活艺术,从广博的知识到专业的学问,都可以任人选择学习。职业门槛应以职业技术资格为基本,重点在于实际贡献。全社会应鼓励人格平等、职业地位平等,靠合法劳动谋生光荣的风气。职业教育与做学问分开,也是教育改革必由之路。

二是建立覆盖城乡居民的社会保障体系,保障人民基本生活。1993年十四届三中全会就已提出这个问题,十多年过去了,不是国家财力不足,而是由于政府内部重重阻碍,至今未建立,使弱势群体基本生活保障不能落到实处。现在建设进度必须加快,尽快建立城乡失业保险制度、养老保险制度和基本医疗保险制度。

三是实施扩大就业的发展战略,促进以创业带动就业,并努力形成合理、公平的分配格局。扩大就业是合理公平分配格局的基础。一次分配在提高工作效率的同时,就要注意公平。二次分配更要体现公平、公正原则,使低收入者提高收入,高收入者在税收上多贡献些,扩大中等收入人数,拉小贫富之间差距。1993 年,邓小平就说过,过去我们讲先发展起来,现在看,发展起来以后的问题不比不发展时少。解决 12 亿人口怎样实现富裕、富裕起来以后财富怎样分配的问题,比解决发展起来的问题还困难。今天回头看,小平同志的预见多么正确!

四是建立基本医疗卫生制度,保证人人享受基本医疗卫生服务。尤其是农村医疗服务最差,要改善。医疗卫生作为公益性事业,应当以人为本,最大努力保障民众的身体健康。目前,我国医疗的现状是所有病患都拥挤到大医院和专科医院,千军万马挤独木桥,结果是病人和医生都不满意。如果改为社区医疗为基本,大量培养社区全科医生,在社区做保健诊断与保健指导(中医讲究"上医治未病"),有了小疾病就地解决,就会大比例降低患病率和医疗成本。社区医疗解决不了的问题,才由社区医生介绍到专科医院、大型医院,这样就理顺了医疗体制。

五是建立保障人人有房住的城乡住房建设制度,但不是人人拥有产权房。应该建立廉租房、平租房、产权房三级体制。对于平民大众,到处都有平租房可以自由选择居住,大众就有居住自由了;对于穷人,提供廉租房;其余才是产权房。上海这些年建了那么多高楼大厦,但老百姓住房却没有真正解决。上海市委书记俞正声新到任时,到市中心黄浦区居民点考察,看到不少居民还住棚屋,晴天日晒,雨天漏水,他感慨地说,在上海繁华的市中心,还有百姓生活在"水深火热"之中,是我们政府没有尽责啊!的确,现在不少城市是表面繁荣,百姓痛处何在,缺少关心。

六是建立良好的生活环境,保证空气新鲜,特别是水源清洁、食品卫生。现在水荒、水污染严重,食品不安全屡见不鲜,药品有假冒伪劣,还有毒奶粉、地沟油、瘦肉精等事件,震惊朝野。百姓基本生活环境都没有保障,谈何解决民生问题?现在向全面小康社会迈进,百姓要求很高,对环境要求也高了,我们虽然不可能一下子全部解决,但一定要积极创造条件逐步解决。

切实解决民生问题,需要把我们的财政预算从行政财政变为民生财政。中国行政成本高居世界第一。据统计,1978年到2003年25年间,中国财政收入从1132亿元增长到3万多亿元,约28倍;而同期行政管理费用则从不到50亿元升到7000亿元,增长达87倍。近年来平均每年增长23%。行政管理费占财政总支出的比重,2003年已达到19.03%,远高于日本的2.38%,英国的4.19%,韩国的5.06%,法国的6.5%,加拿大的

7.1%,美国的9.9%。在这28年里,中国公务员的职务消费增长了140倍,所占全国财政总收入的比例从1978年的4%上升到2005年的24%,接近四分之一。在国外,行政管理费一般只占财政收入的3%—6%。还有一组数字,据财政部谢旭人部长介绍,2007年中国在医疗卫生、社会保障、就业福利三项开支总共6000亿元,相当于财政总开支的15%,为全年GDP的2.4%,分到13亿人身上,人均收入461元。而在美国,同样三项开支为15000亿美元,相当于政府总开支的61%,为GDP的11.5%,分到3亿美国人身上人均5000美元。2007年美国财政税收占GDP的18%,中国5.1万亿占到20%,说明中国政府相对收入高于美国,但美国把61%的财政收入用在普通老百姓身上,而中国只把15%用在老百姓身上。中国政府为什么不能向改善民生增加拨款?涉及政治体制问题,中国党政官员多,三公消费开支大。要坚持以人为本,实施民生财政,抑制三公消费,新的财税改革势在必行。

第二,构建一个合理稳定的社会结构。

主要是推进城镇化,转移农业剩余人口,壮大中产阶层。实现非农产值比重占到85%以上,城镇人口占总人口50%—60%以上(目前我国为46%左右,一年增1%,约10年左右达到56%指标,发达国家达80%以上),非农从业人员上升到70%以上。这样,年收入在6万—18万元(月均5000元至15000元)的中等收入水平即中产阶层的人数,可提高到占总人口的40%—60%(目前我国占20%左右)。有专家提出,我们如果能培养出7000万高级技工队伍,就能解决这中产阶层问题。这就形成了一个"橄榄型"的社会结构,这样的社会结构才是政治社会稳定的基础。中产阶层既是推动内需、促进消费的主体,也是现代文化承载的主体,壮大中产阶层就可以大大缓解贫富悬殊的问题。

在推进城镇化过程中,一定要解决一个什么样的城镇化问题。欧洲、日本、美国的城镇化,是保护农民本有的土地和生产生活方式,帮助农民做好医疗服务、生产服务,在村镇的生活便利与美观艺术设计上,在宗教文化艺术精神生活上,在环境保护和行业自律上,给予良好的设计与保护。而不是搞乡村城市化,农业工业化,消费城市化,环境污染化。而我国有些地方的城镇化,大批农民被改变生存基础与生活方式之后,土地问题解决不好往往成为矛盾焦点,粮食安全问题也存在较大风险。大批农民作为城镇化居民,会要求与城里人平等待遇,如果得不到满足容易成为乱源。

第三,要培育一个"三元构架"的成熟的公民社会。

首先,政府公权力这一元要归位,不搞全能主义,统包整个经济社会事务。改革的目标是建立一个有限的政府,公共服务型的政府。政府主要政务是调节经济、监管市场、社会管理和公共服务。这既是社会体制改革,又是政治体制改革。

其次,要从制度上保障社会组织包括宗教组织的适度发展,放宽对民间组织的管制。有活力的宗教组织和其他民间组织是社会结构的一个重要组成部分,政府应该与其充分合作。在不可预知的危机到来时,社会便会显示出强韧的弹性,社会结构就会更加牢固。所以,要重视社会组织的发育,保障基层的自治权利。比如乡村自治、社区自治等,社会问题让社会民众来管理,形成广大公民自我管理、自我服务、自我教育、自我监督的社会自治制度。按照发达国家的统计,每百人就有一个社会组织,而我们国家有13亿人口,目前全国登记注册的社会组织45万个,备案的社会组织25万个,实际存在300万个左右,即使如此也只有发达国家的四分之一。但这些社会组织已覆盖我国社会各个方面,初步形成体系,仅6万多个行业协会就联系企业会员2000多万,4万多学术团体联系专家学者500多万人,专业协会联系1000多万家。中国各种商会、协会、学会、基金会、志愿组织、维权组织、慈善组织等这些社会组织还要进一步发展,政府要推动、协助、保护这些社会组织的发展,而不要视为对立的、异己的力量。目前对社会组织还是制约大于鼓励,重要法律法规并不完备。中央一再强调社会管理创新,要建立党委领导、政府负责、社会协同、公众参与的社会管理格局,那就要转变原来对社会组织从管制为主变为培育和鼓励为主,广泛吸收社会组织参与公共政策的制订,鼓励它们承担更多的公共服务,努力营造官民共治的社会治理格局。

此外,以公有制、非公有制企业,以及个体工商户为主体的市场一元,要充分保证其资源配置的权利,尽量减少政府直接干预企业,真正实现政企分开、政事分开、政资分开、政府与中介分开。对经济的宏观调控主要是靠经济手段,而不是强化行政手段,防止以宏观调控为名干涉微观经济,让创造财富的市场主体发挥更大更好的作用。以政府公权力为主导,把社会自治权利和市场资源配置的权利落实好,使社会三元构架各得其所,相互配合,相互协调,形成和谐的公民社会。

社会体制改革,需要建立起一系列制度来确保社会改革成果。当前急需建立市场经济条件下的利益均衡制度,这是解决社会矛盾和冲突的根本途径。

建立这个制度要配合建立信息获取机制——保证公众知情权,即有阅览卷宗、参与听证等的权利,让公众及时了解事关自身利益的公共事务与公共决策,在第一时间就能保护自身权益;

利益凝聚机制——以一定组织形式为载体,把公众中分散的、散射的要求凝聚和提炼起来,达到提供政府决策的层次;

诉求表达机制——让公众有利益表达的渠道和环节,如以听证、表意、监督、举报等方式向公众提供表达机会。还要设置相关制度使利益各方通过大众媒体等方式表达各自的利益诉求;

施加压力机制——当今利益分化,有了强势与弱势之分,强势群体拥有资源多,为自己争利益的手段也多。而弱势群体必须有特殊的施加压力机制才能保护自己的利益。当然对这种施加压力机制需要用法律法治加以规范;

利益协商机制——在利益诉求明确基础上,矛盾各方按法律渠道和程序进行对话与谈判,协商公平有效地自行解决利益纠纷,政府无需事事介入,既减行政,又节约社会成本。目前急需建立和完善的是劳资双方的协商谈判机制;

调解与仲裁机制——在矛盾双方无法达成妥协的情况下,第三方的调解和仲裁必不可免,应该鼓励成立民间仲裁机构,大量的纠纷应该交给民间仲裁机构处理。中国古代民间纠纷,一般是族长或乡里有德行威望的人给予仲裁(做主),其次是找里正,再次才是告到衙门。民间仲裁无法解决,才由政府和司法机构介入,担任最后仲裁角色,这是矛盾终止机制,类似于法院的终审裁定一样。

五、政治体制改革要坚决而谨慎地推进

经过经济体制为重点的改革阶段,现在的社会矛盾暴露很多,此起彼伏的群体性事件预示着,如果不推进社会体制改革和社会建设,不解决民众关注的民生问题的话,就会影响到经济、政治体制改革本身。同时,在社会矛盾多发的情况下,如果不经由社会体制改革,而突出政治体制改革,在社会基础、公民素质没有准备好的情况下,政治体制改革很可能落空,甚至带来政局动荡,最终损害我们的事业。

在基本完成社会体制改革之后,我们有条件用 25 年左右时间推动以政治体制改革为重点的改革,努力建设经济富强、政治民主的国家,建设

法治文明、自由发展的社会。中华民族的复兴,不仅体现在经济总量的增长上,还要体现在经济发展的质量和效益上,以及社会财富的公平分配上。要建立一个大家都有幸福感和满意度的和谐社会,人人能享受充分的政治自由和民主,人权和私人产权得到充分保护,社会真正进入一个民主、和谐、幸福、法治的发展阶段。这应该是 21 世纪中叶实现的目标。这样就跟邓小平提出的发展"三步走"战略配合协调起来了。

改革 30 多年来,我们丧失几次政治体制改革的好机会。但 30 多年来政治体制改革取得两大成就,即党与国家领导人形成年龄、届别的定期规范的交接班制度;网络媒体日益成为推进民主政治的平台。这些成就意义重大,为我们未来的改革做了必要的准备。

政治体制改革的核心问题,就是解决党内民主、党际民主和社会民主问题,也即解决党政职能分开、权力过度集中、缺少监督的问题。具体来说,要改变执政党的执政方式与领导方式,调整执政党与民意机关、政府机关、司法机关之间的关系,充分发挥民主党派与执政党的相互监督作用。

执政党民主选举、民主决策、民主管理、民主监督制度要进一步完善起来,提倡竞争性选举,从党中央到乡镇委员会实行较大差额的民主选举。协商民主与直接民主互动,监督和制衡体制健全完善,党内民主风气活跃,社会思想文化更加多元,舆论更加自由开放。

党管军队、管干部、管舆论,如何管得科学、管得民主、管得依法,要有新的规范和制度。四大基本政治制度(人大、政协、民族区域自治、社会基层自治)的改革要配合推进。

总之,通过改革建立现代执政党的执政理念和制度,改变传统的执政方式和领导方式。保证既能体现党的领导,又能体现人民当家作主,党的领导和人民当家作主都统一在依法治国、宪法民主之下。也就是说执政党应当遵循民主政治的规律,在宪法和法律范围内活动。这必定会迎来新一次思想解放运动。

政治体制改革,是自己改自己,共产党改共产党,政府改政府,官员改官员,所以相对经济体制、社会体制改革而言更困难一点,需要有"壮士断腕"的勇气,要有自我改革的决心和献身精神。

经过"三步走"改革路线图,到建党 100 周年的时候,我国社会主义市场经济体制走向成熟,社会体制改革也接近完成;到新中国建国 100 周年的时候,我国经济总量有望超过美国,政治体制改革基本完成,社会体制改革进一步完善。这个时候,中华民族的伟大复兴历史任务可以说真正实现了,"中国模式"也可以光耀世界了。

三、改革攻坚克难

终结腐败[*]

　　腐败问题始终是困扰着当下中国的重大忧患。当前中国社会经济矛盾的根源很多同腐败有关,普通百姓对官员腐败更是深恶痛绝。党的十八届四中全会提出全面推进依法治国方略,强调必须依据党章从严治党,依据宪法治国理政。这表明,党中央要坚定不移地推进反腐败斗争,要从制度建设层面治理腐败,做到有腐必反、除恶务尽。

　　党的十八大以来,中央加大了反腐败力度,治标为治本赢得了时间。今年1—5月,全国纪检监察机关给予党纪政纪处分62953人,比上年同期增加34.7%。从2012年11月以来,已有48名副省(部)级以上官员因违法违纪遭到调查,其中包括3名副国级、2名十八届中央委员、3名候补中央委员。特别是在刚刚过去的2014年6月,有包括两名副国级领导人在内的6名高官密集落马,7月末又宣布震惊中外的周永康案。中国共产党以特殊的方式迎接自己的93岁生日,也向人民昭示,不管大老虎、军

* 本文是周瑞金首次启用别具深意的新笔名——皇甫欣平撰写的万字长文,原载2014年10月9日凤凰网、澎湃新网等媒体。

老虎、老老虎、病老虎，只要触犯了党纪国法，就要把老虎关进笼子。

一

俄罗斯共产党总书记久加诺夫总结苏共失败的原因，认为是"垄断权力、垄断资源、垄断真理"。更准确地说，是特殊利益集团的垄断。反腐中从落马官员不断上升的犯罪金额数量和越来越高的层级来看，我们也发现利益集团攫取国家与社会资源的能力正在不断快速上升过程中，很可能这些集团业已成为中国居民财富分配的最强大主体。从目前公布的一些重大案件来看，这些利益集团盘根错节，涉及到中央和地方的党政大员、地方黑社会势力、部分代理人性质的民企、垄断性央企，横跨能源、交通、宣传、资本市场等关键领域，并深入国家政法纪律部队甚至武装力量。

目前反腐行动正在由点到面不断扩大和深化，拔出萝卜带出泥，结果泥里还有大萝卜，而这又带出更多的泥和更大的萝卜。不管怎么说，即便还远未结束，这大概可算是中国自1978年以来历时最长、强度最高、范围最广的一次反腐行动，特别是延伸到历来较少曝光的军队高层。"将反腐进行到底"，"全天候反腐"，"反腐无禁区，打虎无死角"，"苍蝇老虎一起打"，这种决心终结腐败的信号释放是非常强烈的。短期高烈度高密度反腐的目的和作用肯定是打破现有固化的利益链条，震慑特殊利益集团，赢回民众信任和信心，树立执政党形象和改革者权威。目前看来，攻坚的重点依然是通过"斩首行动"来袭击核心利益集团并连根拔起他们的"朋友圈"，全中国以至全球都正在密切关注着情况的最新进展。

2012年12月4日，中共中央出台关于改进工作作风、密切联系群众的八项规定，随即开展全党性群众路线教育实践活动。应当说这次党内教育整风的强度和持续时间远超预期,有 1700 万党员、330 万党组织参加。一年多来,包括中纪委三次全会公报在内,先后已出台 15 个文件通知,以"严禁"、"严查"的口吻砍除公务员的灰色利益。这些规定都具有极强的针对性、示范性和可操作性。据不完全统计,15 道禁令所消除的"灰色利益"包括豪华超规格办公楼、党政机关文艺晚会、会所歪风、企业兼职(任职)、一般公务用车、殡葬敛财、摊派党报党刊、会员卡、公款旅游、公款宴请吃喝、公款发放赠送月饼年货烟花爆竹等节礼、公款印刷赠送贺年卡、公务接待使用鱼翅燕窝或高档香烟、酒水等。

各级部门还把减少"三公"消费制度化,制定了勤俭节约的具体规定。2013 年 10 月 31 日,国务院规定政府各部门不得安排与本部门业务工作无关的出境考察或培训,不得在风景名胜区举办培训;11 月 25 日,中共中央、国务院印发《党政机关厉行节约反对浪费条例》;12 月 8 日,中央又公布了新修订的《党政机关国内公务接待管理规定》,对于公款吃喝做出了各种限制;年底财政部发布了党政机关临时出国、培训、会议费等方面的具体标准的规定;今年 1 月 7 日,财政部规定所有部级以下官员出行不得乘坐商务舱或住套间。

对于社会关注度很高的官员待遇问题,2013 年 12 月 11 日中纪委网站称,将开展对领导干部住房、办公用房、公务用车的专项清理工作,对违规多占超配的,一律清退。一方面规范在职领导 8 项待遇,抓紧制定出台领导干部办公用房、住房、配车、秘书配备、警卫、公务接待、福利、休假等工作生活待遇标准……其中重点提到了秘书和警卫(也是关键的身边人)这两个方面,要求不能随便配秘书,尤其是专职秘书;也不得任意扩大警卫范围,尤其是不能随便交通管制扰民。而在住房方面,则推行官邸制和周转房。为高级干部配置官邸,家人可以在高级干部任职期间一起居住,一旦该官员离开,就应该及时腾退,由继任居住。对于中级干部则配套异地任（挂）职的"周转房"制度。官员异地任职时,在当地安排的住房可以住,但不能买卖,离任了要交出来。另一方面,对于老干部退休后的待遇问题,也有了明确规定。确实,经过了不到两年时间,相信各级官员和普通民众都能同时感受到党风、政风的众多改进,不良的官场文化在逐渐消退。相信再经过一段较长时间的坚持,将来会出现官本位变成民本位的变化,公务员将不再是特权阶层,为官不易将成为新常态。

二

反腐治本的关键在于有效设计制度的笼子。包括政党、立法机关、行政机关、司法机关、审计机关和私人部门等共同发挥作用。众所周知,中国式传统反腐的重点和难点在于"中央监督太远,同级监督太软,中纪委监督太晚,群众监督太难"。

考虑到现阶段中国人特有政治诉求包括以下特征:德治优先于法治,重视实质和内容优先于重视形式和程序,解决反腐败和群众监督政府问题优先于保障公民权利和自由。所以当下制度建设的核心就应当是顺应民意,阳光化权力并实现异体监督,然后逐渐通过反腐败立法建设以及独立的司法来实现长治久安。因此,行政阳光化和可问责是当务之急。

十八届三中全会把国家治理的现代化和提升国家治理能力视为改革的总目标,其中含义隽永。预期在不久的将来,新一轮国家和政府治理改革的三大标志性工作将很快全面展开。它们都具有类似的原理和效力(公开和制衡),这包括但也不限于:

（一）事前:权力清单和负面清单约束设租寻租。中国政府为了行使经济调节、市场监管、社会管理和公共服务等职能,拥有大量的决策权、执法权、审批权、处罚权等权力。仅各级政府掌握的行政审批权就有数千项之多,而且很多权力其实是由地方或部门自行制造,本身并无法律依据。一方面各级政府掌握庞大的权力资源,另一方面对这些权力的监督制约整体偏弱。公共权力面广量大,由于制度变迁、机构改革、人事变动等原因,某些权力有可能被忽略甚至遗忘,而实际由小集体甚至官员个人自行掌握。事实证明,这些处于监督盲区的公共权力,最易沦为腐败"温床"。而借助这些权力进行寻租和设租历来就是官僚体系权力变现和交易的主要实现形式,与腐败一墙之隔。所以,无论是站在从源头上防治腐败的角度,还是从提高执政能力建设角度上考虑,都应该探索权力公开透明运行机制,加大权力公开的力度。

目前正在推行的权力清单制度就是推动权力公开运行、强化权力运行制约和监督的重要举措。目前的权力清单主要包含了权力名称、权力依据和行使规则等前端信息,今后还应继续向权力运行的后端延伸,即公开权力过程和权力结果。唯有完整地公开才能使公众不仅知其然,更能知其所以然,真正发挥对公共权力的监督制约作用。

还有就是"负面清单",广义上讲,"负面清单管理模式"是指政府规定哪些领域不开放,明确列出禁止和限制投资经营的行业、领域和业务。除了清单上的禁区,其他行业、领域和经济活动,各类主体均可自由平等进入。政府管理模式从以前容易滋生寻租、设租腐败风险的正面清单(例如几乎全军覆没的国家能源局案例)转向负面清单,这就是政府的自我革命,是从 0 到 1 的重大且不可逆的变化。这将从根本上重塑政府的行为,并真正理清政府与市场的合理边界。改革的方向就是大幅度取消或简化前置性审批,充分落实企业投资自主权,推进投资创业便利化。确实需设置的行政审批事项,就根据前面的权力清单制度,一律向社会全程公开。最终的目标是实现市场主体"法无禁止即可为",政府部门"法无授权不可为"。可以确信,这两项关键制度的建立和配套实施,将终结历史上一再出现的"收权——放权——收权"循环怪圈,彻底治理和最终牢牢约束各级政府闲不住和常常乱摸的有形之手,抑制住权力寻租和审批腐败。同时,打破民间资本和政府官员的复杂利益纠葛,治愈所谓的"斯德哥尔摩综合症"(对政府的极度依赖)。

(二)事中:公共财政法案实行过程监督。财政是现代化国家治理的基础和重要支柱。财政民主是借鉴英国百年"光荣革命"和美国"进步时代"改革的最重要成果。世界上许多国家从传统国家建构完成向现代国家建构的转型,都是由财政税收领域起始的,中国应该也不会例外。

如果要约束政府的行为,就从财政预算上约束,财政收入"取之于民、用之于民",怎么让群众能看懂、社会能监督?提高透明度是最有效的途径。财务一旦公开,权力的运行就暴露在阳光下了。预算公开本质上是政府行为的透明,是建设阳光政府、责任政府的需要,也是依法行政、防范财政风险的需要。不透明的政府,是无法监督的政府,无法监督的政府是不负责任的政府。现代化的治理就要求逐步将各级政府财政运行从黑箱中逼出来,使其有形之手暴露于阳光之下。

下一步围绕建立透明预算制度,要增强预算的完整性,完善全口径预算(常规预算、国有资本、基金收入、社保基金);除涉密信息外,进一步细化政府预决算公开内容、扩大部门预决算公开范围和内容,到达具体明细科目等细节。还要通过立法,要求政府建立权责发生制的政府综合财务报告制度,便于对政府财政预算执行行为进行动态跟踪。而这也就要求充分发挥各级人大的财政预算审查职能,将预算支出作为人大批准预算的主要目标,确实强化立法机关对政府的约束和监督,加强对预算程序的监督,合理、充分行使对预算的修改权和否决权。特别是重大事项要进行听证,重大情况要让老百姓知道,重大问题让老百姓讨论。这将把每一次重大项目的决策从暗箱放到台面上。这样,很多的形象工程,例如豪华的大剧院就不会仅仅凭主要领导的"一支笔"就可以开工,一旦上网公开,相信谁也不敢轻易签这个字。

当务之急就是加快通过《预算法》修正案。《预算法》,准确地说,就是政府支出法,是约束政府花钱的规矩。预算法不仅是上级政府管理下级政府的工具,更是人民对政府支出的约束。它是约束和监督政府行政行为的制度规则,更是构建和塑造现代国家治理体系和能力的法律依据。毫不夸张地说,《预算法》是当下中国经济体制和政治体制改革的核心交汇点,关涉经济发展方式转变和运行效率、关涉民生改善、关涉中央和地方政府关系调整梳理。今年8月通过的新版《预算法》显示出了更多的进步主义姿态,开始真正具有现代化的公共财政法案的某些雏形和要素。可以预见,包括预算法案在内的系列公共财政法案的修改通过,将昭示着中国公共财政改革的大步迈进,它会有效地扬弃GDP锦标赛,使得政府真正看得见,可以监督,可以问责,并转向为服务型、民生型和发挥更好作用的政府。推进民主理财,全面规范、公开透明的预算管理制度将标志着中国经济和政治改革在关键环节上的双重启动。它提供的全过程监督必将使得工程腐败、建设腐败受到最强力的抑制。

(三)事后:增量阳光法案进行结果控制。十八届三中全会决定中明确提出的"推行新提任领导干部有关事项公开制度试点"。这本质上是一个以增量带存量的中国式阳光法案的雏形。常识告诉我们,"阳光是最好的杀虫剂",反腐不如防腐,而防腐的最主要手段就是阳光化——官员财产公示制度,将有利益瓜葛的官员财产公之于众接受监督。既然执政党中国共产党是全心全意为人民服务的,党章上宣称共产党除了人民利益之外没有自己的特殊利益,为什么不能公布财产呢?出于众所周知的理由,这个问题是有明显路径依赖的,早解决早受益,设想25年前就执行增量改革,现在的局面就不会如此被动。而且如果这个历史遗留包袱的存量积累越来越大,则越拖越棘手,并具有定时炸弹的性质。

与其在一步到位的民众愿望和阻力如山的现实中间停滞不前,不如退一步从各方面都能有基本共识的地方做起。与其在过高的标准上难于启步,不如看准大方向后,先开枪再瞄准。与其继续坐而论道,争论不休什么赦免、宽容与和解,不如现在就实行各方都能接受的方案。所以,现实的态度就是从增量做起,这也是中国改革的一个普遍经验,也就是推行新提任领导干部有关事项公开制度试点。

原来以为这只是从新任职的处级干部或者新任的公务员开始实行,那么从这些人开始,新的约束条件也就能建立起来,也就意味着20—30年后,当他们成为高级官员甚至决策者时大概率都应该是干干净净清清白白的,这点时间对于一个励志伟大的国家来说又算得了什么。但现在看起来实际执行力度会更大,因为它是从新提任(新后备)的干部就开始执行,也就是说如果现有官员从任何目前官阶往上提拔的话,他都会受到这个阳光法案的约束,例如从正部级上升到副国级也得满足这样一个约束条件,这会使得原来的存量也都一并进行管理了,除非这个官员永远不打算升迁。这就像上海目前试点的房产税一样,名义上是对增量收取,只要你不交易就理论上不会被课税(成本太高),但如果你要进行任何一套的交割,则可以对你名下的所有的房产都进行房产税征收,如不交税则不予交割。一些基层的反馈显示,部分试点地区已经在根据拟提拔的干部的家庭资产情况来进行候选人的甄别和筛查了。

这样一种制度安排放弃了一日建成罗马的目标,改成在若干年内逐步渐进地有序实现。既消解了既得利益,又避免了疾风暴雨,做到了润物无声。一旦成行,就会形成结果控制(刑法有巨额财产来源不明罪),会成为对腐败的最大制约。它同时也是无声处的惊雷,切勿低估它的严肃性和作用力,回想下前面提到的那个"替代率",虽然无法精确测算,但这个法案净化官僚体系的速度一定比期望中要快得多。

（四）审计监督：这也是事后监督的重要方式之一。在国家治理中，审计实质上是依法用权力监督制约权力的行为，是国家治理中的一个内生的具有预防、揭示和抵御功能的"免疫系统"。在《世界审计组织战略规划（2011—2016)》中，明确要求各国最高审计机关在坚定反腐、加强问责、促进透明、强化良治方面不断努力，以展示各国最高审计机关在国家治理中的重要作用。

审计机构的主要任务就是提供财务数据上的可疑线索。刘志军案就是由审计署发现的线索"牵"出来的。2013 年全年，全国各级审计机关共审计 15 万多个单位和政府部门，促进增收节支和挽回经济损失 4500 多亿元，移送 2400 多件违法违纪案件线索至相关部门进一步调查处理。特别是今年 6 月 16 日到 25 日，审计署连发 17 份公告，移送至 2014 年 5 月已办结的 35 起经济案件和事项、中国烟草总公司等 11 家国有企业 2012 年度财务收支审计结果公告、国家发展改革委等 37 个中央部门单位 2013 年度预算执行情况和其他财政收支情况审计结果。仅 11 家中央企业 2012 年财务收支审计，就对 190 名相关责任人进行了严肃处理，其中厅局级干部 32 人。

（五）考虑到前述三项制度建设的渐进性，当下体系内的中共各级纪委仍然会是中国反腐机制的重要组成部分。这个方面包括以下五项制度升级和优化：

1. 提级管辖：强化上级纪委对下级纪委的领导。即查办腐败案件以上级纪委领导为主，线索处置和案件查办在向同级党委报告的同时必须向上级纪委报告。中共十二大正式确认了纪委由同级党委和上级纪委双重领导的体制，但实际上纪委仍主要受同级党委的领导，这成为影响其工作独立性的最大障碍。以前各级纪委书记发现了线索，都必须向同级党委一把手汇报,对方同意后才查处。如果一把手想瞒报,上级也不知道。现在显然这种方式不行了,必须同时报给上级纪委,隐瞒难度加大。另外,开始执行各级纪委书记、副书记的提名和考察以上级纪委会同组织部门为主。同级党委一把手说了不算,而且"上级纪委"还放在"组织部门"之前。

2.巡视组:强化派驻监督和完善巡视制度。以前中纪委的纪检组,都是派驻到国务院系统的政府部门,比如教育部、公安部等,而在党务部门比如中组部、中央统战部、中联部,除少数特例外,还都没派驻。现在则是要全部派驻或者全面巡视(包括增加专项巡视),包括兼任地方党委书记的政治局委员,都在巡视监督范围内,谁都不例外;对于巡视工作发现的重点线索,责任到人、逐一核实,做到件件有着落,对违纪违法的,及时报告、及时移交;同时创新性组建巡视组组长库、一次一授权,实行巡视组组长不固定、巡视的地区和单位不固定、巡视组与巡视对象的关系不固定,有助于提高巡视质量和实效。

3.权力制衡:重点是要加强对主要领导干部(党政一把手)行使权力的制约和监督。首先是分解主要领导干部的权力和责任,减少其对具体事务的插手干预。一把手确实会管宏观,但是没有具体事权,想绕过副手很麻烦;同时降低一把手对同僚晋升时候的影响权重,就算副手拒绝一把手的不合理要求,至少不能直接处理意见不同的副手,形成班子成员内部相互制约和协调的权力运行闭环系统。

4.廉政问责:落实党风廉政建设责任制。主要领导对本单位的反腐问题负责,如果下属腐败频发,其必然脱不了干系。如果发现一把手在此类问题上有失职,那么就要采取倒查的办法予以追究,而且一是要追究到个人身上,绝不能以集体名义敷衍了事;二是终身追究,即不管其将来职位如何变动,都要追责,跟重大工程质量问题终身追责一样处理。

5.选拔标准:用人选拔则是源头控制。2013年底通过的《党政领导干部选拔任用工作条例》强调重用四种人,即对群众感情真挚、深得群众拥护的;说话办事有主见、有效率的;对上对下都实实在在、不玩虚招的;清正廉洁、公众形象好的干部。同时,首次明确若有以下六类情形不得列为考察对象:群众公认度不高的;近三年年度考核结果中有被确定为基本称职以下等次的;有跑官、拉票行为的;配偶已移居国(境)外,或者没有配偶,子女均已移居国(境)外的(裸官);受到组织处理或者党纪政纪处分影响使用的;其他原因不宜提拔的。

这些措施也是多年摸索和磨炼的经验积累,而且有自己的逻辑。例如,如果上级有效监督下级则问题可以迎刃而解,为什么效果还是差强人意呢?因为下一级官员往往是上一级官员亲手提拔起来的,所以又要分散主要领导的人事权和决策权,还要配合派出巡视制度,同时还得要前置通用的选拔标准,还要实施"连坐"性质的问责制度。但是仅仅依靠内部调控难以遏制腐败蔓延势头,这已经在一系列重大腐败案特别是"一锅端"的窝案中得到了充分证明。中国的党纪国法之网不可谓不密,执行法纪的部门不可谓不多,但为什么仍然问题频出呢?特别是如何才能彻底防止出现超越于党纪国法之上、不接受监督的特殊党员、特殊领导干部?问题的根源显然是同体监督、内部制衡和暗箱操作。只有异体监督、外部制衡和阳光操作,才能真正做到事半功倍。

(六)异体监督。除了体系内的办法,更需要依靠社会和民众的监督。尤其是在目前的权威体制下,如果没有足够的反馈机制就会发生方向性的偏差。正如毛泽东在其著名的"窑洞对"中所指出的:"只有让人民起来监督政府,政府才不敢松懈。只有人人起来负责,才不会人亡政息。"体系外监督包括媒体舆论(目前多数还是以打"落水狗"为主),特别是网络监督。根据民意调查,腐败一直位居当前我国面临的社会问题的前列。要知道贪污的赃款是老百姓和纳税人的钱,是民脂民膏,因此与每个人都有关系。对官员的监督必须上下结合,形成一种浩大气势,使腐败者成为人人喊打的过街老鼠和全民公敌。

特别是在群众主体性和网络公开性等导致社会监督的主体力量和技术手段都已经日益具备的前提下,作为现代政治的最重要监督力量的社会监督通过网络技术的放大,已经成为最为直接的民主监督力量,新的社会契约正在逐渐达成,这有别于过去任何一个时代。其实,微博、微信已使得部分官员"被公示",众多"表哥"和"房姐"的落马就是很好的例子。官方应该回应和顺应这一时代潮流,有效的网络反腐原则就三点:一是对网络上举报的要及时查处;二是对失实的要及时澄清,把内部查处结果进一步透明化,既是对公众交代,也是对相关官员交代;三是对诬告陷害的要追究责任——网络举报大都是匿名,这也算是对网络举报的一种必要的约束。贯彻这些原则的体外监督会使得政党与社会之间形成一个联合互动的净化机制,社会监督将有效配合上述权力清单、负面清单、预算公开、财产公示等阳光化制度,帮助完善党务、政务和各领域办事公开制度,推进决策公开、管理公开、服务公开、结果公开。这其实也是群众路线的有效实现形式之一。

(七)法律监督。十八届三中全会对深化司法体制改革作出了重要部署,因进入深水区而难以推进的中国司法改革已被提至改革日程前列,其中的核心就是司法独立。要尽快进行反腐败法立法,反腐处分未来主要依国法办理,党纪只能对本党内成员约束和处分,不能作为反腐的法律依据。加强检察院在监督官员方面相对于纪委的独立性,保障法院依法审判时相对于政法委的独立性,促使反腐模式从党内主导转为司法主导。

这就要求在人民法庭探索建立主审法官办案责任制,做到谁审理、谁裁判、谁负责,确保权责统一。加强审判活动监督管理,深化司法公开,要立足人民法庭与人民群众打交道多、审理的案件与人民群众生产生活息息相关的实际,大力推进庭审公开、审判流程公开、裁判文书公开、执行信息公开,扩大信息技术在司法公开中的应用,防止产生司法不公、司法腐败,确保司法权依法规范公正运行,提升司法公信力。去年山东法院对薄熙来案的审理就可圈可点,特别是其中进行微博直播等做法,多少为中国的司法公正树立了一个重要的标杆。最高法院也要求自 2014 年 1 月 1 日起,各级法院应当以公开为原则,不公开为例外,将符合条件的生效裁判文书在网上公布。

法律监督方面还有一段有趣的插曲,就是美国也帮着中国一起反腐,而且还应该掌握着不少关键线索和情报。例如,近期美国监管部门已扩大了对大型银行在亚洲招聘行为的调查,SEC 在 2014 年 3 月初向包括瑞信、高盛、摩根士丹利、花旗、瑞银在内的一些公司发出信函,要求他们提供在亚洲招聘方面的更多信息,调查这些银行或其雇员是否招聘了与业务有关联的政府官员的亲属,从而违反了美国的《反贿赂法》。这方面国际媒体爆料不少,警示作用也正在凸显。最新的进展是,在刚结束的第六轮中美战略对话的成果中包含以下执法合作内容:美国更新中方在逃人员名单,并优先处理现有案件。双方重申在二十国集团所作的打击外国商业贿赂、拒绝提供安全庇护和资产返还的承诺。

有理由相信,这种七位一体的治理结构应该就是所谓"制度的笼子"的最坚固部分,也是实现国家治理现代化和治理能力增强的可行路径和最佳实践,它能够有效发掘和充分调动政党内部、国家制度、市场秩序和社会组织四个方面的各种正能量和积极性,并进行有机结合和互动,这将促使最终形成正反馈系统,一定会有利于腐败问题的彻底根除和政府治理水平的快速提升。

三

标本兼治的反腐,除了有决心、有方法、有制度以外,还要有充分的技术手段保障。中国即将进入更加精确的"数目字"管理阶段,执法系统将有能力全面获取关于居民财富的存量信息,特别是居民的资产负债表。一旦关键数据库完成并且实行全面联网,则达摩克利斯之剑就将永久高悬于腐败者头上。这具体包括以下三个方面的技术支持:

(一)不动产登记。所谓不动产,是指不可移动的物,比如土地以及房屋、林木等土地附着物。不动产登记是建立物权制度的重要基础。物权法草案经多次审议、反复修改,最终确立了不动产统一登记制度。2013年3月,国务院发布的《关于实施〈国务院机构改革和职能转变方案〉任务分工的通知》中明确要求:2014年6月底前出台不动产登记条例。11月,国务院常务会议决定,由国土资源部负责指导监督全国土地、房屋、草原、林地、海域等不动产统一登记职责,基本做到登记机构、登记簿册、登记依据和信息平台四统一。2014年5月8日,国土资源部正式挂牌成立不动产登记局,同时建立不动产登记信息管理基础平台,实现不动产审批、交易和登记信息在有关部门间互通共享,消除"信息孤岛",并推动建立不动产登记信息公开查询系统。明眼人都看得出来,显然房产登记和联网系统是真正的大杀器,因为中国居民家庭财富的50%—70%是体现在房产上的(160万亿元左右),不动产统一登记制度不仅将为房产税的开征奠定基础,同时也能为反腐添上一柄利刃,所以王石也说对房地产的最大调控就是反腐。

(二)海外资产登记。随着对外开放度不断加深,中国居民对外金融资产、负债也在不断增加。特别是不少贪官和富人担心,鸡蛋放在一个篮子里不安全,十年前就玩起裸官和移民潮。有媒体披露,中国居民海外存款折合接近 30 万亿元人民币,海外资产和投资可能还要加倍。2013 年 11 月 22 日,国务院签发第 642 号令《国务院关于修改〈国际收支统计申报办法〉的决定》,修改后的申报办法规定国际收支统计申报范围为中国居民与非中国居民之间发生的一切经济交易以及中国居民对外金融资产、负债状况。要求拥有海外金融资产、负债的中国居民个人,应按照国家外汇管理局规定申报相关情况。如未按照规定进行申报的个人和机构,由外管局依照《中华人民共和国外汇管理条例》第四十八条给予处罚。决定自 2014 年 1 月 1 日起施行。这不由得让人联想到 2013 年 4 月 2 日,俄罗斯发布的针对官员申报个人财产的总统令,要求本国高官和政府工作人员在 3 个月内关闭他们的海外账户并出售海外资产,否则将被解雇。

(三)全球税收情报交换系统。实际上国外也在进行类似的行动,这会对中国的努力形成配合。这主要是指:全球税收情报交换系统以及相关的《全球账户税收合规法案》(GATCA)。为打击跨国避税行为,遏止恶性税收竞争(特别是税基侵蚀利润转移 BEPS),经合组织一直希望提高国际税收信息透明度,并打造国际税收征管合作新秩序。2014 年 2 月 13 日,OECD 发布了全球税收情报自动交换新标准。该标准要求世界各国间进行自动的系统化税收情报交换,这将使得纳税人居住国与纳税人账户所在国自动分享纳税人在境外金融机构账户内的各类财务信息。6 月 6 日经合组织 34 个成员国和巴西、中国、新加坡等 13 个国家共同签署实施该标准的国际协议。经合组织表示将进一步细化实施规则,并提交 2014 年 9 月的二十国集团财长和央行行长会议通过,预计将于 2017 年生效。基于这项标准产生了两个重要事件和影响:

1.美国的《海外账户税收合规法案》(FATCA)。该法案规定若美国纳税人个人或机构持有的海外金融资产总价值达到一定标准(个人 5 万,机构 25 万美元),该纳税人将有义务向美国国税局进行资产申报。同时,FATCA 要求全球金融机构与美国国税局签订合规协议,规定海外金融机构需建立合规机制,对其持有的账户信息展开尽职调查,辨别并定期提供其掌握的美国账户(包括自然人账户以及美国纳税人持有比例超过 10% 的非金融机构)信息。这些信息包括:美国纳税人的姓名、地址、纳税识别号、账号、账户余额或价值以及账户总收入与总付款金额。

该法案在 2014 年 7 月 1 日正式启动,并于 2014 年至 2017 年分阶段实施。它使得美国有能力在全球范围内收集纳税人的海外账户信息。届时,未签订合规协议或已签订协议却未履行合规义务的海外金融机构会被认定为"非合规海外金融机构",在合理时间内未披露信息的账户将被认定为"拒绝合作账户",未披露信息说明美国纳税人对其持有比例是否超过 10% 的非金融机构(上市公司、国有企业及部分特定类型的企业未被包含在内)将被认定为"未合规非金融机构"。作为惩罚,将对上述"三非"来源于美国的"可预提所得"按照 30% 税率征收预提所得税。

截至 2014 年 5 月,已有二十多个国家同美国就 FATCA 法案达成了政府间协议,巴西、韩国、印度、香港及台湾等三十多个国家与地区也已经与美国政府就 FATCA 签约基本达成协议。按照这一趋势进展,对中国而言,履行这个法案并且要求美国提供对等信息作为交换也就是迟早的事情。未来中国将把有关美国公民所有在华账户信息提交给美国国税局,而美国则会将中国公民在美国账户信息提供给中国政府。

2.离岸中心的破灭。根据 1934 年通过的《联邦银行法》,瑞士银行应防止客户信息被第三方获知,无论第三方是私人还是官方。否则将面临最低 6 个月到 5 年的监禁以及最高 5 万瑞士法郎的罚款。最为重要的是,该保密协议终身生效,不会因为银行职员离职、退休、解雇而失效。瑞士银行因此赢得全球客户信赖,吸收了高达全球三成的离岸财富逾2万亿美元。但同时瑞士也因其银行业保密传统缺乏透明、涉嫌帮助客户逃税被指责为"避税天堂"。也有不少国家指责瑞士银行吸纳了一些腐败高官和恐怖分子的资金。

2014年5月7日,瑞士政府表示支持关于实施银行间自动交换信息标准的宣言,承诺将自动向其他国家交出外国人账户的详细资料。这是全球打击逃税举措的最重大突破之一。与瑞士一起签署协议的还包括开曼群岛和泽西岛等离岸中心。其他的离岸中心预计将被进一步孤立,经合组织今年可能列出一份不签署信息透明协议国家的黑名单。

随着经合组织成员国、传统"避税天堂"瑞士和国际重要离岸金融中心的新加坡加入这一标准,银行保护客户隐私的传统可能被终结。电影《华尔街之狼》里面背着大量现金去瑞士的片段将不会再上演。未来全球税收情报自动交换网络的构建是大势所趋,任何富人和跨国企业想通过离岸避税港藏匿资产并毫无代价地逃避纳税义务将几无可能,腐败分子也是一样。

结　　论

现在中国的情况是:虽然十八届三中全会勾画出系统化改革的美好蓝图,但仍然是知易行难,执行相当困难。尤其是经过最近这十多年的一轮高速增长和成果分配,路径依赖已经形成,利益分配已经被特殊集团"准私有化"和"封建化",而社会矛盾加剧难以凝聚民众合力来形成足够的改革共识和动力。在这种环境下,完全可以理解决策者运用反腐作为政经体制改革的突破口和重要抓手,并将为政经体改提供重要保障和基础支持。

反腐即是治吏,从严治吏才能为政令畅通扫除阻碍,为转型改革保驾护航;反腐也是党建,高压肃贪才能聚拢人心,从而加强和改善党对全面深化改革的领导。反腐更是关于国家治理如何现代化的重大命题和主要内容之一。这方面可以做的工作很多,尤其是应当强化对权力运行的制约和监督体系。对官员手中权力的限制、监督和约束,实际上是对他们的保护。一个权力配置失当且无足够监督约束的官僚制度体系实际上是一个巨大酱缸或者说绞肉机,这边进去的是一个有为青年,那边出来的则是一个贪官污吏。

比较各种各样笼子的方案,发现还是营造廉洁清明的为官环境最为重要。总体而言,反腐不如防腐,提级监督不如异体监督,思想教育不如阳光公开,后者的性价比高得多。阳光化过程和规则透明真的非常非常重要,历史不厌其烦地证明透明度与腐蚀度成反比,能见度与廉洁度成正比。这其实也就是国家治理现代化的核心命题,即通过社会与政府双向良性互动,同时抑制过度的权力和过度的资本,以及最坏的这两者的结合。当然,反腐还需要治理能力的现代化,这就要求通过对大数据的有效监测来从技术方面提供支持,即配套一个对内的资产统计和海外申报程序,以及对全球账户信息的归集管理功能,这些技术手段正在投入应用并日渐成熟。

值得特别注意的是,下一轮重大改革任务里头又有国资的混合所有制改革,户籍的公共服务均等化改革,土地确权以后的流通流转改革。劳动力、资本、土地这几大生产要素将再次得到解放,但其过程都面临公开、公正和公平的要求。改革是一次再度切割利益蛋糕的过程,而目前情况下皆大欢喜的帕累托式改进几无可能,所以博弈会更加激烈,如果难以形成共识,又加上不当操作,会败坏改革的名声和人气。如果规则透明就会在破除既得利益的过程中不会再形成新的利益集团。但如果不透明,则又会是一个无比危险的剥夺过程,又会创造更多的腐败和不平等,社会矛盾可能会急剧放大到失去控制。

更进一步看,国家治理说到底是一个民主与法治的问题,反腐亦然。人治的系统很残酷,它并不保护任何特定的个人,因为都会"还施彼身","反攻倒算",唯有法治。三中全会决议中要求加强民主政治制度建设,推进法治中国建设。因此必须以公开促公平公正,以法制求问责、负责。阳光化、问责和制衡,允许舆论监督,然后到立法规范(例如阳光法案和反腐败法案)、再到独立司法,维护人权。在程序上更加正义,在技术上更加可操作,直至完成一个治理的民主化、程序化和法制化的过程。民众有眼睛,法律有牙齿。总之,经济市场化,政治民主化,社会公民化是大趋势、大潮流和最终答案的核心部分。中产阶层的崛起,政治透明和包容性增长都在为这个方向的努力添砖加瓦,一步一步推进,你会发现国家治理的现代化原来也没那么难,求仁得仁,良治顺理成章而水到渠成。

最后,反腐最终需要改造人们的思想,触及利益更触及灵魂。制度建设让人不敢贪,技术手段让人不能贪,但改造思想才能让人不想贪。当下中国,谈这个其实相当奢侈,转型期间价值观容易紊乱,精神普遍缺钙。传统封建文化中对权力的膜拜,高度实用主义的人生哲学,再加上市场化带来的个人主义甚至病态追逐物质享乐的消费主义。中国当下充斥着"人人都在捞,不捞白不捞"的市侩思想和"捞一把就跑"的投机心理。但人们不会明白,最风光和最疯狂的后面,毁灭正在静静地耐心地等待着。所以,腐败的终结最终是靠政治良治、社会良序、公民良知三者合一,虽有轻重缓急,但无疑缺一不可。

这次堪称史上最强的反腐运动即将从闪电战打到攻坚战,再到歼灭战阶段。今年秋季即将召开的十八届四中全会应该是一个转折点,记录显示历届党的四中全会基本上都重点围绕党建展开,有理由相信这次会议将会在反腐方面取得标志性的成果。根据最新的消息,四中全会将在中共历史上首次在全会层面专题讨论依法治国问题,也就是说反腐大概率会逐渐转入更加注重长效机制和制度建设并重的阵地战和持久战阶段。

穿越镀金时代迎接进步时代,反腐必先行。

依宪治国是深化改革的新起点

（2014 年 11 月）

以依法治国为主题的中共十八届四中全会结束当晚（2014 年 10 月 23 日）发布相关会议公告，5 天之后会议全文以及习近平的说明随即出台，提出了与以往显著不同的法治模式，为推进国家治理体系和治理能力现代化的第五个现代化奠定了基础。这种治理方式转型，顺应了社会的发展变化对治理提出的新要求。外媒评论说，习近平的依法治国必将强势载入共产党史册。四中全会如此高规格地将依法治国上升为全员贯彻的国家意志，无疑是中共由革命党向执政党转型、建构现代政治体制的显著进步和良好开端和极具智慧的选择。

回顾历史，有人说我们经历过会议治国、政策治国的人治、党治过程。我们在建国后，没有及时实现从革命党到执政党的自觉转变。在 1954 年制定出新中国的第一部宪法后，毛泽东用他的"会议治国"的人治方式将法律束之高阁，党的领导人的个人权威凌驾于法律之上。至 1966 年的"文化大革命"，整个中国仅有"公安六条"等少数治安条例还在运行，国家呈现出了"无法无天"的局面，以至于连时任国家主席的刘少奇都被迫害致死。

作为中共第二代领导核心的邓小平意识到了法律的重要性,提出了依法治国这个方向,但是由于当时中国政治高层致力于以经济建设为中心,政治领域和法学领域关于治国方略的研究基本停顿。从1979年开始到党的十五大,围绕着"人治"和"法治",理论界展开了"法治论""结合论"和"取消论"这三大派的激烈争论。

十八届四中全会使依法治国成为中共执政理念中的一条主旋律。会议上不仅提出了"建设中国特色社会主义法治体系,建设社会主义法治国家"的总目标回击外界舆论的质疑,而且党的领导、依宪治国、党内法规、于法有据、司法公正等几个关键词的提出,也使法治成为标杆,成为政党、政府、社会遵守的标尺。有人说,这是中国正式宣告要改变会议治国、政策治国模式,将依法治国这个喊了17年的政治口号从名词转为动词。所有人行事包括中共党员干部都要在法律的框架内行事,法无授权不可为,成为中共治国理政的一种"底线思维"。这也是进一步落实十八届三中全会全面深化改革决定的新起点。

一、坚持党的领导和坚持法治,是什么关系

我认为,党大还是法大,并不是伪命题。这个问题说清楚,有助于建立共识。应该看到,在把"党的主张通过法定程序成为国家意志"也就是立法过程中,已经体现了党的绝对领导,这就是通俗所说的,党大于法;但是在法律确立之后,法律就是包括执政党在内的全体社会成员的行为规范和准则,在实施法律的过程中,任何人都必须接受法律的约束,不存在例外的情况。这就是通俗所说的法大于党。也就是说,坚持党的领导,主要是体现在立法和修改法律的过程中,在具体实施和执行法律的时候,党

尤其是党的主要领导者不但不能干预,甚至还是法律法规的约束对象。正如习近平所言:"党的政策成为国家法律后,实施法律就是贯彻党的意志,依法办事就是执行党的政策。"

二、依法治国,依什么法

宪法的规定是权力所能到达的最远的边界,宪法是关住权力的最大的笼子。在纪念宪法公布施行30周年大会上,习近平强调:"坚持依法治国、依法执政、依法行政共同推进,坚持法治国家、法治政府、法治社会一体建设。"四中全会的决定,以党的文件的形式再一次确认了这一点。

宪法的最高目标是实现社会公平正义。《宪法》序言庄严宣告:"……各政党……都必须以宪法为根本的活动准则"。总纲第五条规定:"一切违反宪法和法律的行为,必须予以追究。"中共党章也规定:"党必须在宪法和法律的范围内活动。"一般而言,广义的法律是指一切基本法律、行政法规、地方法规、规章等;而狭义的法律是指全国人大及其常委会制定的基本法及基本法律以外的法律。

我国已经基本建成了现行的法律体系。这些法律就是党的主张通过法定程序成为国家意志的结果。严格遵守这些法律,就是党的绝对权威的体现,而违反这些法律,才是对党的绝对权威的冒犯和破坏。过去一段时间正是由于对这一点认识不足,才会出现不缺法制,缺法治;不缺法律,缺对法本身的约束的乱象。

典型的就是这次的《决定》里提到的部门利益和地方保护主义法律化。有人甚至说,这些条例不是在保护受害者,而是在制造受害者。因为这些条例,公民的很多基本权利受到严重侵犯。所以,要防止党对立法的领导变成个别人的领导;现行体制下,地方党委的一把手掌握立法权(现今大多书记兼人大常委会主任），他们中有些人可以操纵立法机关，通过某些保护特权集团的权益的法律法规，然后以这种恶法来治理地方，也号称是"依法办事"、"依法治国"，把法律变成分利集团掩盖其不法行为的工具，需要时就用，不要时就绕开。

如果法本身有严重错误，严格依法办事制造的灾难不会比不依法办事小，会出现有法无天的局面。这些法律要受约束，就要请宪法出场，要由宪法来判定法律本身是否违法。宪法是专门用来约束法律、约束执政者、约束公权力的，违背宪法的法律和行为，要被裁定为无效，予以废除，予以制止。法律是保护公民权利的工具。所以依法治国，首先要依宪废法，清理革除那些违背宪法精神的伪法律和恶法律。这不是不尊重法律，而是从根本上捍卫法律的尊严，不让法律走向腐败和异化。

还有一种情况，在"权"的极端中，"党大于法"最终演变为"人大于法"。过去不适当地将一切权力集中于党委，党委又把权力不适当地集中于书记，使得"党的领导"变成"各级书记的领导"，造成某些领导以"权"压法、以"言"代法。

"法律的生命力在于实施，法律的权威也在于实施。"全面推进依法治国，关键在于要"把权力关进制度的笼子里"，要提升法律的实施力和权威性。这就需要以法律制约权力，以法律规范权力，实现权力法定、程序法定、监督法定，加快推进法治建设进程。

四中全会决定再次强调，任何组织和个人都必须尊重宪法法律权威，都必须在宪法法律范围内活动，都必须依照宪法法律行使权力或权利、履行职责或义务，都不得有超越宪法法律的特权。"绝不允许任何人以任何借口任何形式以言代法、以权压法、徇私枉法。必须以规范和约束公权力为重点，加大监督力度，做到有权必有责、用权受监督、违法必追究，坚决纠正有法不依、执法不严、违法不究行为。"

宪法权威不应该受到任何挑战。权威就是基于正当性而形成的约束力和认同感。无论从宪法条款、党章规定，还是从古今中外的政治经验来看，宪法的最高权威都是毋庸置疑的。只要我们承认法治国家，就必须承认宪法权威。法治国家的核心价值就是宪法至上。因为宪法是国家根本法，没有比宪法更高的规范。宪法第五条规定，任何政党、国家机关和个人都要遵守宪法。党的章程也规定，党必须在宪法和法律范围内活动。宪法的执行力是依法治国的根本标志。

可是这么多年来，从未有过对违宪行为的法律追究。原因除了党政领导干部思想上轻视宪法权威外，还因为我们没有建立违宪审查和追究制度与机构。

三、必须下定决心建立违宪审查制度

第一步，应该先认真地审视一番现今的宪法。有人预言，紧贴着四中全会的决定，中国可能很快会推出现行宪法的修正案。我看很有这个必要。现行宪法作为一种规范和价值体系，它只是为国家生活提供一个规范框架，这个框架有很大的弹性和空间。成文宪法的文本空间、价值空间和解释空间非常大。即使施行了 200 多年的美国宪法，期间有 27 条修正案，基本能够确保美国社会生活的基本秩序，美国的法学界也并不认为其宪法文本已经穷尽了所有空间。

第二，是否违宪，应该有个裁判。党领导人民制定宪法，在宪法制定以后，党应该将自己视为一个正常的社会组织，在宪法的框架内活动。所以，党不适合做这个裁判。对此，学界曾经提出多种方案，诸如让最高法院来承担违宪审查的职能；在全国人大或人大常委会之下建立一个宪法委员会；由全国政协来承担违宪审查；等等。如果这个职能在最高法院，那前提是,司法必须独立;如果在人大,那人大本身是立法机构,有既做运动员又做裁判员之嫌;如果在政协,按照政协的初始功能,应该是合适的;但是今天的政协,恐怕也难当其任。到底谁来做这个裁判,可以说,关系到依法治国的成败。总之,宪法不能成为徒具其名的一纸空文,不能只是宪法日的宣传口号,要真正在国家政治生活中使之得到贯彻落实。这个事情,应该引起全社会的关注。

四、深化改革的新起点

改革的前一个阶段,也就是有人所说的政策治国阶段,大家形象地称为摸着石头过河。在初始阶段,水还没那么深的时候,摸着石头过河确实起到了作用。在一定时间内调动了社会各利益主体的积极性和创造性,改善了庞大的集中体制的灵活性和适应性,提高了整体效率。但是,随着社会利益和观念的多元化,政策治国遇到越来越多的约束和挑战,不仅影响到政策目标的实现,而且导致整个体制运行绩效的滑坡。有专家指出:"特殊政策、优惠政策再搞下去,确实是效果越来越差,互相抢投资,到最后什么效益都没有。"一些政策的负面后果已经开始出现,典型的如购房政策的反复调整,引起市场恐慌,乃至离婚高潮;土地政策的执行,造成农民土地被强制性剥夺,产生"无地农民"现象以及大量信访事件。几乎每一项政策在执行的过程中都会产生一些意想不到的后果,这充分说明政策治国已经不适用于今天的中国现状。

随着改革的深入,一方面水越来越深,是不是摸得到石头已经成为问题;另一方面,因为害怕深水,出现了孙立平教授所说的"只摸石头不过河"的现象,一些官员只热衷于做改革的表面文章,不推进甚至阻挠改革的进一步深入。

在法律体系初步建成的今天,改革也要有法可依。改革需要有宪法界限,需要受到宪法目标的限制。在摸着石头过河的阶段,有时甚至出现了宪法法律体系和党的政策体系都得服从于改革话语体系的情形。正常情况下,一个国家只能有一套规范体系,那就是宪法法律体系。如果不是这样,人们就会无所适从。所以,习近平总书记特别提出"重大改革都要于法有据",就是针对改革中某些政策大于法律的现象,由此造成改革突破法律界限,甚至以改革名义破坏法律的危险。在改革和法律的关系上,必须毫不动摇地坚持法律的基本立场,党的领导、党的生活、党的权威都必须符合宪法法律的要求。

有鉴于此,改革的第一个任务,由推进具体政策改进落实实施,变成了法律的修改和建立。要给改革过河提供航标和浮具,使其顺利通过深水区。这个航标和浮具,就是法律,最根本的,就是宪法。我们过的是什么河,应该怎么过河,都应该是有法理和程序作为法律依据的。法律一旦成型,就具有了相对的确定性,在一个时期内可以规范改革者的行为。这样就可以避免出现因领导人不同,政治主张不同,造成改革政策多变而带来的不确定性。用邓小平的话说,就是"不因领导人的改变而改变,不因领导人的看法和注意力的改变而改变"。另一方面,有法可依,法有授权,对勇于改革者也是一种有效的保护。

让改革成为中国共产党人的主流价值观[*]

（2012 年 2 月）

　　早在邓小平南方谈话一年以前，国内曾有一场关于皇甫平文章的论争。由《解放日报》组织发表的署名"皇甫平"的这 4 篇文章，都是传达邓小平最新的改革开放指示精神，就是 1991 年他在上海过春节的时候谈过的一些观点和看法。

　　1991 年春节，小平同志到上海并不是像以往那样到西郊宾馆和家人一起共度春节，而是到处视察、听取汇报、发表看法。那个春节小平同志提出了很多新的思想观点，有关我们如何从计划经济走向市场经济，提出了不要以为一说计划经济就是社会主义，一说市场经济就是资本主义，不是那么回事，两者都是手段。没想到这 4 篇文章遭到了"左"派一年左右的批判，有人甚至上书中央，认为改革开放很危险，不要再提改革开放。当时，邓小平在冷静观察，在冷静看了一年后，直到发表南方谈话一锤定音。

　　近日，记者专访了皇甫平之一的周瑞金。

---

　　* 本文是《南方日报》记者段功伟、周虎城 2012 年 2 月对周瑞金的专访。

南方日报：请您谈谈小平南方谈话以来的个人体会，您如何看待小平南方谈话的历史意义及地位？

周瑞金：过来人都还记得，上世纪八九十年代之交的那几年，是中国改革向何处去的重要历史关头。对改革"市场取向"还是"计划取向"发生了激烈争议，"计划取向"重新占了上风，党内政治生活和社会文化生活也趋于沉闷。十一届三中全会奠定的改革开放路线，遭遇方向性的挑战。比如，1991年《人民日报》转发一本调门很"左"的杂志《真理的追求》的一篇文章，提出："改革问题的核心、焦点、要害是沿着什么方向和道路进行改革的问题"，有一种改革观实质上是"资本主义化"，有的同志也在抹杀两种改革观的分野，忌言"姓'资'姓'社'"。

邓小平南方谈话的意义，就在于这位有着68年党龄的老人，以惊人的胆识，在政治上提出要警惕右，但主要是防止"左"；在经济上提出发展是硬道理，计划经济不等于社会主义，市场经济不等于资本主义，计划和市场都是经济手段；在思想方法上提出判断改革合法性的"三个有利于"标准。小平同志南下，走一路讲一路，从武汉一直讲到你们广东，这是一趟重启改革、回暖人心的阳光之旅。

20年前重拾改革势头，是党心民心军心所向；与此同时，我也想强调伟人对历史走向的推手作用。胡克在《历史中的英雄》一书中提出："英雄就是具有事变创造性并且能够重新决定历史进程的某些人。"当历史局势容许今后发展道路有重大选择余地时，英雄人物的活动才会发生决定作用。所以，胡克认为英雄的历史作用在历史的交叉点上会最大程度地表现出来，因为此时历史发展的前景呈现出多种可能性。古人云：时势造英雄，英雄也造时势。

南方谈话20年后，中国已经成为世界第二大经济体，在世界金融危机中成为重要的压舱石，但国内各种社会矛盾和利益摩擦也在积累和叠加。改革又到了需要击一猛掌的历史时刻。从基层社会和网络舆论看，改革有庞大的民意地盘，需要奋发有为，凝聚党心民心，推进"社会管理创新"，像当年小平同志所鼓励的："看准了的，就大胆地试，大胆地闯。"

南方日报：您认为当前是否需要再来一次思想解放运动？如果需要，我们究竟要解放什么思想？

周瑞金：我始终认为改革开放是靠解放思想推动的。中国到目前为止经历了两次大的思想解放运动。第一次是真理标准大讨论。这一次思想解放是从教条主义和对领袖的个人崇拜的思想禁锢中解脱出来，从本本主义中跳出来，也就是不要以马克思、列宁怎么说来指导我们今天的事情，也不是按毛主席做过什么批示我们就照办来做事情。真理标准大讨论是一场非常深刻的运动，我国农村出现包产到户，打破了原来农村人民公社体制，同时也才有大量的为冤假错案平反、解放了一大批党内的精英人才走向改革开放的第一线，为改革开放做了充分的思想准备和人才准备。

小平南方谈话是第二次思想解放运动，核心是关于怎样看社会主义，主要目标是要摆脱传统的社会主义观念的束缚。传统的社会主义观念认为社会主义就是搞公有制、计划经济，你要是强调市场的作用，发展民营经济，你就是资本主义。

但是，我们在改革之后没有驾驭好公权力，政府进入市场寻租，形成了权力精英与资本精英结合的特殊利益集团。因此，与20年前、30年前不同的是，今天深化经济体制改革，推进社会改革、行政管理改革和政治体制改革，需要着力破除的，主要不是"左"的纯意识形态的"画地为牢"，而是不彻底的市场化改革滋生的特殊利益集团的"步步为营"。有人拿出一些"左"的大帽子吓唬人，阻碍改革，恰恰是为了维护某些部门和一己的垄断权力、垄断资源，与民争利，甚至不惜与民为敌。

我们提出要敢于和这个利益集团切割关系,这是我们今天思想解放的重要方面。当前,领导干部是否担得起改革重任,关键不在脑袋,而在屁股。脑袋清明开明并不困难,难在屁股是坐在利益集团那边,还是坐在人民这边,坐在中央政府和有中国特色社会主义制度这边。能否通过改革,毅然与不合理的利益格局切割,通过利益关系的重组,让利于民,即向广大民众提供社会公共品;放权于民,即给广大民众以知情权、参与权、表达权、监督权和选举权及被选举权。从而重新聚拢民心,维系和提升执政党的公信力和合法性。可见,今天的思想解放和改革,比当年更加考验党员领导干部的党性和政治伦理。

因此,我认为当前继续解放思想有两个主要的任务:第一个是要和特殊利益集团切割,守住政治伦理的底线。第二个就是要突破当前阻挠改革的种种意识形态的阻力。今天我们纪念南方谈话及其现实意义,就是要借鉴人类创造的文明来改革我们的各种体制。人类创造的文明不但包括市场经济体制,也包括社会体制、政治体制、文化体制,不存在借鉴人类文明就是照搬资本主义,不是那么回事。

南方日报:近年来,社会上对于改革的议论比较多,小平当年一是提出"不争论",二是提出"坚持改革开放不动摇"。20多年过去了,不同的历史阶段需要不同的认知,您认为当前的改革是否需要"不争论"?今天应当坚持什么样的改革开放不动摇?

周瑞金:有人以《西游记》为喻,描述打工者与创业者的区别。问:为什么孙悟空能大闹天宫,却打不过西天取经路上的小妖怪?答:大闹天宫碰到的都是给玉皇大帝打工的,所以大家都是意思意思不是真的卖命;在西天路上碰到的妖怪都是自己出来创业的,所以比较拼命。这个段子,有助于我们认识今天改革的困境。

胡锦涛同志警告说:"精神懈怠的危险,能力不足的危险,脱离群众的危险,消极腐败的危险,更加尖锐地摆在全党面前。"坦率地说,面对社会矛盾的积重难返,党和政府所承受的社会压力越来越大,民众的期待和不满与日俱增,社会气氛越来越干燥,干燥欲裂。但有些地方的改革仍在空转,一些领导干部不同程度上缺少创业者的担当,用打工者的心态,维持现状,不求有功但求无过。这是非常可惜的。因此,当前改革存在不知道改、不敢改、不愿改、只说不改的情形,成为纸上改革、嘴上改革,不见反省不见行动,或者只是乱折腾。

历史注定了今天的中国改革,已经不可能再是一次"愉快的郊游"了。即便社会管理创新的提出,在现阶段有其合理性,但有些"暗礁"是深化改革时无论如何也绕不过去的。比如:如何制约公权力的无限膨胀,限制特殊利益集团的形成和壮大;如何通过科学的制度驾驭资本,限制权贵资本主义的形成和壮大;如何把行政财政转化为民生财政,尽可能地在分配中体现社会公平正义;如何在深化改革中扼制社会溃败,中国的经济体制改革虽有社会主义市场经济的框架,却缺乏科学理性的操作细则,目前正在交叉路口徘徊不前,要么在改革中走向法治的社会主义市场经济,要么被权贵绑架,走向国家资本主义。

去年和今年,地方各级领导班子正在换届,一大批相对年轻的干部走上领导岗位。我想对他们说句话:看准问题症结就改,主动改胜过被动改,早改胜过晚改。如果我们在经济持续高速增长,政府还掌握较多资源的时候,不能毅然创新社会管理、适时适度推进政治体制改革,就是在犯历史的错误。

南方日报:在社会贫富差距悬殊的当下,您如何看待小平同志的"共同富裕"思想?

周瑞金:但得苍生俱饱暖,自古就是政治家的追求。共产党人闹革命也是为了共同富裕,特别是处在社会底层的工人农民都能过上好日子。

邓小平同志1992年南方谈话强调"发展是硬道理";1993年他在与弟弟邓垦的谈话中,就前瞻性地思考发展起来以后怎么办。他提出:"少部分人获得那么多财富,大多数人没有,这样发展下去总有一天会出问题。……过去我们讲先发展起来。现在看,发展起来以后的问题不比不发展时少。"①

如今,19年过去了,财富集中度进一步提高,社会收入差距进一步扩大,到了触目惊心的程度。我认为,讲共同富裕不是说财富的平均,关键在机会的平等。最主要是解决老百姓的上升通道的问题。如何保障底层民众有向上流动的机会,如何融化社会阶层的固化,避免一端是农二代、贫二代的无奈传承,另一端是官二代、富二代的高调世袭。社会阶层的固化表现在什么方面?上世纪八九十年代到本世纪之初,很多官员主动下海创业。而现在几千个大学毕业生去考一个公务员位置,普遍丧失了创业精神。这需要贫富地区之间、城乡之间教育资源的均衡配置,需要扩大市场准入、减少权力寻租和国有资本的垄断,需要公务员和事业单位录用的公正、开放,需要干部选拔制度的规则化、透明化。

所以共同富裕的问题不仅是财产分配的问题,而是需要整个体制改革,使社会体现公平。

南方日报:您认为中国是否存在中等收入陷阱和转型陷阱问题?如果存在,您认为应当如何跨越?广东应发挥什么样的作用?

周瑞金:我认为不存在你们提到过的中等收入陷阱、转型陷阱等等问题。最近社科院一位副院长到拉美很多国家做过调研,对这些国家的陷阱是怎样形成的有一些看法。我非常赞同。这些陷阱并不是说经济发展导致的,而是由这些国家的政治左右摇摆、不稳定引起的。

---

① 《邓小平年谱(1975—1997)》下卷,中央文献出版社2004年版,第1364页。

广东是改革先发区域,也是问题先发区域。这些问题的出现并不完全是坏事,如何处置这些问题、解决好这些问题,才正好体现出广东的先进作用。广东应该把完善市场经济制度、走向法治制度作为一个目标,其次要从社会体制改革着手加强社会建设和社会管理创新。目前体制弊端主要表现在政府太强、社会太弱、市场扭曲。广东要在深化改革中发挥先行先试的作用,就要在约束政府、壮大社会、回归市场方面,闯出新路。

南方日报:面对既得利益者格局,新时期的改革者如何才能破除改革的主要困局?是否需要依靠人民群众?如何保证人民群众对于改革的参与权?

周瑞金:冲破制度瓶颈和改革困局,出路在于信任人民、依靠群众,携手协力度过社会转型期(同时也是矛盾凸显期)。政府面对表达利益诉求的民众,应该建立良性互动。如何看待民间"自组织"力量?他们是基层民众利益表达的代言人,能不能让他们同时成为政府的传话人,成为政府和民众之间发生利益摩擦时的缓冲地带?无论从当前的维稳,还是未来的小政府、大社会建设,民间自组织力量,都是政府重要的合作帮手。政府要学会包容他们,团结他们,与他们合作,同时也要勇于用法律来约束和规范他们。比如用村委会组织法来规范,通过村委会的依法重新选举程序,推出合法的、稳定的代言人。新时期党的统一战线需要针对新的利益格局扩充内容,得到很好的继承和创新。

我注意到不少网友说,汪洋书记在广东做了一件与当年安徽省委书记万里一样"深得人心的决定",这就是去年7月广东省委《关于加强社会建设的决定》。这个文件提出了"下放社会建设权力"、"万能政府"转型"有限政府"等新的社会管理理念,其历史意义堪比万里同志1977年主持制定的安徽农村改革"省委六条"。从小岗村到乌坎村,一以贯之的,是尊重人民群众的自主权。在群众有危有难、有险有乱的时候,书记要走在警察前边,倾听和解决民众诉求;而不是书记躲在后边,把警察推在前边,激化官民矛盾。

最近,广东处置乌坎事件中露出曙光,取得重要突破。共产党领导的基层民主自治,是社会长治久安之道,是我们党完成从革命党向执政党转变的一块试金石。希望沿着党的十三大提出的社会协商对话制度前进,落实十六届六中全会提出的处理人民内部矛盾四个机制(利益协调机制、诉求表达机制、矛盾调处机制、权益保障机制),填平民众心中的"沟壑",铺设民众心中的"绿道"。

南方日报:当前重温小平南方谈话,应该凝聚怎样的改革共识?

周瑞金:今天需要什么样的政治共识? 党内有同志主张从1981年《关于建国以来党的若干历史问题的决议》再出发,有学者提出以宪法为政府和民众共同遵守的底线。社会主义市场经济和民主政治是我们这一代共产党人的战略追求,这一点从十一届三中全会起已经融入我们党的血液中。我想着重谈谈如何打造改革共识。

改革共识的形成,需要进一步解放思想,社会民主和党内民主并重。社会民主方面,建议重视互联网对社情民意的聚集作用,做好舆情监测,把握民意脉搏;同时,充分发扬党内民主更为关键。

与20世纪80年代甚至90年代初相比,今天各级领导干部的知识化、专业化水准更高,对主流民意并不隔膜。改革推进乏力,根源不在认识的局限,而在于深陷盘根错节的利益纠葛之中,不敢放手改革,也改不了分毫。"文革"后,1978年中央工作会议上,陈云、叶剑英、邓小平等老一辈革命家拨正中国革命的航船,做出了一系列拨乱反正的重大决策,而当时主持中央工作会议的华国锋也表示:"这次我是下决心让大家讲话,让大家发表意见。"今天,党内尤其需要这样的"决心"和气度胸襟,集中全党意志,活跃思想,一起来寻找创新社会管理之道,国家长治久安之道。

凝聚改革共识,另一个关节点是尊重地方的首创精神。据于光远同志回忆,小平同志特别强调加强民主、解放思想、开动机器(脑筋),他说:"一个生产队看到一块空地没有种树,有一块小水塘没有搞养殖,睡不着觉。开动脑筋可以增加多少财富?脑筋用在什么地方?四个现代化嘛!"下一步的改革,需要顶层设计,也需要顶层的包容,鼓励地方大胆实践。在社会建设和社会管理创新方面,广东又一次走到了全国前面。

如果说"大跃进"和随后的饥荒中,广东省委有关同志支持农民养猪,保住了粤北一大片,减少了生命损失。今天,广东从放开非政治、非宗教类 NGO 注册,培育社会组织,到乌坎事件的善后,在南中国形成了政府、社会携手化解社会矛盾的新局面,为我们党在社会转型期、矛盾凸显期,釜底抽薪缔造社会内在和谐与稳定,也正在闯出一条新路。

当前,我们重温小平南方谈话,很重要的一点,就是让改革成为中国共产党人的主流价值观。从这个原点出发,我们可以达成五点共识:一、现代市场经济制度是发展经济的最佳选择;二、民主法治国家是长治久安的政治制度选择;三、尊重群众自主权和首创精神,是社会治理最有活力的社会选择;四、现代科学技术是发展先进生产力的主要选择;五、以人为本、思想自由、多元发展、和谐共融,是经济社会发展的最佳人文精神。

中国需要一次新"南方谈话"*

（2012 年 2 月）

回望邓小平同志发表南方谈话之后这 20 年,感慨系之。倘起邓小平于地下,请他瞻望这 20 年,恐怕中国某些方面的变化之大会令他惊异,而某些方面的停滞不前,也许更会令老人家想再来一次南方视察,再说一番振聋发聩的话。

当年,邓小平预测,"恐怕再有三十年的时间,我们才会在各方面形成一整套更加成熟、更加定型的制度,在这个制度下的方针、政策,也将更加定型化。"

30 年,已经过去了三分之二。这个"成熟"、"定型"的制度和方针政策是否呼之欲出?现实并不令人鼓舞。

改革,确实又到了需要狠推一步、击一猛掌的历史时刻了。

只是,世上已无邓小平。

---

* 本文是周瑞金有感于邓小平南方谈话 20 周年而作,原载《同舟共进》2012 年第 2 期,原标题为《中国,是否需要一次新的"南方谈话"》,现标题为编者所加。

也许,人们期待着一次新"南方谈话"?

一、回望邓小平南方谈话:中共不乏绝地反击、绝处逢生的能力,邓小平南方谈话的意义堪比遵义会议

1992 年邓小平南方谈话,是中国共产党进一步解放思想、推进改革开放的宣言书,是动员全党全国人民冲破"姓'社'姓'资'"思想牢笼,大胆借鉴人类文明成果,推进市场化改革的进军令,成为中国特色社会主义理论的奠基之作。可以这么说,邓小平南方谈话与 1978 年中共十一届三中全会、1935 年遵义会议一样,起到了挽救党,也挽救了国家的伟大历史作用。

邓小平南方谈话,有着深刻的历史背景。

从 1978 年拉开序幕的中国改革,是在几乎被所有国人唾弃的"文革"之后,由于"文革"有所谓"负帕累托效应",因而相对轻松地达成了高举改革大旗的社会共识。在突破了"两个凡是"的禁锢、在实践是检验真理唯一标准的思想解放运动助推下,城乡改革走得风生水起:农村家庭联产承包责任制让农业生产迅速复苏;私人企业星罗棋布般在城乡兴起;以国企打破"铁饭碗"与平均主义的改革为核心的城市改革顺利启动;从微观经营体制开始的全面变革适时提出商品经济的要求,价格与宏观经济体制的改革也呼之欲出。

匈牙利经济学家沙巴说:东欧的前计划经济运行得相对成功,这使其经济转轨成为"一次痛苦的长征"。而中国"文革"式的倒行逆施,则使得中国经济转轨"成为一场愉快的郊游"。当时国内有三种力量与国际上的一些推力在共同促动,试图改变传统的以社会主义为名的僵硬政经体制。

　　国内的三种力量:一是体制内力量,包括邓小平、叶剑英、陈云、胡耀邦等一批久经考验、思想开明的老干部,党内文宣部门的开明领导,如中央党校哲学部主任吴江,人民日报社社长胡绩伟,《光明日报》总编辑杨西光,原国家新闻出版署署长杜导正,以及开国元勋的第二代们,在邓小平1975年短暂的治理整顿和1976年"天安门事件"中均有他们的身影;二是知识界文化界的一群代表,如真理标准讨论中的教育界、理论界、新闻界、文学界的革新求变派、"伤痕"作家群和朦胧诗派等等;三是草根民众,他们拒绝"再被折腾"的呼声强烈,典型代表是几千万上山下乡的知识青年。在国际上,中越关系交恶,对越自卫反击战爆发,以美国为代表的西方世界,从国际战略和自身利益出发,支持中国对外开放。比如,在中国朝野几乎无人知晓"知识产权"概念(日后中美经济摩擦的重要议题)时,美国人就迫不及待给了中国"最惠国待遇"。后来的美国驻华大使馆副大使马继贤有一番话,表明了这位职业外交家对中美关系的洞见以及美国在促华开放问题上的心态。他认为,美国只有始终促进中国发展,当中国有了经济、文化与军事优势后才能使自己有信心,有了越来越大的信心,中国才能与周边地区和平相处,中美关系才能改善。否则,后果极其严重,会扭转目前逐渐改善双边的关系,中国会变得越来越孤立——美国也失去和韩国、台湾地区广泛对话的基础。

　　然而,中国改革这次愉快的"郊游",仅历经十年,就在八九十年代相交之时,碰到一场不期而遇的民主风潮。80年代中后期,中国经济改革一骑绝尘,伴有经济"双轨制"带来的利益集团疯狂寻租亦致泥沙俱下,"反腐败、要民主"的国内小气候形成,民众对政治体制改革的要求变得迫切起来。随着"八九"政治风波过去,中国改革陷于进退两难的境地。反和平演变的呼声盖过改革开放,批判资产阶级自由化伤及改革开放各个领域,举国上下陷入举棋未定、方向摇摆之惑,质疑改革姓"社"姓"资"

的声浪渐响。

而这场风波的国际大气候却越刮越猛，先是柏林墙倒塌两德统一，接着是波兰老总统雅鲁泽尔斯基下台，格但斯克造船厂工人、团结工会头头瓦文萨成为波兰民选总统，随后捷克斯洛伐克、匈牙利、保加利亚也"城头变换大王旗"。最惊心动魄的一幕就是这年年底，罗马尼亚军队、警察倒戈，共产党政权一夜之间垮台，总统齐奥塞斯库被枪杀。与此同时，苏联也出现了复杂变化。开始是戈尔巴乔夫突遇政变，叶利钦出面把政变解决以后，戈尔巴乔夫在1991年先是解散了苏联共产党，后来又宣布联盟解体。列宁创建的世界上第一个社会主义国家苏联在诞生74年后轰然解体、改旗易帜，引起全世界震惊。

面对当时复杂的国内外形势，国内有一些"左"的政治家、理论家出来总结教训，说是由于改革开放才导致了社会主义的垮台。他们起劲地宣扬：经济特区是和平演变的温床；联产承包责任制瓦解了公有制经济；股份制改革试点是私有化潜行；引进外资是做国际资产阶级的附庸。他们公然提出要在以经济建设为中心之外再搞一个以反和平演变为中心。还主张放弃容易导致和平演变的改革开放这个基本点。这实际上就是要把党的基本路线中的"一个中心"变成"两个中心"，把"两个基本点"变为"一个基本点"。这样，使得十一届三中全会后形成的改革共识陷于破裂。能否再造和重建改革共识，如何重新凝聚改革底气，是走回头路还是坚持改革不动摇，成了横亘于中国的一道严峻课题。

其时，体制内对"有计划的商品经济"的分歧公开化，有人强调"有计划"，有人坚守"商品经济"，有人主张市场经济，被批判为"自由化"。十一届三中全会前后国内改革派曾经凝聚的三种力量也开始分化："老干部"的调子不再一致；党内文宣部门中，不少主流媒体被"左"的政治家、理论家占领，开放的言论只能借助地方媒体"发声"（我就在这种情况下在上海《解放日报》组织撰写发表皇甫平系列评论,呼唤新一轮改革开放,但遭到"左"的报刊围攻批判近一年);而知识界、文化界在政治高压下也失去参政议论热情;草根民众更产生政治冷感。改革以来出现的第四种力量——非公有经济包括个体、私营、外资、合资经济的代表人士,也在犹豫、观望和等待之中。而西方世界包括其政界、媒体和公众再度陷入对中国的信任危机,自朝鲜战争以来,又一次集体"杯葛"中国。

面对这样错综复杂的政治局面,改革开放在内外交困中几近陷于"休克"状态。此时,邓小平不愧是中流砥柱式的历史伟人,他对国内四种力量的态度,对国际关系中的老朋友与老对手们的利益诉求和期待了然于胸,特别是他善于洞察历史发展的大趋势,适时在南方视察中看似云淡风轻、实则成竹在胸地释放了一颗坚定的改革信号弹,力挽狂澜于既倒。

二、改革面临生死存亡之际,88岁的邓小平独挽狂澜,体现出极具担当的理论勇气与政治勇气

在20世纪90年代初,中国走到一个重要历史关头:是继续坚持党的"一个中心、两个基本点"的基本路线,走中国特色社会主义道路,坚定不移地推进改革开放和现代化建设事业,还是重提阶级斗争,以反和平演变为中心,走回头路? 在这个关键时刻,退休了的88岁的邓小平同志,以其巨大的理论勇气与政治勇气,又一次走到了中国政治的前台。他从武昌、深圳、珠海到上海等地,一路走来大讲改革开放,反复强调不坚持改革开放,只能是死路一条。

只有亲身经历过当年起伏激荡的人,才能真正感受到邓小平南方谈话带来的解放思想风暴洗礼的震撼和激奋! 今天回头重温南方谈话,我

们仍然能强烈地感触到其推进改革攻坚的突出现实意义:

1.南方谈话高度评价了中国的改革开放,是一次解放生产力的伟大革命,从而使坚持改革开放不动摇成为执政党内坚定的统一的价值观。"革命是解放生产力,改革也是解放生产力。""社会主义基本制度确立以后,还要从根本上改变束缚生产力发展的经济体制,建立起充满生机和活力的社会主义经济体制,促进生产力的发展,这是改革",所以改革是第二次革命。邓小平提出以市场经济为取向的经济体制改革思路,使人们从市场经济等于资本主义的陈旧观念中解放出来,形成了一整套完整的改革理念、政策、措施和做法。邓小平一再坚定指出,基本路线要管一百年,动摇不得。改革积累的问题,要靠继续深化改革来解决,谁要改变谁就会被打倒。这就有预见性地解决了改革的可持续发展问题。

2.南方谈话明确了改革者必须具有大胆地试、大胆地闯,要有一点闯的精神、"冒"的精神。"没有一股气呀、劲呀,就走不出一条好路,走不出一条新路,就干不出新的事业。"这话说得多好啊!闯者,勇也。那种不畏艰险、勇往直前的人被赞为闯将。邓小平就强调:"干革命、搞建设,都要有一批勇于思考、勇于探索、勇于创新的闯将。"进入改革攻坚阶段,我们更需要勇于冲破一切传统观念和体制的束缚,敢于大胆地试,大胆地闯,有一股闯劲,有一股勇气,闯出改革的新天地。"冒"者,创也。敢于冒风险,敢为天下先,提倡创造性。进入改革深水区,总要有人试第一个,才能开拓新路,创出新事业。任何改革不可能百分之百正确,万无一失,总是在探索中不断"总结经验,对的就坚持,不对的赶快改,新问题出来抓紧解决"。为了使改革大胆闯与试突破意识形态禁锢,邓小平提出"三个有利于"的判断标准,这是邓小平留给后人最丰厚的政治遗产,让诸多纷争在这"三个有利于"面前戛然而止。现在的中国,围绕应不应该改革、改革向何处去,仍有激烈的争执,相对来说,争执的意识形态色彩有所淡化,而利益关系的博弈却尖锐起来。要解决发展起来以后的新矛盾新问题,同样需要邓小平当年提倡的敢闯、敢试、敢"冒"的那样一股气,一股劲,不能怕这怕那,顾虑重重,趑趄不前。

3.南方谈话树立了改革必须大胆吸收和借鉴人类社会创造的一切文明成果的开放胸襟。邓小平深刻指出:"社会主义要赢得与资本主义相比较的优势,就必须大胆吸收和借鉴人类社会创造的一切文明成果,吸收和借鉴当今世界各国包括资本主义发达国家的一切反映现代社会化生产规律的先进经营方式、管理方法。"这对当时的中国来说,是石破天惊的思想观点。20 年来,正是按照这个思想观点,我们大胆推进市场化改革,建立了社会主义市场经济的框架,并顺利加入世界贸易组织,与国际规则接轨,全面融入经济全球化,赢得我国经济社会大发展。如果说当年的"吸收和借鉴",主要是应用于经济体制的改革,现在我们没有理由说政治体制、社会体制、文化体制等各方面改革,就不能"吸收和借鉴"人类共同发展的文明成果,包括发达国家的政治、社会、文化一切先进成果。

4.南方谈话清醒地点出了中国改革面临的主要阻力,"要警惕右,但主要是防止'左'"。针对 1991 年思想交锋中暴露出的问题,小平同志一针见血地指出,现在,有右的东西影响我们,也有"左"的东西影响我们,但根深蒂固的还是"左"的东西。有些理论家、政治家,拿大帽子吓唬人的,不是右,而是"左"。邓小平提出"左"是改革的主要阻力,当时给了极左派们当头棒喝。现在,我们仍然要按照"警惕右,但主要是防止'左'"这个重要思想,来正确处理深化改革中遇到的思想倾向问题。

20 年前,邓小平的南方谈话,重新凝聚起国内的四种力量,整合并借助国际有利因素,在中国重起改革开放巨轮,终结了 80 年代以来党内外关于"姓'社'姓'资'"的争论,并从此把建立市场经济体制、推进政治文明和法治社会建设,当做中国共产党人坚定不移的目标,不再动摇,不再倒退。

可以说,20 世纪 90 年代以后中国经济社会发生奇迹般的骐骥一跃,其政治基础、思想基础乃至社会基础,均由邓小平南方谈话所奠定。

三、细察当下时局:为什么做大了的经济"蛋糕", 却没能消解中国民众的怨气与戾气

在国庆 60 周年之际,我写过一篇文章《勇于解决发展起来以后的问题》,这个标题直接源于邓小平 1993 年 9 月 16 日与其弟邓垦的一段谈话。重温这段谈话,愈觉得邓小平极具前瞻性与洞察力:"十二亿人口怎样实现富裕,富裕起来以后财富怎样分配,这都是大问题。题目已经出来了,解决这个问题比解决发展起来的问题还困难。分配的问题大得很。我们讲要防止两极分化,实际上两极分化自然出现。要利用各种手段、各种方法、各种方案来解决这些问题。……中国人能干,但是问题也会越来越多,越来越复杂,随时都会出现新问题。……少部分人获得那么多财富,大多数人没有,这样发展下去总有一天会出问题。分配不公,会导致两极分化,到一定时候问题就会出来。这个问题要解决。过去我们讲先发展起来。现在看,发展起来以后的问题不比不发展时少。"①

中国现在果然就被"发展起来以后的问题"层层堆叠裹挟,在一些基层组织,这些堆叠的问题,几乎把这些年的发展成果渐渐掩埋,让民众悲哀且愤怒。

改革启动已经 33 年,曾经在"摸着石头过河"式的改革进程中有意无意绕过去的问题,以及在改革过程中新出现的问题,正在不断地积累和

---

① 《邓小平年谱(1975—1997)》下卷,中央文献出版社 2004 年版,第 1364 页。

叠加。

一方面,中国的经济"蛋糕"确实是越做越大,从 GDP 的总量看,中国已经成了世界第二大经济体,超过了德国和日本,仅次于美国。事实上,在 300 年前,就在被中国的传统正史评价为"积贫积弱"、"落后挨打"的清王朝时期,中国的经济总量就在世界上称冠了。然而,中国此后的命运所有人都已经清楚。因此,GDP 再强大,也不足以保证一个国家"从胜利走向胜利",甚至还有可能走向败亡。按英国经济史学家安格斯·麦迪森的说法,从 1700 年到 1820 年,也就是在伤透了中国人心的"鸦片战争"之前,中国的 GDP 不但排名世界第一,在世界占比也从 22.3% 增长到 32.9%。西方工业革命之后,停留在农业和手工业时代的中国,才步履迟缓起来。这位安格斯先生甚至很精准地预测:中国可能在 2015 年恢复其世界头号经济体的地位,到 2030 年,中国占世界 GDP 的比重可能增加到 23%,他甚至还乐观地声称那时中国的人均收入水平也会超过世界平均水平的 1/3。然而,头号经济体或相距不远,但中国的人均收入水平却一直徘徊不前。

所以,对当今中国来说,另一方面的问题更严峻:为什么做大了的"蛋糕"却没有能消解中国的怨气与戾气呢?

从表面上看,有两类直接的问题必须解答,也是决策层目前深感棘手但已经开始着手试图解决的问题:一是"蛋糕"的配方是否科学,是否含有有毒的"三聚氰胺",是否携有计划经济时代顽固的"转基因"?二是"蛋糕"的分配是否公平,能否吃进最广大人民群众的嘴里?

而深究下去,就不得不直面中国改革开放 33 年一直没能解决的"瘸腿"效应:经济改革单兵突进,政治社会改革步履滞缓。结果,经济是发展了,而利益群体的分化也越来越明显,利益博弈的规则不透明、不公正,使社会阶层流动趋于停滞,权贵资本主义地位渐渐稳固,而沉沦在社会底层的草根民众及其后代,却失去了向上的、积极的、理性的动力。

忆及邓小平最初推进的改革,往往是草根阶层率先获益。农村包产到户,获益的是几亿农民,迅速解决了温饱;城镇改革之初,是众多自谋职业的"个体户"甚至是"刑满释放人员"率先成为人人争羡的"万元户";而高考制度的改革,让无数看不到未来的、正在上山下乡的知识青年从田头直接来到课堂,通过接受高等教育,走向精英阶层……

而今天最大的问题,还不是贫富之间、官民之间的财产和收入差距,而是这种阶级的、阶层的分野正在大规模世袭。官二代、富二代、贫二代、农二代,代代相传,中国社会的土壤已经开始板结、僵化。草根阶层失去向上流动的可能,并在愈演愈烈的通货膨胀中出现生活窘迫;中等收入阶层由于高房价等产生了严重的被剥夺感;新富阶层则出现严重的移民倾向;官商勾结的"特殊利益集团"则陷入捞一把是一把的末世疯狂。

从互联网上看,今年被戏称"最励志"的段子是"少壮不努力,一生在内地";"最无奈"的段子则是"拼搏不如拼爹","学好数理化,不如有个好爸爸"。有人说这是一个"拼爹"的时代,从教育界、职场到娱乐圈,"拼爹游戏"不断升级。在此起彼伏的校车事故后,网上出现了这样的段子:美国的校车很坚固,是因为没人知道哪一辆校车中会出现未来的美国总统;中国的校车很脆弱,是因为所有人都明白,任何一辆校车中都不可能出现未来的中国领袖,因为他一定不会坐校车。中国公众已经习惯性地把对富而且贵的"代际遗传"不满情绪,释放到任何一起事件和事故中去了,哪怕是我们国家参照美国一些地方的经验拟定出校车安全标准,网友的反应也充满着不信任情绪。对政府出台的任何一项决策、任何改革措施,翻看微博、论坛或网民留言板,总是堆叠着"我不相信"的反应。甚至还出现了对国情的一些值得注意的极端评价,如"执政产业化、权力资本化、政权黑社会化"。网民中弥漫着一股"2012 情结"——玛雅传说中的世界末日,草根民众对社会不公无力改变,无可奈何,产生玉石俱焚的"集体焦虑"。

四、"发展起来的问题"繁复尖锐,中国改革再度到了最危急的时刻

而从知识界层面,从当下的社会思潮来看,也出现了多元化、多角度且水火难容的不同声音。

比如,南方报系和自由派知识分子所主张的宪政改革;以原中国人民大学副校长谢韬为代表的"只有民主社会主义才能救中国";杜润生与张木生极力推崇的"可解决贫富差别和腐败问题"的新民主主义;重庆主政者力倡"唱红打黑";乌有之乡网站激烈褒扬的毛泽东时代与"社会主义计划经济";在微博言论中极易吸引眼球的激进改革和民粹思潮的合流;最近广东主政者以新思维新方式处理乌坎村社会群体事件⋯⋯各种利益诉求和价值取向一一浮出水面,互不相让,时有碰撞的火星迸出,比如不久前由少数情绪激烈人士操纵的火烧南方报系事件。然而,冲突各派的观点,其核心问题是相同的:如何破解社会各界都极度不满的社会不公?如何寻找解决之道的社会"最大公约数"?

抛开一些情绪化表达,中国当前所面临着这样一些最迫切、公众反应最激烈的"发展以后的问题":

——贫富差距拉大,未能形成公平的分配制度;

——社会事业滞后,未能建立惠及全民的社会保障体系;

——公众幸福感下降,未能解决最基本的民生问题;

——环境污染加剧,高投入、高污染产业层出不穷,食品、水、空气被污,开发和环境保护的尖锐矛盾一触即发,带来一系列群体性事件;

——社会腐败向纵深发展,腐败不仅仅发生在经济领域,更深入到吏治腐败、司法腐败和舆论腐败。媒体可以被资本收买,起不到监督公权力的作用。这三种腐败直接与体制缺陷相关。

于是,这些问题交织重叠,导致了与当年邓小平南方视察时颇为相似的社会背景:曾经整合各方力量包括国际因素形成的改革共识,不但面临严峻的挑战,甚至有陷入分崩离析的危险。但与当时不同的是,争论各方的焦点不再是纯粹意识形态的"姓'社'姓'资'"之争,而很大比重成了在改革进程中渐次形成的不同利益集团的利益角逐,这类博弈的激烈程度甚至超过了当年的意识形态之争。加之国际形势的错综复杂,欧美陷入金融危机、欧债危机,资本主义也同样面临深刻的挑战,中国周边亦危机四伏,时时遭遇不友好的摩擦,远交近邻均对经济高速增长、发展却充满不确定性的中国心存疑虑与戒惧……

综上分析,或者可以得出这样的结论:中国改革,再一次到了最危急的时刻。

五、目前,迫切需要党内健康力量登高一呼,重新凝聚改革共识,凝聚深化改革的精神力量

在《资中筠自选集》发布仪式上,香港电视主持人梁文道说:"我们这些老百姓,都知道皇帝没有穿新衣服;现在皇帝自己也知道他没有穿;他不但知道自己没有穿,而且也知道我们知道他没有穿。可是他还是就这样走出来了。"中国现在的确面临类似的情形。仅以传播力和影响力而言,中国就存在体制内与体制外"两个舆论场",前者的噤若寒蝉、自设道场,与后者的无拘无束、嬉笑怒骂形成鲜明反差。主流媒体的声音几乎都被民间舆论当成了"皇帝的新衣",所能起到的积极的影响力大打折扣。

因此,当前社会矛盾集中到关键的一点,就是公权力的自觉和自省,能不能对日趋尖锐的社会矛盾,对民生苦楚和得不到保障的民众权益,守住政治伦理的底线,更具敏感,更富同情心,也更有担当;对政治体制改革的滞后,要更有紧迫感,更加敢闯、敢试、敢"冒"。

从这个意义上说,中国需要一次新的"南方谈话",这不再是新一轮意识形态之争,而是如何实实在在地把中国改革推进到核心层面,解决当下纠结复杂的中国社会矛盾。

一个绕不开的话题就是,尽管最高决策层中也不乏呼吁之声,为什么政治体制改革还是千呼万唤难出来?光是一项公布官员财产的制度,在局部就屡试屡败,碍难推广,遭遇了基层官员的强烈抵触,而一旦全面公开,又极可能经受不起公众的围观和打量,因此陷入进退两难的尴尬境地。

值得注意的是,本届政府提出了"改革的顶层设计",并且三次在重要场合提出"社会管理创新"。如2011年2月19日胡锦涛在中央党校的讲话,就加强和创新社会管理,提出"牢牢把握最大限度激发社会活力、最大限度增加和谐因素、最大限度减少不和谐因素的总要求,以解决影响社会和谐稳定突出问题为突破口,提高社会管理科学化水平";2011年5月30日政治局会议再度研究加强和创新社会管理,并将其意义升华到新的高度,"事关巩固党的执政地位,事关国家长治久安,事关人民安居乐业,对继续抓住和用好我国发展重要战略机遇期、推动党和国家事业发展、实现全面建设小康社会宏伟目标具有重大战略意义";2011年10月召开的十七届六中全会,又一次强调了社会管理创新,并将之与经济发展、民生改善、社会和谐、党的建设等相提并论。

看来,决策层是希望用提法更低调、社会震动更小的社会管理创新来部分地取代政治体制改革的使命。

社会管理创新从总体上来说,就是深化社会体制改革,形成市场、社会、政府多元的治理结构,坚定走市场化、法治化和民主化的道路。它不涉及权力的合法性来源问题,而是在现行的、自上而下任命的威权体制中,尽可能地引入民意因素,在社会矛盾集中的基层,强化民意监督,缓解官民矛盾,借助互联网把握社情民意的脉搏,维护中央政府和现行政治体制的权威和公信力。

当然,我们要谨防"治标不治本"式的创新模式。历史注定了今天的中国改革,已经不可能再是一次"愉快的郊游"了。即便社会管理创新的提出,在现阶段有其合理性,但有些"暗礁"是深化改革时无论如何也绕不过去的。比如:如何制约公权力的无限膨胀,限制特殊利益集团的形成和壮大;如何通过科学的制度驾驭资本,限制权贵资本主义的形成和壮大;如何把行政财政转化为民生财政,学习借鉴欧洲推行全民福利的制度,尽可能地在分配中体现社会公平正义;如何在深化改革中扼制社会溃败。中国的经济体制改革虽有社会主义市场经济的框架,却缺乏科学理性的操作细则,目前正在交叉路口徘徊不前,要么在改革中走向法治的社会主义市场经济,要么被权贵绑架,走向国家资本主义。

如果从深化改革的节奏上,改革也可以在梯度上这样有重点地推进。

首先,要下决心解决群众反映极其强烈的国企垄断,与计划经济彻底切割。现在,已经不占市场主要成分的国企,却有恃无恐地垄断了市场,公众对"两桶油"(中石化、中石油)、中国移动、电老大(电力)、铁老大(铁路)等严重不满。国企的行政色彩过重,政府支配权过大,市场之手发挥不了作用。

其次,就是在政治体制与社会体制改革滞后的情况下,先以社会管理创新为抓手,发育健全的公民社会,建设服务型政府,渐渐形成官民共识,着手缓解尖锐的群体性事件。目前,绝大多数矛盾都是基层冲突,并不在中央。要约束政府特别是基层政府的权力，约束基层官员的贪婪与惰政行为，还权于民，维护民众权益，大力推进社会基层自治。

再次，是通过推进文化体制改革，补上这个短板，发挥文化引领经济发展的作用。

最后，仍然不能忘记政治体制改革，这是中国改革最核心的层面。

以上四位一体的改革，仍应视为全党全国的中心工作，要有计划有步骤地大力推进。要推进改革，先要加强党内民主，十八大的换届是个值得珍惜的机会，不妨从乡镇差额选举层层递进到党中央的政治局成员、常委乃至总书记的差额选举。值得赞赏的是，胡锦涛总书记做过这方面的努力，党的十七大政治局成员人选，就是召集几百位在京正部级领导干部投票推选作为重要依据。党内民主不能倒退，只能前进。

当前的中国，迫切需要党内健康力量发出类似邓小平南方谈话那样的登高振臂一呼，重新凝聚改革共识，凝聚深化改革的精神力量，打造和提升年轻人的职业安全感、营造人群的温暖感、国家的归属感，锤炼社会的向心力、凝聚力。如同中宣部部长刘云山所要求的，"壮大主流舆论，凝聚思想共识"。

当然，从某种意义上说，对新的"南方谈话"的期待，还是中国特色的想法，期待"人治"推进改革，说到底还是改革不到位的表现。如同鲁迅所期盼自己的杂文速朽，因为那意味着中国的进步，我们也期待"南方谈话"这样的改革推进方式"速朽"。但是，对邓小平南方谈话的追念，可以让我们更加厘清改革的思路和对改革艰巨性的认识，对南方谈话的历史意义，更有必要评价到位。

2012年，是邓小平南方谈话20周年，也是召开党的十八大的政治年。中央提出"更加重视顶层设计和总体规划"，"大力推进经济体制改革，积极稳妥地推进政治体制改革"，表明了中央决心整体推进经济体制和政治体制系统改革的意向。因此,全国人民热切盼望有一个新的"南方谈话",表明中央坚定深化改革,决不半途而废,着力切实推进经济体制、政治体制、社会体制、文化体制四位一体的改革。要决不动摇,更不空谈,切实努力,建立完善的实现社会公正和共同富裕的法治市场经济体制,而决不让中国走上由强势政府控制国民经济和整个社会的国家资本主义即权贵资本主义道路上去,推进从威权发展模式向民主发展模式的转型,真正向建设全面小康社会、实现社会主义现代化和中华民族伟大复兴目标而不息奋斗!

从民意政治走向民主政治[*]

　　广东省委书记汪洋同志在一次会议上告诫说:改革有困难,不改革会更困难。就像"温水煮青蛙"一样,当水的温度不高,大家谁也不愿尝试,谁也不愿意做这样惊险的一跃。等到清醒过来,已经没有出路了。这话说得很深刻,令人有醍醐灌顶之感。

　　无独有偶,《人民日报》官方微博9月7日的晚安帖,分析"当下改革面临的现状"也说:"利益主体各有诉求,社会舆论各执一词,得过且过的逃避和乌托邦式的苛求并存。对于改革者而言,既需要精巧平衡的智慧,更需要锐意进取的担当。转型中国,问题矛盾不能击鼓传花。"

　　以上说明,体制内头脑清醒、有担当的政治家、媒体人,都在思考如何凝聚改革共识和激发改革力量。这次,南方报业集团和惠州市委市政府共同举办网络问政参政论坛,也体现了这一点。

　　中国改革走过了34年的伟大历程。今天,局部突破与整体僵滞纠结在一起,审慎的希望与深沉的无奈并存。值此党的十八大即将召开时刻,

　　* 本文是周瑞金 2012 年 9 月在惠州网络问政论坛上的演讲。

遍布全国的网络问政尝试,政府和民众在互联网上的顺畅沟通和良性互动,给我们的党和国家带来希望之光。而广东,特别是惠州,走在全国网络问政的前列。可以说,这次论坛是在最佳时机、最佳地点举行的一次有望取得最佳效果的民主政治建设论坛。

目前,我国网民已经超过 5.38 亿,农村网民为 1.46 亿。手机网民达到 3.88 亿,手机超越台式电脑成为我国网民第一大上网终端,平均每个网民每天上网时间已经超过 2.84 小时,大多数人接触互联网的平均时间,已经超过电视和报刊。

网络革命正在改变世界传统社会舆论生态。社交媒体和网络技术发展改变信息传播机制,打破由政府和主流媒体所垄断和掌握信息主导权的传播格局,让群众能够从越来越多的渠道接收到多种信息,自主意识大大增强。大量移动新媒体,在大连 PX 事件、乌坎事件、四川什邡事件,江苏启东事件中,都发挥了重要作用。

去年 6 月,在不到半个月之内,广东接连发生了潮安事件和增城事件两起震惊全国的重大群体事件。时隔一年,广东中山市沙溪镇中心小学两个少年打架,随即竟引发了当地与外地人员的大规模群体性冲突。而佛山小悦悦事件,更是引发道德危机,震惊了全国。在事发不到一个月内,新浪微博就突破了 450 万条,而 2010 年很多热点事件的微博才几十万条。可见,在互联网时代和社会转型期,社会建设的重要性,丝毫不比经济建设低。

在人人都有"麦克风"的互联网时代,公民个体权利意识提高,传统的家长式管理方式,极易引发社会多元利益人群和网民的抵触心理。全能型政府带来的是全面性的管理压力,任何一件小事,一旦有风吹草动,舆论矛头都可能转向不堪重负的政府,最终,很可能酿成严重的社会和政治危机。

　　因此，坚持可持续的科学发展，由全能型政府向服务型政府的转变，乃是大势所趋。只有加强和创新社会管理制度，构建公平完善的社会建设格局，引入社会生态治理的新思维，才是未来中国民主政治建设的明智选择。

　　去年的乌坎事件中，基层政府起初带着"政治化"的思维去看待乌坎事件。当然，乌坎村民也敏锐把握了这一危险的趋势，喊出了"拥护中央"、"维护权益"的口号，实现了乌坎事件的"去标签化"。这说明广大民众在互联网普及的今天已经逐渐趋向理性。只要尊重民意、坚持法治、维护合法权益、打击违法犯罪，复杂的问题便能得到很好的处理，外部势力就没有作文章的借口。

　　2011年12月，随着"9·21"事件新闻发布会的召开，广东的开明态度和良好的方法技巧，及时、透明的辟谣，让事件朝好的方向发展。朱明国同志代表广东省委省政府积极表态，走访看望乌坎村群众，加快了乌坎事态平息，被舆论称为"乌坎转机"和"乌坎模式"。因此，我们要减少社会矛盾的触点、降低燃点，必须将社会管理创新摆在更重要的位置，解决好群众的利益问题。

　　在网络标签化、政治化的过程中，要求政府有极高的媒介素养和政治智慧在复杂环境中巧对舆论。中央领导曾要求，把解决群众利益问题"作为检验干部群众观念、宗旨意识、领导能力的试金石"。然而，很多地方应对突发事件，依然是救火式和应急式的维稳方式，那种简单压制封堵的政法式"维稳"思维，已经陷入"治标不治本"、"越维越不稳"的怪圈。

　　总结一些突发公共事件的处理经验，凡一开头就动用警力维护街头秩序，动用宣传网络管理手段屏蔽媒体和网络的杂音，属于"末端处置"。只有抓"源头治理"，消除产生民怨的社会根源，政府反躬自省，改进自己的工作，才会取得最好社会效果。乌坎经验可贵之处，就在于把突发事件处置和制度改良相结合，把维权村民的激进诉求转为基层自治组织村委会的重新选举，在现行法律的框架下，进行合法合规的利益博弈。变临时性补救为常规性制度创新，以对话代替对抗，重视网络问政，尊重民意，才能从根本上提升政府公信力。

从这个意义上看，网络问政要更上一层楼，从应急管理的层面，深入到制度改革的层面，包括中央多次强调的"社会管理创新"，广东大张旗鼓的"社会建设"，以及党内外一致呼吁的"政治体制改革"。

这里必定要提到惠州。2008 年 6 月，惠州率先合理运用互联网，将网络信息化纳入问政体系，"网络问政"正式在惠州出现，市领导广泛参与建立官民互动的畅通的渠道。惠州市委书记黄业斌同志 2010 年 3 月就开通了微博，成为广东省，很可能也是全国首个开微博的地市级领导人。在网民的积极参与下，惠州市政府通过互联网察民情、汇民智，解民瘼，科学决策，民主决策，从源头上化解了社会矛盾，推动了科学发展。网络问政"惠州模式"在全国开创了先河。由此可见，惠州市干部，对"网络问政参政"具有认识上的前瞻性、行动上的果敢性和实践上的创造性。这是值得全党各级领导干部学习和借鉴的。

还值得一提的是，今年 6 月广东全省 21 个地级以上市党政主要负责同志，在省信息中心参加计算机和网络应用技能考核。这场别开生面的考试还有省领导巡考，各市的书记、市长按照要求发邮件、看微博、上 QQ、回复网友问题，进行视频对话。这在全国也是领先创新的行动，它释放了一个强烈信号，信息化技能是今天党政干部必须具备的基本执政素质。

无论是眼前的"维稳"，还是长远的"公民社会"建设，政府需要与社会组织联手，建立网上和网下的统一战线，一起来解决中国复杂的社会问题。今天，民众诉求更加深化，舆论关口前移至政府公共决策讨论与制定过程中。今年大量突发事件的背后，都是政府决策过程中，群众参与程度不够，信息发布不公开、不透明、不及时的情况比较严重，这导致政策或项目一旦实施，可能会突然遭遇来自民间的大规模反对，让政府威信扫地，造成公共资源的浪费，甚至陷入"老不信"和"塔西佗陷阱"，造成长期伤害。

中国社科院的一项调查显示，超过 70% 的受访者认为，一些地方政府存在着"隐瞒真实情况，报喜不报忧"、不作为和乱作为的现象。老百姓，变成"老白信、老不信"。在网络时代，政府如果在处理社会问题时表现出迟钝、无知甚至蛮横，都会在网上被无情渲染。互联网的匿名性，海量碎片化网络信息的获取，加之民众个人独立判断力不一，产生从众心理，只看一半的思考，为双倍的表达。少数官员的腐败、无能、低效等，都会在网上被迅速放大，如同"多米诺骨牌效应"。因此，政府不能闭门造车，实行政务公开和听证会，运用互联网等信息化手段广泛开展网络问政和社会建设，作为政府决策不可或缺的重要环节，必须加强政府行政管理科学化、制度化、法治化水平。

中央提出社会管理创新，要以解决"影响社会和谐稳定突出问题"为突破口。网络舆论，就是检测和研判这些"突出问题"的最新鲜、最丰富的信息源。借助互联网的问政参政，唤醒和激活我们的体制机制，改进公共治理，撬动民间社会，促进官民沟通，是当前成本最小、风险最低的政治体制改革举措。今天，互联网作为个人、民间组织之外的第三种社会力量，正改变着传统的"强政府弱社会"格局，尤其是日益发展的微博，已经成为政府转型的最大社会推手，并激发了公民社会的产生。现代政治学和公民社会管理的最大启发，就是要推动政府行政制度的科学建设，有了老百姓对政府公信力的认同，才有整个社会的基本信任。

当前中国亟须一场社会变革。社会建设和政治建设相对滞后，给社会稳定带来潜在的隐患，需要一场社会进步运动，来制衡权力、驾驭资本、制止社会溃败,努力建立一个公平正义和繁荣稳定的社会。从 2003 年开始,10 年来广东省在社会管理体制上不断创新,走在全国前列。2004 年由中央提出来的社会建设,其所走的路径仍然如 30 年前的经济改革一样,从广东发轫并迅速取得全国性的影响。

由此看来,广东省加强社会建设、创新社会管理,在新时期推动科学发展、促进社会和谐,正走在全国前列,也是建设幸福广东的重大历史使命。广东社会建设的先行先试,有着深厚政治基础和历史要求,是一种社会管理制度的创新模式。"情为民所系,权为民所用,利为民所谋",到"权为民所赋",其在地方和局部所进行的赋权社会所带来的变化,将拉开我国社会改革、民主政治建设和社会进步的序幕。通过这次论坛,让全国看到了从民意政治到民主政治发展的良好前景。

建设自由平等公正法治的社会

（2013 年 1 月）

　　党的十八大报告从国家、社会、个人 3 个层面，提出"富强、民主、文明、和谐"，"自由、平等、公正、法治"，"爱国、敬业、诚信、友善"24 个字，作为社会主义核心价值观。

　　同时，专章论述了在改善民生和创新管理中加强社会建设，推进社会体制改革，加快构建中国特色社会主义社会管理体系。

　　这就明确表明了：我们所要努力加强建设的国家，就是富强、民主、文明、和谐的国家；我们所要努力加强建设的社会，就是自由、平等、公正、法治的社会；我们所要努力培育的公民，就是具有爱国、敬业、诚信、友善的公民。

　　加快推进社会体制改革，构建中国特色社会主义社会管理体系，并加强以改善民生为目标的社会建设，是中国改革的巨大红利所在。其目的就是，把我国社会建设成为自由、平等、公正、法治的社会。

经济社会转型期面对的新矛盾

改革开放 30 多年来,中国经济发展取得奇迹般成就。GDP 以较高速度持续 30 多年增长而不衰,尤其在国际金融大危机之下仍保持快速增长,人均达到 5000 多美元,成为世界第二大经济体。邓小平同志曾预计到本世纪中叶达到人均 4000 美元的目标,提前 40 年就实现了。

与此同时,中国实现了三大经济社会转型,从封闭半封闭社会向开放社会转变,从农业社会向工业社会转变,从高度集中的计划经济体制向充满活力的社会主义市场经济体制转变,走上了现代化、市场化、城镇化、全球化的发展轨道。由此,经济体制、政治体制、文化体制和社会体制也相应发生了深刻变化。

然而,在经济社会转型过程中,有数千万工人下岗再就业,数千万农民失去土地,两亿多农民工在城市与农村间流动,由此积累和遗留下许多转型期的新矛盾、新问题,遇到了"转型期陷阱"现象:

一是贫富、地区、城乡差距拉大,未能形成公平合理的国民收入分配格局。最近公布的数据显示,中国居民收入的基尼系数已上升到 0.47 以上。上市国企高管与一线职工收入差距在十几倍以上,而与社会平均工资相差更大。几大垄断性行业职工的工资与福利收入大大高于全国职工。

二是社会事业滞后,民生问题突显。医疗卫生、教育文化、社会保障、保障性住房建设等,严重落后于民众的需求。上学难、看病贵、住房贵、治安乱,民众怨言甚多。

三是发展方式粗放,生态遭破坏,环境被污染,特别是水资源污染普遍,食品卫生问题更是十分严重。高投入,高消耗,带来能源、材料、资源浪费严重,吃了老祖宗和子孙后代的饭。

四是社会腐败现象严重。一般官商勾结的经济领域腐败比较普遍,尤其是卖官买官盛行,吏治腐败蔓延到法院、检察院,不少法官、检察官犯案,导致司法腐败;媒体不但丧失了舆论监督的功能,还产生被资本收买的舆论腐败现象。由于这些腐败形成了特殊利益集团,使阶层分野在大规模世袭,造成官二代、富二代、贫二代、农二代的利益固化。社会阶层的分化对立严重,草根阶层失去向上流动的可能;中等收入阶层产生了严重的被剥夺感;新富阶层则出现严重的移民倾向。

五是社会上弥漫着浮躁情绪、不满情绪,人民幸福感减弱,失落感增加,道德感衰落,多年积累的不满、怀疑、怨恨,到了释放期。一方面,督促政府推进改革;另一方面,一部分人也越来越不信任政府,越来越偏激,越来越不耐烦。这就导致民粹主义思潮起来,仇官仇富仇警的情绪时有宣泄。追求物质主义、消费主义、享受主义,成为社会普遍现象。金钱至上观念泛滥,奢靡之风频吹。人的信仰、价值观缺失,各种欲望不断膨胀,人文精神愈发失落。

经济社会转型积累的这些问题,给社会带来的直接后果就是,基层权力失控,社会群体性事件增加。据中国社会科学院发布的《2013年中国社会形势分析与预测》统计,近年来,每年因各种社会矛盾而发生的群体性事件多达数万起甚至十余万起。2012年的情况也不容乐观。群体性事件形成原因,以征地拆迁冲突、环境污染冲突和劳动争议为主。征地拆迁引发的群体性事件占50%左右,环境污染和劳动争议引发的群体性事件占30%左右,其他社会矛盾引发的占20%左右。

近年来各地发生的群体事件大体有三种类型:

一种是维权型的社会事件。从农民抗税费到抗圈地,又发展到地下资源、林权、环境污染问题,矛盾冲突加剧。2010年发生的十大社会群体事件,都是成千上万人闹事抗议。从成都唐福珍事件到江西宜黄拆迁自焚事件,再到 2011 年"5·26"江西抚州连环爆炸案,都标志着群体事件暴力化加强。

另一种是社会泄愤型事件。参加者没有利益诉求,主要对社会不公发泄心中怨恨,表示对公权力和有钱人的不满。2009 年 6 月湖北石首事件是典型。因一个厨师死亡,7 万人围攻石首市政府,火烧石首市公安局。这种泄愤型社会群体事件没有组织动员,来得快去得也快。它不讲规则,不讲底线,打砸抢烧行为随意爆发。

还有一种社会群体事件是骚乱。2008 年"3·12"拉萨事件,2009 年"7·5"乌鲁木齐事件,都属于骚乱,其共同特点是攻击无关人员。

群体性事件频发的同时,近年来社会上,一方面出现了走回头路,为"文化大革命"和"四人帮"鸣冤叫屈的思潮,借反思改革的名义来否定改革;另一方面,又导致了社会乱象百出。人民群众对当前社会上存在的"二十多现象"很不满意,即:1.交通事故多;2.诈骗绑架多;3.偷盗抢劫多;4.拐卖妇女儿童多;5.工伤与职业病多;6.卖淫嫖娼多;7.赌博行为多;8.行贿腐败多;9.买官卖官多;10.制假售假多;11.食品安全问题多;12.买房困难多;13.残疾人群多;14.讨钱要饭多;15.农村留守儿童多;16.孤寡老人多;17.城市无业游闲者多;18.精神病患者多;19.年轻人自杀多;20.全国各地信访抗议多。

在目前社会群体事件频发、社会乱象纷繁的情况下,一些官员法制观念淡薄,不依法行政,甚至无法无天。从薄谷开来案、王立军案到薄熙来案,人们已经看到,将自己凌驾于法律之上、肆无忌惮践踏法律尊严的人,有官员的亲属,有相当级别权力的领导干部,更有贵为政治局委员的原重庆市委书记。他们把公权力"私有化"、公务员"家丁化"。这个案子震惊国内外,对我们党和国家形象造成很大的负面影响。直面薄熙来案,非常值得我们深刻反思和认真吸取教训。如何加强法制,如何深化政治体制、经济体制、社会体制、文化体制全方位的改革,我们对此更具紧迫感,也更具势在必行的责任感。

正如邓小平所说,不改革,只能是死路一条。但是,深化改革,也存在两种可能:一种是在特殊利益集团和其他方面的干扰和影响之下,使改革变味、变形、搞坏,然后把改革失误的责任嫁祸于改革者。这是历史上许多改革者遭遇的悲情结局,王安石就是个典型。另一种可能就是,按照正确的方向和路径推进改革,使体制创新取得一个比较好的效果,从而使中国能够避免陷入社会转型期的"陷阱"。

十八大报告强调更加注重发挥法治在国家和社会管理中的重要作用。习近平同志到广东考察发出的强烈信号表明,中央敢于啃硬骨头,敢于涉险滩,决心勇于冲破思想观念的障碍,又勇于突破利益固化的藩篱。所有这一切,就是为了避免陷入社会转型期的"陷阱",而争取攻坚克难,推进全面改革,建设富强、民主、文明、和谐的国家,建设自由、平等、公正、法治的社会。

迫切需要加快社会体制改革

面对社会转型期的各种新矛盾新问题,从十八大报告中我们看到全党已经形成共识,就是要加快社会体制改革,推进社会管理创新,向建设自由、平等、公正、法治的社会迈出坚实的步伐。加快社会体制改革,主要有三个方面的任务:

第一,建立一个有效的社会保障体系,从制度层面解决七大民生问题。一,建立完善的现代化国民教育体系。要从教育这个起点上实现机会公平和社会公平,办好人民满意的教育,让每个孩子都能成为有用之才。二,建立覆盖城乡居民的失业保险、养老保险、医疗保险等社会保障体系。完善社会救助体系,健全社会福利制度,保障人民基本生活。三,实施扩大就业的发展战略。就业为民生之本,要促进以创业带动就业,转变千军万马奔公务员的现象,并加强职业技能培训。健全人力资源市场,努力构建和谐劳动关系。四,深化收入分配制度改革。按照"两个同步"(居民收入增长与经济发展同步,劳动报酬增长与劳动生产率提高同步)、"两个比重"(提高居民收入在国民收入分配中的比重,提高劳动报酬在初次分配中的比重)、"两个公平"(初次分配和再分配都要兼顾效率和公平,再分配更加注重公平)的指导思想,切实解决目前存在的民众很不满意的分配不公问题,努力形成合理公平的分配格局。五,推进医疗保障、医疗服务、公共卫生、药品供应、监管体制的综合改革。完善国民健康政策,建立基本医疗卫生制度,保证人人享有安全有效、方便价廉的公共卫生和基本医疗服务。六,建立市场配置和政府保障相结合的住房制度。以廉租房、平租房、产权房三级体制,保障人人有房住。特别要加强保障性住房的建设与管理,满足困难家庭的基本居住要求。七,完善水资源管理制度、环境保护制度。强化水、大气、土壤等污染防治,加强环境监管,营造良好的生态环境,保证空气新鲜,特别是水源清洁、食品卫生,为民众创造良好的生产生活环境。

第二,推进城镇化,构建一个合理稳定的社会结构。进一步转移农业剩余劳动力,把城镇化与新型工业化、信息化、农业现代化结合起来,以壮大中产阶层。要实现非农产值比重占到85%以上,城镇人口占总人口60%以上(目前为51%左右,实际上,多数进城的农民工并未成为真正的城市市民),非农从业人员上升到70%以上。使年收入在8万—20万元的中等收入水平者即中产阶层的人数,提高到占总人口比例的50%—60%。中产阶层既是推动内需、促进消费的主体,也是现代文化承载的主体,壮大中产阶层就可以大大缓解贫富悬殊的问题。

第三,要培育一个"三元构架"的成熟的公民社会。首先,政府公权力这一元要归位,不搞全能主义,统包整个经济社会事务。改革的目标是建立一个有限的政府、公共服务型的政府,推动政府职能向创造良好发展环境、提供优质公共服务、维护社会公平正义转变。其次,要从制度上保障社会组织,包括宗教组织的适度发展,放宽对民间组织的管制。政府要重视社会组织的发育,保障基层的自治权利。广泛吸收社会组织参与公共政策的制定,鼓励它们承担更多的公共服务,努力营造官民共治的社会管理格局。此外,以公有制、非公有制企业以及个体工商户为主体的市场一元,要充分保证其资源配置的权利,尽量减少政府直接干预企业,真正实现政企分开、政事分开、政资分开、政府与中介分开,让创造财富的市场主体发挥更大更好的作用。以政府公权力为主导,把社会自治权利和市场资源配置的权利落实好,使社会三元构架各得其所、相互配合、相互协调,形成和谐的公民社会。这就为科学发展和政治改革创造了良好的社会环境和社会条件。

正确理解社会管理创新

2011年2月19日,胡锦涛同志在中央党校举行的省部级主要领导干部社会管理及其创新专题研讨班上发表重要讲话,对社会管理创新作出部署。接着,政治局会议集体研究加强和创新社会管理问题时明确提出:随着实际情况的变化,我国社会管理理念思路、体制机制、法律政策、方法手段等方面还存在很多不适应的地方,解决社会管理领域存在的问题,既十分紧迫又需要长期努力。

中央提出社会管理创新以来,引起各级领导高度重视。但对加强社会管理创新还存在各种不同看法：有人认为就是加强社会危机管理和问题管理，把外来流动人口管起来，把几亿网民、手机用户管起来，把特殊人群管起来；有人更认为就是加强社会控制，为了维稳。

为此，近年来我考察了国内几个社会管理创新的事例，引发了一些思考。比如，某市的一个区总共20多平方公里，被划为589个网格，每个网格配7大员：网格管理员、网格助理员、网格警员、网格督导员、网格司法员、网格消防员、网格党支部书记。然后，利用现代科技构建天上有云（云计算中心）、地上有格（社会管理网格）、中间有网（互联网）。表面看起来，这很新潮，很有创新味，实际上是严密控制社会的传统管理理念和办法的体现。巨大的财政投入且不去说，仅从社区自治角度看，这个区的居民委员会显然成不了自治组织，而是变成了街道党委和政府的办事机构，社区管理高度行政化了。它虽然取得信访量减少和群体性事件及时化解的效果，但它是为了社会控制和维稳，只称得上是社会治安管理的新模式，而谈不上什么社会管理创新。这种办法作为特殊地区的一种社会管理探索，是可行的。如果把它作为先进经验拿来推广，那就与中央的社会管理创新精神背道而驰了。

成都市锦江区的社会管理创新做得比较好。他们从街道办事处职能改革做起，把街道的经济职能剥离出来，加强社会公共服务职能。区打破街道行政区划界限，设经济发展功能区，统一规划经济发展。同时调整财政管理体制，新增财力投向公共服务，去年投入25.2亿元，占区财政支出70.6%。同时推进社区治理机制改革，成立社区居民代表大会，居民代表常任制，形成居民代表大会决策、居民代表会议工作委员会监督、社区居民委员会执行的自治格局，真正做到民事民议、民事民办、民事民管。他们注重培育发展社会组织，鼓励和引导社会力量参与社会建设。重点发展公益服务、社会事务、文化体育、慈善救济、社区维权5类社会组织，实行登记、备案双规制,简化设立程序,减少限制条件,降低准入门槛。目前全区社会组织 556 个,登记类 271 个,备案类 285 个,增长 160%。更值得肯定的是,他们大力扶持社会组织,专门安排 200 万元专项经费以资金扶持社会组织,定期发布政府需求信息,引导社会组织承接服务项目。2010年区和街道办事处向社会组织购买服务项目 51 个,金额达 1350 万元。我认为,成都市锦江区的社会管理创新探索是值得提倡的。

深圳市的社会改革起步早,2004 年就开始让行业协会、商会与政府部门全面脱钩,实行民政部门直接登记,后来又扩展到工商经济类、社会福利类和公益慈善类社会组织。所以,深圳社会组织发展比较快,从2004 年到 2010 年由 1966 家增长到 4110 家,平均每万人有 4.6 个社会组织,远高于全国每万人 2.7 个社会组织的平均水平。深圳对社会组织从严控到松绑,从管制变扶持。从 2005 年开始,民政局探索把"福彩金"用于资助社会组织,成立"福彩金种子基金",用于社会组织购买服务。到2010 年资助 75 个公益项目,金额 3500 万元。深圳有个恩派(NPI)公益组织发展中心,作为培育社会组织基地,帮助社会组织达到注册标准。其中有个癌友康复互助会打游击活动了好多年,经"恩派"10 个月孵化获正式注册,得到福彩金种子基金 47 万元资助,会员从原来不固定的几十人发展到 172 人,建立了 25 个公园活动站。深圳社会组织快速发展还与政府大部制改革相呼应。2009 年深圳实行大部制改革后,首批核定削减出来的工作事项,80%转移给社会组织承担。2008 年深圳出台的《关于进一步发展和规范我市社会组织的意见》提出,只要有社会组织能够有效提供公共服务,原则上不再设立新的事业单位,不再增加新的事业编制,以此倒逼政府各部门向社会组织购买服务。据统计,2009 年深圳市、区两级政府购买社会服务经费达 7000 多万元,2010 年达 1 亿元,到 2015 年每年将投入 7.5 亿元。这样,主要靠事业单位提供公共服务的体制就被改革,将由社会组织和企业成为提供公共优质服务的主体。此外,深圳在社区改革,推进居委会直选,发挥居委会自治作用,培育公民意识、公民社会及提高居民参与社区治理能力方面,也有很多创造。

从基层实践看来,推进社会管理创新,要防止进入两个误区:一是把社会管理创新等同于社会危机管理和社会问题管理;二是把社会管理创新当作政治控制和维稳,不承认社会管理中的市场逻辑和社会自治逻辑。

社会管理创新的真正含义应当是,在深化改革的精神统领下,创建以现代法治为保障的社会管理新格局。政府要转变职能,还权力以规范,实现现代化政府的转型。政府不能再搞全能主义、家长式统揽包办社会事务,而要依法行使行政公权力,还社会一个自治管理的公共秩序,让社会公众按照日常规范进行自我管理,最大限度地调动各方面的积极性,激发社会活力,降低国家运行成本和管理代价。

改革开放长出公民社会空间

长期以来,我国是"皇权不下乡",政府设置只到县一级。广大乡村是靠乡绅治理。新中国成立以后,尤其是1958年以后,国家政权延伸到乡、镇、行政村以及城市街道和单位。这就造成政府对社会的全覆盖,进入社会日常生活系统,民众的吃喝拉撒睡全归政府管。由此造成:国家吞噬了社会,公民全变成"单位人"被管起来;农民被锁定在农村生产队,连从一地到另一地,也要政府开证明,没有流动的自由。这种全能主义的社会管理,是在无产阶级专政的意识形态和国家统揽资源的集中计划经济体制条件下形成的。它具有革命武装夺取政权的战时共产主义痕迹,也可以看到封建社会传统管理文化中家长式"父母官政治"的身影。它造成的严重后果就是,形成城乡二元体制,农民被严密控制,农业经济受严重影响，城市社会也失去活力。

改革开放以后，逐渐产生资源分散、利益多元、需求多样的社会，形成政府、企业、社会组织三大社会主体，要求政府承担再分配职能，履行现代公共政府的责任。指令性计划和政府的过度干预已经不符合现代经济发展的规律，强权政治和对社会一味实行行政控制的办法，已经无法治理好今天复杂多元的社会。这样，中央就提出了社会管理创新的问题。

早在上世纪60年代末，我国领导人在社会管理统包统揽时期，就已经认识到这种管理模式存在的问题了。在党的九大后，毛泽东主席曾经讲到社会管理问题。他说了这样一段精彩的话："社会这个东西，有自己的发展规律，是违背不得的，它老大得很，不管什么主义管它，一概不理。要是违背了它的发展规律，是要受惩罚的。我们把制度和方法，总死死捆在一起。比如，农村实行集体所有制，这是社会主义制度，应当坚持，这是对的。但我们共产党办事很蠢，把老百姓百分之八十都包起来，只让他们自己搞百分之二十，结果是包而办不好。我看要把它倒过去。老百姓百分之八十的事都由他们自己来办，我们只包百分之二十就好办了。"

毛主席敏锐地发现计划经济体制下的社会管理问题，提出社会管理有其自身规律，不以社会制度为转移，这是很有识见的。但他认为这是基层党组织很蠢造成的，无须从体制角度作根本调整就可以改变。这只是良好的愿望，在当时的政治、经济体制和社会体制下是办不到的。直到改革开放以后，才逐渐生长出社会空间，在社会结构分化大体定型后，才有条件提出社会管理创新的问题。

今天我们用公民社会的提法，一是因为与宪法中的公民权利提法相一致，二是指同欧美有些国家市民社会不同，我们的社会包含有公有制企业、人民团体在内，所以不完全是私人关系领域。不能说公民社会是西方设置的陷阱，公民社会也并不是与政府公权力对着干，所以不能对公民社会、民间组织本能地存在芥蒂、反感，甚至敌意。实行社会主义市场经济体制后，我国长出公民社会空间，这是客观事实，是对社会主义社会大有利的事。正确认识、管理、驾驭公民社会空间，对加强和改善共产党的领导也是大有利的事。

改革开放带来社会结构及治理的重大变化

改革开放以来，我国社会体制改革大体经历两个阶段：一个阶段是从1978 年到 2004 年左右，配合市场经济体制改革，改革劳动制度，实行劳动合同制，形成劳动力市场，并进行收入分配制度与社会保障体制的改革，教育、医疗卫生等社会事业体制的改革，城乡社会管理体制的改革等；另一个阶段是 2004 年以后，提出落实科学发展观，十六届六中全会就构建社会主义和谐社会若干重大问题作出决定，明确提出与经济体制改革、政治体制改革、文化体制改革相配合的"社会体制改革和创新"的任务。十七大提出加快推进以改善民生为重点的社会建设。从此，社会体制改革与社会建设，作为中国特色社会主义建设"四位一体"总体布局的重要任务，摆到了重要议程上来。十八大加了一个生态环境建设，变成"五位一体"的总体布局。

经过 30 多年的发展与改革，经济社会格局发生了重大变化。如：由单位人到社会人，社区变了；冲破了户籍限制，两亿多农民工在全国流动了；就业体制从包分配到自谋职业，有利于人才流动，人尽其才；同时，要找关系、背景、后台，本人成绩好坏与能力强弱反而变得不确定了，带来阶层固化的弊端。此外，住房体制变了，社会组织变了，公共舆论空间也变了。最重要的是，社会结构变了，形成三大社会主体：以政府官员为代表、以政府组织为基础的国家公权力系统；以企业主为代表、以企业组织为基础的创造财富的市场系统;以公民为代表、以社会民间组织为基础的公民社会系统。这是中国两千多年来难得出现的社会结构重大变化,意义深远。

据了解,目前正式登记的社会组织 45 万个,备案的社会组织 25 万个,实际存在 300 多万个,年均增长 8% — 10%。这些民间组织覆盖了社会各个方面,包括科技、教育、文化、卫生、劳动、民政、体育、环保、法律、慈善等公益领域以及中介、工商服务,初步形成体系。其中,6 万多个行业协会联系企业会员 2000 多万人,4 万多个学术团体联系专家学者 500 多万人,专业协会联系 1000 多万家。它们的经济实力也明显增强。据统计,到 2010 年社会组织拥有固定资产 1089 亿元,年收入 1247 亿元。同时,这些社会组织还走向世界,全国性社团已在 122 个国际组织中担任领导职务,在 92 个国际组织中担任理事。各类社会组织从业人员迅速增加,专职人员 540 万人,兼职人员 500 多万人,注册志愿者 2500 多万人。他们在规范行业行为,维护市场秩序中发挥了重要作用。对社会民间组织的认识,也从原先的否定、怀疑为主,转变为肯定和支持为主,但偏见依然存在,特别是把社会组织想象为政府天然对手的观念挥之不去。所以,目前总体说,对社会组织还是制约大于鼓励,有关的法律法规还很不完备。这种现状是不利于社会管理创新的。

社会管理存在的主要问题与改革创新的基本思路

由于长期来我们的社会管理体制是建立在传统的高度一元化模式的基础上,因此,改革开放以来虽然经过了两个阶段的初步改革,但仍然不能适应经济社会转型期社会变革的挑战。目前存在的主要问题,大都涉及政府的职能转变和能不能依法执政的问题。比如:

各级公共财政投入社会建设偏少,对农村地区投入更少,社会基本公共服务供给严重滞后,明显有失公平;

民间组织发育不良,公共参与渠道不多,难以在社会管理中发挥作用;

政府不习惯借助市场机制和社会机制整合社会资源,共同举办社会公益事业和公共服务;

政府与事业单位中介组织不分,政府机构和社区自治组织不分,导致事业单位行政化、自治组织行政化倾向严重,影响社会事业和社会自治健康发展;

政府社会管理职能重心失衡,重管制轻服务,重审批轻监督,重惩罚轻教化,重形式轻实质,手段单一,政出多门,直接影响社会管理效果;

政府社会管理方式简单,习惯于采取行政手段和强制方式解决社会矛盾,往往容易激化矛盾;

政府社会管理法规制度不健全,管理成本过高,效率较低;

政府对专门社会管理人才和专业化的社会工作人才重视培养不够,造成社会管理人才和社会工作人才严重缺乏。

在一个有13亿人口、发展又很不平衡的大国,在经济社会转型的矛盾凸显期,如何实现社会管理创新,的确是摆在各级领导面前的一个新课题、难课题。应当从各自实际情况出发,进行积极的探索、试验。应当看到,这两年来,政府在公共服务方面有所进步,很多地方政府加强了基本公共服务均等化建设,财政支出向教育、医疗卫生、社会保障等公共服务领域倾斜。比如,广东、上海、江苏、浙江等发达地区在推进中动作较大,公共服务职能得到一定程度的强化。此外,这些地区在社会管理体制创新方面,开始有一些新的探索。比如,广东地方政府在处理乌坎问题上有些新的思维,开始顺着民意,用"对话"来替代"对抗",用"维权"来促进

"维稳"。

但是,总体上说,我们在社会管理方面,基本上还是延续传统思路,缺乏创新思维。这里需要注意的一个问题就是,不能把社会管理等同于社会控制,社会管理创新功能不能等同于政法部门的社会综合治理功能。那种以控制为主导的"单中心管理"模式绝对不能推进社会管理创新。所以,正确的努力方向,应当遵循以下的准则:

1.社会管理主体,由国家公权力唯一主体向政府、社会组织、企业三元主体协同管理方向努力;

2.社会管理方式,从命令与服从单向度的管治,转向各个主体之间的协商决策、合作管理、透明化管理、法治化管理;

3.社会管理重点,从行政管制为主转向以提供社会性公共服务为主;

4.社会管理手段,以行政手段为主转向综合运用行政手段、法律手段、市场机制、社会自助互助等多种手段;

5.社会管理资源,由政府单一主体投入走向政府、企业、民间组织、社区等多元主体共同承担;

6.社会管理秩序,从纯强制性秩序转为强制性秩序与自治自律性秩序并重;

7.社会管理的权力配置,从政府集权管理转向给社会放权和为公民增权;

8.社会政策制定,从封闭、神秘方式走向公众参与、多方协商和透明化决策。

遵循以上8条思路探索、试验、创新,是可以打造出有中国特色的社会主义初级阶段的社会管理新格局来的。

关键在于政府的现代化转型

实践证明,社会体制改革和社会管理创新,关键在于政府的现代化转型。什么是政府的现代化转型? 大体有三大创新、四方面要求。

三大创新就是:观念创新、管理创新、制度创新。

四方面要求是:

第一,要实现政府管理观念上的重大转变。中央为什么一再强调社会管理创新? 有人认为是当前社会矛盾多发,维护社会安定需要社会管理创新。这种看法并不全面。社会管理创新固然有利于维护当前社会稳定,但更重要的是,有利于促进每个人的全面自由发展。社会管理创新本质上是以人为中心的管理,要消除公民生存和发展中面临的各种社会障碍(如社会歧视与社会排斥),为公民提供福利保障、安全保障、平等机会、选择自由,从而增进公民的自由、权利和福利,为每个人的自由全面发展创造条件。

社会管理创新也有利于实现社会公平正义。社会管理是为解决市场失灵而产生,通过提供各种基本社会公共服务,使市场竞争中的弱势人群、边缘人群和低收入人群,得到生存与发展的基本需要,以促进社会公平正义。

当然,社会管理创新也有利于促进社会和谐。政府通过制订和实施社会政策,调节收入分配,实行转移支付,更好地平衡各方利益,减少利益冲突。同时,鼓励发展慈善事业,使高收入人群通过慈善捐赠、义工等方式奉献爱心,关心帮助困难群体,有助于增强社会凝聚力,化解社会对立情绪。对政府来说,也是一件得民心的工程,有利于增强政治的合法性。

所以,各级政府一定要以战略眼光来看待社会管理创新的深远意义,不能只把它看作是应对目前社会矛盾的权宜之计。

具体说来,政府观念要实现四个转变:

——从传统的"父母官"到现代"公仆"的转变。我们正在走向公民社会,现代政府是公民的一种选择,政府官员是为人民服务的公职人员,再不能有父母官的情结和思维。要牢固树立为人民赤诚服务的观念,甘当公仆。

——从"全能主义"到"有限责任"的转变。对照现代国家对政府的基本功能预期,政府应负有保卫、管制、服务等功能。十六届三中全会把各级政府的职能概括为:"经济调节、市场监管、社会管理、公共服务"。现代政府着重依赖税收和公共性收入承担社会再分配的职能,是社会管理体制中的主要角色。

——从"人治"到"法治"的转变。让依宪治国、依宪执政成为治国理政的基本方式,按法律制度,加强协商民主程序,改变传统人治做法。政府规章要公开透明,有法必依,执法必严,并接受公众参与和社会监督。

——从"划桨人"到"掌舵人"转变。政府不再是社会管理的唯一"划桨"主体,而是在众多"划桨"主体中起舵手的作用。社会管理要从政府"统治"向多元主体的"共治"转变——建立"善治结构"。政府是一个公共治理机构,才能提高管理的科学化水平。

第二,需要建立一个与经济转轨、社会转型相适应的以人为本的现代政府管理模式。这就是管理创新。

党的十八大报告提出:"要围绕构建中国特色社会主义管理体系,加快形成党委领导、政府负责、社会协同、公众参与、法治保障的社会管理体制,加快形成政府主导、覆盖城乡、可持续的基本公共服务体系,加快形成政社分开、权责明确、依法自治的现代社会组织体制,加快形成源头治理、动态管理、应急处置相结合的社会管理机制。"这四个"加快",就是政府现代化转型中的管理模式创新。各级政府要努力在实践中,多方面探索如何建立体现十八大精神的新的社会管理体制、基本公共服务体系、现代社会组织体制和社会管理机制。

根据这个要求,总的说要理顺行政关系,收敛政府对社会部门的行政化覆盖,减少行政审批和管制,让社会有更多的空间,明确社会建设的核心是建设"社会"。要把党政内部的"大联勤"与"分工合作"拓展到党政部门、企业与社会公众的联合与合作,做到政府与社会的共建共治,实现真正意义上社会管理的"综合治理",共享繁荣与和谐。

加强公务员队伍建设,也是建立现代政府管理模式的重要一环。需要对全国公务员进行一场"国家与公民"的教育,切实改变工作作风和语言习惯。要尽快制定《国家公务员伦理法》、《行政伦理法》等。对行政机构和公务员的行为和处理各种关系作出具体的伦理要求,确立法规之外的道德守则。这对提升政府公信力和诚信度十分必要,也为严肃法纪、惩治腐败提供法律依据。

第三,要改革政府的运行命脉——财税制度。这是现代政府转型的一项重要制度创新。

十八大报告要求"加强对政府全口径预算决算的审查与监督"。社会主义的公共财政收入包括3个部分:国家和地方政府的税收;政府依法利用权力、信誉、资源和特定的公共服务提供的财政性非税收入(通常所说的"费",如土地出让金每年有3万亿元左右);国有资本投入市场运行的利润(每年约3万亿—5万亿)。长期以来,对政府财政进行的人大、政协等程序性审查与监督仅停留于政府税收部分。这些年来,对政府非税收入的使用和监督越来越受到关注,特别是土地出让金、交通路桥收费和罚没经费(上海、广州等地还有汽车牌照拍卖费收入等)。而对于国有资本投资利润的回报"分红",基本仍处于空白,没有受到监督。

我们一直把国有企业看作是公有制。其实,要体现"国有"资本的"公有"性,必须使政府掌控的国有资源和国有资本的回报有法可依地向社会公开,惠及全社会。如果国有企业利润归企业自己支配,那就和私有企业无异。所以,国家和各级政府对数额巨大的国有资本,以及对土地、矿产、江湖海洋的实际使用权、收益权、转让权,就兼具了经济"投资人"和税收"负债人"(要把这部分的红利归还给社会民众)的双重角色。政府要意识到自己是欠债人角色,如果政府不转型,随意占用,权贵主体必然会滥用公权力为部门或掌权者私人利益服务。这是现在面临的公权力腐败现象严重的重要原因之一。因此,迫切需要建立包括国有资本利润、土地等公共资源使用收益、公共税收收入这 3 项内容在内的全口径政府公共财政收支运行和监督体系。

在我国转型发展过程中,有一个问题非常突出,这就是经济增长后的国民收入分配一直是政府拿大头、企业拿小头,居民拿零头。拿"大头"的政府,用于社会再分配和公共服务支出的比重又大大低于一般现代国家的政府;而政府自身开支占全部财政支出的比重又大大高于世界平均水平,造成行政财政总是大大高于民生财政。所以,财税方面的改革势在必行。要按以下原则方向进行改革:

——薄赋轻徭,藏富于民。改变政府税收以间接税为主的状况,逐步有序探索增加直接税的比重。要完善个人收入累进制税收改革,探索以家庭为单位综合扣除制度。适时建立现代国家普遍施行的各种直接税,如房产税、公共资源使用税、遗产税、特种消费税等,用于再分配;

——一体化布局城乡劳动力市场,调节收入分配。依法加大对市场初次分配的监管力度、对困难群体实行再分配的辅助力度。争取尽快将全国农村扶贫标准达到 2008 年联合国修正后的每人每日不低于 1.25 美元的新标准(目前仍是每人每天不低于 1 美元的标准)。

——加大财政对社会建设领域的投入,改革投资方式。紧缩财政预算需要着眼于调整投入结构(农村基础设施、科技、民生),而不是一刀切地减少各部门百分比。要有计划地提高财政支出用于公共服务和管理领域占全部财政支出的比重,努力达到国际上现代政府一般比重(50%—70%,我国目前为20%左右)。同时,切实制止当前政府部门滋长的奢靡之风,着力减少政府自身开支成本占财政总支出的比重(国际上发达国家平均为6%,我国目前匡算为30%左右)。

——国有资本逐步退出竞争性领域,向社会领域产业转移。要把国资投向教育、医疗、公共卫生、环保、养老安老、公共住房等事业上来,推动公共消费。这样,可以让社会保障和福利制度成为推动经济发展的内生性生产力要素。建立国有资本投资利润回馈社会建设和社会保障开支的制度。央企的国有资本利润要定比例回馈国家扶贫与国民保障计划,而地方国企的资本利润要定比例用于地方居民"分红"。

第四,深化社会事业体制改革,建立政府、市场和社会非营利部门"三元共治"、合作共赢的公共服务体系。这是现代政府转型的另一项重要制度创新。

社会体制改革,一定要深入社会事业单位的改革上来。彻底改变计划经济时代带来的至今社会事业"国有国营"的现状。在现代市场经济发展的条件下,像教育、医疗卫生、科学、文化博览、体育、旅游、养老等传统认为的社会福利和公共服务事业,都是可以用市场来配置资源的"产业"。在联合国产业目录里均被列为社会经济部门的产业。国际上关注的是需要在体制上区分它们是"商业性"的还是"非营利性"的,从而采取不同的分类管理方式。

当经济发展到一定程度时,民间和社会财富也有从事公共服务的需求。近年来,民间社会公益组织发展很快。它们利用社会资本和志愿精神,采取专业化的管理,显示出比政府和企业提供的公共服务成本更低、效率更高的优势。上海、深圳等地的政府、民政部门,利用财政监管的公共资金,如福利彩票资金,对各类公益组织提供创业投资招标,从经费上支持公益服务组织去发现需求,提供更为精细的社区服务计划,取得了很好的经验。民政部门的创新做法其实完全可以推广到教育、卫生、文博、养老等其他社会事业领域,使它们走向公益事业服务市场。

依附在原体制下的国有社会事业,它们一般占有更多的公共资源,但是对资源的利用和工作效率并不高。政府不能成为它们的保护伞,要把它们推向整个社会建设的第一线。所以,各地有必要开展社区公共服务资源普查,制定必要的政策法规,在资源布局上不能单纯按行政区域划分,而要以人口多少,来规划配置公共服务的资源。鼓励社会公益组织通过公平竞争获取政府资金,提供高质量的专业服务。

以上四个方面要求,即从社会管理观念转变,到建立现代政府社会管理模式,到财税制度的改革,到建立政府、企业、社会"三元共治"的公共服务体系,体现了观念创新、管理创新、制度创新。这就是政府现代化转型的主要要求,也是社会体制改革和社会管理创新的关键所在。只要沿着这个方向努力,加快社会体制改革和社会管理创新,加强社会建设,必定能顺利地迈向自由、平等、公正、法治的社会。

触动利益为何难于触动灵魂

（2013 年 3 月）

  3 月 17 日,国务院总理李克强在会见采访十二届全国人大一次会议的中外记者时表示,"改革进入了深水区,也可以说是攻坚期,的确是因为它要触动原有的利益格局。现在触动利益往往比触及灵魂还难。但是,再深的水我们也得蹚,因为别无选择,它关乎国家的命运、民族的前途。这需要勇气、智慧、韧性。所幸的是,这些可以从我们的人民当中去汲取,使改革迈出坚实的步伐。"

  那么,何谓触动灵魂和触动利益? 触动利益为何难于触动灵魂? 新京报专访著名政论家、《人民日报》原副总编辑周瑞金。

一、何谓触动灵魂、触动利益

新京报:触动灵魂指的是什么?

周瑞金:触动灵魂,主要是指打破思想观念和意识形态的束缚。比如说,20 多年前邓小平同志在南方谈话中说的,改革开放迈不开步子,不敢闯,说来说去就是怕资本主义的东西多了,走了资本主义道路,要害是姓"资"还是姓"社"的问题。

因为当时影响改革的最大阻力,就是来自思想观念的束缚和意识形态的束缚,陈旧的思想观念和僵硬的意识形态严重束缚了社会的发展,所以当时的改革从本质上说就是"触动灵魂"的问题。

邓小平同志的南方谈话,真正触动了灵魂,使人们从"凡事要问一问姓'社'姓'资'"的束缚中解脱出来。

新京报:触动利益具体指的是什么?

周瑞金:从1992年邓小平南方谈话开始算,经过20多年的发展,中国经济发展取得了很大的成绩,同时也积累了很多改革中出现的问题,包括贫富差距的拉大,城乡之间、地区之间差距的拉大,贪腐现象的日益严重,民生问题和社会保障的滞后,社会的发展落后于经济的发展等。这些在改革中出现的问题,需要在进一步深化改革中去解决,而这些问题从本质上说,都涉及利益的调整和利益格局的变革,而非20年前的思想观念的转变就能解决。

新京报:那么触动谁的利益,触动哪些利益?

周瑞金:我一直认为,在这20多年的市场经济发展中,确实有一种特殊利益集团的形成,他们掌握了一定的社会资源,又有一定的公权力作为背景。

特殊利益集团的势力坐大,不仅表现在他们对自然资源的"盘踞",如垄断性国企和少数权贵对全国矿山资源的瓜分,而且表现在收买专家为其垄断行为辩护,制造话语权,以至于一些行业的"专家"在网友心目中堕落为"有奶就是娘"的墙头草。但最为严重的一点,在于特殊利益集团对政法系统的渗透。

另一个危险的迹象是,特殊利益集团在寻找政治代言人。在社会资源从权力配置向市场化配置转型的过程中,官场最容易被特殊利益集团所裹挟,甚至被拉下水。农村改革元老杜润生同志早就警告过:政府如果又定制度、定规则,又参加游戏,权力进入市场会引起腐败。党的领导一定要体现于政治、政策、思想领导,退出具体经济事务干预。

所以,此次李克强总理说,"把错装在政府身上的手换成市场的手。这是削权,是自我革命,会很痛,甚至有割腕的感觉,但这是发展的需要,是人民的愿望。"

二、触动灵魂、触动利益难在哪里

新京报:触动灵魂难在哪里?

周瑞金:应该说,触动灵魂和触动利益都很困难,观念的转变也很困难。当年,小平同志南方谈话后,社会的思想观念虽有很大转变,但是并不是一下子就转变了,也是经历了一个过程,即使到今天,触动灵魂的问题还是没有完全真正解决。

比如前几年《物权法》的出台过程,就是思想观念和意识形态的博弈,不少人认为保护私人财产就是保护资本主义。再比如近年来讨论较多的政治体制改革和行政体制改革,首先一个障碍,就是不少人认为好像推动政改,就是削弱了党的领导,就可能导致社会动荡,可能引起什么"茉莉花革命"。这些就是思想惯性在作祟,是观念层面的阻挠。

当然,现在依法治国的观念已经牢固,继续坚持依法办事,触动灵魂的难度会逐渐减小。

新京报:触动利益难在哪儿?

周瑞金:相对来说,触动利益更加困难,因为在物质社会里,利益的切割比观念的扭转要困难。现代社会,人的一个劣根性,就是对物质财富的贪婪,欲壑难填。在市场经济环境中,通过市场的手段来调动每个人的积极性,每个人和机构都平等竞争,从这个角度看,追求财富无可厚非,能促进经济的增长,但是,市场经济需要法治来保驾护航,建立法治型的市场经济,而这一块就需要加强对公权力的约束。

中央提出的"把权力关在笼子里面",其实就是要让公权力在阳光下运行。按照李克强总理的说法:一,厘清政府和市场的关系,"把错装在政府身上的手换成市场的手",划清政府和市场的边界。二,厘清政府和社会的关系,"自古有所谓'为官发财,应当两道',既然担任了公职,为公众服务,就要断掉发财的念想"。官员就要自觉地对自己、对子女、对亲属严加监督,不要让公权力成为权力寻租的工具。

新京报:利益问题的实质是什么?

周瑞金:利益的背后是体制。以前,在河南省交通厅长的宝座上,连续四任厅长前腐后继,一任比一任贪腐的多。为什么会这样? 就是因为这个体制让厅长的权力失去了约束和监督,为贪腐提供了温床。光靠官员自觉,光靠网友举报,还远远不够。所以,触动利益,从根本上说,就是要深化改革,就是要触动体制和触动机制。

三、触动利益为何难于触动灵魂

新京报:"触动利益往往比触及灵魂还难。"总理为什么会这么说?

周瑞金:以前在市场经济改革中的既得利益者,现在继续获得很大的利益,那些没有取得利益者,现在愈发难以获得利益,导致社会贫富差距逐渐拉大,一个人仅靠自己奋斗,上升的空间和几率都在缩小。所以,现在的一个重要问题,就是利益固化,以及由此产生的社会阶层固化,也是舆论经常提到的"X 二代"的问题。

习近平同志在当选为新一届党中央总书记后,表态说:"我们要坚持改革开放正确方向,敢于啃硬骨头,敢于涉险滩,既勇于冲破思想观念的障碍,又勇于突破利益固化的藩篱。"

所以,此次李克强总理在会见采访十二届全国人大一次会议的中外记者时就说:"现在触动利益往往比触及灵魂还难。"

这也说明了新一届中央领导集体对当前深化改革遇到的问题和困难,了解得都比较清楚。经过二三十年的发展,社会矛盾已经转化,从"灵魂问题"转化为"利益问题"。目前的关键问题就是利益调整和利益博弈。

新京报:这种说法,释放出什么样的改革信号?

周瑞金:通过新一届中央领导集体的相关表态,特别是习近平总书记和李克强总理最近的一些言论,我认为目前的改革重点还是放在社会体制和社会建设上面,重点解决民生问题,为下一步政治体制改革的阶段提供社会基础和社会条件。而总理说的处理好政府与市场,政府与社会的关系,恰恰是当前推动社会体制改革的中心问题。

我注意到李克强总理3月20号在新一届国务院第一次全体会议上强调的一句话——政府要说到做到,不能"放空炮";国务院的决定要不折不扣执行,决不能搞变通,各级都要加大督查力度,没做到的要问责,不能当无所作为的"太平官"。

这说明了新一届领导集体的改革决心还是很大的,不仅推动深化改革,而且重在落实改革措施。"触动利益往往比触及灵魂还难",点中了当前社会问题的要害之处,就是要打破利益格局,进行利益调整。这种改革判断符合社会和民众的期待。

改善党对媒体的领导方式 *

（2013 年 5 月）

　　党的十八大以来，一方面是新领导人虚怀若谷，高调宣示："改革开放只有进行时没有完成时"，"不失时机深化重要领域改革"；另一方面，我们也看到，"广大人民群众对深化改革开放的强烈呼声和殷切期待"在新闻媒体和互联网上经常被遮蔽。从周口强制平坟到山东地下水污染，从贪官假释到清华大学朱令案、北京的京温商城女孩"自主坠楼"案，很多舆情热点，问题并未解决，后续报道却莫名其妙地消失了。

　　社会转型期也是矛盾凸显期，出现一些所谓"负面新闻"是相当正常的情况。不正常的倒是，一段时间以来，温水煮青蛙式的麻木不仁，社会舆情与主流媒体这两个舆论场渐行渐远的尴尬。

　　今年 1 月，新任中央宣传部部长刘奇葆考察人民日报社和新华社时，对新闻宣传工作提出了鲜明的要求：树立以人民为中心的新闻理念，使报道贴近读者需求，符合干部群众的口味，富有吸引力感染力；抓住国际国

---

　　* 本文系周瑞金 2013 年 5 月 26 日在"上海论坛·传播分论坛"上的演讲。

内重大事件,抓住思想领域的倾向性问题,抓住群众关注的热点难点,及时推出评论文章,抢占舆论高地,掌握话语权。这种对新闻宣传工作的要求,体现了历史和现实的责任感,抓到了问题的要害。

当前新闻工作的现状是:新闻理念经常不是"以人民为中心",脱离实际,不能切中时弊,特别是面对互联网微博客等"自媒体"和网络"意见领袖"的活跃,"话语权"并不总是牢牢掌握在党和政府及官方媒体手中。党的新闻工作,如何不辜负党和人民的重托,需要我们总结新中国成立64年来的经验教训。所谓经验教训,归结起来主要有两条:

第一,党管新闻媒体的底线必须坚持,这是确保国家长治久安的政治保障。1980年底,在波兰"团结工会"刚冒头的时候,陈云同志就告诫:"经济工作搞不好,宣传工作搞不好,会翻船的。"陈云同志把宣传工作和经济工作并列,上升到执政党生死存亡的高度,一直警钟长鸣。历届思想宣传管理部门都不敢对宣传工作掉以轻心,他们守土有责,为30多年改革开放和现代化建设的稳步推进,作出了重要贡献。

第二,党管新闻的方式要与时俱进、不断完善。针对时代的新变化、传播技术的新发展、人民群众的新需求,不断调整党管新闻的策略、途径和技巧,坚持科学管理、民主管理和依法管理,始终注重新闻宣传的实效。

我1962年秋从复旦大学新闻系毕业到解放日报社工作,31年后奉调入人民日报社工作。从我几十年由地方党报到中央党报的工作经历,我认为这两条经验对我们都太重要了。党管媒体的政治底线不能失守。同时,长期沿袭的新闻管理方式亟待改进。

在党的十八大精神鼓舞下,我们应当下力气以改革为动力,努力探索党管媒体的科学路径,不断改善对媒体的领导方式,以提高媒体的宣传实效,这对全面贯彻党的十八大精神,是很有意义的事。

一、思想宣传工作要服务于党和政府的中心工作,绿叶配红花,加油不添乱。

胡耀邦同志在 1983 年整党中曾要求思想宣传工作部门"端正业务指导思想",联系国家的大方针大政策,考虑自己部门任务和党的总任务相适应。这是针对当时主管这项工作的有些领导的。因为,他们在思想宣传管理部门总是强调反倾向斗争,一会儿是"清除精神污染",一会儿是"反对资产阶级自由化",对 20 世纪 80 年代的改革开放特别是经济工作构成较为严重的干扰,因而受到当时国务院系统老领导的一致抵制。邓小平同志 1986 年夏天在北戴河讨论十二届六中全会有关精神文明建设指导方针的决议初稿时说,他们是要把我们往"左"的方面拉。后来,有些领导也热衷于"反和平演变",修整媒体人。这样的管理思路和做法,让党的思想宣传工作成为改革开放的绊脚石。进入 20 世纪 90 年代后,这种与改革背道而驰的做法才告结束。这是一个很大进步。

现在有意"另搞一套",与党中央改革路线分庭抗礼的做法难以再有了,但由于思想宣传工作管理的不当而引发公共事件,仍需要注意避免。党的十八大后,中央政治局制定改进工作作风、密切联系群众的八项规定,深得民心。习近平总书记提出,"以更大的政治勇气和智慧,不失时机深化重要领域改革","协调推进各领域各环节改革,努力把改革开放推向前进"。应当说,这就是党的总任务,国家的大方针大政策。思想宣传管理部门的责任就是对此认真配合,切实贯彻落实。如果损害政治局八项规定所营造的官民融洽的政治氛围,损害攻坚克难推进全面改革的大好局面,影响到党的十八大部署的中心工作这个大局,那就值得反思了。

二、党对新闻宣传的领导,主要是对党和政府方针政策路线的把握,对一个时期思想动向的正确分析及应对之策,以及对新闻干部的管理,而不是直接代替总编辑办报。

　　严格来说,当前国内不存在纯粹的体制外媒体,即使被舆论视为民间报刊的"南方报系",其实也是中共广东省委机关报《南方日报》旗下的子报、子刊,归广东省委管辖。因此,党管媒体理所当然。据我了解,在体制内媒体工作的编辑记者,绝大多数是充分尊重各级党组织的领导的。我们完全可以通过对报纸编辑部的方针政策指导;思想动向的大局研判,以及干部的任用,体现党对媒体的权威性管理。如果有媒体干部不胜任党的宣传工作,也可以适当进行调换。但一旦任用了合适的总编辑,就应充分授权,不宜再越俎代庖,代替总编辑去过多地干预具体办报业务工作。

　　陆定一、习仲勋同志做中宣部长时,对《人民日报》总编辑邓拓十分尊重。1956 年 7 月 1 日,《人民日报》在解放后第一次大改版,由胡乔木同志执笔的《致读者》提出:报纸"不能设想自己是全知全能的",不能"随时作出绝对正确的结论";"在任何一个社会里,社会的成员不可能对于任何一个具体问题都抱有同一种见解","害怕讨论的人总是可笑的人";改进报纸文风,更要改进"党风","万不要让读者看了想打瞌睡"。这些迄今仍感耳目一新的提法,显然是与当时中宣部酝酿"双百方针"一脉相承的。中宣部给报纸总编辑及整个编辑部,在抓干部、抓大政方针的前提下,充分信任,充分尊重,充分放手。那时候的《人民日报》密切配合刘少奇、周恩来、邓小平等一线领导的工作部署,办得相当出色。

　　坦率地说,党的思想宣传管理部门有些领导同志,像管理"铁路列车运行表"一样,把行政管理方式搬用到新闻宣传管理中,直接介入了新闻报道方式和流程,管新闻的部长(甚至是局长、处长,乃至科长)颐指气使,俨然成为媒体的总编辑,而报纸总编辑反倒变成了总编室主任,等因奉此,照办不误。这种做法表面看,是强化了对新闻媒体的管理,确保任何环节不出一点纰漏,实际上却扼杀了新闻工作者的能动性和创造性,降低了宣传管理的实效,反而让党管新闻的位势降低了。按照这种管理做法,出现了千报一面,全国媒体按某个时刻表同时宣传树立某个典型,而不是由领导部门提出当前宣传某种主流价值观,让各媒体自行寻找与之相匹配的典型人物。如此等等,不一而足。总之,管得太细太具体,缺少对媒体人应有的信任与尊重。这样做大大影响了主流媒体的宣传实效。

去年12月28日,全国人大常委会通过了《关于加强网络信息保护的决定》。此前,中央电视台、《人民日报》进行了连篇累牍的宣传造势。据我从网络帖文观察,效果适得其反。对互联网信息安全,当然要立法管理,为配合立法的宣传造势也是必要的。问题出在我们的动机和效果不统一,只强调互联网信息有害社会稳定和国家安全的一面,避而不谈保障人民群众的表达权和监督权。其实,全国人大制定的11条,大多是从保护网民权益角度立规的,基本上符合世界文明潮流,网民在法规公布后都松了口气。立法前之所以引起强烈反弹,就在于我们这种过时的、强势的、一边倒的主观宣传方式。

比较而言,我注意到《中国青年报》连发评论员曹林的9篇评论,每一篇都是从网民的关切提出问题,旁敲侧击地支持互联网立法,效果要好得多。原因无他,无非是《中国青年报》保持了新闻宣传的某种自主性和创造性而已。思想宣传管理部门应当充分尊重媒体人的这种自主性和创造性,使党的思想宣传工作取得更大的成效。正如今年年初,上海市委领导视察当地报纸时说的一句话:"对报纸编辑记者要存敬畏之心!"党领导媒体,就包含有党的领导人应当尊重媒体工作者的自主性和创造性的应有之义。千万不要低估多数编辑记者的政治责任心、职业精神和坚持改革创新的共同意愿。

三、宣传管理部门不宜只做地方政府的"灭火队",更应成为全党全国意识形态的建设者。

常听到宣传部门的同志抱怨:成天疲于奔命,帮助地方政府应对层出不穷的突发公共事件，"不知道下一个小时自己要做什么"。在当前的社会转型期，各种矛盾在积累和叠加，需要及时化解社会矛盾，警惕和制止社会动荡。但是，思想宣传部门毕竟不同于政法部门，我们既要帮助地方政府"灭火"，更要把工作的重点放在全国思想文化的生态治理上来。思想宣传部门要做国家意识形态浇灌的园丁，要做全民政治共识的强力黏合剂，要做知识界文化界的优秀统战工作者。

在这里，有必要强调一下对互联网的切实有效管理。网络管理不应局限于消极的删帖和注销网友账号。关键是推动和保障社会各群体都能上网表达。只有促成信息的自由流动，要相信互联网有信息自净机制，比如日本大地震引发的中国抢盐风波，在微博上就没有任何市场。还要相信网络舆论具有某种对冲功能，不一定都由政府直接出面表态，不妨让左翼和右翼、精英和草根在网上形成相互制衡的机制。让不同的价值取向在网上对冲，偏激的声音在这种对冲中会趋于消亡，而理性中道的声音会占上风。当然，领导部门需要以适当方式放大理性的声音，缩小和孤立不理性的声音。

四、新闻宣传管理部门自身也必须接受监管，提高新闻宣传管理的科学化水平，避免公权私用和主观随意性。

自1992年市场经济建设全面展开以来，行业监管者自身也必须接受监管，已成政府和民众的共识，大众传媒管理部门也不宜例外。能否遵照法定程序实施管理，管理规则能否透明公正和客观量化，被管理者有没有权利救济渠道，这些都是涉及一个行业正常运转和健康成长的基本条件。

我们看到，一方面，大众传媒的监管者十分辛苦，不舍昼夜，全神贯注，随时捕捉和制止负面新闻和议论的扩散。而网站运营商因为帖文管理任务重、所需人力多，硬是把这个高新技术产业做成了劳动密集型产业。然而，这样灭掉的只是大众传媒中的"明火"，而不是基层村头街头的"暗火"或"地火",社会深层问题和矛盾尚未得到真正解决就被隐瞒下来,没能给基层官员以必要的警戒,却给老百姓留下腹诽,等到下一个突发事件爆发时,可能需要全社会付出双倍的成本来化解。

另一方面,大众传媒的监管者掌握着没有法律规范的无边际的权力,更应该谨防把自己当做党的天然化身和真理的垄断者。这里明显包含了多重角色的混淆:中央级监管部门本应秉持"北京立场",以维护有中国特色的社会主义制度的公信力和中央政府的权威为宗旨,但当地方屡屡以"维稳"相要挟时,经常为地方利益、部门利益甚至某些无良官吏"背书",默许地方政府间的"跨省删帖"现象。这些都在客观上消解着中央政府的权威和现行体制的公信。

同时,监管者的主观裁量空间过大,对新闻和帖文的禁与放,取决于具体监管者的主观价值判断、审美观乃至瞬间智力水平。监管过程缺乏上下的交流沟通,常常运用行政权力判断是非,轻率褒贬。这显然不符合意识形态工作的规律,必然容易产生失误。还有关键的一点,是监管过程缺少质询和监督核查。这就给监管者的权力寻租提供了不小的缝隙。国家证券监管业曾发生了王益那样的腐败大案。新闻传播监管中是不是也可能会产生类似的问题呢?这也值得警觉。

新闻意识形态的管理,影响着社会体制和机制的弹性、活力。如果发展到任何突发事件和负面新闻都要设法扑灭报道和议论,仿佛国家遍地到处都是敏感地带,每一年都是大乱将至的末代心态,恐怕是缺乏道路自信、理论自信、制度自信的表现。

近年来,地方政府在日常工作和突发事件处置中,创新社会管理,破题"社会建设",出现了不少大胆的改革尝试。而新闻报道和互联网管理却经常表现出某种滞后性。例如,今年全国两会期间被民政部赞誉为"农村基层民主政治建设典型案例"的乌坎事件,一度曾是媒体报道禁区和互联网上的敏感词。虽然主观上是善意的"守土有责",从实际效果看,却是在给改革尝试增加阻力,给无为惰性增加动力。

新闻宣传要为改革提供强大的精神动力,而不是拖改革大局的后腿。经常忽视甚至蔑视民众的诉求和心理感受,与民心渐行渐远,就有可能成为执政党的某种"负资产"。这正是我们今天应当高度警惕的。

加强网络舆论的对冲机制,有两点很重要:

第一,做大做强网络正面舆论。目前我们已有约 17 万家政务微博。去年"7·21"北京暴雨之夜人民日报社开通"法人微博"后,体制内媒体开通"法人微博"蔚然成风。中央级媒体的"法人微博"都有几百万粉丝,解放日报社的"法人微博"开通较晚,也有了 45 万粉丝。今年政务微信和官方媒体的微信账户也会有一个大发展,人民日报社已开通了微信账户。李长春同志、刘云山同志和刘奇葆同志先后考察了人民日报社"法人微博",都给予肯定和鼓励。《金融时报》中文网专栏作家徐达内认为:"人民日报近来对热点话题的不回避乃至主动介入,已使这份最高喉舌重新夺回'麦克风',从机关办公桌走向新媒体阵地,成为中国社会议程设置中的关键力量之一。"

第二,对网络意见领袖分类管理。有同志提出:包容本地网友,包容有产者,警惕游民;包容体制内批评者和书斋型的学者;创造条件,鼓励"意见领袖"与政府部门对话,接触主流媒介。"意见领袖"失去在大众传媒发声的机会,容易剑走偏锋,越是边缘化越是激进化。对这些建议,我认为很有见地。统一战线是我们党的一个制胜法宝,今天仍然有用,不能只剩公权强力,需要社会力量刚柔并济。特别是思想文化管理,更多地需要柔性手法,努力发展网上的统一战线。

同时,在社会转型期,思想意识领域有不同看法、议论,以及民众对深化改革开放纷陈己见,这都是正常的,只能引导,不能压制。今天,对群众思想认识的偏差和尚未构成违法的激进诉求,动辄找发声者的麻烦,网络"封号"和线下"喝茶"的做法,似应审慎避免。因为,宪法规定的公民言论自由应当保障,舆论一律时代毕竟已经过去了。

我们要坚持社会主义主流价值观,同时对于偏左和偏右的观点倾向,通过自由平等的讨论,求同存异,聚同化异。对于网友和知识分子的不同意见,哪怕是偏激表达,在法律和公序良俗的范围内,不妨给予最大的宽容,不宜滥施公权强制,用文化和意识形态的手段,来解决文化和意识形态问题。更要在现实生活中,缩小过大的社会收入差距,努力维护社会公正,釜底抽薪消除极端主义思潮的土壤。

当前,新一届政府欲"以更大的政治勇气和智慧"重启改革,首先需要为民意表达和舆论监督"开闸放水"。坚持党管媒体这个政治底线,同时迫切需要提高政府对大众传媒的监管水平。允许和鼓励新闻媒体和广大网民,如实报道和议论社会真实的运行状况,贡献"水淋淋"般鲜活的社情民意,给政府科学决策和民主决策提供丰富素材。善待媒体、善用媒体、善管媒体,应成为共产党人执政艺术的重要组成部分。希望通过各种媒体包括互联网,促进官民之间、不同社会阶层之间的顺畅沟通和良性互动,为国家也是每个中国人的"中国梦"奠定坚实的民意基础。

互联网时代的意识形态治理

（2013 年 12 月）

  中国共产党历来高度重视宣传思想工作,宣传思想工作是中国共产党的一大政治优势、工作特色和优良传统。新中国建立后,党在不同的历史时期共召开了 6 次全国宣传思想工作会议。梳理党在不同历史时期的宣传思想工作思路,总结几十年来的成功经验和失误教训,有利于我们今天把握大局,看清形势,为当下互联网时代的意识形态治理提供借鉴。

  1951 年 5 月召开的第一次全国宣传思想工作会议,是中国共产党执政后举行的首次全国性宣传思想工作会议。这次会议全面启动了新中国宣传思想工作制度建设的工程,确立了由中央统一领导,各级党组织具体主管,宣传部门负责实施的全民宣传思想工作体制,从而使党的宣传思想工作制度由党内和人民军队扩大推广到全民和社会各个领域,奠定了新中国宣传思想工作的社会化格局和基本框架,并首次明确提出,宣传思想工作要为经济建设工作服务。

  1957 年 3 月召开的第二次全国宣传思想工作会议,是在中共八大召开后不久,在全党开展整风运动的背景下召开的。毛泽东主席在会上着重分析了处在我国社会大变动中知识分子的思想状况,提出要再学习,要接受新事物,研究新问题,强调要宣传好马克思主义,使人愿意接受,不能强迫人接受马克思主义。

50 年代的这两次全国宣传思想工作会议,着重从调动、激发全国各族人民特别是知识分子的建设社会主义积极性和创造性,作为这一时期宣传思想工作的根本任务。"建设"是这一时期宣传思想工作的主题和特征。宣传思想工作必须为保证和促进经济建设、巩固社会主义制度服务,并在这一过程中倡导"百家争鸣、百花齐放",推动社会科学、自然科学的创新发展。

遗憾的是,中共八大路线没能贯彻下去,很快转向。全党整风也很快转为反右派运动。随之而来的,是整整 20 年"左"的思想、路线统治,我国意识形态工作在以阶级斗争为纲的指导思想下,开展大批判、大斗争,严重破坏了社会主义建设事业,直至造成十年"文化大革命"的全国内乱,使国民经济到了崩溃的边缘,冤假错案遍及全国各条战线、各个领域。

以邓小平为核心的中央领导集体深刻吸取了这个历史教训,在进入改革开放和现代化建设的历史新时期,他没有召开过全国宣传思想工作会议。但强调社会主义精神文明建设,强调社会主义法制建设,提倡依法办事,提倡培养四有新人(有理想、有道德、有文化、有纪律)。1986 年中央通过加强社会主义精神文明建设的决定,提出重在建设的方针,从此终结了运动式的思想大批判。到晚年,邓小平总结改革开放的经验教训,明确提出反倾向斗争中要警惕右,主要是防止"左"。警右防"左"、主要防"左",成为深化改革、创新发展时期党在意识形态领域工作的指导方针。

时隔 37 年后,1994 年 1 月中共中央召开了第三次全国宣传思想工作会议,恰逢我国建立社会主义市场经济体制开局,经济体制改革进入整体推进和重点突破相结合的新阶段。在这一新形势下,党的第三代中央领导核心江泽民提出,宣传思想工作必须牢牢把握党"一个中心、两个基本点"的基本路线,把全党全国人民的思想和行动进一步统一起来。提出宣传思想工作要服从和服务于经济建设这个全党工作的大局,要坚持正面宣传为主的方针,必须以科学的理论武装人,以正确的舆论引导人,以高尚的精神塑造人,以优秀的作品鼓舞人。

进入新世纪以后,伴随着二十多年的改革开放和现代化建设,中国的社会结构发生了根本性改变,多元利益群体出现,随之形成多元舆论,出现思想的多样化。在新世纪头十年,我们党又召开了两次全国宣传思想工作会议。

2003 年 12 月召开的第四次全国宣传思想工作会议,胡锦涛总书记提出宣传思想工作不仅是坚持和巩固马克思主义在意识形态领域指导地位的需要,是全面建设小康社会,促进社会主义物质文明、政治文明和精神文明协调发展的需要,也是加强党的执政能力建设、提高党的领导水平和执政水平的需要。

五年后的 2008 年,在第五次全国宣传思想工作会议上,胡锦涛总书记根据时代新媒体的发展,第一次提出了网络传播时代加强党的宣传思想工作的重要性和紧迫性的问题。

互联网技术的推广与使用,不仅在传播载体、传播介质上更加先进,实现了数字、语言、文字、声音、图画、影像等多种传播方式的统一数字化处理;更以其交互性传播模式,使得传播者与受众之间的传统关系面临巨大转变,传播权利面临深层次的结构调整。互联网将宪法赋予公民的言论自由通过"自我赋权"落到实处。过去表面上拥有传播权利的普通公民,现在借助互联网传播、新媒体技术,在获得知情权、表达权、参与权、监督权方面,真正享受到言论的自由权利,大大有利于发扬民主,促进社会主义政治文明建设。互联网时代党的意识形态工作也出现了许多新情况新特点,需要转变工作重点、加强舆论引导、应对复杂舆论场。

面对新传播时代的机遇和挑战,胡锦涛总书记适时提出要加强对互联网、手机等新兴媒体的应用和依法管理,支持重点新闻网站建设,提高网络文化产品和服务供给能力,主动引导网上舆论,有效防范和遏制有害信息传播,努力使互联网成为传播社会主义先进文化的前沿阵地、提供公共文化服务的有效平台、促进人们精神文化生活健康发展的广阔空间。

新中国建立以来至新世纪初的五次全国宣传思想工作会议,都是在一定的历史条件和社会环境下,根据党的中心工作的需要召开的,具有鲜明的时代意义。从历届领导人关于宣传思想工作的讲话精神可以看出,我党关于宣传思想工作的认识一脉相承,即强调意识形态工作服务于经济建设中心,要服从大局,坚持正面宣传,坚持正确导向,同时在继承中不断创新、突破。

2013 年 8 月 19 日,党中央召开了新中国建立以来第六次全国宣传思想工作会议。这是在贯彻落实十八大精神、进一步深化全面改革、为十八届三中全会做舆论准备的形势下召开的。习近平总书记发表了重要讲话,提出经济建设是党的中心工作,意识形态工作是党的一项极端重要的工作。这就把宣传思想工作提高到和经济建设一样重要的地位上。他强调,宣传思想工作要巩固马克思主义在意识形态领域的指导地位,巩固全党全国人民团结奋斗的共同思想基础。坚持团结稳定鼓劲、正面宣传为主,是宣传思想工作必须遵循的重要方针,必须坚持巩固壮大主流思想舆论,弘扬主旋律,传播正能量,激发全社会团结奋进的强大力量。

习近平这一论断对于指导我们的宣传思想工作具有重大意义,其提出的"大宣传"理念,"网上舆论斗争主战场"的观点发人深省。在将意识形态工作提到相当高度的同时,我们也要清醒地认识社会存在与社会意识的关系,绝不能颠倒经济基础与上层建筑的关系。总的来看,意识形态工作必须服务于经济发展,"激发全社会团结奋进的强大力量",去推动全面深化改革和经济社会的科学发展。社会存在决定社会意识,意识形态领域存在的问题,不纯粹是意识形态问题,而是经济、政治、文化、社会乃至生态存在问题的综合反映。所以,不能割裂意识形态与改革开放、经济社会发展的关系,我们一定要坚持这一马克思主义历史唯物主义的基本原理。

经济建设是头等大事,发展才是硬道理。聚精会神搞建设,一心一意谋发展,是我们的长期任务。经济建设是发展其他各项社会事业的基础和保证。各项工作都要为经济建设服务,意识形态工作也不例外。其主旨应当是鼓舞、引导、动员人们积极投身经济建设和社会建设,而不能反客为主、喧宾夺主。

当前我们的意识形态工作出现了一些苗头,正如邓小平同志指出的,要警惕右,但主要是防止"左"。要警惕意识形态工作成为束缚群众积极参与国家建设、创新进取的羁绊,警惕意识形态工作走入"运动化"的误区。意识形态工作要坚决按人的思想工作规律办事,以人为本,依法处理,重在说理、引导、教育、感化,而不能以过敏的对敌斗争观念观察问题、分析问题,继而采用行政的简单甚至粗暴的方式方法处理问题。任何"运动式"、"严打式"、"示众式"的方式方法都不适合于开展意识形态工作,动不动以暴力机关介入,让公共媒体出面做司法裁判,粗率地封网、删帖、屏蔽,这种"矫枉必然过正"的做法显然是错误的,是与今天法治社会、网络社会的历史潮流相违背的。

当前中国社会矛盾凸显、社会问题多发,再加上新时期互联网和新媒体技术迅猛发展,宣传思想工作已面临与以往大为不同的社会环境和舆论环境。我们在意识形态领域倡导"不争论",强调"实干兴邦",以较为宽容平和的态度包容多种思想、多种理论、多种意见的交流激荡,是意识形态自信的体现,也是政治民主、言论自由的必然要求。更重要的是,意识形态工作不应将群众的注意力吸引到经济建设之外,吸引到网络上的"主义之争"、"路线之争"上来,影响阻碍了我们的经济建设中心。采取适度的宽松政策,避免过度施压,在一定程度上有利于主流意识形态地位的稳定和巩固。而保障网民自由表达的权利,将我们的意识形态工作与社会主义政治文明建设结合起来,形成有利于深化全面改革的思想市场,必将对我们在现阶段步入新一轮发展大有助益。

同时,按照党的十八届三中全会全面深化改革的精神,意识形态工作也必须坚持体制机制的改革创新。在长期革命战争年代和计划经济时期形成的我党意识形态工作体制机制,虽然在三十多年的改革开放过程中,不断有所改进,有所进步。但是,与进入全面深化改革的时代要求相比,与进入大数据时代新媒体快速发展的创新要求相比,不能不说我们的意识形态体制机制还存在不少弊端亟需改革,不能不说我们的意识形态工作还存在许多问题亟需改造。

中国共产党九十余年来积累的宣传思想工作的丰富成果,特别是新时期意识形态工作的有益探索,对今天互联网环境下的意识形态治理提供了重要参考和借鉴。习近平强调,宣传思想工作、意识形态治理必须从现实环境出发,因势而谋、应势而动、顺势而为。我们一定要根据形势的变化,牢牢掌握宣传思想工作、意识形态工作的特有规律,把新时期的宣传思想工作做得更好,以赢得大多数民众特别是知识分子的广泛赞同与欢迎!

在历史新起点看全面深化改革的紧迫性

（2013 年 12 月）

35 年前,发端于中共十一届三中全会的改革开放,改变了中国,影响了世界。三中全会成为了改革开放的主题词。

一、我们站在改革的历史新起点上

正如习近平总书记指出的:"改革开放以来,历届三中全会研究什么议题、作出什么决定、采取什么举措、释放什么信号,是人们判断新一届中央领导集体施政方针和工作重点的重要依据,对做好未来 5 年乃至 10 年工作意义重大。"

35 年间,我们党一共召开过八次三中全会,主题全部定格在改革开放上。除启动改革开放的十一届三中全会外,党的十二届三中全会主题是以城市为重点的经济体制改革,十三届三中全会主题是深化经济体制改革特别是价格改革、企业改革,十四届三中全会主题是建立社会主义市场经济体制,十五届三中全会主题是农村改革,十六届三中全会主题是完善社会主义市场经济体制,十七届三中全会主题是新形势下推进农村改革发展。这六次三中全会都以经济体制改革为主,基本上专注于某个领域或某个方面的改革。

根据邓小平同志提出的"三步走战略",从改革开放开始到21世纪中叶基本实现现代化,大体是70年时间。我们走过了70年中前35年改革开放的历程,顺利实现了第一、第二步战略目标。能否如期实现第三步战略目标,那就要看后35年我们怎么深化改革开放、怎么科学建设发展了。而这后35年当中,又首先要看今后这几年,即全面建成小康社会的决战决胜阶段我们怎么干。党的十八届三中全会,正好担负起启动今后几年决战决胜伟大斗争的光荣使命。

我们就站在这样一个历史新的起点上,面对着特殊利益集团已然存在、利益藩篱日趋固化的当下,党的十八届三中全会理所当然被全党全国人民寄予厚望。改革如何前行、如何深化,再度被中国乃至世界聚焦。

2013年11月12日晚,中共十八届三中全会公报发布。三天后,十八届三中全会通过的《中共中央关于全面深化改革若干重大问题的决定》全文发表。新一届中央领导集体果然不负众望,16个部分体制改革和制度建设,60条内容丰富,涉及面广,赢得全国人民和世界舆论普遍肯定和赞扬。

完全可以说,十八届三中全会部署的全面深化改革,是以经济体制改革为重点,以协同推进经济体制、政治体制、文化体制、社会体制、生态文明体制、国防军队体制和党的建设制度改革为主要内容的全面性、系统性、整体性改革,改革涉及的领域之多、范围之广前所未有。这是自党的十一届三中全会以来党就改革作出的最全面最系统的一次部署。正因为如此,党的十八届三中全会《决定》成为中国在新的历史起点上全面深化改革的行动纲领。

二、三个十年改革历程的三条主要经验

在改革历史新起点上,为了更好贯彻十八届三中全会的决定,我们有必要回顾一下走过的 35 年改革开放的历程,总结一下我国改革开放的主要经验。我以为,35 年来我们走过三个十年的改革历程:

第一个十年是 1979 年到 1989 年。1978 年 12 月召开党的十一届三中全会,1979 年是我国启动改革开放的元年。这是中国改革上下同心、意气奋发、最富活力的时期,也是经济体制改革和政治体制改革相互配合、共同推进的时期。这场改革从农村起步再推向城市,之后又以深圳等四个经济特区的开放推动了全国的改革。确定了改革的主要目标,就是邓小平在中共十二大提出的走中国特色社会主义的道路。应该说,这一时期的改革取得了很大成绩。但后来由于发生了 1989 年的政治风波,接着是东欧剧变、苏联解体,于是中国的改革进入了徘徊期,经济发展也跌到了改革开放以来最低点。

第二个十年是 1992 年到 2002 年。在邓小平南方谈话之后,中共党内开始统一认识,即在国际国内形势发生巨大变化的重要历史关头,还要不要进一步推动改革开放? 90 年代改革开放的新思路是什么? 最终改革目标确定为建立社会主义市场经济体制。这一时期改革取得的主要成果是,建立了社会主义市场经济体制初步框架。1994 年中央大刀阔斧推动市场化几个关键改革:分税制改革、投融资体制改革、金融体制改革(银行体系划分为商业银行、政策性银行、中央银行)、外贸体制改革(外贸向民间放开)、国有企业改革(抓大放小),以及国务院行政管理体制改革。全面的市场化改革,大大推动了我国国民经济的发展,连续多年保持两位数的增长,并顶住了 1998 年的东亚金融危机,显示了市场化改革的

巨大威力。

第三个十年是 2002 年到 2012 年。如果说第一个十年是改革开放进入现代化建设为中心的历史新时期,第二个十年是改革开放进入以建立社会主义市场经济体制为主要目标的历史新阶段,那么第三个十年就是改革开放进入经济奇迹般发展与社会矛盾凸现尖锐化的中等收入陷阱期。在这个时期,中国加入 WTO,经济发展突飞猛进,GDP 总量增长四倍,中国跻身世界第二大经济体地位。经济增长的同时,改革也付出了代价:数千万工人下岗再就业、数千万农民失去土地、两亿多农民工不断在城市与乡村之间流动。从封闭半封闭社会转向开放型社会、从农业社会转向工业社会、从计划经济转向市场经济,我国这种社会经济的深刻转型,也带来了一触即发的社会矛盾,尤其是利益固化使社会群体性事件骤然增多。中央应势而动,顺势而为,提出了科学发展观和社会和谐论,加强社会改革和民生建设。

纵观三个十年的改革开放,其主要经验有以下三个方面。

首先,以开放倒逼改革。1979 年,广东省委书记习仲勋、福建省委书记项南上书中央,要求设立经济特区。1980 年,中央批准设立深圳、珠海、汕头、厦门四个经济特区,这对于推动全国的改革,产生了极大的作用。因为经济特区的开发,推动全党形成按国际通行规则办事的理念,突破了改革思想阻力,顺利地推动了从农村向城市的经济体制改革。到第二个十年,邓小平提出"造几个社会主义的香港"的要求,按部分自由贸易区标准,如土地可以批租,外资银行可以进入,保税区内豁免关税、境外人员自由进出等,集全国之财力开发开放上海浦东,以此倒逼全国建立市场经济体制、推动要素市场化的改革。到第三个十年,中国加入 WTO,融入经济全球化,有了更大范围的开放,倒逼国内改革,废除了 1000 多条法律法规,打破各种贸易壁垒,极大地促进了国民经济的发展。

其次,以解放思想开路,以组织调整为保证。1978年的真理标准讨论,冲破了教条主义特别是对领袖个人崇拜的思想束缚,在全党全国人民思想大解放热潮中,催生了十一届三中全会改革开放的决策。紧接着,中央领导集体大调整,形成了以邓小平为核心的党的第二代中央领导集体,坚强地带领全党全国人民冲破重重阻力,势如破竹地推动了第一个十年各个领域的改革。第二个十年也是如此,邓小平南方谈话,推动人们第二次思想大解放,从传统的社会主义模式、从改革姓"社"姓"资"的束缚中解脱出来,凝聚了市场经济体制改革的共识。而中共十四大开启了老一代中央领导集体向新一代中央领导集体规范化交接班的模式,党政军财四大权力开始集中于新的领导核心。从而,有了坚强有力的领导集体保证了市场经济体制改革的顺利推进。第三个十年,中国加入WTO,推动了融入经济全球化的思想大解放,原来人们很担心我国农业会被挤垮,思想意识形态会受冲击,但实际上并没有发生,相反,中国却因加入WTO而获得经济大发展的平台。在此过程中,中央领导集体的交接班更趋制度化、程序化、规范化,这是我国政治体制改革取得的意义重大的成果。

第三,改革在思想的自由论争中推动理论创新,取得新的改革共识,形成改革的强大力量。这说明随着改革的深入,形成自由的思想市场非常必要。第一个十年发生过1982—1984年关于商品经济的大争论,到1984年十二届三中全会通过关于经济体制改革的决定,明确提出商品经济是社会主义发展不可逾越的阶段,向传统计划经济发起冲击,提出了有计划的社会主义商品经济新理论。邓小平同志称这个决定是马克思主义新的政治经济学,讲了老祖宗没有说过的话。接着,在党的十三大上进一步提出了社会主义初级阶段的理论,成为指导中国特色社会主义整个改革过程的基本理论。后来,1989—1991年我国发生了关于改革姓"社"姓"资"的大争论,1992年春邓小平发表著名的南方谈话,推动了全国思想大解放和理论创新,到党的十四大就提出了社会主义市场经济理论,成为指导中国特色社会主义整个改革过程的又一基本理论。第三个十年在2004—2006年发生了市场化改革对不对的大争论。2006年初,我写了一篇《改革不可动摇》的文章,当时中央政治局一位常委来上海调查研究,充分肯定了我这篇文章的观点,即改革开放中产生的问题通过深化改革开放解决。在2006年3月6日全国两会上,胡锦涛总书记到上海代表团发表了要坚定不移地坚持改革开放不动摇的讲话,指出停滞与倒退是没有出路的,同时强调提高改革开放决策的科学性,加强改革开放的协调性、整体性、协同性,改革成果让广大民众分享。所以,科学发展观和社会治理创新成为这一时期的重要理论创新。

改革35年来形成以上三条主要经验,对今天第四个十年的全面深化改革即将开启的时候,应当说是有启迪作用的。十八大组成以习近平为总书记的坚强中央领导新集体,决心以改革精神、改革思维和改革勇气,啃硬骨头,涉深水滩,全面深化改革。建立中国(上海)自由贸易试验区就是十八大后中央推出的以开放倒逼改革的重大决策。十八届三中全会就在各种思想争论纷纭中形成了新的理论创新,提出了"使市场在资源配置中起决定性作用和更好发挥政府作用"的重大理论观点,以进一步解放思想、解放和发展社会生产力、解放和增强社会活力,通过了16个部分60条的改革目标,在全党形成新的改革共识。

三、我们面临的一系列问题倒逼着改革

习近平总书记强调,改革是由问题倒逼而产生,又在不断解决问题中得以深化。所以,他在主持起草十八届三中全会决定时,明确指出:"要有强烈的问题意识,以重大问题为导向,抓住关键问题进一步研究思考,

着力推动解决我国发展面临的一系列突出矛盾和问题。"

改革开放 30 多年来,我国经济发展取得奇迹般成就。GDP 以较高速度持续 30 多年增长而不衰,尤其在国际金融大危机之下仍保持快速增长,人均达到 6100 多美元,成为世界第二大经济体。邓小平同志预计到本世纪中叶达到人均 4000 美元的目标,我们提前 40 年就实现了。

与此同时,我国实现了三大社会经济转型,从封闭半封闭社会向开放社会转变,从农业社会向工业社会转变,从高度集中的计划经济体制向充满活力的社会主义市场经济体制转变,走上了现代化、市场化、城镇化、全球化的发展轨道。然而,在社会经济转型中,积累和遗留下许多转型期的新矛盾新问题,遇到了中等收入陷阱现象:

一是贫富、地区、城乡差距拉大,未能形成公平合理的国民收入分配格局。据最近公布的数据显示,中国居民收入的基尼系数已上升到 0.47 以上。上市国企高管与一线职工收入差距在十几倍以上,而与社会平均工资相差更大。几大垄断性行业职工的工资与福利收入大大高于全国职工。

二是社会事业滞后,民生问题凸显。医疗卫生、教育文化、社会保障、保障性住房建设等,严重落后于民众的需求。上学难、看病贵、住房贵、治安乱,民众怨言甚多。

三是发展方式粗放,生态遭破坏,环境被污染。特别是空气、土壤、水资源污染严重,食品、药品质量问题更是触目惊心。高投入、高消耗、高污染,和低地价、低工资、低人权的发展模式,带来的后遗症,需要我们和下几代人花更多更大的人力、物力、财力去治理,去弥补。

四是社会腐败现象严重。不但一般官商勾结的经济领域腐败比较普遍,尤其是买官卖官盛行,导致吏治腐败;蔓延到法院检察院,不少法官检查官犯案,导致司法腐败;媒体不但丧失了舆论监督的功能,还产生被资本收买的舆论腐败现象。由于这些腐败形成了特殊利益集团,使阶层分野在大规模世袭,造成官二代、富二代、贫二代、农二代的利益固化。社会阶层的分化对立严重,草根阶层失去向上流动的可能;中等收入阶层产生了严重的被剥夺感;新富阶层则出现严重的移民倾向。

五是社会上弥漫着浮躁情绪、不满情绪,幸福感减弱,失落感增加,道德感衰落。多年积累的不满、怀疑、怨恨,到了释放期,一方面督促当局推进改革,另一方面,也越来越不信任当局,越来越偏激,越来越不耐烦。这就导致民粹主义思潮起来,仇官仇富仇警的情绪到处宣泄。追求物质主义、消费主义、享受主义,成为社会普遍现象。金钱至上观念泛滥,奢靡之风频吹,人的信仰、价值观衰变,各种欲望不断膨胀,人文精神愈发失落。

我国社会经济转型积累的这些问题,给社会带来的直接后果,就是基层权力失控,社会群体性事件增加。据中国社会科学院发布的 2013 年《社会蓝皮书》统计,近年来,我国每年因各种社会矛盾而发生的群体性事件多达数万起甚至十余万起。群体性事件形成原因,以征地拆迁冲突、环境污染冲突和劳动争议为主。征地拆迁引发的群体性事件占 50%左右,环境污染和劳动争议引发的群体性事件占 30%左右,其他社会矛盾引发的占 20%左右。

近年来各地发生的群体事件大体有三种类型:一种是维权型的社会事件。从农民抗税费到抗圈地,又发展到地下资源、林权、环境污染问题,矛盾冲突加剧。2010 年发生十大社会群体事件,都是数千上万人闹事抗议。从成都唐福珍到江西宜黄拆迁自焚事件,到 2011 年"5·26"江西抚州连环爆炸案,标志着暴力化加强。

另一种是社会泄愤型事件,参加者没有利益诉求,主要对社会不公发泄心中怨恨,表示对公权力和有钱人的不满。2009 年 6 月湖北石首事件是典型。为一个厨师死亡,7 万人围攻政府,火烧公安局。这种泄愤型社会群体事件没有组织动员,来得快去得也快。它不讲规则底线,打砸抢烧行为随意爆发。

还有一种社会群体事件是骚乱。2008 年"3·12"拉萨事件,2009 年"7·5"乌鲁木齐事件,都属于骚乱,其共同特点是攻击无关人员。

与群体性事件频发同时,近年来社会上一方面出现了为"文化大革命"和"四人帮"鸣冤叫屈的思潮,借反思改革的名义来否定改革;另一方面,又导致了社会乱象百出。人民群众对当前社会上存在的"二十多现象"很不满意:即:1.交通事故多;2.诈骗绑架多;3.偷盗抢劫多;4.拐卖妇女儿童多;5.工伤与职业病多;6.卖淫嫖娼多;7.赌博行为多;8.行贿腐败多;9.买官卖官多;10.制假售假多;11.食品安全问题多;12.买房困难多;13.残疾人群多;14.讨钱要饭多;15.农村留守儿童多;16.孤寡老人多;17.城市无业游闲者多;18.精神病患者多;19.年轻人自杀多;20.全国各地信访抗议多。

在目前社会群体事件频发,社会乱象多多的情况下,我们一些官员法治观念淡薄,不依法行政,甚至无法无天。从薄谷开来案、王立军案到薄熙来案,人们已经看到,将自己凌驾于法治之上、肆无忌惮践踏法制尊严的人,有官员的亲属,有相当一级权力的领导干部,更有政治局委员。他们把公权力"私有化"、公务员"家丁化"。这个案子震惊国内外,对我们国家和党形象造成很大的负面影响。直面薄熙来案,非常值得我们深刻反思和认真吸取教训。

正如邓小平所说,不改革,是死路一条。但是深化改革,也存在两种可能:一种是在特殊利益集团和其他方面的干扰和影响之下,使改革变味、变形、搞坏,然后把改革失误的责任嫁祸于改革者,这是历史上许多改革者遭遇的悲情结局,王安石就是个典型。另一种可能,就是按照正确的方向和路径推进改革,使体制创新取得一个比较好的效果,从而使中国能够避免陷入社会转型期的陷阱。

就在这样一个历史背景下,改革开放到了一个新的重要关头,十八届三中全会通过的全面深化改革的决定,坚定了全党和全国人民的改革信心,以更大的政治勇气和智慧、更有力的措施和办法推进改革。

四、全面深化改革的新思想新观点新举措

面对社会经济转型期的新矛盾新问题,十八届三中全会把全面深化改革的基本方向定为"六个进一步":即进一步形成公平竞争的发展环境,进一步增强经济社会发展活力,进一步提高政府效率和效能,进一步实现社会公平正义,进一步促进社会和谐稳定,进一步提高党的领导水平和执政能力。《决定》根据这"六个进一步"的要求,对全面深化改革提出了许多新思想新观点新举措。我只择其要概括为下面五个重要方面:

(一)关于使市场在资源配置中起决定性作用和更好发挥政府作用。这是这次全会决定提出的一个重大理论观点。经济体制改革的核心问题是处理好政府和市场关系。经过 20 多年实践,存在的主要问题是:市场秩序不规范,以不正当手段谋取经济利益的现象广泛存在;生产要素市场发展滞后,要素闲置和大量有效需求得不到满足并存;市场规则不统一,部门保护主义和地方保护主义大量存在;市场竞争不充分,阻碍优胜劣汰和结构调整;等等。因此,把市场在资源配置中的"基础性作用"改为"决定性作用",实际上就是重新明确资源配置中市场起决定性作用,而不是政府起决定性作用。这就能着力解决市场体系不完善、政府干预过多和监管不到位问题。而更好发挥政府作用,主要是限定在保持宏观经济稳定,加强和优化公共服务,保障公平竞争,加强市场监管,维护市场秩序,推动可持续发展,促进共同富裕,弥补市场失灵。只要坚持市场在资源配

置中起决定性作用,就能从根本上解决政府太强、市场扭曲的问题,有利于转变政府职能,抑制消极腐败现象。

(二)关于全面深化改革的总目标是完善和发展中国特色社会主义制度,推进国家治理体系和治理能力现代化。《决定》突出强调制度建设,提出到 2020 年在重要领域和关键环节的改革上面取得决定性的成果,以形成系统完备、科学规范、运行有效的制度体系,使各方面制度更加成熟更加定型。这是中国改革进入了攻坚期和深水区以后所面临的战略课题。并且以 2020 年为检验改革成效的时间结点,实现邓小平同志在 1992 年南方谈话中所讲的,恐怕再有 30 年的时间,我们才会在各个方面形成一套更加成熟更加定形的制度。而推进国家治理体系和治理能力的现代化,是对我国在现代化进程新的发展阶段所面临的各种严峻挑战的主动回应,也是马克思主义国家理论的重要创新。它表明我们党对社会政治发展规律有了新的认识,要求规范行政行为、市场行为和社会行为的一系列制度和程序,妥善处理政府治理、市场治理和社会治理三个最重要的治理体系,并在国家的行政制度、决策制度、司法制度、预算制度、监督制度等重要领域进行突破性的改革。

(三)关于健全城乡发展一体化体制机制。城乡二元体制是我国经济社会发展存在的突出矛盾,导致城乡发展差距不断拉大趋势没有根本扭转。要从根本上解决"三农"问题,必须推进城乡发展一体化。《决定》提出,要形成以工促农、以城带乡、工农互惠、城乡一体的新型工农城乡关系,让广大农民平等参与现代化进程、共同分享现代化成果。城乡发展一体化的改革举措:一是加快构建新型农业经营体系。鼓励土地承包经营权在公开市场上向专业大户、家庭农场、农民合作社、农业企业流转,鼓励农村发展合作经济,鼓励和引导工商资本到农村发展适合企业化经营的现代种养业,允许农民以土地承包经营权入股发展农业产业化经营等。

二是赋予农民更多财产权利。主要是保障农民集体经济组织成员权利,保障农户宅基地用益物权,慎重稳妥推进农民住房财产权抵押、担保、转让试点。三是推进城乡要素平等交换和公共资源均衡配置。主要是保障农民工同工同酬,保障农民公平分享土地增值收益;完善农业保险制度;鼓励社会资本投向农村建设,允许企业和社会组织在农村兴办各类事业;统筹城乡义务教育资源均衡配置,整合城乡居民基本养老保险制度、基本医疗保险制度,推进城乡最低生活保障制度统筹发展,稳步推进城镇基本公共服务常住人口全覆盖,把进城落户农民完全纳入城镇住房和社会保障体系,实行户籍改革。

(四)关于进一步解放思想、解放和发展社会生产力、解放和增强社会活力。这是全面深化改革的根本动力,坚持"三个进一步解放"就能极大增强中国特色社会主义的生机与活力。解放思想是前提,是解放社会生产力和解放社会活力的重要基础和必然结果。而解放和发展社会生产力,就是围绕以人为本,解放和发展人的创新活力、创业活力以及抵御应对风险的能力和活力。解放和增强社会活力,是《决定》的新提法,就是要改变当前存在的社会太弱的问题。首先,要推进社会事业改革创新,包括:深化教育领域综合改革,大力促进教育公平;健全促进就业创业体制机制,形成政府激励创业、社会支持创业、劳动者勇于创业新机制;形成合理有序的收入分配格局,健全资本、知识、技术、管理等由要素市场决定的报酬机制,多渠道增加居民财产性收入,逐步形成橄榄形分配格局;建立更加公平可持续的社会保障制度,整合城乡居民基本养老保险制度、基本医疗保险制度,健全符合国情的住房保障和供应体系;深化医药卫生体制改革,健全全民医保体系,促进人口长期均衡发展。其次,要创新社会治理体制,坚持系统治理,加强党委领导,发挥政府主导作用,鼓励和支持社会各方面参与,实现政府治理和社会自我调节、居民自治良性互动。再次,要激发社会组织活力,加快政社分开,适合由社会组织提供的公共服务和解决的事项,交由社会组织承担,实现行业协会商会与行政机关真正脱钩,重点培育和优先发展行业协会商会类、科技类、公益慈善类、城乡社区服务类社会组织。最后,要健全公共安全体系,设立国家安全委员会,完善国家安全体制和国家安全战略,确保国家安全。

(五)关于以开放促改革,构建开放型经济新体制。《决定》对进一步全面开放提出了新的明确的要求,强调促进国际国内要素有序自由流动、资源高效配置、市场深度融合,加快培育参与和引领国际经济合作竞争新优势。为了构建全新的开放型经济新体制,一要放宽投资准入,推进金融、教育、文化、医疗等服务业领域有序开放,放开育幼养老、建筑设计、会计审计、商贸物流、电子商务等服务业领域外资准入限制;二要建立中国(上海)自由贸易试验区,在推进现有试点基础上,选择若干具备条件地方发展自由贸易园(港)区。三要扩大企业及个人对外投资,允许发挥自身优势到境外开展投资合作,允许自担风险到各国各地区自由承揽工程和劳务合作项目,允许创新方式"走出去"开展绿地投资、并购投资、证券投资、联合投资等。四要坚持世界贸易体制规则,改革市场准入、海关监管、检验检疫等管理体制,加快环境保护、投资保护、政府采购、电子商务等新议题谈判,形成面向全球的高标准自由贸易区网络。五要扩大内陆沿边开放,推进丝绸之路经济带、海上丝绸之路建设,形成全方位开放新格局。

五、行动是检验决心的唯一标准

十八届三中全会的《决定》提出了全面性、系统性、整体性的改革,涉及范围广、领域多,任务繁重,落实艰难。所以,习近平总书记特别强调:

"光有立场和态度还不行,必须有实实在在的举措。行动最有说服力。"为了从组织上保证《决定》的要求落到实处,中央决定成立全面深化改革领导小组,负责改革总体设计、统筹协调、整体推进、督促落实。

从十八大到十八届三中全会这一年多时间的实践,我们看到以习近平为总书记的中央领导班子,不是击鼓传花的班子,也不是安于现状的班子,而是一个励精图治、有所作为的坚强的领导班子。关键看行动。行动上勇于冲破思想观念的障碍,突破利益固化的藩篱。习近平总书记已经洞察到:"在深化改革问题上,一些思想观念障碍往往不是来自体制外而是来自体制内。"体制内的各级领导干部如果不看清各种利益固化的症结所在,就很难找准突破的方向和着力点,很难拿出创造性的改革举措。因此,党政各级领导一定要有自我革新的勇气和胸怀,跳出条条框框限制,克服部门利益掣肘,以积极主动精神研究和提出改革举措。

如果说改革之初的口号是"实践是检验真理的唯一标准",那么今天,在改革的第四个十年,在这个新的历史起点上,我认为要有一个类似的口号,那就是"行动是检验决心的唯一标准"。《决定》中写了那么多的愿景、决心、举措,都要靠实际行动来实现。有句耳熟能详的话叫"一步实际行动胜过一打纲领",说的正是这个意思。这说明,形成一个好的改革决定文件不容易,但真正切实行动起来落实,更难,更见功夫!

在改革的历史新起点上,我们有了十八大组成的新的坚强的领导班子,又有了十八届三中全会通过的总体部署全面深化改革的行动纲领,只要我们行动,只要我们努力,就一定能打赢全面深化改革这场攻坚战!

四、改革人物思忆

胡耀邦:堂堂溪水如斯人

任仲夷:对政治改革思考不息者

汪道涵:两岸关系的卓越开拓者

陈念云:呕心沥血的新闻改革探索者

胡耀邦：堂堂溪水如斯人 [*]

　　24 年前的今天，胡耀邦因心肌梗死不幸过世，使全党全国人民陷入巨大悲痛。在中国改革又将走出新境界之际，怀想斯人，别是一番滋味。

　　改革开放让中国迸发了前所未有的活力，堪称脱胎换骨，经济总量跃升到世界第二把交椅。不过，有一点和耀邦当年力促改革时颇为相似：改革同样面临巨大阻力，同样需要进一步解放思想。所不同的是，耀邦面对的，是意识形态方面的抱残守缺，是发展之初面临的突破旧体制的种种困境；而如今我们面对的，则是发展起来以后更巨大、更多元、更深层次的矛盾堆叠和利益冲突。在中国改革到了需要狠推一步、击一猛掌的新的历史时刻，缅怀耀邦，有很强烈的现实意义。

　　曾在胡耀邦领导下参与发动真理标准讨论的著名哲学家吴江，为胡耀邦故居陈列馆撰写过宋代杨万里一首诗作："万山不许一溪奔，拦得溪声日夜喧。到得前头山脚尽，堂堂溪水出前村。"耀邦其人，正如一道清

　　* 本文原载 2013 年 4 月 15 日《解放日报》，原标题为《正直无私·坦荡胸怀·光明磊落——怀念胡耀邦》，现标题为编者所加。

溪,堂堂涌出无私无畏的人生境界,也堂堂推开思想解放、锐意改革的新境界。今天,我们仍然需要这样敢破险关、大智大勇的"堂堂溪水"。

纵览耀邦在"文革"之后的行止,突出的一条,就是解放思想,破除迷信,抓住真理,所向披靡,决不惧怕任何束缚。"四人帮"被粉碎后,胡耀邦最先敏悟到,党不能再受"左"的危害,绝不能迷信个人,应当提倡独立思考、独立判断,党和国家政治生活应当正常化、民主化。在担任中央党校副校长期间,他勇于顶住"凡是派"位高权重的压力和阻力,大无畏地组织和推动关于实践是检验真理的唯一标准的讨论,不怕"砍旗"、"丢刀子"、"反马列"等的无端指责,冲破对领袖个人迷信的精神枷锁,为党的十一届三中全会作了重要理论准备,成为拨乱反正和改革开放的思想先导。没有胡耀邦冒着风险锐意发动真理标准讨论,并在关键时刻得到邓小平支持,就没有中国的改革开放,这个深远历史影响是怎么评价也不会过分的。

而耀邦最为人铭记的另一项历史功绩,就是以非凡的胆略和勇气组织和领导了中国历史上最大的平反冤案冤狱、落实政策的艰苦卓绝工作。1977 年 12 月,胡耀邦受命担任中央组织部部长,即着手大刀阔斧平反冤假错案。迅即摘掉全部"走资派"帽子,继而为 1957 年错划为右派分子的数十万人平反,为在反右倾运动中定为"右倾机会主义分子"的人彻底平反;为 1955 年"胡风反革命集团"平反;为彭德怀、陶铸、贺龙、彭真、陆定一、罗瑞卿、杨尚昆和"六十一人叛徒集团"等平反;为天安门事件的干部群众平反;为建国以来我党历史上最大冤案——刘少奇平反。到 1982 年底,花整整 5 年时间,基本上完成了从"三反"、"五反"到"文化大革命"历次政治运动中冤案冤狱的平反工作,为数量高达三百余万人平反昭雪,恢复名誉。这次大规模平反冤案冤狱,是为共产党人洗刷耻辱,也是为共产党本身恢复元气,准备改革开放的中坚人才,其功绩无论怎样估计也不为过。平反冤假错案固非胡耀邦一人之力、一人之功，但胡耀邦对平反出力最大，最有胆识，态度最坚决，断案最公正，这是无人能够否认的。最难能可贵的是，耀邦持有共产党人的赤子之心，毫无私心，没有山头意识，痛恨整人立威，坚持有错必纠，无愧是中国共产党人的良心。

耀邦当年，更倾注全力推进改革开放和现代化建设，冲破层层阻力，打开改革开放局面，忍辱负重为推进改革、加速现代化建设呕心沥血。他不光自己身体力行，也不遗余力地把有改革精神的先行者推向潮头。1978年，时任中共中央秘书长的他，受叶剑英委托，给复出主政广东的习仲勋写信勉励："仲勋同志去广东后，大刀阔斧，打破了死气沉沉的局面，工作是有成绩的。我们完全支持仲勋同志的工作。"80年代初，耀邦又推荐另一位改革大将任仲夷，促成了他从辽宁省调往广东接替习仲勋。后来，任仲夷陪同他考察深圳时，他即席题词："特事特办、新事新办、立场不变、方法全新"，遏制了当时否定特区的声浪。而当农村包产到户等改革实践面临巨大现实阻力时，耀邦挺身而出，旗帜鲜明地支持万里等改革先锋，1982年更在他的促动下，以"一号文件"的形式，让"包产到户"姓了"社"，理直气壮地推向全国。从此，他连续主持制定了对推动农村改革有重大指导意义的5个中央"一号文件"，概括出为全党所接受的"家庭联产承包责任制"的提法，最终瓦解了破坏农村生产力的人民公社体制。在农村改革取得重大进展后，他及时将改革推向全面，强调"全面，就是一切战线、一切地区、一切部门、一切单位，都有改革的任务"。他主持制定关于经济体制改革在内的一系列关于农村改革、城市改革、对外开放等重要历史文件，努力探索党和国家领导体制的改革。早在1983年1月，他就提出"三个有利于"的最初版本："总之，要以是否有利于建设有中国特色的社会主义，是否有利于国家的兴旺发达，是否有利于人民的富裕幸福，作为衡量我们的各项改革对或不对的标志。"他始终坚持政治体制改革要与经济体制改革同步，在邓小平政治体制改革的思想指导下，胡耀邦是积极的推动者和冷静的引导者。他努力倡导党内民主，主持制定党的政治生活准则；他纠正了思想文化领域中"左"的错误，主持制定社会主义精神文明建设的历史性文件。总之，胡耀邦为中国加快改革开放进程和加速经济发展，倾注了全部心血和精力。人们公认，胡耀邦主持中央工作期间，成了我们党最民主、政治生活最正常、最活跃的时期之一。

耀邦同志还有一项独特的贡献，作为党和国家最高领导人，他从不自居为神，也没有领袖习见的威重、神秘和永远正确，百姓们熟悉了他别具一格的率真、宽厚、活力四射，容易和他感情上亲近起来，喜欢他的无拘无束。

今天，党的十八大报告洋溢着对中国现实的忧患意识和坚定改革的顶层设计。习近平总书记在调研时对百姓说过一句话："你们过得好我就高兴。"而十八大报告则以不容置疑的坚定语气，提出："凡是涉及群众切身利益的决策都要充分听取群众意见，凡是损害群众利益的做法都要坚决防止和纠正"。人民满意与否，正鲜明地成为中共执政目标，曾让执政党建立新中国的群众路线法宝，正被重新打磨，重放光华。这也正是耀邦当年身体力行、念兹在兹的执政理念，他曾经对随行调研的温家宝说过：领导干部一定要亲自下基层调查研究，体察群众疾苦，倾听群众呼声，掌握第一手材料；对担负领导工作的人来说，最大的危险就是脱离实际。

当前的中国，迫切需要党内健康力量重新凝聚改革共识，凝聚深化改革的精神力量，打造和提升年轻人职业的安全感，营造人群的温暖感和对国家的归属感，锤炼社会的向心力、凝聚力。而领袖人物的人格魅力，也是这种向心力、凝聚力的重要一环。胡耀邦说过："要做完人、圣人,难啦! 但是,做真人、好人、善人、正直的人,是可以由自己当家做主的。"在中央推出八项新规,力促改政风、文风、会风的今天,怀想斯人,诚哉斯言!

我们纪念胡耀邦,就要像他那样,锐意改革,勇于创新,做一个真人、好人、善人,正直无私、坦荡胸怀、光明磊落的人!

任仲夷：对政治改革思考不息者

（2007 年 5 月）

　　任仲夷是人们较为熟悉的一位老党员、老领导。上世纪八九十年代，他主政广东期间，思想解放，政绩显赫，频出新招，为全国改革开放作出表率，颇获邓小平的赏识。离开权力舞台后，还能经常看到他在媒体上议论风生，依旧思想敏锐，见解深刻，对邓小平理论领悟运用得颇为精湛。最近，我从《炎黄春秋》杂志上读到关山先生撰写的《任仲夷关于政治体制改革的思想》一文，感到是一篇触及时弊、发人深思的好文章。文章详细记录了任仲夷同志自 2001 年 1 月至 2005 年 11 月逝世前，谈论有关中国政治体制改革的见解、思想和看法。

　　任仲夷同志出生于"五四"时代，参加过"一二·九"运动，他是满怀为国为民求民主、求自由、求民族复兴而加入共产党、走上革命道路的。他有近 70 年党龄，饱尝革命风霜，历尽党内斗争的煎熬。因此，他在晚年的所思所想，所言所行，必定是他一生阅历、思考的积聚和表达，决非一般的泛泛而谈，浮光掠影。晚年，他对我国政治体制改革的话题，那么专注，那么执着，决非偶然，而是他积一生体验和思索的一次集中迸发，是他对民族命运、国家前途高度关切的深刻感受和政治交代。因此,任仲夷同志有关政治体制改革的思想,值得重视,应当视作一位老共产党员、老革命干部对党和国家的忠诚坦言,是我们党宝贵精神财富的一部分。

为让更多干部群众了解任仲夷同志关于政治体制改革的思想,我拟从关山先生文章中,简明扼要地摘出他关于政治体制改革的最精彩的思想部分,供大家领会、参考和思索。

1.经过20多年的改革,经济基础在很大程度上已经市场化,而政治体制还基本上是计划经济时的那一套,因此,必须启动政治改革,实现"计划政治"向"民主政治"的转型,使之适应市场经济发展的要求。

2.邓小平在他一生最辉煌的18年中,在中国造就了一个比较富裕的社会,一个相对开放的社会,一个生机勃勃的社会,但也留给了我们一个尚未解决贫富悬殊问题的社会,一个未能彻底解决腐败蔓延的社会。究其根本原因,就是政治改革滞后。当今中国的政治改革严重滞后,造成了严重的社会问题,成为社会全面协调可持续发展的瓶颈,到了不得不改的时候了。

3.政治改革必须从根本上、体制上去理顺,切忌用高压政策压住、捂住,否则,终究会因为一件小事,引发积压已久的社会矛盾,后果不堪设想。只能用改革来求稳定促稳定,舍掉改革来求稳定,那无疑是缘木求鱼。稳定压倒一切,最后就压倒了稳定。

4.政治改革的最终目标,就是建立民主的政体。这是毛泽东当年在延安回答黄炎培时向人民庄严的承诺。这是中国共产党还未完成的历史任务。民主是由民作主而不是为民作主,权为民所授,要保证人民有权以有秩序的方式选举官员、罢免官员、监督官员,使各级官员必须对人民负责而不是对上司负责。

5."三权分立"的本质和科学的成分就是权力制衡,本身是没有阶级性的。在和平环境下,对人民造成伤害的不是杀人的强盗,也非不可抵抗的天灾,而是不受制约的权力。绝对的权力就会导致绝对的腐败。

6.什么叫和谐社会? 和谐社会就是"人人都说话,大家有饭吃"。言论自由对于社会的和谐发展非常重要。现在有人一提"言论自由",就说是西方资产阶级的东西,就是不坚持马克思主义。其实这些人不是无知就是明知故犯。只要读过马克思著作的都知道,第一卷第一篇就是马克思的《论普鲁士最近的书报检查令》,通篇都体现了言论自由精神。

7.中国的国情决定了中国的民主化必须在中国共产党的领导下进行,这是改良,不是革命,是社会进步代价最小的最佳选择。只有中国共产党牢牢地把握改革的主动权,这样的改革才能是成功的有意义的改良。政治改革的最佳途径就是"内外结合、上下互动、有序改良、和平转制"。不能前怕狼后怕虎,优柔寡断,停滞不前,错失改革的良机,使体制外改革的力量超过体制内改革的力量,民间的力量超过政府的力量,下层的力量超过上层的力量,激进的力量超过理性的力量。

8.政治体制改革要像经济体制改革那样,学习借鉴国外先进的政治文明。政治就是管理,管理就有共性、工具性和普遍性。虽然民主制度源于西方,但它是人类共同的文明成果,具有普世价值。不能用简单的"西化"、"自由化"这种帽子整人。简单地批"西化"难以服人,马克思是哪里人? 科技是从哪里来的? 现在我们的衣食住行有多少只是老祖宗传下来的? 自由有什么不好? 马克思不是说共产主义社会是自由人的联合体吗?

9.我们的意识形态方面还没有做到与时俱进,基本上还是计划经济时期那一套。80年代,报纸传媒还是活跃公开的,政治改革不像今天这样敏感,是可以公开讨论的,经常能看到和听到不同的声音。而现在,往往是有一点出格的议论,就禁书、封报、拦网。这是解放思想还是禁锢思想？兼听则明,偏听则暗。一个政党,一个领导人,如果听不到批评的声音,是很危险的。

10.一个不善于吸取历史教训的民族是没有希望的。新中国成立以后,不但是"反右"、"大跃进"、"文化大革命"犯了大错,就是改革开放后,我们也有失误。我们都要实事求是,正本清源,拨乱反正。80 年代我们党的两任总书记,尤其是胡耀邦同志,为改革开放呕心沥血,作出了重大贡献,功不可没,但有关改革开放历史的宣传报道中,鲜见他们的贡献,这样的历史怎样向后人交代？

11.政治改革一定要自始至终坚持小平同志提出的"警惕右,但主要是防止'左'"这一原则。我们党历史上犯的错误绝大多数都是"左"的错误。因此,我们今后的政治体制改革要特别注意防范"左"的干扰。

12.政治体制改革最需要的就是勇气。过政治改革这一关一定要有勇气、胆识,横下一条心,杀出一条血路来。不冒点风险,办什么事情都有百分之百的把握,万无一失,谁敢说这样的话？经济改革要有勇气,政治改革更要有这样的勇气。政治体制改革是得民心顺民意的好事,会得到中国多数人的拥护,有这样的民意基础,改革不会乱。

以上 12 条,当然概括不了任仲夷同志关于中国政治体制改革的思想全部,但可以说是他"政改"思想的闪光点,是集中他毕生从事政治工作的体验与感受,经过晚年比较客观超然的深思熟虑,所提出的真知灼见。从中,我们看到一个老共产党员的政治良心,看到一个老革命领导干部对国家和民族的崇高责任心和一片赤子之诚。在改革需要攻坚克难的历史新时期,任仲夷同志的政治体制改革思想,对全党仍有一定的现实启迪意义。

汪道涵：两岸关系的卓越开拓者

（2005 年 12 月）

    12 月 24 日上午获悉汪道涵先生仙逝噩耗，万分悲痛，先生之音容笑貌，对我之关爱指导，历历在目，不胜感慨，不尽思念。

    汪老 1980 年与陈国栋、胡立教同志一起受中央之托，从北京来上海担任主要领导，1981 年 4 月当选为上海市长。我当时在《解放日报》任记者、评论员，工作上与汪市长时有接触，得到他热忱、诚恳的指导。他任市长 5 年间，领导制定了上海总体发展和城市建设两部发展战略，赢得中央和上海人民的赞赏，显示了他学贯中西、通古博今的学者型地方行政长官的本色。1986 年我跟随他访问了东北齐齐哈尔、佳木斯、牡丹江三市，他时常引经据典，引人入胜，耐人寻味，其言谈举止之儒雅风度和学者风范，留给我极深印象。

    他离任后，江泽民同志接任上海市长。在 1989 年党和国家危难之际，江泽民同志受命担任总书记。临行之前，汪老曾手书林则徐名句相勉："苟利国家生死以，岂因祸福避趋之。" 1991 年我因在《解放日报》上发表皇甫平文章遭媒体围剿批判。当时，汪老在市委常委学习会上见到我,总是特意前来与我热情握手,温言抚慰,我深为感动。这年12月,海峡两岸关系协会成立,76岁的汪老出任会长。从此,他为两岸关系辛劳奔走,殚精竭虑,直至生命最后一刻。不久,我从上海调到北京《人民日报》工作,我每次回上海都要去拜访汪老,他很健谈,话题最多的是两岸关系。1995年我特地来上海,参加了朋友们为他举办的八十华诞寿宴,气氛热烈,交谈甚欢,其情其景犹在眼前。

我认为,汪老一生从事革命,经历丰富,贡献良多。但他晚年担任海峡会长14年间,致力于两岸事务而创造出的业绩,从"九二前密谈"到"九二共识",从"九三汪辜会谈"到"九八汪辜会晤",这应当是他一生最辉煌的成就,也是他留给两岸国人最出彩的华章。

历史常给人以"万事天定,人生如寄"的感慨。两岸闻名遐迩的"汪辜会谈",两位主角、好友、会谈伙伴,谁也料不到,一个在年头(1月3日),一个在年尾(12月24日),相继驾鹤西行;而辜振甫先生的夏历忌日为甲申年十一月廿三,汪道涵先生恰好是辜老忌日周年的第二天,即乙酉年十一月廿四。是命运安排,还是历史巧合?两位老先生一为儒宦,一为儒商,共同酷爱中华文化,同样学贯中西、儒雅倜傥,如此紧密相随,也许他们可以在天上相逢神聊,但在人间已成绝响!

值得一提的是,1992年10月28日至30日,以汪道涵为会长的海峡两岸关系协会与以辜振甫为董事长的海峡两岸基金会,在香港举行了成功的会谈,双方达成"两岸均坚持一个中国的原则,各自以口头声明方式表述"的共识。这就是"九二共识"。这个共识一直成为两岸对话与谈判的基础。1993年4月27日,在汪老积极倡议和大力推动下,经两岸共同努力,备受瞩目的第一次"汪辜会谈",终于在新加坡正式举行。4月29日,汪辜两位老先生共同签署了四项协议,标志着两岸关系迈出历史性的重要一步。这是海峡两岸最高当局授权的民间机构最高负责人之间的首次会晤,引起世界震动。虽然会谈内容只局限于民间性、经济性、事务性、功能性的范围,但它毕竟具有浓厚的历史象征意义,对两岸关系影响深远。

就在两岸关系渡过危机、处于微妙阶段的时候,1998 年 10 月中旬,辜振甫先生应邀率领海基会代表团访问上海和北京,与汪老再度聚首,并同江主席进行坦率交谈,最后达成汪老应邀访问台湾等四项共识。应当说,这是汪老以温和、理性、创意之和谈风格化解双方矛盾分歧,使两岸关系春意初现。

恰在 1998 年 10 月下旬,我应台湾"中央通讯社"的邀请,即将率领人民日报新闻代表团访问台湾。我为此专程到上海向汪老请示访台注意事宜及应对方略。汪老当时殷殷嘱我多与台湾新闻媒体交流沟通,要做"春江水暖鸭先知"的"春江鸭"。他要我以大陆第一大报的身份推动两岸媒体合作,争取台湾当局同意两岸主流媒体互派长驻记者。他还要求我去拜会辜振甫老先生,代他致意,并了解台湾政界对刚达成的汪辜会晤四点共识的反应。

后来,我们代表团的台湾之行,基本上就是按汪老的意图进行的。到达台北的第二天,便拜访了辜老先生。他在台北台泥大厦自己办公室亲切会晤代表团,与我们进行了一个多小时的无拘束的交谈。一开头他就谈大陆之行与汪老会晤的感想。他说:"我有 55 年未到北京,53 年未到上海,再到大陆我有惊世之感,和以前的情况不能比。大陆 20 多年来改革开放成功的景象,令我印象深刻。这次与汪老会晤是在两岸关系的冰冻很久后举行的,显示了两岸以协商代替对立时代的来临。我看,两岸只要多接触,以中国人的智慧一定能找出一条解决问题的路子来的。"他谈到未来两岸之间媒体的交流很重要,互派长驻记者是好的方向。辜老谈起那次大陆行与江泽民、汪道涵先生见面聊天情景,颇为感奋欢愉,说自己在台湾"立法院"报告大陆行时，有三位立法议员高兴得唱京戏，还有人献花，这是前所未有的。他说"行政院长"萧万长急于了解大陆情况，特请辜老共进晚餐，台湾政界大都正面看待四点共识。各方都将作出规划，推动两岸关系。此外，我们在台北遍访了台湾主流媒体，与台湾新闻界头面人物都见了面，取得了良好的交流沟通成果。

我们代表团从台湾访问归来，途经香港。因汪老事先交代我到香港应去拜见南怀瑾先生，听取他对"汪辜会晤"的反应。这是我第一次去南先生香港寓所拜访神交已久的南先生。当时他 82 岁高龄，精神矍铄，称我为"南书房行走来了"。一语双关，既说我是中央机关报主持言论的副总编，又戏称当天我是到"南怀瑾书房行走来了"。当我代汪老向他致意，并问起他对"汪辜会晤"的看法时，南先生心直口快地说道："现在两岸都说好，我看不会有结果。'汪辜'闽南话是'黑锅'，某人在台湾名声不好。而李登辉这个人你们都没有看透。他在执政初期，权力基础未稳，利用密使会谈，缓和两岸关系，取得大陆对台湾地位的认可，得以腾出手来将李焕、郝柏村、林洋港等政敌消除掉，巩固自己权力。现在，李登辉不同了，他会容忍汪道涵去台湾讲统一吗？"

我一回到上海，汪老马上接见我，听我汇报台湾之行。他特别关注南怀瑾先生的反应，我当时隐讳"黑锅"之说，只说南先生不看好两岸关系的改善，认为汪访台机会渺茫，李登辉已发生变化了。真想不到，南先生对我说的话，竟成谶语。1999 年 7 月，李登辉抛出"两国论"，使汪老台湾之行终成泡影。此后，汪辜两老，对隔海峡，咫尺天涯，无缘再见，抱憾终身。

进入新千年后，汪老一如既往，专注于两岸关系和祖国统一大业。然而，他的身体状况已力不从心。上世纪 90 年代中叶，汪老患胃癌动过大刀，近年来又不幸罹患前列腺癌和胰腺癌，病情相当严重。而他的夫人又先他而逝,更是雪上加霜,双重打击。但汪老以一个共产党员的坚强毅力,为两岸和平和祖国统一鞠躬尽瘁,在兹念兹仍旧是家国情怀。

今年 5 月初,汪老体内癌细胞已扩散,多次化疗使他头发疏掉许多,但他强撑病体在锦江小礼堂和虹桥迎宾馆分别会见来访的国民党主席连战和亲民党主席宋楚瑜。出现在公众场合的汪老,仍然是神采奕奕,温和淳厚的样子。但会见后,他经历了一次大手术,很长时间卧床不起,直到 12 月 21 日上午 10 时,他最后一次从瑞金医院打电话到办公室询问两岸情况。3 天后他与世长辞。

汪道涵,真是时代精淬出来的典范,是两岸关系的卓越开拓者!他对两岸人民的共同命运,有着深切的关怀与使命感,在人生最后岁月里,无私无我地奉献投入,毫无个人的利益算计。其人品、气质、胸怀、意志,其学养、历练、视野、风度,不但在同侪中卓然拔萃,在后来者中恐也难以超越。这是我党的一大损失,是两岸人民的一大损失。

然而,历史在前进,时代在进步。两岸的良性互动不会停步,和平发展是大势所趋,祖国统一是民族的共同意愿。汪老的遗志必将实现,两岸交流必会再迈新步。诚如汪老给辜老唁电中所言:"期我同胞,终能秉持'九二共识'与'汪辜会谈'之谛,续写协商与对话新页。"唯如此,方能告慰于汪道涵先生在天之灵也!

陈念云：呕心沥血的新闻改革探索者

（2011 年 10 月）

　　陈念云同志从事新闻工作 50 载，10 年效力《新闻日报》，40 年耕耘《解放日报》。他把全部心血，把满腔热情倾注于社会主义新闻报纸的改革创新、兴旺发达。我是他几十年的老部下、老战友、老学生，从 1962 年踏入解放日报社始，我就受到他良多指点，受到他办报思想、优良作风、报人品格的熏陶和感染，心中一直以恩师敬之爱之。

　　尤其是党的十一届三中全会以后，陈念云同志从评论部主任到总编辑，我一直是他的副手。从黎明到深夜，从平凡的繁忙笔耕到风云变幻的战斗洗礼，我们共同为改革开放的鼓与呼熬过许多不眠之夜，共同尝过新闻工作跌宕起伏的酸甜苦辣。

　　我上调人民日报社工作后，仍然与他保持密切联系，并经常向他求教新闻改革的理论与实践问题。晚年他身患帕金森病，我常去看望他，他对我近年撰写的网络时政评论也经常给予指点、鼓励。直到他长住医院治疗前的一个春节，他与徐鞠如大姐还盛情邀请我、贾安坤和尼寅良三人一起到他家同饮、共餐、阔叙。如今，斯人已逝，余响犹存，音容笑貌常驻。

一、改革创新　杜鹃啼血

从 1983 年 9 月到 1989 年 1 月，陈念云同志担任解放日报社党委书记、总编辑。这一时期，正是中国思想解放和改革开放凯歌般前进的春天。身为总编辑，陈念云同志并没有陷于具体事务堆里，或忙于各种应酬，而是冷静地观察中国政治、经济和社会的新变化，并深邃地思考着新变化对党报提出的新要求，谋划改革新思路，描摹办报新蓝图。《解放日报》这一时期的改革和突破，领风气之先，为全国新闻界改革提供了新鲜经验，同时引起国际舆论界的热切关注。陈念云同志不愧是我国社会主义新闻改革的积极探索者和实践者。他对改革创新之呕心沥血，被喻为啼血长鸣的杜鹃。

陈念云同志提出新闻工作第一位的功能是向社会、向读者传播新闻信息，并致力于《解放日报》向"信息密集型"方向发展。

1987 年下半年，经过"西山会议"的酝酿和决策，《解放日报》进行扩版改版，四版扩为八版。在当时，那是对党报出版模式的一次大胆突破，是新闻改革迈出的重大跨越。陈念云颠覆了党报是"阶级斗争的工具"的传统理念，提出改版扩版旨在"增加信息量、提高可读性、增强群众性"，使《解放日报》形成了既严肃高雅，又活泼可亲的新时期党报的鲜明特色。也正是因为有版面的保证，《解放日报》一批专刊和专栏，如"上海市场"、"上海经济透视"、"人民广场"、"祝您健康"、"读者来信"、"解放论坛"等，成为上海乃至全国有影响的品牌，有的仍延续至今。

陈念云同志强调在新的历史条件下强化党报的群众性，建立与读者群众的新型关系，与读者靠得近些更近些。陈念云同志提出党报的风貌要有转变，要做读者的知心朋友或"公仆"，提倡为读者"微笑服务"。

坚持群众观点、践行群众路线,是党报的优良传统。陈念云同志的贡献在于,在新的历史条件下从党报与读者的关系、从党报的定位、从读者需求和阅读心理、从为读者服务的功能,一直到文风,提出了一系列鲜明的针对性非常强的改进意见和要求,并一一落到实处。他开始在报社大力倡导社会新闻,就社会新闻定义、社会新闻范围、社会新闻特殊作用,以及社会新闻的采写要求,向全体编辑记者作了全面、深刻、有独到见解的论述。因此,《解放日报》的社会新闻一度在全国领风气之先,深受广大读者欢迎。后来他又提出 16 字方针——扎根机关,深入企业,面向社会,走进家庭,对新闻报道改革作全面积极的探索与尝试,使党报新闻报道从长期存在的枯燥、呆板、官腔、乏味中走出来,出现更多新鲜、实在、丰富多彩、群众喜闻乐见的新闻报道。他自己带头身体力行,经常与记者一起深入基层采访,从现实生活中发现并提出具有普遍意义的重大问题。他的这些主张和实践,即使放到大力推行"走基层、转作风、改文风"的当下,也仍然具有极为重要的现实意义。

陈念云同志对中国报业专副刊的办报理论也作出了独到的贡献。他认为新闻界一直有专门性和综合性两种主张,他兼容了这两种主张,提出:关键是明确各个专副刊的个性和特色。他对《解放日报》的"朝花"文艺副刊倾注了大量心血,鉴于 20 世纪 30 年代的文艺副刊偏重于文艺性,他要求把"朝花"办成"文艺性综合性副刊,就是既不是单纯性的文艺性,也不是无所不包的综合性,而是靠近文艺性的综合性,但也不叫综合性文艺副刊,以避免向单纯的文艺性倾斜"。他对文艺画刊坚持要求思想性与艺术性兼备,提倡创新。1986 年 8 月,他赴哈尔滨参加全国党报总编辑研讨新闻改革会议,由我主管报纸版面安排工作。我在当时改革精神激励下,毅然决定在《解放日报》一期漫画专刊上刊登两幅领袖漫画,引起国内外强烈反响。有人以"文革"中"百丑图"为例,指责党报刊登领袖漫画就是攻击党,丑化领袖,也有人认为我闯了祸。后来陈念云同志回到报社,却表示充分支持,他鲜明指出漫画的功能并非全是丑化,也可以幽默和美化,领袖漫画使领袖更富有人情味,接近群众和生活,体现民主精神,有何不好? 这种大胆探索创新的办报思想,陈念云同志是贯彻始终、毫不动摇的。

陈念云同志十分重视探索如何把地方型的报纸办成开放型的报纸。他提出:"要使我们的报纸实现地方型向开放型转变,必须正确地处理报纸的地方性和报道的全国性的关系问题。"基于此,《解放日报》在那一时期坚持立足上海,兼顾长江三角洲,面向全国,放眼世界,折射出陈念云同志"政治家办报"的大视野。他对长江三角洲报道高度重视,《解放日报》也在华东地区建立了一支特约记者队伍。时任上海市长、上海经济区协调办公室主任的汪道涵同志,亲临特约记者组建大会。这支队伍人才济济,他们中间有几位后来成为高级领导干部,有一批成为省地级报纸的老总和地市宣传部长,他们是《解放日报》永远的朋友。对国际新闻报道的重视,也是陈念云同志新闻改革实践的一大亮点。虽然,限于客观条件,《解放日报》派驻外国记者比别的报纸晚,但《解放日报》最早冲破地方报纸不得评论国际时事的框框,积极与中央新闻单位驻外记者及北京、上海国际问题研究院所合作,在《解放日报》国际版甚至有时是要闻版,经常刊登独家国际新闻和国际时事评论,在全国产生良好影响。后来,《解放日报》把布什当选美国总统的新闻放在头版头条地位发表,实现党报处理国际新闻的历史性突破。在 20 世纪 90 年代初,又在头版头条发表准确预测海湾战争爆发时间的新闻,引起全国报界的轰动。这都是在陈念云同志增强国际意识的办报思想指导下结出的新闻改革之果。

陈念云同志的创新和突破,贯穿着一条基本的原则——党报要发挥正确的舆论导向作用,必须赢得更多群众的喜爱,争取更好的宣传效益,这是陈念云同志不断探索新闻改革新思路的出发点和归宿点。1988年为贯彻落实党的十三大精神,他在一次新闻改革座谈会上大胆建言,鲜明地提出新闻改革是政治体制改革的有机组成部分,要随着政治体制改革的前进而不断推进。他直言不讳地批评行政部门对新闻工作干涉过多,提出新闻改革固然需要新闻工作者强化改革意识,提高素质,作出艰苦的探索和努力,同时也迫切需要党政部门和社会各界的理解和支持。尤其对新闻工作的性质和功能,对新闻的舆论监督作用,要有更准确恰当的认识,给新闻界以更多的宽容和理解。从这里也可以看出他办报的基本思想:既要坚持党性原则,发扬党报的优良传统,又要适应新形势,按新闻规律办事,使每一份党报都办出自己鲜明的特色,不断丰富和发展党报的新经验。

陈念云同志因年龄关系于1989年1月退出领导岗位,担任报社党委会和编委会顾问。在我担任报社党委书记兼副总编辑期间,他"身在二线,心在一线",依然十分关心报社的各项工作,以饱满的热情、深邃的思考,从报纸宣传、新闻报道、评论理论,到印刷革新、广告发行,经营管理,到组织机构、运行机制和队伍建设,积极提建议、出主意,给了我很大指导、启发和帮助。尤其经过那场政治风波以后,对报纸如何坚持党的基本路线,如何进一步深化改革开放的宣传报道,他非常关切,并继续孜孜不倦地探索着社会主义市场经济条件下新闻事业的改革和发展问题。正是在他的关心和支持下,我在1991年初敢为天下先,与施芝鸿、凌河两位同志一起,在《解放日报》组织撰写发表四篇推动改革开放的"皇甫平"评论文章,在全国产生重大影响。当"皇甫平"文章遭到一些人连篇累牍地批判攻击时,又是他不断给我以支持和鼓励,帮我出主意如何正确从容地应对,展开针锋相对的斗争,顶住那股"左"的思潮。陈念云同志这种"冥冥之志,惛惛之事"、"事业无穷年"的精神,十分可贵,非常令人敬佩,一直激励着我奋勇向前,不敢懈怠,为我国波澜壮阔的改革开放和现代化建设伟业,贡献自己绵薄的力量。

二、业精于勤　情系大众

陈念云同志1924年9月出生于江苏省川沙县(今属上海市辖)。在那个动荡的年代,他读完初中一年级就辍学谋生,经常处于失业半失业状态。但他坚持勤奋自学,并积极向报刊投稿,以提高自己的文化素质和写作水平。

1947年2月,陈念云凭借对新闻工作的热爱和勤奋,考入上海民治新闻专科学校,他奋发努力,攻读了大量政治、经济以及新闻理论、新闻业务等课程。1950年1月,他从民治新专毕业,1951年1月,考进上海《新闻日报》,正式迈入新闻工作门槛。

从1951年1月到1960年6月,陈念云同志在《新闻日报》工作了将近10年。10年中,头两年当记者,其后就被提升为中层干部,先后负责过财经、工交、政文、农村、文艺等各部门的工作。初当记者,缺乏经验,但他敢闯善拼,成绩斐然。被选拔到中层领导岗位后,他仍然没有脱离采访第一线,对"三反"、"五反"、公私合营高潮等一系列重大采访任务,他既是具体报道者,又是组织策划者。10年中,他工作调动频繁,往往是哪里需要就去哪里,除了没有当过夜班编辑外,各行各业,各条战线,几乎都接触过。陈念云同志主张新闻记者首先应该是个"通才",接触面越广越好,这对于丰富各方面的知识,积累新闻业务的全面经验,有很多裨益。

陈念云同志才高调低,功成不居,堪称谦谦君子。1994年10月,陈念云同志的《新闻工作散论》出版,他在后记中谦虚地说:"尽管同文字打了那么多年交道,但有价值'留下'的文字实在不多……近几年我对新闻改革虽然还发些议论,但声音是微弱的,对新闻理论的涉猎也只能浅尝即止。"2004年10月,上海市记协推出的"当代上海记者丛书"之一《报苑耕耘五十秋——陈念云新闻作品选》正式出版,陈念云同志平静地说:"这本书说的都是老话。"为人低调的他,对自己的书也那么低调。陈念云同志多次对后辈讲,他其实没有多少"才气",他的文字和知识功底都并不厚实。他所以能勉强"入门"并逐步走过来,全得力于一个"勤"字。

陈念云经常把"勤能补拙"、"业精于勤"挂在嘴边,并以此勉励后来人。他认为,勤跑勤写勤动脑子是当好一个新闻记者最起码的要求。事实上,陈念云终其一生始终老老实实这样实践。他说,只有勤跑,才能广泛地接触人,才能多方面地了解情况,掌握新闻线索,从而及时作出报道。只有勤写,才能锻炼文字,锻炼笔头,使文字、笔头使用起来比较顺当。当然还要勤动脑子,勤动脑子是勤跑、勤写的前提和准备,也贯穿于勤跑、勤写的过程之中。如何抓住新闻线索,如何出更多更好的新闻点子,如何报道得更有宣传效益,都有赖于勤动脑子。

1957年3月,陈念云和另外两名同事一起采访全国政协二届三次会议。作为地方报纸记者采访全国性政治性的会议,难度很大,但他们勤跑、勤写、勤动脑,会议十来天就发了8篇通讯,其中5篇是陈念云一个人采写的。通讯《周总理和政协委员在一起》,生动记录了周总理接见新增补政协委员的情景。周总理这一活动,除新华社有一简单报道外,发表长篇通讯的,全国唯陈念云一人。

陈念云在《新闻日报》10年中,有两年兼搞农村报道。1960年6月,《新闻日报》与《解放日报》合并,他从新闻日报社转入解放日报社工作。开始是农村报道的负责人之一。1963年调任《解放日报》浙江省记者站负责人,实际上也是搞农村报道。在他的新闻生涯中,搞农村报道前后有8年之久。这8年,正是我国农村发生剧烈动荡的8年。他亲眼目睹了在"大跃进"年代农村大兴水利、深翻密植的情景以及人民公社化运动的兴起;也切身感受到了三年困难时期农村生活遭受破坏的情形以及农民的种种心态;也有机会参加了落实党的六十条农村政策的调查和一些实际工作。8年中,他组织过大量关于农村、农民、农业的宣传报道。1966年2月,陈念云同志曾随中共中央华东局农办主任刘瑞龙同志调查了浙江和江西山区,历时月余,所见所闻,十分丰富,掌握了大量第一手的资料。后来,他在《解放日报》上发表了一篇社论——《山区大有潜力,山区大有可为》,以调查研究的实际感受,论述了山区的潜力和开发的前景,受到当时主持华东局工作的魏文伯同志的赞赏,认为"情文并茂",批示鼓励。后来华东六省的省报都转载了这篇社论。当时的中宣部部长陆定一同志看到后,也建议《人民日报》全文转载。

陈念云同志深入调查研究的好作风,凸显正宗报人的本色。

三、奉公利他　人格高尚

1995年8月,陈念云同志正式退休,原以为可以好好享受晚年的闲暇,可以细细阅读书房里那满橱的藏书,可以在老友间走动走动,轻轻松松地谈天说地。却不知,可怕的帕金森病魔悄悄地走近了他。他的手开始微微颤抖,字越写越小,拔腿不稳,起立困难,行动日渐迟缓,说话也越来越少。

因为行动不便,此时的陈念云已很少出门,但作为一个报人,他把在家读报看成是他办报生命的延续。每天起床后,除了吃饭,就固定地坐在客厅一角家人特意为他另加了垫子的小沙发上,戴着老花镜,一份不少、一版不漏地翻阅大大小小十来份报纸,以此了解外面千变万化的世界。年复一年,他的阅读速度越来越慢,每天身边累积的报纸也越叠越多,但他总是不让别人清理掉,说这些还没有翻过,要看过以后才让拿掉。

在病中,有人出书了,出画册了,还会找他写个文章,作个点评什么的,对此,他没有拒绝,因为他是个只要能办到就有求必应的厚道人。由于眼力不济,嫌书房的光线不够,他就索性让保姆把他挪到亮堂的饭桌前,再加一盏台灯,每天写一点写一点……渐渐地,我们发现,他笔下流出来的字已如小孩的涂鸦,很难辨认了。我每次去看他,报纸、办报及其历史和现实总是他最感兴趣的话题。尽管肌肉的僵直,已使他舌头有些硬,但一讲到这一话题,他总是津津乐道,老新闻工作者对事业的执著溢于言表。

陈念云同志是一位老报人,一辈子献身于党的新闻事业,但他同时也具有中国传统知识分子的骨气,人格高洁。"文化大革命"期间,他不满"四人帮"所作所为,敢于和"造反派"斗争,即使承受种种压力,也从未屈服。陈念云同志曾被投进监狱,祸起于他对那个"副统帅"的不敬,因言获罪。在狱中他从没失却对国家和未来的信心。

陈念云同志对于新闻事业的热爱和执著、实事求是的态度、坚持原则敢于说真话的勇气、严于律己宽以待人的作风、严谨认真的工作态度、谦虚谨慎的品德,在整个新闻界人所共知。1989 年,时任上海市委书记的江泽民同志曾对陈念云给予高度评价:"陈念云同志是个克己奉公的老同志。"

3 年前,陈念云同志病情加重,体力和精力大不如前,每天只能在轮椅上稍坐片刻,其余就是卧床了,读书看报是根本不可能了,说话也难以成句了;再后来,他只能以眼神和家人交流了;到最后,不得不靠插胃管鼻饲流质来维持营养……而今,他终于离开了我们,离开了他为之奋斗终身的党的新闻事业……

悲声难挽,功德昭人。我真挚祈祷,为社会主义新闻事业的改革与发展奉献一生的陈念云同志,能含笑于九泉,神游于极乐世界!

附　录

宁做痛苦的清醒者*

一个好的新闻记者，一定要击中时代绷紧的那根弦

《大师》：有人说，周瑞金能够在中国改革触底的时候发出自己的声音是一种幸运，您觉得您为这份幸运准备了多久？

周瑞金：1957 年到 1962 年，我在复旦大学新闻系学习，当时是所谓搞政治运动的时期。我们都积极参加政治运动，同时进行专业学习，认识到报纸是党的喉舌，也是人民的喉舌，树立了一个信念：新闻工作在宣传党的方针政策同时，应该反映人民群众的要求和呼声。这一点无论什么时候我们都记在心里的。从复旦毕业后，我就被学校分配到解放日报社工作。

到 1989 年 1 月，我担任了解放日报社的党委书记兼副总编辑，主持《解放日报》全面工作。那一年，中国发生了"六四"政治风波，接着东欧社会主义国家发生剧变，在 104 天之内，东德、波兰、匈牙利、捷克斯洛伐

---

　* 本文是 2012 年 7 月腾讯网《大师》对周瑞金的访谈。

克、保加利亚、罗马尼亚等 6 个东欧社会主义国家一下子演变掉了。1991年 4 月后南斯拉夫和阿尔巴尼亚也演变了。特别是罗马尼亚最激烈,部队反戈,当场把总统夫妇枪毙了。这样一种剧变,也很快波及苏联,1991年 9 月宣布取消苏联共产党,3 个月后苏联联盟解体。列宁亲手缔造的、世界上第一个社会主义国家在成立 74 年后也轰然垮台了。

从我国的政治风波到东欧的剧变,到苏联的解体,当时在我国激起很大反响。特别是有一些人,也就是后来小平同志在南方谈话中批评的"左"的"政治家"、"理论家",他们总结"苏东波"和"六四"政治风波的经验教训,认为是改革开放导致帝国主义和平演变的结果。

在这种情况下,有人提出来党的基本路线"一个中心"只搞经济建设不行了,一定要有一个政治中心,就是要把反和平演变作为中心。而两个基本点,改革开放这个基本点容易被帝国主义和平演变,因此要重提阶级斗争,开展清查运动,集中批判资产阶级自由化,重点加强社会主义的教育。这一来就把党的基本路线"一个中心"变为"两个中心","两个基本点"变成坚持四项基本原则的"一个基本点"。从 1989 年风波以后,大概有 19 个月报纸上很少宣传改革开放了。面对这种情况,当时我非常焦急。

就在这个时候,1991 年 1 月,小平同志到上海过春节。他从 1988 年开始,每年春节都到上海过,1991 年是他第四次来上海过春节。和前几次他都在西郊宾馆和家人一起过节不同,1991 年来上海,他闲不住,不断地去参观企业,视察公司,在新锦江宾馆旋转餐厅听取关于开发开放浦东的汇报,从而发表了很多关于改革开放的新思想、新观点。

在 1991 年春节前,我有幸在上海市委领导家里,看到小平同志在上海发表的谈话材料,尤其小平强调说改革开放要讲几十年,全党都要讲,这激发我酝酿撰写评论文章宣传小平同志在上海的谈话精神。小年夜我请了上海市委政研室的施芝鸿处长和报社评论部的凌河同志,我们三人共同合作,在两个月左右的时间里连续发表了四篇署名"皇甫平"的系列评论文章,宣传了邓小平同志 1991 年春节在上海的重要讲话精神。想不到由此引起了一场关于改革开放姓"社"姓"资"的激烈交锋。

我 1962 年从复旦大学新闻系毕业分配到解放日报社工作,到 1991 年发表皇甫平文章,正好是 29 个年头。大学念书的时候,我有一个很强烈的想法,就是当一个好的新闻记者,一定要击中时代绷紧的一根弦。1991 年我觉得当时社会绷紧的弦,就是在改革开放进行了十几年以后,中国究竟向何处去。是继续坚持"一个中心、两个基本点"的基本路线、坚定不移地推进改革开放和现代化建设事业、走中国特色的社会主义道路,还是重提阶级斗争、以反和平演变为中心,走回头路? 在这一个紧要的历史关头,我认为绷紧的弦就是要继续推进改革开放。所以,当我看到小平同志 1991 年在上海视察的讲话材料,我就当机立断要发表系列评论冲破阻力,推进改革开放,发挥舆论的先导作用。

在政治运动中我不是佼佼者

《大师》:您当时 1957 年考进复旦新闻系,1962 年分配到《解放日报》,是不是因为您当时在系里是佼佼者才能够分配得比较好?

周瑞金:不能简单这么说。1957 年夏我一跨进复旦大学,迎来的就是"反右派"斗争、批判个人主义。接着,1958 年下乡参加劳动,投身人民公社、"大跃进"的高潮。1959 年又参加"反右倾"斗争,下厂劳动。我们在大学五年的学习生活,基本上处在政治运动中,基础知识和专业技能的学习训练很少。

我当时在运动中的表现并非佼佼者。因为,我对当时的政治运动像红专大辩论啊、批判个人主义啊，不感兴趣，常常躲在一边看书学习。我对政治运动不争上游，而是甘居中游，所以同学们给我起一个绰号叫做"小自由"。我并没有全身心投入运动，不愿意唱高调，说空话，在政治名词上钻牛角尖，而是一有空就抓紧时间读书。所以在学校没有我入党的份。到了大学四年级，也就是1961年的时候，我们被分到华东各地报社进行为期半年的新闻采访编辑实习。我分到《安徽日报》实习，短短四个月时间，我在《安徽日报》发表在头版上的重要报道和重头通讯就有一二十篇。有的被《光明日报》转载，有好几篇被评为红旗稿。这样的实习成绩在年级就比较突出了，对毕业分配起了比较大的作用。

我们那一届的毕业分配，恰遇经济困难时期，中央与省级新闻单位用人大为压缩。我们许多同学被分配到东北、西北地区，很多到了基层新闻单位，还有不少改了行当中学教师等。所以在当时情况下，我自填的分配志愿是去东北辽宁，结果想不到被分配到《解放日报》，出我意外，真是一种幸运。

《大师》：学新闻和做新闻是不是您当时的志趣？

周瑞金：当然是我的志趣。我在中学时就非常喜爱文学，我的高中语文老师林书立对我影响很大。1957年他教的两个班级学生中，就有三个人同时考进复旦大学新闻系。后来我们到工作岗位表现也非常出色，不负师恩。当时我们许多同学是带着作家梦进新闻系学习的，以为先当新闻记者，积累了丰富的生活素材，然后走当作家的路。所以一进入学校在进行新闻专业教育的时候，就批判当作家的思想，批判丁玲的"一本书"主义，这给我们印象很深。当然把要当作家统统作为个人主义来批判，过头了。但专业教育留给我们的正面成果，是真正做一个好的新闻记者，必定是为老百姓、为国家、为社会作出贡献的人，其作用决不亚于作家。

真正写评论是从"文化大革命"开始

《**大师**》：那您刚入行时的心态是什么样的？

周瑞金：刚入行的时候，我当然全心扑到工作上。开始我在读者来信组处理群众来信来访工作，认真处理每封来信、每件来访，热心帮助读者解忧克难。我还主动为读者来信专刊撰写"看信有感"的评论性小文章，平时有采访任务都跑在前面，所以在来信组工作的半年时间我很愉快。我应当真诚感谢总编辑王维当年为我创造了很好的业务锻炼条件和机会。比如让到评论组工作，在好几位资深的记者、编辑、评论员指导下，从事新闻评论工作。还有是 1965 年春，华东局领导要求《解放日报》报道华东的学大寨典型——山东黄县下丁家大队的艰苦创业事迹。报道组除老记者外，配上了我这个年轻的记者，参加重大报道的采写锻炼，这对我的新闻业务成长起了很大作用。

《**大师**》：真正转到评论和政论这一块大概在什么时候？

周瑞金：讲起来很好笑，是在"文化大革命"当中。我是 1963 年春从读者来信组调到评论组，协助评论组领导主编"大家谈"言论专栏，主要谈社会移风易俗、道德风尚问题，这样我对小评论的写作掌握了。当时像我这样的年轻记者，是没有机会给报社写社论、写评论员文章的。想不到"文化大革命"起来，报社老的评论员都被当做反动权威打下去了。我是在这种"走了张屠夫，不吃混毛猪"的特殊环境下，担当起报纸的社论、评论员文章的写作任务来。所以说，我是在"文革"中逐渐成为《解放日报》社论、评论的主要写手，是这样锻炼出来的。

《**大师**》：您当时还组织了一个业余评论员的队伍是吗？

周瑞金：那是我在从事"大家谈"这种群众论坛工作当中结识了一批

写评论的人,这个队伍是有一个发展过程的,开始只是作为评论写作的一个队伍,有重要的任务布置他们写。真正发挥作用的业余评论队伍,是在我上世纪80年代末担任了解放日报社党委书记兼副总编以后,当时是处在政治比较沉闷、批资产阶级自由化、批反和平演变的那个时候。我当时采取了不一定只找给报纸写社论写评论的人,而是把我这个业余队伍扩大成有点像神仙会,就是找社会上一些有思想有见解的人,专门来研究形势,提炼观点。比如当前什么问题是大家关注的,应该怎么来写评论。形成了这么一支队伍,那是在1989年以后,90年代初的事了。这支队伍后来发挥了很大的作用,很多人都成了领导人,比如说徐匡迪同志、华建敏同志、王沪宁同志、施芝鸿同志都是这个智囊团里面主要的成员,包括黄奇帆同志,现在任重庆市长,他也参加过一段,特别是1992年邓小平南方谈话之后也加入过这个队伍。他们相当于《解放日报》评论的顾问团,会提出来很多观点。当年在一起的,现在留在上海的大都也是市一级的领导了,到北京的不少成为中央领导了。还有一个刘吉同志是当时的市委宣传部副部长,后来到北京中国社科院当副院长,他也是我们这支评论顾问团中积极的力量,为报纸写了不少有影响的评论。

大家会定期交流。我隔一段时间就请大家吃饭,一起议论,然后把大家的改革新观点整理成评论发表。1991年12月,我们有两篇很重要的评论——《改革开放要有胆略》、《再论改革开放要有胆略》,就是这样写出来的。那是针对当时有一份高层内参,有一个当时被吹捧为"理论家"的人给中央上书,要求停止改革开放,说改革开放容易被帝国主义和平演变,当前应当加强社会主义教育。我们就把这份材料拿来在神仙会上展开讨论,大家从不同角度分析批驳这个观点。后来就根据大家发言讨论的精神,整理了两篇评论在《解放日报》显著位置发表,产生很大影响。这个评论顾问团一直存在到1993年,我调到《人民日报》以后就散掉了。

宁做痛苦的清醒者,不做快乐的梦中人

《大师》:在人民日报社,有一个老前辈、老领导:王若水。你们俩之间也挺有缘分的。

周瑞金:我们是一个神交的过程,至今没有一起工作过。最早是读他在《人民日报》1963 年发表的《桌子的哲学》,我就开始仰慕他了。后来我在《解放日报》从事评论工作,他在《人民日报》主持理论评论工作,发表许多精彩的理论评论文章,其中有关提倡人道主义、异化论的观点我都很关注的。所以我 1993 年调到《人民日报》以后,很巧,我分管的领域就是王若水曾经分管过的《人民日报》评论部和理论部。他当时已经退休了,每一年春节慰问老干部的时候,老干部局就把慰问王若水的任务交给我,因此我到《人民日报》以后才见到他。当时他已经受到处分了,在家里,但是他还是很关心报纸的理论宣传,经常出些好主意,给我的印象很深。后来他因为癌症,2002 年在美国治疗时过世了。

当时《财经》杂志每期都设有"逝者"这样一个栏目,悼念过世的名人。《财经》杂志的主编胡舒立同志决定要在这个栏目写一篇纪念王若水的文章。当时,这个决定是比较敏感的,她想来想去,认为我是合适的人选,就找到我,要求我写这篇文章。她提供了一些材料,我也搜集了一些材料。后来,我突破了一些思想禁区,就给《财经》杂志写了一篇纪念王若水的文章,对他作出比较客观公正的评价,肯定了当年他提出防止异化的警示,"是难能可贵的理论创见"。我还突出他的两句话:"宁做痛苦的清醒者,不做快乐的梦中人。"我认为这两句话,体现了知识分子肩负的社会责任,也体现了知识分子独立思考、忧患意识的品格,是非常可贵的,所以我很欣赏他这两句话。后来我选编自己的文集,这篇纪念文章成为文集的开篇,书名也选定《宁做痛苦的清醒者》。从这个意义上,应该说我们还是有这么一段缘分的。

皇甫平文章引来一边倒的批判

《**大师**》:刚才聊到皇甫平评论,为什么皇甫平是在上海诞生,而不是在北京,是在《解放日报》诞生,而不是在新华社或者《人民日报》呢?

周瑞金:从当时的历史条件来讲,小平同志 1991 年春节在上海的讲话,是不是传到了中央,中央是不是传达了,我不太了解,感觉好像还没有。所以,当时的人民日报社社长专程来上海向我了解皇甫平文章背景,我也没有告诉他真相。小平同志当年到上海来讲这些话,强调我们党要讲改革开放,要讲几十年,他一个人讲不够,全党都要讲。我就是按照小平同志这个讲话精神,认为《解放日报》作为党的机关报应该带头宣传小平同志最新的改革开放思想,所以这个任务就落在我们《解放日报》头上来了。它是有一个历史机缘的。

《**大师**》:后来舆论就是一边倒在批?支持者只有两个。

周瑞金:不止两个,还有,比如说《中国改革》杂志当时就转载了我们皇甫平的评论,国务院经济研究中心一批专家也是支持我们的。所以后来在 1991 年六七月份,中国社科院刘国光同志出来主持召开了一个“当前经济领域若干重要理论问题”的座谈会,当时经济学家吴敬琏、戴园晨、周叔莲、卫兴华、樊纲等,都对改革开放“姓社姓资”这个敏感问题坦诚己见,发表看法,基本上是支持皇甫平文章的观点。

与此同时,新华社于有海同志在《半月谈》上发表了一个评论,对农村的改革,特别是推广联产承包责任制,不要扣一个姓“资”的帽子,观点也是很鲜明的。

《大师》：杨继绳当时是在新华社。

周瑞金：是的。于有海和杨继绳这两个人，当时我都不大认得，都是在后来认识的，杨继绳是后来到了《炎黄春秋》以后，我给《炎黄春秋》写稿比较多，我们就认识了。

《大师》：引起很大争论之后，当时上海市委书记要求您淡化处理，不介入争论吗？

周瑞金：皇甫平文章在2月份刊出来以后，国内直到4月份才开始批判的。那是第三篇《扩大开放的意识要更强些》评论提出，开放浦东不要受"姓社姓资"的束缚而迈不开步子。整篇评论并没有讲改革开放不要问"姓社姓资"，而只是讲在改革开放的具体探索中不要受"姓社姓资"的束缚，而顾虑重重，畏畏缩缩。我当时是提出这个观点。

这篇文章发表以后，"左派"群起而攻之，就提出来改革开放可以不问"姓社姓资"吗？而且有的很严厉的，特别是《高校理论战线》发表文章严厉责问：主张不问"姓社姓资"的作者，你自己是姓"社"还是姓"资"？就是要给你扣一顶走资派的帽子。这种情况下当时的争论是一边倒，本来我们要发表文章批驳这种观点的，后来市委就通知我们不要在报上搞争论，因为小平同志是不主张在报上搞争论的。所以，我们也就默默地忍受住他们的批判。

但我们仍然发表文章，坚持自己的观点。比如说，我在10月份撰写了一篇《"科学技术是第一生产力"的理论和实践意义》文章。实际上就分析了苏联衰变的原因，不是在于改革开放，而是他们科技落后于时代发展，没有为提高老百姓生活服务。不是因为卫星上天了才导致红旗落地，首先是卫星上天以后你没有很好保持住这面红旗，所以它必然走向衰亡。这种文章理论上是针对"左派"对我们的批判的。还有刚才讲的《改革要有胆略》，也都是针对"左派"的言论。我们没有在"姓社姓资"问题上和他们形成对立和争论,但是我们用其他言论来表明我们的观点。

这当中还发生一件事,8 月份《人民日报》发表了一篇评论《筑起抵御和平演变的钢铁长城》,当时全国报纸都转载了,只有我们《解放日报》没有转载。结果第二天正好市委常委会学习,我作为主持《解放日报》工作的党委书记去参加市委学习会。当时市委一个领导同志就提出,《解放日报》昨天是不是漏登了一篇文章,怎么不把《人民日报》反和平演变的评论登出来呢? 明天要补登。于是我就说明,这篇评论员文章谈的是反和平演变的重大问题,但是文章与中央的精神不一致。我认为反和平演变关键是高级干部、领导干部,主要是党内教育。而《筑起抵御和平演变的钢铁长城》讲的是意识形态领域的事情,文章把矛头指向知识分子了,再说"筑起钢铁长城"这个提法也不准确。这时参加市委常委会学习的原市委书记、老干部陈国栋同志出来为我解围了。他说,反和平演变这么重大的问题,中央应该有正式的文件,不应该靠《人民日报》发一个评论员文章。还不是社论呢,评论员文章怎么来谈这个? 这时,陈沂同志也起身走到我的座位旁对我说,我支持你的看法。

在这种情况下,主管领导就来征求我的意见。我说,中央并没有规定《人民日报》的评论员文章地方报纸一定要转载;上海也不是都不登,《文汇报》、《新民晚报》登了,表明上海市委并没有要抵制这篇文章。只是我作为《解放日报》一把手,我有选择的权利。如果市委认为需要写防止和平演变的评论,我可以重写一篇,更加准确地体现中央精神。但是这样一写,海外媒体一定会讲"上海又和北京对着干了"。这样,最后市委书记拍板:不要补登,也不要再写。

当时我就这样顶住了一些"左"的政治家、理论家对皇甫平文章的围剿。

《大师》:由于皇甫平评论的发表,您也没能去《大公报》履职,这个是直接的影响吗?

周瑞金:这个是直接影响。当时我飞机票都买好了,按理说在 1990 年底市委领导就通知我要做好到香港的准备了,我正是因为机缘凑巧看到小平同志春节期间的讲话,觉得要写几篇评论宣传小平同志的改革思想,这样我推迟了。1991 年 3 月,港澳工委管宣传的领导就催我早一点到香港。我想把评论文章告一段落,所以订了 6 月 10 号左右的飞机票。报社告别会都开了,工作都移交了,突然 6 月 3 日中央组织部给市委组织部打了一个电话,问周瑞金到香港了没有,说还没有去。那就不要去了。第二天市委组织部来一个同志,告诉我暂时不要去香港了,当场把我飞机票收了回去。这样,就把我悬在半空中了。

1993 年中央调我到人民日报社工作,我到中组部报到的时候,中央组织部的同志对我说,我们当年都为你打抱不平,这样对待一个干部的政治生命太不负责任了。因为,原来调令是中组部和港澳工委两个大红公章调我去香港《大公报》任职的,普通的一个电话通知就突然取消了。小平南方谈话以后,才有后来我进京到人民日报社履新的事。

《大师》:那 1991 年到 1993 年这两年您在干嘛呢?

周瑞金:当时上海市委没有派新的人来接替我的位置,让我还是担任原来的党委书记兼副总编辑,主持解放日报社工作,这个始终没有变。因为我是在解放日报社成长起来的,所以报社里面同情、理解我的遭遇的人比较多。我也并没有太气馁,感到宣传邓小平改革开放思想是过还是功,总有是非明白的一天。真没有想到只过了半年多时间,1992 年初小平同志一到南方视察,真相就大白于天下了。这一段经历是非常难忘的。一起写皇甫平评论的另外两个人,是什么遭遇呢? 因为凌河同志是评论部的一般评论员,他不会受到什么大的影响,我还在主持报社工作嘛。主要是施芝鸿同志后来受到一些影响,但这个影响主要并非是他参与了皇甫平文章的写作,而是他 1992 年春节给《解放日报》写了一篇署名"闻颙"的《十一届三中全会以来的路线要讲一百年》的评论文章,在全国最早宣传了邓小平南方谈话的精神。他由于这篇评论而受到政治压力和不公正的对待。这个情况,我在 2002 年出版《宁做痛苦的清醒者》这本书的后记里,专门写了一段对施芝鸿同志的评价以及他受到委屈的情况。但是后来他很顺利了,中央把他调到北京去,重用了他。现在,他任中央政策研究室副主任,担负起中央领导重要讲话、文件的起草工作,发挥了很大的作用。

为什么会端起碗来吃肉,放下筷子骂娘

《大师》:皇甫平文章对您的人生影响和改变有哪些?

周瑞金:没有太大的影响和改变。皇甫平文章是应时代要求而生,也是我从事媒体工作二三十年所积累、锻造的政治良知、人生品格、传统信念、自身素养相组合的一次喷发。在当时的历史条件下我是自觉肩负历史使命而组织撰写和发表的,所以从此以后我一般都不再用皇甫平这个署名了。

为什么在 2006 年又会出现皇甫平的文章呢?说来话长。从 2004 年开始我们国家发生了改革开放第三次大争论。据我和一些经济学家的看法,改革开放以来,有三次关于改革的大争论。第一次大约是 1982 年的时候,关于商品经济的提法上引起的一场争论。然后就是 1989 年到 1992年,改革"姓社姓资"之争,这是第二次大争论。第三次我认为就是 2004年开始的,特别是郎咸平带头攻击我们国有企业改革开始的这场争论。后来我们的主流经济学家也卷进来了,讲我们所有大学的经济院系、社科院的经济研究所等,都是西方留学回来的人在掌握领导权,因此提出一个

要把领导权夺回到无产阶级手里的尖锐问题。

从2004年到2006年,我冷静地观察了这场改革大争论,网络上很多评论都攻击我们改革错了,市场化改革带来了很大的问题,拉大贫富差距,引起环境污染,贪污腐败严重,好像当年面临的问题都归罪于市场化改革。我思考了一年多觉得这个搞错了,问题不在这个地方,市场化改革积累的问题并不能算到改革头上来,而是恰恰没有深化改革,改革还不到位。所以,在2006年初我出来发表意见了,我承认通过这么多年改革取得了很大的成绩,但也存在很多问题。这些问题在网络上讲的都存在,但是产生问题的原因在什么地方?是不是市场化改革带来的呢?我认为恰恰是市场化改革还没有完全到位,政府权力过大,社会力量太小,市场被扭曲造成的。政府站到招商引资第一线,没有把公平有效地提供社会公共品作为自己重要任务,权力进入市场导致了权钱交易等腐败现象的产生。

我分析了为什么社会上会产生"端起碗来吃肉,放下筷子骂娘"的现象,指出"端起碗吃肉"说明我们改革取得成果使得老百姓温饱问题解决了,现在"放下筷子骂娘",是骂你没有很好地提供社会公共产品,还存在教育难、就业难、房子贵、看病贵、治安乱等这些问题。而今天改革发展到小康社会以后,解决了老百姓的温饱以后,老百姓更在意你提供社会公共品的情况了。现在整个社会保障制度都没有建立起来,读书难、住房贵、看病难变成新的"三座大山"。这就说明了是我们改革不到位所带来的,而不是市场化改革所引起的。

我写了《改革不可动摇》这篇文章后,因为当时主流媒体都没有对这场争论表态过,所以这篇文章非常引人瞩目,一下子网络上传遍了。我写这篇文章和1991年写皇甫平文章恰恰相反,1991年广大基层干部和老百姓都叫好,认为吹来了一股改革的春风,上头存在很大的不同意见。而

2006年我写《改革不可动摇》倒过来了，网民把我骂得一塌糊涂，认为我是既得利益的辩护人。但是，高层领导倒是很快就表态了。我这篇文章在东方网登出来以后不久，一位中央政治局常委就到上海来调查我这篇文章的背景，以及为什么要写这篇文章。当时的上海市委书记和市长就陪着这位中央领导到东方网做调查，事前我写了一个材料说明撰写这篇文章的背景、原因、意图，并以"答东方网编辑问"的形式发表出来。于是，当场就得到这位领导的肯定，赞同我文章的观点，改革开放中产生的问题要通过深化改革去解决。3月5日全国人大、政协两会召开，开幕的第二天，胡锦涛同志就到上海代表团发表了讲话，表示要坚定不移地把改革开放不断地推向前进，决不动摇。同时胡锦涛同志提出要提高改革决策的科学性，要增强改革举措的协调性，让改革的成果为广大人民群众共享。这就为改革开放的第三次争论划上了一个句号。

当时文章在东方网发表时是署我的名字的，后来我把文章寄给《财经》杂志时仍然署我本人的名，结果杂志主编认为用皇甫平署名影响更大，就把皇甫平署名给安上去了。

深感国有企业的弊端和民营企业的艰难

《大师》：退休以后你还担任了两家企业的顾问，这个主要是做什么？

周瑞金：我是担任了一家大型国有企业的独立董事，并任董事会的薪酬委员会主席。而且一当就当了10年。因为独立董事一般担任两届，我是特殊情况，担任时间比较长一点。还有是到一家民营企业当顾问。这一段时间给我一个感受，我原来对经济是比较感兴趣的，在《解放日报》当副总编的时候我管过经济报道，到《人民日报》以后也非常关注我国经济的发展。但是在报纸总编这个岗位上，你了解的只是宏观层面的一些东西,所以我退下来以后,进入了微观经济领域,到了一家国有企业和一家民营企业,两相对比,让我深切地感受到国有企业的弊端所在,民营企业的艰难所在。

我认为 2003 年以后,国有企业的改革走了一个 V 字形的路,大型央企的改革基本上是停滞了,所以对国进民退的现象,我是从这两家企业具体感受到的。2008 年 4 万亿投资更进一步推动了政府干预微观经济,使得大量国家资金走向国企,民营企业融资难,投资也难。我觉得在这两个企业里,10 年国企独立董事的经历,10 年民企顾问的体验,使我对中国的经济发展和改革的问题所在,了解得比较清楚。

政府干预微观经济太多

《大师》:那您认为南方谈话最根本的精髓是什么?

周瑞金:是推动改革,特别是市场化改革,走市场经济的改革道路。小平同志南方谈话最重要的思想在党的十四大被我们列为"中国经济体制改革的主要目标就是要建立社会主义市场经济体制",应该说中共十四大确立了这样一个主要的经济体制改革目标,就是南方谈话直接的结果。

《大师》:那市场化改革的不足又有哪些?

周瑞金:不足最主要是政治体制改革的推进和经济体制改革的推进不能够相配套进行,政治体制改革滞后,使得经济市场化改革缺少政治体制改革的配合,造成分配不公、腐败严重。在 1992 年的时候,我始终和吴敬琏先生一样,总以为如果搞了市场经济,好像问题就都解决了,我们的经济发展就顺利了。现在实践告诉我们,市场经济体制改革的方向确定以后,怎么来实现建立法治的良性的市场经济,并不是那么简单。经过这

20年的改革,回过头来看,我们的经济体制现在还是走在半路上,还处在一个半市场半统制的市场经济状态。政府以搞宏观调控之名、行具体干预微观经济之实的案例太多了,我们几个垄断性国有企业占的资源太多,国有银行保险业又基本垄断了国家资金。石油、石化、电力、电讯其资源基本都在国家手里。这样就抑制了市场对资源配置的基础性作用,使我们今天的市场经济是处在一个半市场半统制经济的状态。这种经济体制发展的前景,如果不配合政治体制改革,不在市场经济的法治轨道上进一步完善,它可能走到国家资本主义即权贵资本主义的道路上去。另外一条就是通过深化改革,特别是法制健全起来,对国有垄断性企业实行市场化改革,进一步发展民营经济,使得我们市场配置资源起到主导性的基础性的作用,使得目前政府太强,市场扭曲,社会太弱的局面有所改变,才能够走出我们当前改革的困境。

改革又回到 20 年前的十字路口

《大师》:今年是南方谈话 20 周年,也是确立市场经济体制改革的 20 周年。但是,好像纪念活动和舆论反响都比较低调,是因为现在的氛围跟当年不一样了吗?还是凝聚力不如当年?

周瑞金:今年是南方谈话、市场经济体制改革 20 周年,它没有列入重点纪念之年,中央没有举行活动,也没有对宣传报道进行部署。但媒体今年宣传南方谈话还是挺踊跃的。以上海来讲,《东方早报》在 1 月 18 日用 20 个版面来集中宣传南方谈话。从我个人来说,南方谈话和我直接有关的就是 1991 年的皇甫平的文章,我收到约稿有一二十家的媒体,我写了五六篇不同角度的纪念南方谈话的文章,在《解放日报》、《北京日报》、《南方日报》这些主流媒体全都登了我的纪念文章,还有很多更加市场化的像《财经》杂志等,以及各网站登得就更多一点。所以,从媒体来看,改革的呼声还是比较高的。这种情况反映出我们今天的改革,似乎又面临一个类似于20年前的改革向何处去的十字路口。这是国内外形势决定的,今天我们市场化改革积累了一大堆新的矛盾、新的问题,这些问题最终表现在群体性事件频发,我们每年都有几万起的冲突,主要表现在土地动迁、城镇拆迁、环境污染等矛盾。这些群体性事件使得我们基层组织失控了,这里面反映出很多问题。总的来讲是一个利益的调整博弈问题,虽然还没有影响到我国政治稳定的基本面,也没有影响到经济较快地发展,但一定要重视解决这些矛盾冲突。应该通过社会管理创新,通过有步骤地推进政治体制改革,特别是社会体制改革来逐步解决这些问题。

当然,我们也面临着怎么凝聚改革共识的问题,怎么样重鼓改革的勇气,再造改革的动力。我觉得今年两会温家宝总理最后的答记者问反映了改革的意见、群众的意见,以及中央最近推进改革的精神也表现出来了。所以,应该说今年的两会在改革开放凝聚共识方面起了很重要的作用。

温家宝答记者问起到了推动改革的作用

《大师》:刚才说到温家宝在两会上的答问,他为什么选择在这个时机,因为马上就要换届了,有人会觉得也只能是暂时说说而已,真的能够落实到操作层面会是什么样?

周瑞金:不能这样看。我们每一次党代表大会以前,都面临着一个凝聚共识、推进改革的问题。今年恰恰是因为党的十八大要召开,使得改革的问题更加尖锐地突出出来。想想邓小平20年前为什么选择在十四大召开这一年出来讲话呢? 他在1991年初就看到了皇甫平文章遭批判的情况,为什么不早一点出来表态呢？我认为,他就是一个伟大的政治家,要选中一个最重要的时间关键点来进行表态。1992年春天正好是党的十四大开始筹备了,要起草政治报告,要考虑中央领导人选,这是我们党和国家的政治生活最关键的时刻,所以他的南方谈话振聋发聩,一下子就在全国形成一个极大的思想解放运动,使全党全国统一到南方谈话的思想上来。十四大是这样,今年要开十八大,我在文章中提出,需要一个新的南方谈话。我不是主张要人治,再来一个强人推动改革。但是这个南方谈话是代表中央精神,因为今天共产党领导的国家,如果中央没有一个精神来凝聚大家的共识是不行的,所以现在的情况下要有这个共识,我认为温家宝的答记者问恰恰在这个时候起了一个推动改革的作用。

党的执政方式要法治化民主化

《大师》:这次重庆事件您怎么看?

周瑞金:这个事件大家谁也没有想到,王立军跑到美国领事馆这一个事件非常突然。这么一个"打黑英雄",怎么会跑到美国领事馆寻求政治庇护?这是匪夷所思的事情。这标志着一个大案的暴露,令人震惊。后来,从薄谷开来案、王立军案到薄熙来案,人们看到,将自己凌驾于法治之上、肆无忌惮践踏法治尊严的人,既有薄熙来的亲属,又有掌握一定权力的下属亲信,更有贵为政治局委员的重庆市委书记薄熙来本人。薄熙来诚然会在法治轨道上受到严肃追究和严厉查处。但直面薄熙来案,我们应当深刻反思,并认真吸取教训。薄熙来在位之时,他主政的重庆以"打黑"著称,其口号是"有黑必打"。而其妻薄谷开来成为谋杀犯、"打黑英雄"王立军成为徇私枉法者,薄熙来本人也在此案中滥用职权、负有重责。事实显示,他们成了最大的黑社会。这个案件,给我们党和国家造成的负面影响很严重。

薄熙来事件让我们更有远见地思考,在常人政治时代,党和国家领导人形成制度化、规范化的交接班后,怎样加强最高领导层的团结和集中,以行使坚强的领导力,正确应对内部的干扰与挑战;同时又要正确对待党内不同政见的问题,允许不同政见的存在与实践。这是现代执政党面临的大问题。邓小平在南方谈话讲到,关键在人,关键在党的政治局常委,常委一班人好了,就可以安心睡大觉了。薄熙来事件之后,我们党怎么来使用人、提拔人,高层应该有怎么样严格的相互的监督,包括对党的常委直至一把手的监督,非常重要。不能再像薄熙来那样从大连到沈阳,到商务部,到重庆,一路带病提拔,越来越无法无天,直奔权力最高层,直至大案爆发。

一定要爱护互联网,领导要有网络素养

《大师》:这次王立军事件互联网上消息的传播,和当年林彪那会儿也完全发生了变化。

周瑞金:这就是说我们今天的新媒体时代,互联网时代对中国政治改革所起的作用,有了一个建设民主政治的平台,这点我觉得很重要。目前,我国网民已经超过 5.38 亿人,农村网民为 1.46 亿人,手机网民达到 3.88 亿人,手机超越台式电脑成为我国网民第一大上网终端,平均每个网民每天上网时间已经超过 2.84 小时,大多数人接触互联网的平均时间,已经超过电视和报刊。网络革命正在改变世界传统社会舆论生态。社交媒体和网络技术发展改变信息传播机制,打破由政府和主流媒体所垄断和掌握信息主导权的传播格局,让群众能够从越来越多的渠道接收到多种信息,自主意识大大增强。大量移动新媒体,在大连 PX 事件、乌

坎事件、四川什邡事件、江苏启东事件中，都发挥了重要作用。所以，互联网媒体出现，对于我们推动政治的进步起了很大的作用。我们一定要爱护互联网，互联网确实要依法治理是对的，但是要看到互联网这个新生代媒体在现代政治当中是起着积极的作用的，应该看到这一点。不要害怕互联网，这也是我们社会管理创新的一个重要问题。

《大师》：但现在网上的意见领袖火气很大，经常在网上讨论，然后线下约架（相约打架——编者注）。您会不会担心互联网会扩大这种社会分歧，反而不是凝聚大家的共识。

周瑞金：这个需要互联网意见领袖不断提高网络素质。我觉得网络媒体出现之后，对领导来讲要有一个网络素养，怎么来看待网络媒体的出现，要有一个民主的、科学的、按照法治的精神来看待媒体的作用。同样对于广大网上的舆论领袖，他既是代表网民的一些看法，又有一定公信力，起着网民与政府之间沟通的桥梁作用，所以他们也应该具有网络修养，既不能片面地煽动网民的情绪来和政府对立，同时又不能完全代表政府的利益来对网民进行说教。网络的领袖有一个提高网络媒体素养的问题，这里面包括政治素养、理论素养以及社会素养，又要掌握一定的理论的思维和比较强的政治政策观念，该讲什么，不该讲什么，讲到什么分寸；在官民之间矛盾的时候，怎么既代表网民的利益诉求，同时又能够照顾到政府处理这个问题的时候，有一个政策限度，有一个容忍度。这样就能够很好地发挥网民领袖的作用。我发表文章支持网民领袖发挥作用的比较多，对党政领导应该对网络领袖宽容讲得比较多，但是今天在你们腾讯网上来发表，我也有责任来劝告一些网络领袖要更加注重提高自己的素养，以发挥更好的作用。

政治体制改革停滞，新闻体制改革迟缓

《大师》：您被称之为政论家，您怎么来理解政论家这个头衔的内涵？

周瑞金：我现在能不能称得上政论家，我自己也表示怀疑。一般来讲政论家是掌握一定的媒体，他有一个自己的媒体，在上面发表很多政论、社论、评论员文章，或者是观察家的文章，对世界局势的评论，这个才能称之为政论家，你讲的储安平、张季鸾都曾掌握一个媒体。

我今天没有媒体在手，无非是根据我自己观察国内外形势感到应该讲一些话，写一些文章，完全是出自一个老党员、老新闻工作者的社会责任感，对于当前的形势发表一些看法，所以，说我是政论家我感到很惭愧，不敢当。但是，我们现在真正掌握有媒体的政论家并不多，什么原因呢？因为我们这个媒体都是国家的媒体、党的媒体，因此代表党讲话要根据党的政策、党的文件来讲，要真正形成社会有影响的政论家，距离这个要求还太远了一点，这有待于我们新闻体制改革深入以后，将来才会出现一批真正的政论家。他有他的媒体来传播他的声音、他的意见、他的个人思考的东西，所以一定要有这样的媒体条件，才能够出得了政论家。

《大师》：您怎么来看几十年的新闻改革，包括现在处在一个什么样的阶段？走向是怎么样的？

周瑞金：新闻改革我们也喊了几十年了，应该说新闻媒体在改革开放当中，它还是起着推进改革的作用，所以也可以这样说，新闻改革发展到今天也跟着我们的经济体制、政治体制的步伐一样在前进着。由于新闻改革属于政治改革的范畴，是政治体制改革的一部分，和我们今天的政治体制改革比较停滞、迟缓有联系，新闻体制的改革也是迟缓的，表现在新闻事业的发展，新闻传播手段的变革比较多，内容也增加了，影响力也扩

大了,不单是在宣传的领域,也在经营管理的领域。在壮大报业集团、新闻集团上面的很多措施,确实和我国的经济体制、政治体制包括文化体制相配合的在前进着,如果就新闻体制改革本身来讲,今天还是滞后的,主要表现在两个方面:

一个是新闻的体制,我们只有单一的公有制,本来按照毛主席讲的新闻体制是跟着经济体制走的,经济基础变了,你新闻体制也应该变。我们今天的经济基础从原来单一的公有制转变为多种所有制为主体了,等于经济体制是公有制和私有制和外资进来融合在一起的综合性的经济体制。和这个相适应,新闻体制也应该体现出多元的经济利益,从这一点来讲,我们现在的媒体就是单一所有制,不管是都市媒体也好,主流媒体也好,甚至是网络媒体。所以我希望新闻体制改革能够进一步的话,应该允许民间办报,能够有这样一批媒体和我们今天的经济所有制相配合,在新闻体制上体现出有综合性的,有国家的媒体,也有民间的媒体,也有各个民主党派的媒体,大家相互学习,相互竞争。这样一个媒体体制的形成就是新闻体制改革的深化。

第二个新闻体制改革推进一定要加强法治建设,要有新闻法的制订。这样有利于我们营造一个依法治国的系统,我们这几年制订了那么多的法律,唯独新闻法、出版法没有制订出来。现在越南有了自己的新闻法,这个可以借鉴一下,来推进我们新闻法规的产生,使我们新闻能够依法来进行。这样也就可以避免今天出现的不断地要来处理造谣媒体,在国家法治制度上解决了这一问题。所以,我认为新闻体制的改革要前进,这两个是目前很重要的方面。

宣传部部长当报纸总编辑应该改变

《大师》:您觉得当下还做得比较不错的媒体有哪些?

周瑞金:做得不错的媒体,我首先从《人民日报》讲起。我觉得这两年来《人民日报》评论大有改进,特别是评论部的一些评论确实能够反映民众的声音,使得我们党报这种传统媒体的言论出现新鲜的、可喜的变化,这两年以来有几个有口皆碑的,引起大家关注的,也很快出来表态了,所以从这一点来讲大有进步。

我是主流媒体出身的,一辈子从事新闻工作,一个是在上海《解放日报》,一个在北京《人民日报》,两个都是党的机关报,一个是中央机关报,一个是地方党委的机关报,所以我首先希望这两个机关报的主流媒体要起变化,要更多地既是党的喉舌,也是人民的喉舌,更多地反映群众的声音来推动国家的进步,这个是其他媒体所起不了作用的。另外我觉得现在地方党报的作用是削弱的,地方党报根本发不出什么声音,也没有一个地方党报有一篇有影响的,包括《解放日报》,我的母报,以前我还可以在《解放日报》写皇甫平的文章,今天这种文章也出不来了。这里面牵扯到我们新闻管理体制的问题,也就是说,我当年在《解放日报》工作的时候,相对宽松的环境,我的言论我自己把握负责,报社社长有权决定发表他认为可以发表的评论和报道,这个当时做到了,当时80年代是可以做到的。

今天这一点就更难一点,这个涉及新闻管理,这也是新闻改革的一个方面。现在就是宣传部部长当报纸总编辑,报纸的总编辑当总编室主任了,按照各级宣传部门的要求来安排版面,用什么稿子,做什么标题,是走向这样一个管制的道路上去。我认为,思想宣传部门不能完全以行政手段、办法来管理意识形态,具体到包办代替总编辑工作的程度,而重点应该放在研究形势、分析思潮动向,然后制定正确的宣传方针政策,以指导各媒体的宣传。现在是应该总结这方面的经验,适当改变舆论管理,少一点"不准"、"禁止",多一点怎么报道好、宣传好的指导。当然,难度是比较大的。其他新闻媒体现在做得比较好的是都市媒体和网络媒体,我认为几大网站应该说发表的评论作用很大,你们腾讯也在内。

胡锦涛同志前两年到《人民日报》去,特别把都市媒体也当作一个主要媒体提出来了,就是说,除了我们党和政府控制的主流媒体以外,现在很多都市媒体和网络媒体他提到同等的高度来看,我认为很重要。现在都市媒体起作用比较大的,广东的《南方都市报》、上海的《东方早报》、北京的《新京报》,还有《南方周末》等等。我觉得南方报系的报纸办得都比较好,还有一个《经济观察报》,这个报纸很有一些自己独特的报道和言论,也是比较好的,我也比较关注。这些报纸都不错。当然,我接触的纸媒比较少,提到的报纸仅是我所读到的,还有许多报纸也是很受读者欢迎的。

格言·读书·人生之悟[*]

我 17 岁跨进复旦大学校门,22 岁走上新闻工作岗位,65 岁安然退休。当年为年级最年轻的同学之一,今年也 73 岁了。回首人生:经历简单,体验复杂,报人本色,笔墨生涯。

经历简单者,三个学校(腾蛟小学、温州中学、复旦大学)加两个单位(解放日报社、人民日报社)。体验复杂者,半个世纪一支笔,书生意气磨难多。经受了共和国动乱与变革风暴的洗礼,历经了新闻战线电闪雷鸣般的折腾与磨炼。真可谓饱经沧桑,几度浮沉,切实体验了世事之艰辛繁复,人生之甘苦冷暖。

四句格言激励一辈子

我出生在浙南偏远山区,家境贫寒,少年时常翻山越岭百余里到温州

———————————

* 本文是周瑞金为纪念自己从复旦大学毕业走上新闻工作岗位 50 周年而写,2012 年 8 月 20 日起在《解放日报》连续刊登数日。

城念中学。求学期间,我常为不能及时缴伙食费被学校停伙,每月至少要
挨饿两三天。夏天打赤脚,冬天没有袜子穿,两个月理一次发,是家常便
饭。尽管生活比较艰苦,但学习是愉快的。在解放初期那个火红年代,我
们年轻学子充满学好本领报效祖国的理想,充满为献身社会主义建设而
刻苦学习的精神。记得上学时,语文老师教过一段孟子的话:"故天将降
大任于是人也,必先苦其心志,劳其筋骨,饿其体肤,空乏其身,行拂乱其
所为,所以动心忍性,增益其所不能。"这段话一直激励着我,把当时的挨
饿、打赤脚、没有零钱花,等等,看作是将来要担当大任所必需的意志锻炼
和心志培养,是对自己"动心忍性"修养的必不可少的增益。

我在人生道路上,不同阶段有不同格言在激励着我。在温州中学求
学阶段,孟子这段格言起着重要作用。后来,到了《解放日报》工作岗位,
是郑板桥的"咬定青山不放松,立根原在破岩中。千磨万击还坚劲,任尔
东西南北风"诗,给了我莫大的激励和鞭策。我把这首诗写在报社办公
桌玻璃台板下,作为格言天天照面。想不到1966年"文革"风暴一起,有
人就写大字报以此诗为证揭发我是"个人奋斗的野心家"。更有意思的
是,时隔25年后的1991年,我按中共中央组织部和港澳工委的调令,已
卸下《解放日报》职务,交代工作,开过欢送会,打算赴香港大公报社履
新,不料在飞赴香港前夕,北京一个电话突然阻止了我南下的步履,让我
"凝固"在"半空"中(后来才知道因我组织撰写皇甫平文章,被"左"派告
状阻拦我赴港履新)。两周后,解放日报社为庆祝中国共产党成立70周
年举办书画展活动,我写了一幅大字条幅挂在书画展醒目之处,这大字条
幅书写的正是郑板桥的:"咬定青山不放松,任尔东西南北风。"当时不少
报社同仁悄言对我说:"我们都知道你的意涵。"

从进复旦大学开始,到改革开放这20年来,我不断在"反右派"、"批
个人主义"、"反右倾"、"拔白旗"、"四清"、"文化大革命"、"揭批'四人

帮'"的政治运动波涛骇浪中度过。坦白说,我在运动中被人整过批过,同时也整过批过别人。然而,"无为不入世,有情始作人"这句格言,始终提醒我做人要讲感情,不能为了保自己、为了自己的发展就伤害人、打击人。我在"文革"初期,就是因为不忍心写大字报批判对我很好的老领导、老师,而招致解放日报社大楼一夜间贴满批我"修正主义苗子"、"个人主义野心家"的大字报,批判火力之猛,捏造事实之烈,诽谤伤害人格之深,使得我近一个月不敢去报社食堂吃饭。这种惶恐、羞辱与对自尊心的摧残,至今历历在目、刻骨铭心。在"文革"中,是"无为不入世,有情始作人"这句格言陪伴我度过那个艰难的 10 年。在那种日子里,我虽然也曾义愤填膺地批判过"叛徒"、"反革命"、"走资派",慷慨激昂地控诉过"反动权威"的毒害。然而,我始终守住了不诬陷人、不打击人的底线。

进入改革开放历史新时期,整人的政治运动过去了。我也走上了报社的领导岗位。生活中矛盾永远存在,为了推动改革开放,为了坚持独立思考和自由见解,我不时遇到一些曲折和委屈。一次游览长沙岳麓书院时,看到乾隆时书院山长旷敏本写的一副楹联:"是非审之于己,毁誉听之于人,得失安之于数,陟岳麓峰头,朗月清风,太极悠然可会;君亲恩何以酬,民物命何以立,圣贤道何以传,登赫曦台上,衡云湘水,斯文定有攸归。"我忽有感悟,因此将此联头三句"是非审之于己,毁誉听之于人,得失安之于数"作为格言,砥砺自己,终于潇洒走过"耳顺"之年。

六本书影响一生

我这辈子笃信传统的"开卷有益",博览群书。我把别人用在唱歌、跳舞、打牌上的时间,全用来看书、读报、上网,坚持多读、多思、多写。我效"笨鸟先飞",比别人花更多的时间和精力学会上网,学会使用电脑,学

会手机信息交流。这辈子我的确读了许多书,回想起来,对我一生有过重大影响的,可以说有这么六本书:

《西游记》,作者吴承恩。这是我上小学时读的第一本书,其中超凡的想象力,不受条条框框拘束的思维,敢为天下先的闯荡创新,在我幼小的心灵就播下了种子。

《莎士比亚戏剧集》,作者是英国的莎士比亚,朱生豪翻译。这是我高中时期读的,留下非常深刻的印象。中国文化当中强调"家"、"国",却很少见"人"。此书展示了强烈的人本主义,让人看到或丑或美、或善或恶,却都是大写的"人"。怎样做人,要树什么样的人格,在我世界观形成时期就树起了鲜明的标尺。这里应当提到,我在温州中学求学时,取了一个笔名叫"莎原",是从屈原和莎士比亚两个伟人名字中各取一字组成。他们是我青少年时代的两个偶像。当时,我念了屈原的《离骚》《天问》、《九章》等诗作,同时读了《莎士比亚戏剧集》中大部分喜剧、悲剧、历史剧。我太喜欢他们的作品,太佩服他们的人格了!他们一直是我做人做事写文章的榜样,让我在人生道路上树立"为天地立心、为民众立言"的信念,不逢迎,不媚世,能独立思考,谠论直言,在舆论阵地上敢为天下先,坚持为真理而呼喊。

《第三帝国的兴亡》,作者美国威廉·夏伊勒。这是我在"文化大革命"年代"偷"看的"禁书"。该书细致地描写了法西斯主义(即国家社会主义)崛起、崩溃的历史背景、条件、根源,尤其揭示了哲学思想渊源。让我对"文化大革命"的种种疑问,豁然开悟,对各种"左"的思潮深恶痛绝。日后,结合学习马克思主义著作,就形成了我的基本政治理论观念,用来观察问题、分析问题,对我的政论时评写作,产生过深远的影响。

《论语别裁》,作者南怀瑾。忙忙碌碌之中人们反而很少关注自己。上世纪80年代在改革开放大潮中读到此书,作者渊博学识,旁征博引,拈提古今,以当代目光领悟祖国传统文化,意蕴深邃,而又妙趣横生,让我重新认识了中国儒释道文化。"日当三省其身",启迪修身养性,以格物、致知、诚意、正心、修身,达到"齐家、治国、平天下"。增强历史责任感,又反求诸己,让人头脑清醒,内心宁静,意志坚定。

《数字化生存》,作者美国尼葛洛庞帝。正是读了此书,我认识到进入信息时代,数字化技术将转变生活方式,开启人类文明新篇章。为避免落后于时代潮流,我终于鼓起勇气,老夫聊发少年狂,到电脑上植字,到网络上冲浪,到手机上感受多媒体的魅力。虚拟世界,别有洞天,为年到古稀的我展现了一片无比鲜美的精神新天地。

《金刚经》,佛学经典。退休以后,心旷神怡,闲云野鹤,读此书既可以深入观察客观世界,又能潜心主观精神世界,修炼心灵,体验生命的真谛,追求"无所住而生其心",修悟"无我相无人相无众生相无寿者相"的本体,愿以出世之心,为入世之事。

古人说"破万卷书,行万里路",我觉得还要加一个"交万位友"。善求名师、多交朋友,才可以博采众长。在中学时代我得到教语文的林书立恩师的关怀指导,上大学也有钦佩的老教授指点。走上工作岗位更有解放日报社郑拾风、储大宏、沈光众几位名师点拨教益。后来,我对佛法修禅有兴趣,又得到南怀瑾老师亲自耳提面命的指教。新闻工作特点为我交友创造了良好条件,我结交了许多各行各业的朋友,后来我当了硕士生、博士生导师,又结交了一批忘年交。我从这些朋友身上学习到许多新知、识见、经验,得到许多有益的启迪。同时多走多看,开阔眼界,接受多元文化熏陶,这也是很重要的学习。除西藏外,我跑了全国各地许多名山大川,许多文化遗产保护地,大有"得山水之清气、凝日月之精华"的感悟。我还到过五大洲四十多个国家和地区访问、游览、观察、思索和写作,这对我认识世界、理解世界,认识人类文明、理解人类文明,都大有裨益。

要喝"热茶"自己烧

2000 年我退下领导岗位,2004 年办了退休手续。有人害怕退休,怕"人一走茶就凉"。我却求之不得,坚信"人一走茶必凉,要喝热茶自己烧"。我不求组织再给我安排什么工作,一退下就回上海,与家人一起。奉命作文的活不干了,等因奉此的事不管了,我干自己喜欢的事,要喝自己烧的"热茶"。可以说,10 年来我烧了 3 壶"热茶"。

第一壶"热茶"是到一家大型国有企业当独立董事,到一家民营企业当顾问。我在解放日报社工作时曾分管过经济报道,到人民日报社后也一直关注我国经济发展。但在媒体工作只能是从宏观层面上了解一些经济的表层东西。退下来有国企聘我当独立董事,有民企聘我当顾问,我就有机会从微观层面了解了我国经济的问题。10 年的国企独立董事经历和民企顾问的体验,对我非常有益。让我深入了解了国企的弊端和民企的艰难,也深切了解了"国进民退"的症结所在。所以,这些年我写文章比较能切中时弊,对我国经济发展和改革的问题所在比较了解,是与"喝这杯热茶"有密切关系的。

第二壶"热茶"是进入网络评论领域。我在主流媒体从事一辈子新闻评论工作,2002 年文汇出版社出版我的著作《宁做痛苦的清醒者》,就收入我在这个时期新闻评论的主要代表作。其中以《解放日报》皇甫平系列评论,和《人民日报》任仲平重点评论产生的社会影响最大。从 2003 年开始,我进入了网络媒体和都市媒体的新闻评论领域。面对网络世界,年近古稀的我总有落后于潮流、力不从心的感觉。在网络媒体的朋友鼓励之下,我终于鼓起勇气,到电脑上植字,到网上冲浪。一进入网络,在我面前呈现一派无比丰富、无比活跃、无比鲜美的新天地。即时的信息传播,开放的思维方式,多元的价值观念,交互的创新意识,包容的承受心态,激扬的文字表达,多维的视听景象,把我深深地吸引住,舍不得离开。说起来人们也许不相信,我这个从事一辈子报纸工作的老报人,今天获取信息的主要渠道,已不是报刊杂志平面媒体,而是网络媒体(包括手机媒体)了。这是我人生的一个跨越。近年来,我出版了《新闻改革新论》(海南出版社)、《做清醒的新闻工作者》(上海人民出版社)、《中国改革不可动摇》(广东人民出版社)等几本书,台湾老古出版社根据南怀瑾老师的提议,为我编辑出版了《周瑞金回肠荡气集》一书,在台湾、香港等地发行。此外,我主编了"思想库文丛"两辑文集《用头行走》、《大道低廻》,还撰写了大量政论时评,如《改革不可动摇》、《越南改革值得关注》、《勇于解决发展起来以后的问题——国庆六十周年感言》、《辛亥百年:从世界演变看中国改革路线图》、《何以解忧,唯有改革——纪念邓小平南方谈话二十周年》等,都在海内外产生一定影响。我近年来的这些著作基本上都是在网络上写作的。

第三壶"热茶"是在南怀瑾老师指导下,修身养性。退下来以后,我比在工作岗位上有更多时间看书、读报、上网,有更多机会作文、著书、演讲,感到生活十分充实。我曾写了一副对联自勉:"读书足以养老,至乐莫如静观。"这里说的"静观",就是在南怀瑾老师指导下,修炼静坐内观,即是一种传统的修身养性文化。我与禅学的结缘,始于在《解放日报》领导任上的身体微恙。当时上海中医学院(即今天上海中医药大学的前身)王教授诊断后告诉我,非生理病痛,全因工作紧张、思虑过度所致,建议我向内求清宁,以打坐和修禅去浮躁,防失据,提得起,放得下。从此,禅坐冥思之态成我标志性身影。只要条件许可,我一坐定,便盘腿入座,状若莲花。参禅使得我在大事小事面前有了静气。读到南怀瑾老师的《论语别裁》后,传统经典也可演绎至此,我不禁击节三叹!后又经王教授推荐,觅得南老师的《静坐修道与长生不老》,叹为奇书。我照学书中,一招一式,有板有眼,竟渐入佳境。待到与南怀瑾老师见面,已是 10 年后的 1998 年,当时我率人民日报社新闻代表团赴台湾访问,专程绕道香港,一了倾慕之心,更圆了面讨禅学的夙愿。当时南老师已 81 岁高龄,精神矍铄,一见面便说"南书房行走来了"。这是一语双关,既说我是中央机关报主管言论的副总编,常跑中南海;又戏称我是到"南怀瑾书房行走来了"。

佛家道家儒家都注重修身养性。退休后我回到上海,住在西区的寻常寓所里,少了案牍之扰,犹如闲云野鹤。南老师恰好此时也由香港移居上海。从此我始得全心修禅,每天读经念咒打坐,才有茅塞顿开之感。兀自参悟出"修禅即是追寻人文精神和生命价值"的意涵,善待人生就要处理好生命面对的三大矛盾。

人生面对三大矛盾

人生活在世界上,生命的外部面临着三个基本矛盾:一是人与社会的矛盾;二是人与自然的矛盾;三是人和自我的矛盾。在人的生老病死这个生命过程中,怎么处理好这三大矛盾,就是人文精神要解决的基本内涵。从这个角度说,可以概括出人文精神的三要素:一是对社会的关怀,就是爱他人;二是对自然的敬畏,就是爱天地(人生活在地球上,天地为我们创造了这么好的生存条件,我们要敬重它,要有点畏惧它,可以利用自然为人类服务,但是绝对不能过分伤害它);三是对自我的超越,就是爱自己。

中华人文精神讲求天人合一,强调人的人性、理性、灵性的和谐统一。人性不同于动物性,有"恻隐之心"、"羞恶之心"、"是非之心"、"恭敬之心"。而人的理性和灵性又是相生相成。科学是人理性的创造发明,而艺术是人灵性的创造结晶。没有牛顿,会有马顿、羊顿取而代之,因为苹果总要从树上掉下来,万有引力总要被发现。人的理性是可以取代和不断深化的。但是,没有达·芬奇、莎士比亚、曹雪芹和王羲之,也许我们永远不会知道人类还能创作《蒙娜丽莎》、《哈姆雷特》、《红楼梦》和《兰亭集序》这样的不朽作品。人类文化史就是由不可替代的个人灵性构成的。新的天才出现不会使过去的大师黯然失色,曹雪芹的光辉不会掩盖李白的不朽,毕加索的出现也不会让达·芬奇失去价值。

现代是科技信息发达的时代,现代人是掌握科技和信息创造物质财富的人。特别是现代科技的发展,信息技术的应用,物质财富大量创造涌现出来。因此,我们面对当今竞争激烈的市场经济社会环境,容易产生一种以物为本、以金钱为本的拜物教。所以,我在回顾改革开放30周年时阐述了一个基本观点:即我国在改革开放以前的30年,把人民变成"政治人",人人关心政治,参加政治斗争,甚至出现妻子揭发丈夫、儿子批斗老子的场面,丧失了人性、理性、灵性;改革开放以后30年,把"政治人"变成了"经济人",人人关心经济利益,投入物质财富的创造,这应该说是社会的进步。但是"经济人"带来的问题往往会产生物质主义、享受主义、消费主义,讲究的是金钱,是享受,就对道德情操的追求降低了,对精神的追求降低了。这同样会产生人性的迷失和扭曲,造成社会上贫富差距拉大,社会治安混乱,贪污腐败蔓延。这就是我们今天面临的一个情况。所以,今天我们尤其需要讲人的德性和智性的统一,关心人物质的追求和精神的追求的统一,要关心人的情感、精神,要满足和发展人的情感、精神的不同需要,向"和谐人"转变,让人与人相和谐,人与自然相和谐,人与自我相和谐,以避免人性、理性、灵性的各种形式的"异化"。

所以,人在处理与社会的矛盾中体现出社会价值。孔老夫子强调

"博施济众",最大限度地解决人民群众的困难,满足人民群众的需要,那就是最有社会价值的人。人生的意义就是要报效国家,富有历史责任感。范仲淹的"先天下之忧而忧,后天下之乐而乐",顾炎武的"天下兴亡,匹夫有责",林则徐的"苟利国家生死以,岂因祸福避趋之",都是古圣先贤关于人生社会价值的箴言,值得深思谨记践行。

人生的自然价值体现在人与自然和谐共生,促进人与自然的协调发展,有益于自然生态的平衡和谐。老子提出"是以圣人以辅万物之自然而不敢为",表示要敬畏自然,顺乎自然,不要去破坏自然。荀子是战国时期的一个重要思想家,他提出"制天命而用之",利用自然的规律来为我们人类所用,要合理利用自然,治理自然。综观我国古代思想家对自然的态度,基本上是顺应自然,保护自然,利用自然,改造自然。佛学提出"因果报应"、"众生平等说",强调凡生命都是平等的,要多做善事,把人的内在信仰、外在行为与保护自然环境结合起来。"青青翠竹尽是法身,郁郁黄花无非般若。"所以,佛教徒不杀生、食素,这都是保护生态环境的实践。

人的自我价值,体现在修身、正心,培育良好的人品、人格。儒释道三家都强调个人的心性,"知止而后有定,定而后能静,静而后能安,安而后能虑,虑而后能得",得到什么? 就是人格、道心、佛性。所以,人的自我价值,不在于赚多少钱,做多大官,住多好的楼房,开多好的轿车,吃多好的美味,有多少文物收藏,而主要在于你是不是具有追求真理的高尚品格,是不是具有关心他人、关心社会、关心国家的道德情操,是不是有坚定的独立意志去行道、传道、布道。

一个人能在一生中对外处理好三大矛盾,即人和社会的关系、和自然的关系、和自我的关系;对内正确对待生老病死,体现人的社会价值、自然价值和自我价值。这也就具备了人的价值理性,就能塑造一个理想的人,健全的人,具有人生意义的人。

人生价值的真谛

人,作为一个生命,赤条条来到世间,只有几十年,至多100多年时间,所以人生是短暂的。生命的结果是死亡,生命的过程就是生、老、病、死。人来到世间当然不是为了死亡而活着的,而是为了享受生命的美好过程。让生命过得充实、愉悦、有意义,这才是我们应该追求的。

回顾这一生,我体验人生价值的真谛,在于让自己过得愉快,也让别人过得愉快,就是善待自己、善待别人。人世间只有两种人,一个是自己,一个是别人。要让自己和别人都愉快的话:

首先要把自己当成别人。当自己遇到痛苦、忧伤的时候,把自己当成别人,让痛苦和忧伤减轻一点。而当自己欣喜若狂的时候,把自己当作别人,这种狂喜的心情会变得平和、中正一些。这就叫"以平常心看悲喜"。人每天遇到的无非是两种心情:一种是高兴的,喜的心情,有好事,赚到钱,升了官,评上职称,遇到好朋友,等等;另一种就是悲,你心里难受,遭到批评了,碰到挫折、失败了,反正是遇到不顺心的事。人每天遇到的就是这两种心情,一个悲、一个喜。如果以平常心来对待悲和喜的话,那就会感到愉快。

其次,要把别人当做自己。真正同情别人的不幸,把别人的不幸看作是自己的不幸,理解别人的需求,当别人需要帮助的时候,能够伸手给予恰当的帮助。同时把别人的幸福当作自己的幸福,不眼红,不嫉妒,把别人取得的成就看作自己的一样,这叫"善解人意,成人之美"。我们无论做什么工作,接触什么人,做到善解人意,对你周围的人有什么痛痒、难处、要求都了解,同时在不影响原则的情况下尽量成人之美,尽量满足人家的合理要求,那一定能做好工作,处理好人际关系。

再次,要把别人当做别人。就是充分尊重每一个人的独立性和个性,千万不要把自己的想法、意见强加给人,不要伤害人家的自尊心。这叫"尊重人、宽容人"。只有尊重人,才会吸纳人家的不同意见、做法和长处;只有宽容人,才会包容人家的缺点、弱点,取得圆融无碍,团结和谐,使大家都感到愉快。

最后,要把自己当做自己。一个人征服世界不算伟大,能够征服自己、超越自己才是世界上最伟大的人。人性有很多的弱点、很多的劣根性,我们静下心来想,自己身上确实有很多执着、毛病。比如,贪婪、妒忌、痴心、愚昧、自大、自私、懒惰、推诿、猜疑等等坏习气。佛学说,"贪嗔痴慢疑"是人的劣根性,确实如此。所以要把自己当做自己,就是要勇于改错,勇于忍辱,勇于担当,勇于超越,不断克服自己身上的缺点、弱点,不断使自己的人格得到升华。

善待人生五个"最"

善待人生,就是善待生命、关爱生命。我的体会,生命的张力在事业,生命的光彩在智慧,生命的关联在朋友,生命的珍贵在健康,生命的延续在亲情。由此,善待人生在于五个"最":人生最大的追求是事业;人生最大的智慧是舍得;人生最大的财富是朋友;人生最大的幸福是健康;人生最大的安慰是亲情。

第一,人生最大的追求在事业。

我很欣赏"无为不入世,有情始作人"的格言。人如果不想有所作为,就不要到这个世界上来;而人是讲情感、讲道义的,如果一个人不讲情义,为自己利益而损害别人,就没有做人的资格了。我们这一代人对这一点体会很深。因为我们在上世纪 50 年代进大学,都很有志向干一番事业,但不断遭到政治运动的折磨,一直到"文化大革命",看到政治运动中经常有人从朋友的身上爬上去,整人,暗算人,打小报告,无中生有揭发人。这是违背做人道德和情义的。今天,不搞政治运动,整人的事少了,就应当在事业追求上下更大功夫,花更大力气。

什么叫事业呢?《周易》说:"举而措之天下之民谓之事业。"你做的事是为天下老百姓谋利益的才叫做事业。为谋生需要,找一份职业,称不上事业。美国有一个比尔·盖茨,最初他出来搞计算机软件研究和生产,成立微软公司,开始是作为职业的追求。后来,他不断创造、创新,成为软件大家,推动全球信息产业,开创了一个互联网的新时代。这个时候他对天下苍生作了大贡献,干的就是事业了。比尔·盖茨这个人很有意思,他做了这么大的事业,对世界信息产业影响这么大,从上世纪 70 年代起来办公司,30 年时间赚了 560 亿美元,成为世界首富。2008 年 5 月,他却毅然决然辞掉董事长,和他的老婆成立一个慈善基金会,在全世界从事慈善事业,把他积攒的 560 亿美元全部捐献了。2008 年 1 月份,他还说要拿出一两千万给他女儿。过了几个月,他宣布把钱全部捐出去,不留给子女了。所以,比尔·盖茨这个人,是从谋生的职业到追求事业的一个典范,又是从老板到慈善家的一个楷模。有位高层领导很感慨说,想不到美国的教育制度还可以培养出比尔·盖茨这样的人。其实,无论在什么社会制度下,都出现过一批令人敬佩、尊重的事业家。这是人的人性、理性、灵性的使然。

追求事业要有不怕挫折、失败的顽强意志。逆境是人成长的必经过程,能勇于接受逆境的人,生命才会逐渐茁壮。没有苦难的感受,不容易给他人以同情。所以,真正的强者不是没有眼泪的人,而是含着眼泪奔跑的人。

　　宋儒张载倡言："为天地立心，为生民立命，为往圣继绝学，为万世开太平。"这就是要求一切有抱负、负责任的知识分子，能顺应时代潮流，为民众利益自觉去推动社会历史向前发展。能为天地立心者，也必能为民众立言。所以，中国历史上为民请命的志士仁人不绝如缕，被鲁迅誉为"民族脊梁"。鲁迅说过："真的知识阶级，他们对于社会永不会满意的，所感受的永远是痛苦，所看到的永远是缺点，他们预备着将来的牺牲。"这是鲁迅本人精神风格的写照，是一代忧国忧民先进知识分子的抱负和情怀。

　　第二，人生最大的智慧是舍得。

　　人的智慧有先天带来的，叫"生而知之"，但更多的是后天学来的，叫"学而知之"。人的智慧由几个方面组成，是学识、水平、能力的综合。学识就是学习中得到的知识和学问，讲这个人知识渊博、术有专攻，这是属于学识范畴，学识并不等于智慧。水平，是指洞察力和判断力，善于抓住要害，能够深入把握思维逻辑，有胆识，有见解，这叫水平。能力，是一种办事、交际、组织、动员的力量，也就是执行力。三者有联系，又有不同。所以，我们不能仅仅从学历、知识层面来看一个人的水平和能力。日常生活中，学识不高而水平、能力强的人有的是。

　　智慧的闪光点在创新。学识、水平、能力综合起来有时会有一个突如其来的创新爆发，如电光石火，通常叫灵感。如牛顿看到苹果从树上掉下来，马上感悟到地球引力问题。为什么其他人天天看到苹果从树上掉下来，却没有这个感悟？这就是牛顿学识、水平和能力综合的结果。其他人缺少牛顿这种智慧。

　　取是本事，舍是智慧。人生最大的智慧，还是舍得，少年时舍其不能有，壮年时舍其不当有，老年时舍其不必有。就是要提得起放得下，舍掉一些东西。舍得这个词很妙，有舍才有得。人的本性弱点中就有一个贪得无厌,总是想占有得越多越好,不懂得放弃、施舍。有智慧的人懂得舍掉是另一种得到,有时甚至是更大的得。比如,一个人占有 5 个苹果,你都吃掉的话,最多是吃一种苹果的味道。如果你只吃一个苹果,把其余的 4 个苹果施舍给别人,人家也可能送给你香蕉、送给你橘子,你吃到了更多的水果味道,更重要的你得到了比苹果更好的珍贵的友情。有了这种友情,今后你在困难的时候也许会得到更多的帮助。这就是舍即是得的含义。

清代康熙年间文华殿大学士兼礼部尚书张英,安徽桐城人。他在老家造一座房子,为一道墙与邻居闹矛盾打官司。他老家的总管写信请示,张英就在信上批了一首诗:"一纸书来只为墙,让他三尺又何妨。长城万里今犹在,不见当年秦始皇。"张英看得很开,名利只是暂时的,你看秦始皇有那么大名气,今天又如何? 他尽管官至尚书,也不能逞威占人家的好处呀! 所以,他大度地要总管让出三尺地。这一来感动了邻居,尚书有这样的度量、胸怀,他邻居又计较什么呢? 于是也让出了三尺地,今天成为桐城有名的"六尺巷"。张英真有大智慧,他让出了三尺地,得到的是为官的清廉、宽宏、爱民,为他儿子张廷玉当宰相打下了基础。所以懂得舍弃,是人生的大智慧呵!

第三,人生最大的财富是朋友。

人生道路漫漫,朋友多多益善。凡在人生道路上帮助过你,支持过你,在你困难的时候给你以安慰和帮助的,或在你成功道路上有过贡献的,或给过你指点、批评的,这都是你的朋友。这里面有同学、有老师,有同事、有领导、有亲属、有路人,甚至包括一面之交的不速之客,等等。你会感到朋友确实是一个无形的须臾不可或缺的财富。

交朋友最难的是什么呢? 就是怎么把对手化为朋友。有这么一个故事:有一个牧场的老板和一个打猎的猎户是邻居。牧场小羊羔生出来,常常被猎狗咬伤。这个牧场主就找到邻居猎户，提了几次意见，要求加强对猎狗的管理，比如平时把猎狗关在笼子里，不要让它出来伤害羊羔。但是讲了几次都没有用。情急之下，牧场主就找当地的警察局告状，想打官司。结果警察局的一个警长对他说，我们完全可以强制猎户把猎犬管起来，但是你有没有想过这样做的后果。那是要把你的邻居变成你的对手和敌人，你是愿意跟敌人当邻居，还是愿意跟朋友做邻居？这个牧场主说当然愿意与朋友做邻居。这样的话怎么办呢？这个警长就面授机宜。牧场主受到启发，第二天就选了3只很漂亮、雪白的、可爱的羊羔，主动送给隔壁邻居猎户的3个孩子，1个小孩1只羊羔。猎户的3个孩子高兴极了。这样一来，怕伤害孩子喜欢的羊羔，父亲当天就赶做了1只铁笼，把猎狗关在铁笼里。这样邻居之间长期存在的矛盾，就化解于一旦。后来，猎户为答谢牧场主送的3只羊羔，就把他打猎得来的野鸭、野鸡、野兔等送给牧场主作为回赠。后来牧场主也常以羊奶、羊肉回敬。这样一来，两家邻居从原来几乎成为敌人，由于一念之差，从打官司到送羊羔，成为朋友了。所以，像这样的警察局警长处理社会矛盾的思路和方法，就比较高明，也就不会出现"杨佳杀六警"那样的悲剧了。

一般朋友易找，诤友难求。听说苏东坡有一个故事。苏东坡和佛印禅师是好朋友，因为苏东坡喜欢禅学，经常向佛印禅师问禅。佛印禅师当了金山寺的住持。有一天苏东坡在修炼的时候，突然有感而发写了一首诗："稽首天中天，毫光照大千。八风吹不动，端坐紫金莲。"意思是说，他打坐入静以后，只见满天毫光紫气，人格升华，已经做到八风吹不动，就是各种讽刺、挖苦、批评、谩骂，都不为所动（佛学说的八风指，称、讥、毁、誉、利、衰、苦、乐），坐在紫金莲上成仙啦。写好诗他很得意，当天下午就派一个书童过长江把这首诗送给金山寺的佛印禅师，心想佛印禅师一定会大大赞赏他这首诗的意境。佛印禅师看了以后，微微一笑，当场就在诗上写了回信,叫书童送回给苏东坡。苏东坡拿到回信自然很高兴,认为佛印一定会大大夸奖他一通。结果没想到拆开一看,佛印禅师写了两个大大的字:"放屁"。这一下苏东坡满脸涨得通红,怒气冲天,他说好啊,你这个朋友,我写的诗,你不欣赏也就罢了,怎么骂我放屁呢,太不尊重人了,这是什么好朋友!苏东坡非常恼火,当场就急急忙忙坐船赶过江到金山寺,去找佛印禅师论理。想不到佛印禅师已经站在码头上迎候他了,见到他就说:"好朋友,你不是说八风吹不动嘛,怎么我一个屁风就把你吹过江来了?"一听这话,聪明的苏东坡马上就意识到自己不对了。实际上,在佛印大师眼里,苏东坡到达今天写的诗那样的禅的意境,还早呢。你哪里到了八风吹不动的地步?所以用"放屁"两个字点化他,不是在论诗,而是指出你的意境根本没有到家。说明苏东坡的心性还没有静到这么一个境界,所以只有真朋友才这么率直地指出他的问题和毛病。

交朋友要有宽容的心,不但要感激帮助过你的朋友,还要对伤害过你的人也心存感激,这就不容易了。常言说:"伟大的人有两颗心,一颗心在流血,一颗心在宽容。"所以,要感激伤害过你的人,因为他磨炼了你的心态;要感激欺骗过你的人,因为他增进了你的智慧;要感激中伤过你的人,因为他砥砺了你的人格;要感激遗弃过你的人,因为他激发你尽快独立;要感激斥责过你的人,因为他提醒了你的缺点。人间总是友爱多,宽厚待人,宽容不同意见,宽松生活环境,就能化解恩怨,和而不同,交到万位朋友,让和谐遍满世界。

第四,人生最大的幸福是健康。

凡是生过病、住过医院的人,或是自己亲人生病,到医院服侍过病人的人,都会有深切的体会,一个人追求这个幸福、那个幸福,都不如健康的幸福重要。一个病歪歪的人,就是住高楼大厦,天天锦衣玉食,又有什么幸福可言。所以有人问上帝,人们有什么让你惊讶的东西?上帝回答说,他们为了赚钱失去了健康，又要花钱找回健康，所以不是他们赚了钱，而是钱赚了他们的青春、健康和幸福。上帝这个回答是比较深刻的。人人需要健康，我们无论追求什么，都要从不失去健康的前提下来考虑，这才是善待生命、善待人生的重要课题。

健康的道理人人都懂，其实健康就在于良好的生活习惯和心态的自然培养。人的健康有三个要素：一个是营养，一个是运动，一个是心态。这三要素处理得当，养成良好生活习惯的话，一般会做到 60 岁以前没有大病，80 岁以前不衰老，基本上这就是健康的人生。

从营养的角度来讲，今天主要在于营养过剩，而不是营养不足。所以，正确地调整营养使之平衡，才是健康之道。现在流传"五个一"和"四个八"的说法。"五个一"就是每天起床的时候喝一杯水，早餐吃一个鸡蛋，午餐一匙醋，晚餐一杯酒，睡前一杯奶。这"五个一"是一天的饮食中健康的搭配。"四个八"即：日饮八杯水，日行八千步，日睡八小时，三餐八分饱，这也有利于健康。

讲到心态的问题，我认为跟健康有着直接相关。特别是有一些疾病、尤其是癌症，大都来自于心态不好引起。长期的郁闷，忧心，不高兴，生闷气，懊丧，烦恼，都容易形成疾病，这些大家往往比较忽视。我在 10 多年前，看到日本一位医学家，他 8 岁开始跟祖父学汉医（即中医），读大学的时候他又专攻西医，所以他对汉医和西医都很有修养，写了一本书叫《脑内革命》。他提出来，最高明的医生是治未病之病，就是病还没有发出来就发现他的疾病，并把他治好。他通过对人脑的研究，发现一个人处在良好精神状态的时候，分泌出的一种分泌液是有利于健康的。而在人处于惊恐、郁闷或者生气的时候，脑里面分泌出一种内分泌液是会伤害内脏健康的。所以，他说健康的关键，在于让人脑天天处在愉快的状态，这样你就会化解很多疾病。他后来在日本开诊所，有一对夫妻要结婚，到他这里来做婚前检查,他发现这个男的有严重的心脏病,可是这个男的一点都没有感觉到。他留这个男的在诊所治疗,通过对饮食的控制,引导他做一些平衡的运动,如快速走路,静坐冥想,保持愉快的心情。经过两个月的治疗,这个男的心脏病就被治好,出院结婚了。

最近我看到有一位92岁的老人,讲到他信奉的幸福五原则:"心中无恨,脑中无忧,生活简单,多些付出,少些期望。"他健康长寿了。现在有种说法,说老年人好比是银行的账户,下半辈子提领出来的快乐,都是上半辈子存进去的。所以,每个人上半辈子都要为下半辈子存储健康。

第五,人生最大的安慰是亲情。

生命的延续靠什么呢?上靠父母,下靠子孙。所以,善待生命、善待人生,首先要让父母长寿、子孙争气,这是人生最大的安慰。中华传统文化一直强调上要报恩父母,下要教育子孙,中要夫妻敬爱、兄弟和睦。在整个亲情里面,父母和子孙是直接的亲情关系,夫妻和兄弟也是最大的亲情。

孝敬父母,最重要的是时时感念父母养育之恩。现在子女与父母大多分开住,年纪大的父母都希望自己的孩子能常来看看,多少帮父母买点菜,送点点心,嘘寒问暖,这是对老年人最大的安慰。

至于教育子孙,现在要防止两种倾向:一是做父母的千万不要把自己没有实现的愿望,全部寄托在子女身上,寄望过高,求之太切,搞拔苗助长,给子女压力太大,结果事与愿违;二要防止"一流的家庭、末流的教育"。现在很多白领家庭,孩子一生下就丢给文化很低的保姆照管,殊不知学龄前儿童在家庭接受父母教育最重要。

中国的传统一直讲,再穷也不能穷孩子。现在,要反过来思维了,就是再富的父母也要穷孩子。因为现在条件好了,都是独生子女,存在最大的问题就是太宠了。这对孩子成长不利。美国费城有一所纳儿逊中学,校门口有两尊雕塑,左边是一只苍鹰,右边是一匹奔马。大家想一定是要让中学生像鹰一样要有雄心壮志,要像马一样鹏程万里,马到成功。其实并非如此。这个苍鹰是只饿死的苍鹰,这个奔马是匹被剥了皮的马。这所中学要警示中学生不要学饿死的鹰和被剥皮的马。原来,那只苍鹰雄心勃勃,为加速实现飞遍五大洲、四大洋的伟大理想,练就了各种高超优雅的飞行本领,结果它恰恰忘记了一个重要的东西,就是怎么寻找食物,维持生活。结果,只飞了4天就活活饿死了。那匹奔马,先嫌第一位主人磨坊老板干的活多,要求换到农夫家,后来又嫌农夫喂的饲料少,又要求与其他马对调,最后来到皮匠家,不必干活,饲料又多,好不惬意。然而,没有过多少天,它的皮就被皮匠剥下来做了皮革。

这所中学教育学生有创意,通过鹰和马警示学生,要有独立生活意识,不要好高骛远,忘掉了自己最基本的求生本领。还要懂得勤劳和感恩。马在磨坊嫌活累,到农夫家又怪人家给你的饲料少,总是不满意,不感恩,好吃懒做。像这种缺乏起码独立生存能力和不懂感恩、好吃懒做的人,无论他有多大的才华,日后有多了不起的成就,也是人格不完整的人,是一个生命有缺憾的人。所以我们把希望寄托在孩子身上,就应该正确地培育孩子,从小给孩子树立一个最基本的人格。也就是用中华人文精神去塑造他们,培养良好的人生观、价值观。注意从六个方面从小培养孩子的基本品德:1.不撒谎,不作弊,不偷盗,做诚实可靠的人;2.有担当,有责任心,能持之以恒,做好自己应该做的事;3.与人为善,原谅他人错误,乐意助人,懂得感恩与回报;4.公平待人,按规则办事,不占他人便宜;5.尊重人,理解人,宽容人之间的差异,接纳别人的看法;6.关心时事,积极合作,做遵纪守法的好公民。

生活告诉我们,世上没有完全合乎男人心意的女人,也没有完全合乎女人心意的男人。所以,家庭的幸福和婚姻的美满,关键在于宽容、谅解和相互的感恩、敬重。夫妻之间的互爱、互敬、互助、互相感恩,对家庭生活,对子女教育,对敬老爱幼,对双方事业发展,都是至关重要、非常关键的。我国有句老话说得好:"家和万事兴。"而家和主要是夫妻和。夫妻不和,还有什么家和可言?

回首人生,浮想联翩。2012年是我们年级同学离开复旦大学走上社会50周年。半个世纪的丰富多彩人生经历,在古稀之年看来,都已经变得淡然、释然。尽管每个同学的机遇不同,也许有人帆顺风轻,有人家庭美满,但总的来说,人生漫长的道路总是艰辛的多,往往是苦恼多于快乐,付出多于收获,事与愿违多于心想事成。所以,圆满只是人生的期待,缺陷才是人生的永恒。古稀之年多感慨!一切痛苦、委屈、懊恼、悔恨、失落、悲哀,都会过去!一切欢乐、得意、成就、名利、享受、钱财,也都会过去!!唯一深深留在心底、至死还刻骨铭心的是:真情、爱情、友情和亲情!!!这才是永远不会随风飘去的人生之宝啊!

统　　筹:张振明
责任编辑:朱云河
版式设计:周方亚
封面设计:马淑玲
责任校对:高　敏

图书在版编目(CIP)数据

皇甫平改革诤言录/周瑞金 著. -北京:人民出版社,2015.1
ISBN 978 - 7 - 01 - 012859 - 7

Ⅰ.①皇…　Ⅱ.①周…　Ⅲ.①政治体制改革-中国-文集　Ⅳ.①D6-53

中国版本图书馆 CIP 数据核字(2013)第 280860 号

皇甫平改革诤言录
HUANGFUPING GAIGE ZHENGYANLU

周瑞金　著

人民出版社 出版发行
(100706　北京市东城区隆福寺街 99 号)

北京汇林印务有限公司印刷　新华书店经销

2015 年 1 月第 1 版　2015 年 1 月北京第 1 次印刷
开本:710 毫米×1000 毫米 1/16　印张:27.5
字数:355 千字　印数:00,001-10,000 册

ISBN 978 - 7 - 01 - 012859 - 7　定价:49.00 元

邮购地址 100706　北京市东城区隆福寺街 99 号
人民东方图书销售中心　电话 (010)65250042　65289539